E&C

MENTORS

All New 〈왕좌의 게임〉 시즌별 명대사 & 키워드 단어장

Game of Thrones

2019년 3월 5일 인쇄
2019년 3월 12일 발행

지 은 이 E & C
발 행 인 Chris Suh
발 행 처 **MENTORS**
경기도 성남시 분당구 분당로 53번길 12 313-1
TEL 031-604-0025 **FAX** 031-696-5221
www.mentors.co.kr
blog.naver.com/mentorsbook

등록일자 2005년 7월 27일
등록번호 제 2009-000027호
I S B N 979-11-86656-74-7
가 격 18,600원(MP3 무료다운로드)

PREFACE

〈왕좌의 게임〉에 전세계는 왜 흥분하는 것일까? 판타지물로 백귀, 드래곤, 죽은 사람의 회생 등 비현실적인 요소 때문은 아닐 것이다. 오히려 판타지임에도 불구하고 과잉으로 넘쳐나는 인간세계의 드라마적인 이야기가 그 주된 이유일 것이다. 〈왕좌의 게임〉은 칠왕국을 놓고 벌이는 인간들간의 권력에 대한 탐욕, 배신, 그리고 이어지는 복수의 드라마이고 판타지적 요소는 사실 그 메인 스토리를 끌고 가는 배경에 불과하다. 영어학습의 관점에서 보면 주인공들이 느린 발음과 평범한 패턴을 쓴다는 점에서 듣기에 좋지만 워낙 무거운 사극 판타지 소설을 원작으로 하고 있기에 문장들이 들려도 바로 이해하기에 힘든 부분들이 많이 있어서 다른 〈프렌즈〉, 〈위기의 주부들〉 등 영어학습용 우수작품에 비해서는 아쉽게도 좀 처지는게 사실이다.

대신 인생을 살면서 도움이 되는, 가슴에 깊게 와닿는 문구들이 그 어느 미드에서보다 넘쳐 흐른다. 〈왕좌의 게임〉은 "When you play the Game of Thrones, you win or you die"(왕좌의 게임을 할 때는 승리하거나 아니면 죽음뿐이예요), "Once we get it, then we want something else" (우리가 일단 손에 넣게 되면 다른 뭔가를 원하게 된단 말야), "A man with no motive is a man no one suspects" (동기가 없는 사람은 아무도 의심을 하지 않지), "Hate's as good a thing as any to keep a person going"(증오는 사람이 계속 움직이게 하는 가장 좋은 원동력이지), "Don't worry about your death. Worry about your life" (죽음에 대해 걱정하지 말고 네 삶에 대해 걱정해라), "Fear cuts deeper than swords" (두려움은 검보다 더 깊게 베이는 법이다), "Once you've accepted your flaws, no one can use them against you"(네 약점을 스스로 인정하면 아무도 네게 그것을 이용하지 못해) 등 수많은 명대사들을 생산하고 있다. 극중 인물 다수가 명대사를 하지만 그 중에서도 배일리쉬와 바리스 그리고 티리온 등이 가장 많은 명대사를 만들어 내고 있다.

이 책 〈All New 왕좌의 게임 시즌별 명대사 & 키워드 단어장〉은 이런 명대사와 함께 이 명대사가 쓰인 상황 앞뒤를 우리말로 정리하여 쉽게 이해할 수 있다. 그리고 가능하면 명대사의 중심으로 앞뒤 영문을 달아서 문맥상 쉽게 이해할 수 있도록 기획하였다. 영어학습에 대한 부담을 벗어 던지고 따라서 옛날 동영상을 보면서 멋있었던 명장면을 가벼운 맘으로 다시 한번 되새김한다고 생각하면 될 것이다. 아니면 더 욕심을 내서 무심히 버려둔 동영상을 다시 꺼내 보면서 이 책에서 학습한 부분이 나올 때는 여러 번이고 반복해서 들으면서 리스닝 훈련도 하고 명대사의 감동에 심취해봐도 된다. 또한 〈왕좌의 게임〉에 자주 나오는 표현들을 상황별로 예문과 함께 수록하여 이해를 더욱 쉽게 하였다. 아무쪼록 이 책으로 〈왕좌의 게임〉을 다시 보면서 그 커다란 감동에 푹 빠져 보기를 바란다.

이책의 특징

1. 전체적으로 500여 개의 명대사를 영어로 추려서 뽑았다.
2. 드라마 순서대로 시즌별, 에피소드별로 수록하여 쉽게 찾을 수 있도록 하였다.
3. 자주 나오는 표현들을 예문과 함께 수록하여 드라마를 더욱 쉽게 이해할 수 있다.
4. 시작하기에 앞서 〈왕좌의 게임〉을 볼 때 꼭 필요한 정보(역사, 종교, 가계도 등)를 상세히 다양하게 수록하였다.
5. 모든 영문은 네이티브의 원음으로 녹음되어 있어 귀로도 명대사를 즐길 수 있다.

이책의 구성

1 시즌별 줄거리

매 시즌이 시작할 때마다 해당 사진과 함께 시즌에 나오는 사건들을 중심으로 간략하게 내용을 정리하였다.

2 에피소드

에피소드별로 페이지 상단의 에피소드 제목과 함께 달아서 에피소드가 뭐에 관한 내용인지를 한눈에 알아볼 수 있도록 하였다.

3 우리말 설명

명대사 밑에는 명대사가 나오는 상황을 우리말로 정리하여 쉬운 이해를 도모하였다.

4 영문대사

명대사가 나오는 부분의 영문을 누가 말했는지 극중 캐릭터 이름과 함께 수록하였으며 또한 이에 대한 우리말과 주를 함께 달았다.

5 키워드 단어장

〈왕좌의 게임〉에 자주 나오는 빈출표현들을 상황별로 예문과 함께 정리하여, 드라마를 볼 때나 자막을 볼 때 더욱 쉽게 이해할 수 있다.

이책을 보는 법

시즌 오프닝

각 시즌에서 대표되는 사진과 함께 대강의 사건과 흐름을 한눈에 알아볼 수 있도록 간략한 줄거리를 수록하였다.

에피소드 오프닝

각 에피소드가 시작될 때마다 에피소드 제목과 함께 오프닝을 마련하였다.

명대사

가장 핵심이 되는 명대사이다.

우리말 설명

명대사가 쓰인 상황을 우리말로 설명하여 명대사의 이해를 도왔다.

영문

명대사가 쓰인 앞뒤 문장과 함께 보여줌으로써 또한 여기에 우리말 번역도 함께 함으로써 자연스럽게 그리고 쉽게 명대사를 이해할 수 있도록 하였다.

Notes

영문의 어려운 단어에는 주를 달았다.

키워드 단어장

21개의 상황별로 자주 나오는 표현들을 집중 수록하였다.

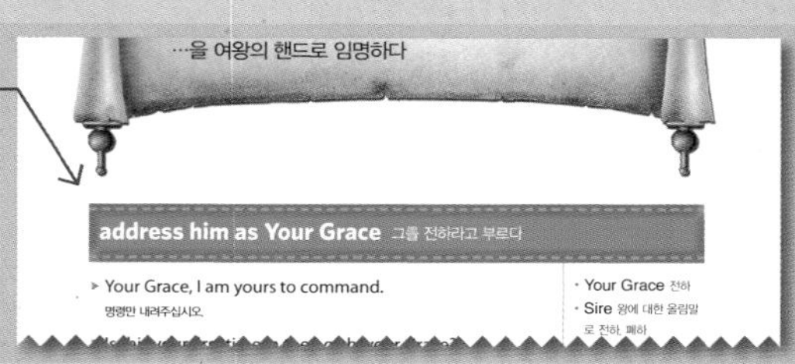

Contents

Season 04

Season 05

Season 06

Season 07

〈왕좌의 게임〉에 자주 나오는 Key Words 21

알고 보면 더 재미있는 〈왕좌의 게임〉

Tips

〈왕좌의 게임〉 지명, 민족, 종교

웨스테로스의 지명

웨스테로스(Westeros)

좌측에 위치한 길쭉한 대륙으로 칠왕국(Seven Kingdoms)이라 불리우는 봉건제 국가가 자리 잡은 곳. 크게 강철군도, 리버랜드, 스톰랜드, 도른, 북부, 서부, 동부, 남부, 왕실직할령의 9개지역으로 나뉜다. 이 국가가 칠왕국이라 불리우는 이유는 외지인 정복자 아에곤 타르가르옌 1세가 웨스테로스를 하나의 국가로 통일하기 전에 7개의 왕국으로 오래도록 나뉘어져 있었기 때문에 칠왕국이라고 불리우던 것이 고유명사화 된 것. 현재 7개로 나뉘어져 있어서 칠왕국이라 불리는 것은 아니다.

에소스(Essos)

작중 주요인물 대너리스 타르가르옌의 무대인 웨스테로스 동쪽에 위치한 광활한 대륙. 작지만 강력한 도시국가들이 자리잡고 있으며, 도트락이라 불리는 드센 유목민들이 거주하는 대륙이다. 위대한 문명이었던 발리리아의 잔해가 위치한 곳이기도 하다.

발리리아(Valyria)

발리리아 연맹(Valyrian Freehold)이라 불리웠던, 마법을 사용하고 용을 부리던 막강했던 국가의 수도. 에소스 대륙에 위치해 있으며, 현재는 파멸(the Doom)이라 불리우는 대재앙에 의해 멸망했다. 왕이나 황제가 없었으며 귀족가문의 주도 아래 땅을 소유한 모든 자유민의 참정으로 돌아가던 국가. 타르가르옌 가문 역시 이 발리리아 연맹의 귀족가문이었다.

아에곤 타르가르옌 1세의 웨스테로스 정복 전까지는 웨스테로스에 직접적인 영향력을 발휘하지 않았지만, 에소스 대륙에선 언어와 문화에 엄청난 영향력을 끼쳤고, 지금도 널리 사용되는 발리리아대로(Valyrian roads)라 불리우는 길을 에소스 대륙 이곳저곳에 세워놨기에 유럽에서 고대 로마가 갖는 수준의 위상을 가진다. 작중에선 수많은 가문의 명검의 재료, 발리리아 강철(Valyrian Steel)로 자주 언급되는데, 이 발리리아 강철은 발리리아의 마법을 이용해 만들어진 것으로, 재련하는 데에도 마법이 필요하다.

자유도시들(Free Cities)

발리리아의 딸들이라고도 불리는 에소스 대륙 서부에 위치한 9개의 도시국가들. 9개의 자유도시들 중 브라보스를 제외하고는 전부 발리리아 연맹의 식민지였으며 언어 또한 발리리아의 언어를 사용한다. 예외적으로 브라보스는 발리리아의 노예들이 탈출해 세운 도시국가이다. 에소스 대륙에서 웨스테로스와 가장 가까운 만큼 웨스테로스와 이런저런 교류가 많은 국가들.

웨스테로스의 민족

〈왕좌의 게임〉을 보다 보면, 칠왕국의 왕을 King of the Andals, the Rhoynar, and the First Men(안달족, 로인족, 그리고 퍼스트멘의 왕)이라고 소개하는 장면이 종종 나온다. 저 셋은 웨스테로스를 이루는 세 민족들이다.

숲의 아이들

퍼스트멘보다도 앞서 웨스테로스에 최초로 거주하고 있던 원주민들로, 인간보다 작은 키에 약한 육체적인 힘을 가졌다. 원시적인 수준의 문명을 가졌지만 강력한 마법을 부리던 종족. 숲의 아이들 중 그린시어라고 불리던 이들은 웨스테로스 곳곳의 하트트리를 통해 과거와 미래를 보고 동물의 마음 속으로 들어가는게 가능했다고 한다. 이들은 웨스테로스에서 자취를 감춘지 수천년이 지난 상태이다.

퍼스트멘(First Men)

웨스테로스에 최초로 발을 디딘 인류. 약 1만 2천년 전 에소스와 웨스테로스를 잇는 육로(지금은 사라졌다)를 통해 이주해 왔으며, 이주 당시의 퍼스트멘은 청동과 가죽장비를 사용했고 말을 길들일 수 있었으며 룬이라 불리는 돌이나 금속에 새기는 문자를 사용했었다. 숲의 아이들이 섬겼던 '옛신'을 섬기며 사형집행인이 없고 사형선고를 내린 이가 직접 사형을 집행하는 등 안달족과는 사뭇 다른 문화를 갖고 있다. 안달족의 침략 이후 이들의 문화는 순혈 퍼스트멘들의 땅인 북부를 제외하곤 거의 사라졌지만 안달족 가문인 아린, 마르텔 가문을 제외한 모든 웨스테로스의 대영주 가문은 퍼스트멘에서 유래한다.

안달(Andal)

웨스테로스에 두번째로 이주해온 민족. 작중의 학자들은 이들의 이주시기를 약 4000~6000년 전으로 추정한다. 에소스의 안달로스 언덕에 거주하던 민족이지만 발리리아 연맹이 팽창함에 따라 쫓겨나듯이 웨스테로스를 침략하게 된 민족. 이주 당시 철기, 기사(knight)라 불리우는 전사계층, 칠왕국에서 '새신'이라 불리우는 세븐 신앙, 그리고 퍼스트멘의 룬문자보다 훨씬 효율적인 기록체계를 갖고 들어왔다. 안달족과 퍼스트멘의 전쟁은 안달족의 침략을 모두 방어해낸 북부를 제외하고, 퍼스트멘 왕국들이 안달족의 선진문화를 받아들이고 결혼을 통해 융화되는 것으로 끝을 맺는다.

로인족(Rhoynar)

웨스테로스에 마지막으로 대규모 이주를 해온 민족. 이들의 이주 시기는 비교적 최근인 약 1천년 전이다. 안달, 퍼스트멘과 달리 로인족은 도른 지방 밖에서는 좀처럼 보기 힘들다. 로인족은 갈색피부를 가진 민족으로 물을 다루는 마법을 사용했다고 전해지며, 본래 에소스 대륙 서부를 가로 지르는 로인강 강변에 도시국가들을 이루고 살았다. 로인족 국가들은 발리리아 연맹의 팽창에 따라 발리리아의 식민지들과 크고 작은 충돌을 일으키게 된다

2세기 넘게 이어진 발리리아 식민지들과의 충돌 끝에 로인족 국가들은 연합을 형성하여 발리리아 연맹의 식민지들을 수차례 점령하고 몇마리의 용들을 죽이기에 이르지만, 결국 300마리의 용을 대동한 발리리아 연맹의 군대를 직접 마주하게 되고 전멸당한다.

군인이 아니었기에 살아남은 로인족 어린이, 노인, 여성들은 니메리아 공주를 따라 만척의 배를 타고 웨스테로스의 도른 지방으로 도망치게 된다. 리더인 니메리아는 도른의 여러 왕 중 하나였던 마르텔과 혼인하여 도른의 다른 왕국들을 정복한다. 이 때문에 도른에선 여성의 지위가 높은 편이다

웨스테로스의 종교 및 기타

작중 웨스테로스인들이 맹세를 할 때 "To Old Gods and the New"라고 하는 장면을 종종 볼 수 있다. 여기서 보다시피 칠왕국이 인정하는 종교는 크게 둘로 나뉜다. '옛신'이라 불리우는 숲의 아이들-퍼스트멘에서 유래한 북부인들의 종교, 그리고 '새신'이라고도 불리우는 일곱명의 신을 섬기는 '세븐,' 그 외 종교는 강철군도인들이 섬기는 '익사한 신', 에소스 대륙에서 온 '빛의 주인,' 를로(R'hllor, the Lord of Light)를 섬기는 외래신앙 등이 있다.

계절과 마법, 그리고 용

〈왕좌의 게임〉에서 여름과 겨울은 수년간 지속된다. 〈왕좌의 게임〉의 시점은 기록된 역사를 통틀어 가장 길었던, 10년이 넘는 여름이 거의 끝나가는 때로서, 긴 여름은 그 이상으로 긴 겨울이 다가온다는 것을 의미하기에 〈왕좌의 게임〉 인물들이 계속해서 겨울이 다가온다는 것을 강조하는 것이다. 〈왕좌의 게임〉에서 계절과 마법, 용은 서로 얽혀 있는 것으로 알려져 있다. 수백년 전 용이 멸종한 이후 여름은 짧아지고 겨울은 더욱 길고 혹독해졌으며, 마법이 갖는 영향력 또한 약해졌다고 전해진다.

철왕좌(Iron thrones)

웨스테로스의 왕이나 왕의 핸드(Hand of the King)만이 앉을 수 있는 왕좌이다. 몹시 차갑고 불편하며 편하게 앉으려다간 칼날에 베여 상처를 입을 수 있는 의자로, 웨스테로스를 정복한 아에곤 타르가르옌 1세가 항복한 웨스테로스 원주민들의 무기를 한데 모아 그의 용인 '검은 공포' 발레리온(아에곤이 타던 용)의 불길로 녹여 만들었다. 왕의 좌석이 이토록 불편한 것은 '왕은 절대 편하게 앉아선 안된다'라는 아에곤 1세의 신념 때문이라고 한다

핸드(Hand of the King)

칠왕국에서 왕 다음가는 힘을 갖는 직책. 왕의 조언자이자 대리인이며 원칙적으로 왕이 부재중일 때 철왕좌에 앉아서 집무할 수 있는 사람은 핸드 뿐이다.

와일들링(Wildings)

북부의 장벽 너머에 사는 야만족들. 장벽이 세워질 때 미쳐 안으로 오지 못한 자들

의 후예로 뿌리를 따져보면 북부인들과 같은 퍼스트멘이지만 8000년간 단절되어 살아왔기에 문화가 몹시 다르며 서로를 증오한다. 야만족들은 자유민(Free folk)이라고 스스로를 칭하며 봉건제 사회의 남부(장벽을 기준으로 남쪽)인들을 무릎 꿇는 자들이라고 칭한다. 철도 제대로 다루지 못하는 이들로, 돌과 나무로 이뤄진 무기를 사용하는 무리가 대다수지만 일부 부족은 청동무기를 사용하기도 한다. 동쪽의 물개만(the Bay of seals)를 통해 쪽배를 타고 북부를 약탈하러 오기도하지만 기술력의 한계로 대형선박을 만들지 못하기에 큰 위협은 되지 않는다.

백귀(White Walkers)

장벽 너머에서도 최북단의 '언제나 겨울인 땅'에서 왔다고 전해지는 괴물들. 와이트(Wight)라 불리우는 인간의 시체를 되살린 괴물을 부리며 푸른 눈에 차가운 형상을 하고 있다. 그렇게 시체를 살려내는 대장은 Night King이라고 한다. 이들이 수십년간 지속된 '긴 밤'과 함께 인류를 공격하던 때는 〈왕좌의 게임〉의 시대에서 8000년 전의 역사이기에 허무맹랑한 전설 즈음으로 치부되었으나 10년간 지속된 기나긴 웨스테로스의 여름의 끄트머리에 다시 등장한다. 일반적인 인간들의 무기론 상처조차 낼 수 없지만, 마법이 깃든 발리리아 강철 무기나 드래곤글래스라고도 불리우는 흑요석이 약점.

나이트워치(the Night's Watch)

수천년간 웨스테로스의 장벽을 지켜온 군사집단. 주로 야만족들을 감시한다. 평생 결혼을 하지 않겠다는 맹세를 한 전사들로 검은 망토를 두르고 다닌다. 장벽에 수많은 요새를 갖추고 있지만 현재 나이트워치는 쇠퇴해서 3개의 요새만을 사용하고 있는 상태이다. 그 중 하나가 작중 나이트워치의 주요무대이자 본성인 캐슬 블랙.

웨스테로스의 역사

퍼스트멘의 이주(약 1만년~1만 2천년 전)

웨스테로스의 원주민은 숲의 아이들이라 불리는 생명체들로, 마법을 사용했으며 현재 북부인들이 섬기는 '옛신'들을 섬겼다. 평화롭던 웨스테로스는 퍼스트멘이라 불리는 에소스 대륙 민족의 대이동으로 새로운 국면에 돌입하게 된다.

퍼스트멘은 숲의 아이들이 성스럽게 여기는 얼굴이 새겨진 하트트리들을 벌목했고 숲의 아이들의 분노를 사게 된다. 숲의 아이들은 웨스테로스와 에소스를 잇던 육로를 파괴하고 북부로 밀려나자 북부의 길목 '넥'을 침수시키는 등 무시무시한 마법을 사용했지만, 육체적 힘과 기술력에서 퍼스트멘에게 압도당했기에 전쟁은 쉽게 끝나지 않았다. 결국 긴 전쟁 끝에 두 종족은 공존을 위해 평화조약을 맺고, 퍼스트멘은 숲의 아이들의 신앙을 수용하게 된다.

'긴 밤(The Long Night)'의 도래와 백귀의 등장(약 8000년 전)

평화조약 이후 웨스테로스에 번창한 수많은 퍼스트멘의 왕국들이 세워진다. 웨스테로스가 긴 겨울을 맞이하던 어느 날, 한 세대 동안 지속 될 기나긴 밤과 함께 북쪽 머나먼 곳에서 백귀(White walker)라 불리우는 괴물들이 등장한다. 숲의 아이들과 인간들은 힘을 합쳐 맞서 싸우고, 나이트워치가 여기서 탄생하게 된다. 이들은 고전 끝에 백귀들을 모두 몰아내는데 성공하고 이들로부터 웨스테로스를 방어하기 위해 거대한 장벽을 세운다.

안달족의 침략(4000~6000년 전으로 추정)

막강한 국가 발리리아 연맹의 팽창에 따라 에소스 대륙에서 밀려나게 된 안달족은 웨스테로스로 이주하며 퍼스트멘 왕국들과 충돌하게 된다. 안달족들은 철기를 사용하는 등 퍼스트멘에 비해 기술적으로 앞서 있었지만, 퍼스트멘에게 숫적으로 압도당했다. 이들은 토착 퍼스트멘 왕국을 회유하여 그 지역의 왕으로 군림하는데 도움을 주거나, 전쟁 끝에 강력한 퍼스트멘 왕가와 정략결혼으로 평화조약을 맺는 등, 전쟁과 정략결혼을 통해 팽창해간다. 그 결과 안달족이 오히려 자신들의 문화를 버리고 융화된 강철군도와, 안달족의 침입을 전부 방어해낸 북부를 제외하곤 모두 안달족의 신앙과 문화를 받아들이게 된다.

발리리아의 멸망과 아에곤의 정복(약 300년 전)

에소스에서 엄청난 위세를 떨치던 발리리아 연맹의 수도는, 400여년 전 '발리리아의 파멸(The Doom of Valyria)'이라 불리는 어마어마한 자연재해에 의해 멸망한다. 본래 반도였던 발리리아 본토는, 이 '파멸'로 인해 조각나 여러 개의 섬으로 나뉘게된다. 발리리아의 멸망 이후 발리리아 연맹의 식민지들은 내전에 돌입한다.

그로부터 수십년 후, 발리리아 영토의 서쪽 끝 부분인 드래곤스톤 섬에 자리를 잡은 발리리아의 위대한 귀족 가문 타르가르옌 가에서 아에곤 타르가르옌 1세가 태어난다. 발리리아 연맹의 식민지 중 가장 강력했던 볼란티스가 발리리아의 후계자를 자처하며 다른 자유도시들을 공격하자, 자유도시들은 연합하여 이에 맞서고 아에곤 타르가르옌 1세 또한 이를 돕는다. 결국 볼란티스의 야욕은 실패하고, 자유도시들은 아에곤 타르가르옌에게 발리리아 연맹을 부활시켜 자신들을 이끌어 달라고 부탁한다. 그러나 아에곤은 이를 거절하고 서쪽의 웨스테로스를 정복하는 것을 택한다.

세마리의 용과 1600명 남짓의 병력으로 지금의 킹스랜딩에 상륙한 그는, 그곳에 요새를 세우고 정복활동을 시작한다. 보잘 것 없는 병력이었지만 용이 보여준 막강한 힘과 공포로 웨스테로스 영주들에게 충성을 얻고 병력을 불려나간 아에곤은, 웨스테로스인들의 왕으로 군림하기 위해 그들의 신앙을 받아들여, 세븐 신앙의 세례를 받는다. 그리하여 그는 스타크 왕가의 북부, 아린 왕가의 동부, 호어 왕가의 강철군도와 리버랜드, 라니스터 왕가의 서부, 가드너 왕가의 리치, 듀랜든 왕가의 스톰랜드, 마르텔 왕가의 도른, 즉 웨스테로스의 7개 왕국 중 도른을 제외한 6개 왕국을 정복한다.

아에곤은 아린, 스타크, 라니스터 세 왕에겐 충성맹세를 받았으며, 끝까지 아에곤에게 대항하던 호어 왕가는 멸족시킨 후, 리버랜드는 하렌 호어에게 반기를 들고 아에곤에게 충성을 맹세한 툴리 가문에게 하사한다. 강철군도에선 국왕 하렌 호어를 잃은 강철군도인들이 아에곤에게 충성을 맹세하자 그들의 관습대로 새 지도자를 스스로 뽑도록 허락한다. 리치의 가드너 왕가는 멸망하고, 리치는 대대로 가드너 왕가의 시종장이자 리치의 2인자였던 티렐 가문에게 하사된다. 스톰랜드의 왕 아르길락 듀랜든은 아에곤의 이복동생이자 부관이었던 오리스에게 패배해 살해당하고, 아르길락의 딸은 오리스와 혼인해 바라테온 가문이 탄생한다.

로버트 바라테온의 반란(약 20년 전)

아에곤의 정복 280여 년 후, 타르가르옌 왕가의 왕자 레이가 타르가르옌과 북부의 대영주 스타크 가문의 차녀 리안나 스타크(에다드 스타크의 여동생)가 함께 실종되는 사건이 발생한다. 얼마 전 있었던 마상시합에서 우승한 레이가가 '사랑과 미의 여왕(마상시합의 우승자는 관중석의 여성 한명을 사랑과 미의 여왕으로 지목하고 왕관을 씌워줘야 한다)'으로 자신의 아내 엘리아 마르텔이 아닌, 리안나 스타크를 지목한 일이 있었기에 스타크 가문은 레이가의 납치로 결론내리게 된다.

약혼녀 캐틀린 툴리와의 결혼식을 위해 남부에 와 있던 브랜든 스타크(에다드 스타크의 형)는 일행과 함께 즉시 킹스랜딩으로 달려가 이를 항의하지만, 킹스랜딩에 레이가는 없었고, 불에 매료되어 미친왕이라 불리던 아에리스 타르가르옌은 이들을 반역죄로 체포하고 브랜든의 아버지이자 북부의 관리자인 릭카드 스타크를 소환한다.

소환된 릭카드는 결투에 의한 재판을 주장하지만, 미친왕 아에리스는 자신의 대전사(Champion, 결투재판에서 결백을 입증하기 위해 대신 싸워주는 전사를 말한다)는 바로 불이라며 갑옷을 갖춰 입은 그를 화형시키고, 브랜든 스타크의 목에는 움직일수록 옭아매는 올가미를 씌우고 그의 검을 손이 닿을까말까 한 곳에 둬, 죽어가는 아버지를 구하기 위해 몸부림치며 브랜든 역시 서서히 죽어가게 하는 미친왕다운 사형을 집행한다.

이어서, 미친왕은 동부의 대영주 존 아린에게 그의 대자로 자라고 있던 로버트 바라테온과, 반역자의 아들 에다드 스타크의 목을 넘길 것을 명한다. 존 아린은 이를 거부하고 반란을 위해 휘하 영주들을 소집하고 에다드를 북부로, 로버트를 스톰랜드로 보내 각각 휘하 영주들을 소집하게 한다. 리버랜드의 툴리 가문도 이들에 합류한다. 그리하여 북부의 스타크, 스톰랜드의 바라테온, 동부의 아린, 리버랜드의 툴리 가문은 함께 철왕좌에 반기를 든다

근 1년간 지속된 전쟁의 막바지에 반역파에게 승기가 기울 때 즈음, 전쟁에 뛰어들지 않고 전황을 살피던 서부의 관리자 라니스터 가문은 군대를 이끌고 킹스랜딩으로 들이닥쳐 충성파를 공격한다. 여기서 미친왕 아에리스는 자신의 근위대(King's guard)였던 제이미 라니스터에 의해 죽음을 맞이하며, 말타는 산(The Mountain that rides)이라고 불리는 라니스터 휘하 기사인 그레고르 클리게인은 레이가의 아내인 엘리아 마르텔과 그녀의 자식들을 무참히 살해한다.

뒤늦게 합류한 라니스터 가문의 도움으로 킹스랜딩까지 함락시킨 반역파는 로버트 바라테온을 왕으로 옹립하고 살아남은 타르가르옌 가문은 자유도시로 피신하게 된다.

HBO의 미드

[HBO의 미드] Home Box Office의 약어로 영화를 전문으로 하는 미국의 한 유선방송이다. 미국의 유선방송 중에서도 가장 파워있는 방송국으로 그만큼 전세계적으로 화제를 일으킨 대작을 만들어내고 있어, 사람들 사이에서는 HBO에서 만든 작품은 믿고 볼 수 있다는 말까지도 회자되고 있다. 대표작으로 4명의 여성을 주인공으로 사랑과 성에 대한 대담한 담론으로 영화화까지 되었던 〈Sex and the City〉, 그리고 완성도 높은 마피아 가족을 중심으로 펼쳐지는 심리드라마 〈Sopranos〉, 마약수사반의 이야기를 그린 명작 〈The Wire〉, 2차 세계대전 당시 노르망디 작전을 수행한 대원들의 실화를 바탕으로 한 〈Band of Brothers〉, 그리고 전 세계인에게 흥미와 감동을 전하고 있는 〈Game of Thrones〉 등이 있다. 그 외에도 최근의 화제작 〈Westworld〉, 〈Boardwalk Empire〉, 〈Entourage〉, 〈OZ〉, 〈True Blood〉, 〈True Detective〉 등 그 라인업이 화려함 그 자체이다.

웨스테로스의 지역과 대가문

백귀(White Walker), 와일들링(Free Folks)
나이트워치(the Night's Watch) : 캐슬 블랙
북부지역
• 스타크 가문: 윈터펠
• 볼튼 가문: 드레드포트
강철군도
• 그레이조이: 파이크
리버랜드 지역
• 프레이 가문: 크로싱
• 툴리 가문: 리버런
베일지역
• 아린 가문: 에이리
서부지역
• 라니스터 가문: 캐스털리 록
국왕직할령
• 바라테온: 킹스랜딩
드래곤스톤 섬
• 스타니스 바라테온
리치 지역
• 티렐 가문: 하이가든
스톰랜드 지역
• 렌리 바라테온: 스톰즈엔드
도른 지역
• 마르텔 가문: 선스피어

스타크 가문(House Stark)

- 가언 : 겨울이 오고 있다(Winter is Coming)
- 문장 : 회색의 다이어울프
- 본성 : 윈터펠(Winterfell)
- 작위 : 겨울의 왕(King of Winter)
  북부의 왕(King in the North)
  북부의 관리자(Warden of the North)
  윈터펠의 영주(Lord of Winterfell)

★주요인물

More Tips

- 참모인 마에스터 루윈(Luwin), 경비대장 로드릭 카셀(Rodrick Cassel), 경호대장 조리 카셀(Jory Cassel), 그리고 브랜 일행을 보호하는 호도(Hodor), 조젠(Jojen), 미라(Meera) 그리고 와일들링인 오샤(Osha)가 나온다.
- 로버트의 약혼녀 리안나 스타크는 레이가 타르가르옌과 부정을 저지르게 되는데 그 애가 바로 존 스노우이며 리안나는 애를 낳다가 죽고 만다. 이 둘의 사랑은 전쟁의 시발점이 되어 로버트와 스타크가 아에리스(미친왕)를 축출하게 된다. 둘의 도피행각은 대외적으로 레이가의 납치극으로 알려져 로버트는 진실을 모른채 타르가르옌에 대해 복수심이 끓어 오르게 된다.

바라테온 가문(House Baratheon)

- 가언 : 맹위는 우리의 몫(Ours is the Fury)
- 문장 : 왕관을 쓴 수사슴과 금사자
- 본성 : 킹스랜딩
- 작위 : 안달, 로인, 최초인들의 왕, 칠왕국의 영주
  (King of the Andals, the Rhoynar, and the First men, Lord of the Seven Kingdoms)
  *로버트 왕의 즉위 후 세 곳의 영주가된다. 킹스랜딩, 드래곤스톤 그리고 스톰즈엔드(스톰랜드)의 영주

☆ 주요인물

킹스랜딩의 로버트

로버트 바라테온 (Robert Baratheon)
\+
세르세이 라니스터 (Cersei Lannister)

조프리 바라테온 (Joffrey Baratheon)
마르셀라(Myrcella)
토멘 바라테온 (Tommen Baratheon)

겐드리(사생아) (Gendry)

드래곤스톤의 스타니스

스타니스 바라테온 (Stannis Baratheon)
\+
셀리스 바라테온 (Selyse Baratheon)

시린 바라테온 (Shireen Baratheon)

스톰즈엔드의 렌리

렌리 바라테온 (Renly Baratheon)
\+
마저리 티렐 (Margaery Tyrell)

More Tips

- 로버트 왕의 궁정에는 마에스터인 파이셀(Pycelle), 재무장관인 배일리쉬(Baelish), 첩보 당담의 바리스(Varys), 그리고 경비대장인 바리스탄(Barristan), 또한 클리게인 형제인 마운틴(Gregor Clegane)과 하운드(Sandor Clegane), 사형 집행인 일리 페인(Ilyn Payne) 등이 있다
- 스타니스에게는 책사인 다보스와 불의 신관 멜리산드레가 있다.
- 렌리에게는 타스의 브리엔느(Brienne)가 호위기사 중 한 명이다.

라니스터 가문(House Lannister)

- 가언 : 나의 포효를 들으라(Hear Me Roar)
- 문장 : 진홍바탕에 그려진 황금빛 사자
- 본성 : 캐스털리 록(Casterly Rock)
- 작위 : 서부의 관리자(Warden of the West)
  라니스포트의 방패(Shield of Lannisport)
  캐스털리 록의 영주(Lord of Casterly Rock)

★ 주요인물

More Tips

- 티리온 라니스터의 정부인 창녀 셰이(Shae), 그리고 그가 납치되었을 때 목숨을 구해준 브론(Bronn) 등이 있다. 란셀 라니스터는 세르세이의 정부로 관계로 맺으면서 동시에 티리온의 첩자 역할을 한다. 나중에는 스패로우가 되어 세르세이의 간음사실을 폭로하여 세르세이가 감금되는 결정적 역할을 한다.

툴리 가문(House Tully)

- 가언 : 가족, 의무, 명예(Family, Duty, Honor)
- 문장 : 펄럭이는 청색과 홍색바탕 위에 뛰어오르는 송어
- 본성 : 리버런(Riverrun)
- 작위 : 트라이덴트의 대영주(Lord Paramount of the Trident)
  리버런의 영주(Lord of the Riverrun)

★주요인물

More Tips

- 큰 딸 캐틀린은 남편이 배신자로 참수당하고 장남이 살해당하는 것을 목격하고 자신도 죽는 비극을 맞이하게 된다.
- 둘째 딸 라이사는 배일리쉬와 공모해 남편 존 아린을 독살하고 에이리 성을 차지하고 있다. 그녀 역시 나중에 배일리쉬에게 살해당한다.
- 막내면서 장남인 에드뮤어 툴리는 롭의 대타로 월더 프레이 가문과 결혼이 예정되었으나 그 결혼식이 피의 결혼식이 되면서 그는 인질로 잡히게 된다.

아린 가문(House of Arryn)

- 가언: 명예처럼 숭고하게(As High As Honor)
- 문장: 하늘색 바탕의 하얀 달과 매
- 본성: 에이리(The Eyrie)
  달의 관문(Gates of the Moon)
- 작위: 동부의 관리자(Warden of the East)
  베일의 수호자(Defender of the Vale)
  에이리의 영주(Lord of the Eyrie)

★ 주요인물

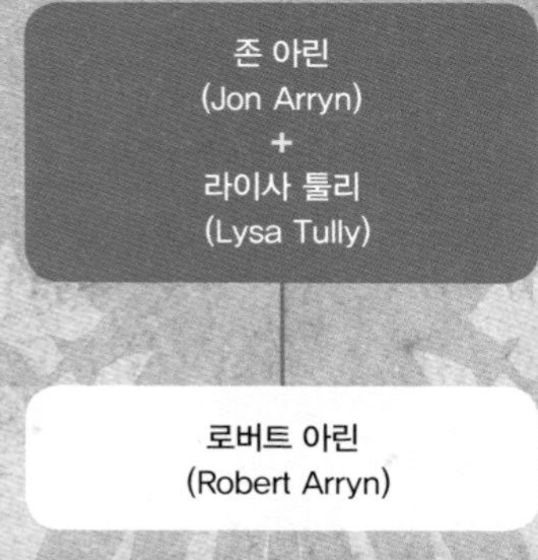

More Tips

- 배일리쉬는 라이사의 사랑을 이용하여 존 아린을 살해하고, 라이사까지 죽이고 만다. 그는 어린 로버트 아린의 대부격으로 나중에 서자들의 전쟁에서 존 스노우가 패색이 짙을 때 산사의 요청으로 베일의 기사들을 데려와 존 스노우에게 승리를 가져다 준다.

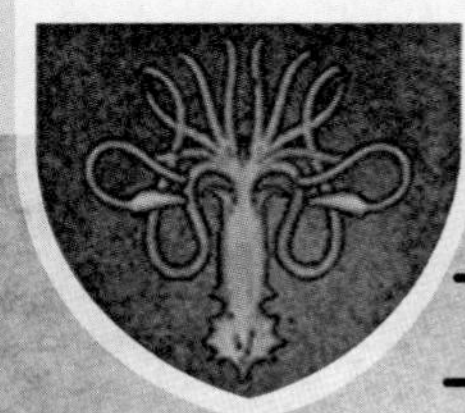

그레이조이 가문(House Greyjoy)

- 가언: 우리는 뿌리지 않는다(We Do Not Sow)
- 문장: 검은 바탕에 있는 노란 크라켄
- 본성: 파이크(Pyke)
- 작위: 소금과 암초의 왕(King of Salt and Rock)
  바닷바람의 아들(Son of the Sea Wind)
  파이크의 수확자 영주(Lord Reaper of Pyke)

★ 주요인물

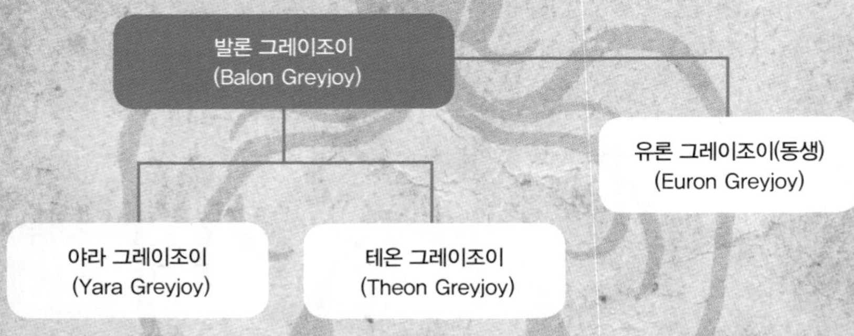

More Tips

- 테온 그레이조이는 아버지 발론 그레이조이의 반란이 실패한 후 스타크 가문의 볼모로 잡혀가 그곳에서 자라게 된다. 스타크 가문은 테온에게 인간적인 대우를 해줬으나, 롭의 전쟁에 참가한 후 아버지에게 가서 배를 빌리려다 그만 다시 그레이조이 가문으로 재탄생하면서 윈터펠을 점령하고 악행을 일삼다 부하들에게 배신당한다. 윈터펠을 점령한 볼튼 가의 서자 램지의 포로가 되면서 Reek(구린내)으로 또다시 재탄생하게 된다.
- 유론 그레이조이는 형인 발론 그레이조이를 살해하고 강철군도를 통치하려고 한다. 그사이 야라와 테온은 100척의 배를 끌고 대너리스에게 가서 협상을 하게 된다.

티렐 가문(House Tyrell)

- 가언: 강하게 자란다(Growing Strong)
- 문장: 녹색 들판에 핀 황금빛 장미
- 본성: 하이가든(Highgarden)
- 작위: 남부의 관리자(Warden of the South)
  리치의 대원수(High Marshal of the Reach)
  하이가든의 영주(Lord of Highgarden)

★ 주요인물

More Tips

- 메이스 티렐은 올레나의 아들로 신전폭파시 마저리, 로라스와 함께 죽는다.
- 마저리 티렐은 렌리 스타니스와 결혼을 하지만 아직 잠자리를 하지 않은 처녀로 다음에 조프리, 토멘의 왕비가 된다.
- 로라스 티렐은 동성애 성향으로 마저리의 남편 렌리와 잠자리를 하는 사이고 나중에는 킹스랜딩의 한 종자와 함께 잠자리를 하다 하이스패로우에 걸려서 감금되고, 마저리 또한 오빠의 동성애 성향에 대해 거짓말을 하다 감금된다. 결정적 증거인 잠자리를 한 종자의 증언에 의해서이다.

마르텔 가문(House Martell)

- 가언 : 불굴, 불곡, 불파(Unbowed, Unbent, Unbroken)
- 문장 : 황금의 창에 찔린 태양
- 본성 : 선스피어(Sunspear)
- 작위 : 도른의 대공(Prince of Dorne)
  선스피어의 영주(Lord of Sunspear)
  샌드쉽의 영주(Lord of Sandship)

★ 주요인물

More Tips

- 오베린의 동생 엘리아는 극중에는 나오지 않지만 미친왕(아에리스)의 아들 레이가 타르가르옌의 부인이었다. 로버트의 반란으로 레이가가 죽고 타르가르옌 왕좌가 무너지자, 타이윈은 마운틴(Gregor Clegane)으로 하여금 엘리아와 그 자식을 살육하게 된다. 이는 티리온의 결투재판에서, 왕정에서는 마운틴이, 그리고 티리온의 대타로 나오는 사람이 오베린이 되는 이유이다. 물론 무참히 죽지만 말이다.
- 레이가 타르가르옌은 스타크 가의 리안나와 바람을 펴서 자식을 낳는데, 그가 바로 존 스노우이다. 따라서 존 스노우는 타르가르옌 가에 속한다고 할 수 있다.

타르가르옌 가문(House Targaryen)

- 가언: 불과 피(Fire and Blood)
- 문장: 검은 바탕에 머리 셋 달린 붉은 드래곤
- 본성: 킹스랜딩, 드래곤스톤(반란으로 다 상실)

★주요인물

More Tips

- 타르가르옌 가문은 너무 복잡해서 드라마를 이해하는 정도에서 정리한다. 나이트워치의 마에스터인 아에몬의 동생인 아에곤 타르가르옌 왕의 손자가 바로 미친왕이다. 그에게는 세명의 자식이 있는데 레이가는 리안나와 부정을 저질러 전쟁의 빌미를 제공하고 전사한다. 비세리스는 칼 드로고에게 살해당한다. 남아있는 타르가르옌 가문은 대너리스와 레이가와 리안나 사이의 아이인 존 스노우이다.
- 그밖의 관련인물로는 대너리스와 칼 드로고의 결혼을 중매하고 용의 알을 선물로 바친 일리리오 모파티스, 조라 모르몬트, 미산데, 회색벌레, 그리고 다리오 나하리스 등이 있다.

<왕좌의 게임>에서 자주 나오는 표현들

Thank the Gods

원래는 Thank God(다행이다)라는 뜻의 표현으로 그 당시에는 신이 한 두명이 아니라서 Thank the Gods로 쓴 것임.

A: If you were a woman, you wouldn't resist? You'd let them do what they wanted?
B: If I was a woman, I'd make them kill me. But I'm not, thank the gods.

A: 당신이 여자라면 저항하지 않겠어요? 그들 하고 싶은대로 놔둘거예요?
B: 내가 여자라면, 날 죽이게 할거요. 하지만 다행스럽게도 난 여자가 아니오.

Seven Hells

젠장할, 제기랄 등의 의미. 북부를 제외한 지역에서 믿는 세븐 신앙(Seven Gods)에서 나온 말이다. What (in) the hell~ ?처럼 What (in) seven hells~?의 형태로도 쓰인다.

- If you're afraid of a band of wildlings, how in seven hells did you manage to kill a white walker? 네가 야만인들 무리를 무서워하는데 도대체 어떻게 백귀를 죽였다는거야?
- Shut up! Enough! He tells me one thing, she tells me another. Seven hells! What am I to make of this?
  닥치라고! 됐어! 그는 이렇게 얘기하고, 그녀는 다르게 얘기하고. 젠장할! 내가 어떻게 생각해야 돼?

Aye

옛스러움을 표현하기 위해 yes 대신 쓰인 단어.

A: When the white walkers came, you left me. 백귀들이 왔을 때 넌 날 두고 갔지.
B: Aye, we left you. 그래, 우리는 널 두고 왔지.

bloody

영국영어로 화났거나 짜증날 때 쓰이는 형용사.

- I'm half a Kingdom in debt to his bloody father.
  난 그 빌어먹을 그의 아버지에게 왕국의 반을 빚지고 있네.
- A little bloody gratitude would be a start. 빌어먹을 작은 감사로 시작해도 좋을 것 같네요.

cunt, shit

다 비속어로 cunt의 경우 말 그대로 여자의 음부를 뜻할 때도 있으나 보통 비열한 놈을 말할 때가 많다. 또한 shit은 little shit~의 형태로 많이 쓰인다.

- Chose the Wall over losing my hand. Figured I wouldn't have to suck up to any highborn cunts here.
  손을 잃는 대신 장벽을 선택했어. 여기서는 고관놈들에게 비굴하게 아첨하지 않아도 될 줄 알았지.
- So tell your wife to return that little shit of an Imp to King's Landing.
  그러니 부인에게 얘기해서 그 빌어먹을 난쟁이 자식을 킹스랜딩으로 보내라고 해.

swear • pledge • vow • oath

드라마 성격상 약속하다, 서약하다, 맹세하다 등의 단어가 유독 많이 쓰인다. 진실을 말하겠다고 혹은 충성하겠다고 맹세하는 경우가 많이 나오기 때문이다.

- Bend the knee and swear loyalty to my son.
  무릎을 꿇고 내 아들에게 충성을 맹세하세요.
- I swear to you that those who would harm you will die screaming.
  내 너희에게 맹세하노니 너희를 해치는 자는 모두 비명을 지르며 죽을 것이다.
- I pledged my life to their mother Catelyn Stark.
  난 그들의 어머니인 캐틀린 스타크에게 목숨을 걸고 약속했어.
- I pledge my life and honor to the Night's Watch, for this night and all nights to come. 난 오늘밤 그리고 다가올 모든 밤에 나이트워치에 나의 삶과 명예를 바칩니다.
- I was loyal to him and to my Night's Watch vows. 난 그와 나의 나이트워치 서약에 충성했어.
- You swore some stupid oath and now you can never touch a girl.
  넌 말도 안되는 서약을 했고 이제는 여자의 몸에 손도 댈 수 없는거야.

traitor

배신자, 반역자라는 의미로 역시 드라마 성격상 많이 나온다. rebel이라고 해도 되며 또한 반역죄은 treason, 배반은 treachery라고 하면 된다.

- Your Grace, whatever my traitor brother has done, I had no part.
  전하, 저의 반역자 오빠가 무엇을 했던 간에 저는 전혀 모르는 일입니다.
- Traitors are a danger to us all. 반역자들은 우리 모두에게 위험이야.

“ 웨스테로스에 몇년간 지속된 긴 여름이 끝나가고 기나긴 겨울이 다가오고 있다. 마찬가지로 통일되었던 칠왕국에도 분열이 생기면서 철왕좌를 차지하기 위한 전쟁들이 벌어진다. 시즌 1에서는 두 가지 전쟁이 일어날 것을 내포하고 있다. 8천년 전에 존재했다는 백귀들의 출현으로 인한 산자와 죽은 자의 전쟁, 그리고 로버트 바라테온 왕의 죽음으로 야기된 강력한 가문들 간의 전쟁이 두 축이다. 특히 제이미와 세르세이의 근친상간을 목격한 브랜의 불행으로 시작된 북부의 스타크 가와 라니스터 가의 대립은 북부의 수호자이자 로버트 왕의 핸드인 네드 스타크의 참수형으로 극에 다다른다. 이에 스타크의 장남인 롭 스타크는 북부가문의 군사력을 모으고 킹스랜딩을 장악하고 있는 라니스터 가와 전투를 벌인다. 한편 로버트 왕에게 축출된 미친왕 아에리스 타르가르옌의 딸 대너리스는 자신이 불에 타지 않는 자, 드래곤의 어머니임을 입증하며 아버지의 왕좌였던 철왕좌를 차지하고자 야망을 키

Winter is Coming

01 "I saw what I saw"

백귀를 보고 탈영한 나이트워치 병사가 참수당하기 전에 공포에 질려 하는 말로 앞으로 전쟁의 큰 한 축이 되는 백귀의 등장을 알리는 장면이다.

A deserter: The White Walkers, I saw them. I know I broke my oath. I should have gone back to the wall and warned them, but-- I saw what I saw. I saw the White Walkers.

탈영병: 백귀들. 백귀를 봤어요. 맹세를 어긴 것을 압니다. 장벽에 돌아가서 경고를 했어야 했지만, 난 정말 봤어요. 백귀들을요.

Notes

- break one's oath 서약을 어기다
- I saw what I saw 정말 봤어요

02 "Winter is coming"

탈영자의 소식을 들은 네드 스타크는 참수하는 자리에 아들 브랜을 데리고 가려고 한다. 부인 캐틀린은 10살짜리가 그런 걸 보기에는 너무 어리다고 말리지만 네드는 스타크 가의 가언인 Winter is coming을 말하며 설득시킨다.

Eddard: He won't be a boy forever. And winter is coming.

에다드: 언제까지나 10살일 수는 없소. 그리고 겨울이 다가오고 있어요.

Game of Thrones

03 "The man who passes the sentence should swing the sword"

네드 스타크가 백귀를 보고 탈영하다 잡힌 나이트워치 대원을 참수하고 나서 왜 자기가 직접 참수했는지 이유를 물어보는 장면. 여기서 왕좌의 게임 내내 자주 나오는 문구인 King of~ realm을 보자. 퍼스트멘은 안달, 로인족과 함께 웨스테로스를 구성하는 3대 민족 중 하나이다. 사형선고를 내린 이가 직접 사형을 집행하는 것 역시 퍼스트멘이 지배적인 북부의 독특한 문화. 사형선고의 무게감을 잊지 않기 위해서라고 한다.

Eddard: In the name of Robert of the House Baratheon, - the first of his name - King of the Andals and the first men, Lord of the Seven Kingdoms and protector of the realm, I, Eddard of the House Stark, Lord of Winterfell and warden of the north, sentence you to die. You understand why I did it? (Bran: Jon said he was a deserter.) But do you understand why I had to kill him? The man who passes the sentence should swing the sword.

에다드: 안달과 퍼스트멘의 왕이시며, 칠왕국의 왕이자 왕국의 수호자이신 바라테온 가의 로버트 1세의 이름으로, 나, 스타크 가의 에다드, 윈터펠의 영주이자 북부의 감시자는 너에게 사형을 선고하노라. 내가 왜 그랬는지 알겠니? (브랜: 존에게 탈영병이라고 들었어요.) 내가 왜 직접 그자를 죽여야만 했는지 알겠니? 선고를 내린 사람이 검을 휘둘러야 해.

Game of Thrones

Notes

- sentence sb to die 사형선고를 내리다
- deserter 탈영병

04 "Whatever Jon Arryn knew or didn't know, it died with him"

왕의 핸드였던 존 아린의 시신 앞에서 걱정하고 있는 세르세이. 쌍둥이 동생 제이미가 다가와 자신들의 비밀을 알게 된 존 아린은 이미 죽었으니 걱정하지 말라고 세르세이를 안심시킨다.

Jaime: If he told the King, both our heads would be skewered on the city gates by now. Whatever Jon Arryn knew or didn't know, it died with him. And Robert will choose a new Hand of the King-- someone to do his job while he's off fucking boars and hunting whores-- or is it the other way around? And life will go on. (Cersei: You should be The Hand of the King.) That's an honor I can do without. Their days are too long, their lives are too short.

제이미: 그가 왕에게 말했다면 지금쯤 우리 둘 목은 도시의 입구에 걸려있겠지. 존 아린이 무엇을 알았든 몰랐든, 그의 죽음으로 다 없어졌어. 로버트 왕은 자기 일을 대신해줄 새로운 왕의 핸드를 뽑을거고, 자기는 야생돼지를 범하고 창녀들을 사냥하겠지, 아니 그 거꾸로인가? 그리고 인생은 흘러갈거고. (세르세이: 네가 왕의 핸드가 되어야 하는데.) 갖고 싶지 않은 영광이야. 그들의 하루는 길고 바쁘고, 수명은 짧잖아.

Notes

- be skewered on~ …위에 효수당하다
- do without 없이 지내다
- the other way around 정반대

05 "I would name you the Hand of the King"

윈터펠을 찾아온 로버트 왕이 자신의 연인이자 네드 스타크의 여동생이 안치된 지하묘지에서 네드 스타크에게 왕의 핸드가 되어 주길 부탁한다.

Robert: I need you, Ned-- down at King's Landing, not up here where you're no damn use to anybody. Lord Eddard Stark, I would name you the Hand of the King. (Stark: I'm not worthy of the honor.) I'm not trying to honor you. I'm trying to get you to run my kingdom while I eat, drink and whore my way to an early grave.

로버트: 난 네드, 자네가 필요해. 킹스랜딩에서. 아무에게도 도움이 되지 않는 여기서가 아니라. 스타크 경, 자네를 왕의 핸드로 임명하려 하네. (스타크: 그런 영광을 누릴 자격이 없습니다.) 영광을 주려는게 아냐. 자네가 왕국을 다스리게 할거야 그동안 난 먹고 마시고 여자들이랑 놀다가 일찍 죽으려는거야.

Game of Thrones

Notes

- be no damn use to sb …에게 전혀 도움이 되지 않다
- get sb to+V …에게 …을 시키다

06 "I know how to play a man like Drogo"

철왕좌를 빼앗긴 타르가르옌 가의 아들 비세리스 3세가 동생 대너리스를 이용해 도트락인의 군대로 철왕좌를 되찾을 야망을 노골적으로 드러내보인다.

Vicerys: I know how to play a man like Drogo. I would let his whole tribe fuck you-- all 40,000 men and their horses too if that's what it took.

비세리스: 드로고 같은 사람을 다루는 법을 알고 있어. 만약 필요하다면 그의 부족 전체, 4만명의 남자들과 그들의 말들이 너를 범하게 할거야.

Game of Thrones

Notes

- I know how to~ …하는 법을 알고 있다
- if that's what it took 만약에 그게 필요하다면

07 "Never forget what you are"

티리온(난쟁이) 라니스터가 네드 스타크의 서자인 존 스노우와 첫대면하는 장면이다. 서자와 난쟁이는 같은 처지임을 얘기하면서 항상 자신의 신분을 잊지 말라고 조언한다.

Tyrion: Let me give you some advice, bastard. Never forget what you are. The rest of the world will not. Wear it like armor and it can never be used to hurt you.

티리온: 충고하나 하지 서자양반. 네 신분을 잊지마. 세상 사람들도 잊지 않을테니까. 이걸 갑옷처럼 입고 있으면 그것으로 상처받는 일은 없을거야.

Notes

- bastard 서자
- armor 갑옷
- Never forget what you are 당신 신분을 잊지마

08 "When I fight a man for real I don't want him to know what I can do"

윈터펠의 연회장. 네드 스타크와 마주친 제이미 라니스터는 왕의 핸드가 된 기념으로 토너먼트 식 경기를 하자고, 한번 겨뤄보자고 하지만 네드는 사양한다. 제이미가 "나이가 너무 드셨나요?" 라고 하자 자기가 왜 토너먼트 경기를 하지 않는지 설명한다.

Eddard: I don't fight in tournaments because when I fight a man for real I don't want him to know what I can do.

스타크: 난 토너먼트 경기를 하지 않아요. 내가 실제로 싸우게 될 때 상대가 내 힘을 몰랐으면 해서요.

Notes

- for real 진짜로
- I don't want sb to+V …가 …하기를 바라지 않는다

09 "The things I do for love"

제이미와 세르세이가 윈터펠의 탑에서 관계를 맺고 있는데 탑의 걸벽을 타고 올라온 브랜이 이를 목격하게 된다. 제이미가 브랜을 밖으로 밀어버리면서 하는 말이 바로 이 The things I do for love이다. 이는 시즌 6에서 에드뮤어 툴리와 이야기할 때 다시 나온다.

Jaime: Are you completely mad? (Cersei: He saw us.) It's all right, it's all right. It's all right. (Cersei: He saw us!) I heard you the first time. Quite the little climber, aren't you? How old are you, boy? (Bran: 10.) The things I do for love.

제이미: 너 완전히 미쳤구나. (세르세이: 우리를 봤어.) 괜찮아,괜찮다고. 괜찮아. (세르세이: 우리를 봤다고!) 한번 얘기했으면 됐어. 성벽을 잘 타는구나, 그렇지? 몇살이니? (브랜: 열살요) 사랑 때문에 해야되는 일들이란.

Notes

- completely 완전히
- quite~ 대단한…

Kingsroad

01 "Life is full of possibilities"

자신들의 비밀을 알고 있는 브랜이 아직 의식이 있다는 동생 티리온의 말에 제이미는 자신이 그렇게 되면 차라리 죽여달라고 심경을 토로하는데, 티리온은 그래도 살아있는게 낫다며 삶을 예찬한다.

Tyrion: Death is so final, whereas life Ah, life is full of possibilities. I hope the boy does wake. I'd be very interested to hear what he has to say.

티리온: 죽음은 정말 끝인데 반해 삶이란 많은 가능성들로 차 있잖아. 브랜이 깨어났으면 해. 그가 뭐라고 하는지 정말 꼭 듣고 싶거든.

Notes

- whereas …한 반면
- be interested to+V …하는데 관심이 있다
- wake 깨어나다

02 "We're nothing but sacks of meat and blood and some bone"

존 스노우가 나이트 워치로 떠나기 전 아리아를 위해 검을 만들고 있는데 제이미가 걸어와 직접 칼을 휘둘러 본 적이 있냐고 물어보면서 두 사람의 대화가 이어진다.

Jaime: It's a strange thing, the first time you cut a man. You realize we're nothing but sacks of meat and blood and some bone to keep it all standing.

제이미: 처음으로 사람을 칼로 벨 때 참 이상한 기분이 들지. 우리는 단지 고기 덩어리와 피 그리고 그 모든 것을 지탱해주는 뼈조각들이라는 것을 깨닫게 돼.

Notes

- the first time S+V 처음으로 …을 할 때
- sacks of~ …의 덩어리

03 "I'll know my way around by then"

목숨만 유지한 채 침대에 누워있는 브랜에게 나이트워치 대원이 되기 위해서 장벽으로 떠나는 존 스노우가 작별인사를 하러 온다.

Jon: I wish I could be here when you wake up. I'm going north with Uncle Benjen. I'm taking the black. I know we always talked about seeing the wall together, but you'll be able to come visit me at Castle Black when you're better. I'll know my way around by then. I'll be a sworn brother of The Night's Watch. We can go out walking beyond the wall, if you're not afraid.

존: 네가 깨어날 때 내가 옆에 있으면 좋을텐데. 난 벤젠 삼촌을 따라서 북쪽으로 가. 검은 옷을 입을거야. 우리 항상 장벽을 함께 보자고 얘기했던거 알아. 네가 나아지면 캐슬 블랙으로 날 찾아올 수 있을거야. 그때 쯤이면 내가 장벽에 익숙해져 있을거야. 난 나이트워치의 맹세한 형제가 되어 있을테니 말야. 네가 무섭지 않다면 우리는 장벽너머를 가볼 수도 있어.

Notes

- I wish I could+V …할 수 있으면 좋을텐데
- come visit sb …을 찾아오다
- take the black 검은 옷을 입다
- know one's way around …을 잘 알다

04 "That's what men always say when honor calls"

로버트 왕의 핸드가 되어 떠나야 되는 네드 스타크와 의식불명의 브랜을 돌봐야 하는 캐틀린 사이의 대화장면. 17년전 전쟁을 하러 로버트 바라테온과 함께 떠났고 일년 후에 다른 여자의 자식을 데리고 돌아왔던, 그리고 지금 다시 떠나며 선택의 여지가 없다라고 말하는 네드 스타크에게 남기를 바라는 마음을 표현한다.

Catelyn: That's what men always say when honor calls. That's what you tell your families, tell yourselves. You do have a choice. And you've made it. I can't do it, Ned. I really can't.

캐틀린: 그건 남자들이 명예가 부를 때 늘상 하는 말이죠. 가족들에게 그리고 자기자신에게 하는 말이에요. 당신은 선택권이 있어요. 그리고 선택을 한 것이구요. 난 정말 못하겠어요, 네드. 정말 못하겠어요.

Notes

- That's what S+V 그건 바로 …하는거다
- honor calls 명예를 따르다

05 "You might not have my name, but you have my blood"

나이트워치 대원이 되기 위해 캐슬 블랙으로 떠나는 서자 존 스노우에게 아버지 네드 스타크가 작별인사를 한다

Eddard: There's great honor serving in The Night's Watch. The Starks have manned the wall for thousands of years. And you are a Stark. You might not have my name, but you have my blood.

에다드: 나이트워치에서 근무하는 것은 큰 명예야. 스타크 가문이 수천년동안 장벽을 지켜왔어. 그리고 넌 스타크 사람이야. 비록 내 이름을 쓰지 못하지만 내 피가 흐르고 있어.

Notes

- There's great honor ~ing …하는 것은 커다란 영광이다
- serve in …에서 복무하다
- man 사람을 배치하다
- a Stark 스타크 가문의 사람

06 "There's a war coming, Ned"

네드 스타크와 로버트 왕이 함께 킹스랜딩으로 향하는 도중에 식사를 하면서 둘이 나누는 대화. 자신들이 반란을 일으켜서 죽인 아에리스 타르가르옌의 후손인 대너리스가 도트락인과 결혼한 사실을 말해주며 이제 전쟁이 다가오고 있음을 알린다.

Robert: There are still those in the Seven Kingdoms who call me usurper. If the Targaryen boy crosses with a Dothraki horde at his back, - the scum will join him. (Stark: He will not cross. And if by chance he does, we'll throw him back into the sea.) There's a war coming, Ned. I don't know when, I don't know who we'll be fighting, but it's coming.

로버트: 칠왕국에는 아직도 나를 찬탈자라고 부르는 사람들이 있네. 타르가르옌 놈이 도트락 병력과 함께 바다를 넘는다면 그 놈들은 동조할거야. (스타크: 그는 바다를 건너지 못해요. 넘는다 해도 다시 바다에 쳐 넣으면 돼요.) 전쟁이 다가오고 있네, 네드. 언제인지, 누구와 싸워야 될지 모르겠지만 전쟁이 다가오고 있어.

Notes

- usurper 찬탈자
- scum 쓰레기 같은 인간

07 "I must do my part for the honor of my house, wouldn't you agree?"

삼촌 벤젠과 나이트워치 대원이 되기 위해 캐슬 블랙으로 가는 도중, 존 스노우가 나이트워치를 구경하러 가는 티리온 라니스터와 함께 야영중이다. 책을 읽고 있는 티리온에게 존이 왜 그렇게 책을 많이 읽냐고 물어보자 티리온은 자기를 보면 뭐가 보이냐며 설명을 시작한다.

Tyrion: I must do my part for the honor of my house, wouldn't you agree? But how? Well, my brother has his sword and I have my mind. And a mind needs books like a sword needs a whetstone. That's why I read so much, Jon Snow. And you? What's your story, bastard?

티리온: 나도 가문의 명예를 위해 내 역할을 해야 해. 그렇지 않겠나? 그러나 어떻게? 내 형 제이미는 칼을 잘 쓰고, 내겐 두뇌가 있지. 칼에는 숫돌이 필요하듯이 머리에는 책이 필요한거야. 이게 내가 책을 많이 읽는 이유네. 존 스노우. 그럼 넌? 네 사연은 뭔가 서자양반.

Game of Thrones

Notes

- I must do my part~ 난 내 역할을 해야 돼
- whetstone 숫돌
- What's your story? 네 사연은 뭐야?
- ~wouldn't you agree? 그렇지 않겠어?
- That's why~ 그래서 …하는거야

08 "Too easily words of war become acts of war"

브랜을 죽이기 위해 자객을 보내지지만 브랜을 지켜주는 다이어울프에 자객은 죽고 만다. 수상히 여긴 엄마 캐틀린은 성벽에서 세르세이의 머리칼을 발견한다. 그리고는 브랜을 죽이려고 하는데에는 브랜이 뭔가 못볼 것을 본 것이며, 여기에 라니스터 가가 연루되어 있다고 의심하게 되고, 아들 롭과 신의 숲에서 얘기를 주고 받는다. 이에 흥분한 롭이 전쟁을 하겠다고 하자 마에스터 루윈이 이를 말린다.

Luwin: What, is there going to be a battle in the Godswood? Huh? Too easily words of war become acts of war. We don't know the truth yet.

루윈: 신의 숲에서 전투얘기를 하자는 건가요? 쉽게 전쟁을 말하게 되면 실제로 전쟁이 일어납니다. 아직 우리는 완전한 진실을 모르고 있어요.

Game of Thrones

Notes

- battle 전투
- Godswood 옛신이 있는 숲

09 "She deserves better than a butcher"

조프리가 다이어울프에게 물렸을 때, 왕은 아이들 싸움에서 비롯된 것이고 조프리를 문 다이어울프도 도망갔으니 그냥 넘어가자고 하지만 세르세이는 다이어울프가 하나 더 있다고 하며 대신 죽일 것을 주장한다. 네드는 그래야만 한다면 자신이 하겠다고 한다.

Eddard: If it must be done, then I'll do it myself. (Cersei: Is this some trick?) The wolf is of the north. She deserves better than a butcher.

에다드: 그래야 한다면, 제가 직접 하겠습니다. (세르세이: 무슨 수작인가요?) 늑대는 북부의 것입니다. 백정이 집행하는 것보다 더 나은 대접을 받아야 합니다.

Game of Thrones

Notes

- deserve better than~ …보다 나은 대접을 받다
- butcher 백정

Lord Snow

01 "You served him well when serving was safe"

킹스랜딩에 도착한 네드 스타크는 소의회에 가는 길에 철왕좌 앞에 앉아 있는 제이미 라니스터와 마주치고, 미친왕 아에리스 타르가르옌의 등를 찔러 죽인 제이미와 가시 돋힌 얘기를 주고 받는다.

Eddard: Is that what you tell yourself at night? You're a servant of justice? That you were avenging my father when you shoved your sword in Aerys Targaryen's back? (Jaime:Tell me-- If I'd stabbed the Mad King in the belly instead of the back, would you admire me more?) You served him well when serving was safe.

에다드: 밤에 자신에게 그렇게 말을 하나? 당신이 정의를 실현했다고? 당신이 아에리스 타르가르옌의 등에 칼을 꽂았을 때 나의 아버지의 복수를 했다고? (제이미: 말해주세요. 내가 미친왕의 등이 아니라 배를 찔렀다면, 나를 더 존경했을겁니까?) 당신은 왕을 섬기는게 안전할 땐 잘 섬겼지.

Notes

- servant 종복
- avenge 복수하다
- stab 칼로 찌르다
- instead of 대신에

02 "The truth will be what you make it"

다이어울프에 물린 아들 조프리와 상처에 약을 발라주는 세르세이와의 대화장면. 조프리는 자신이 늑대에게 물렸고 비명을 질렀을 뿐 싸우지도 못했다고 자책하자 세르세이는 네가 야수를 죽였다면서 왕은 진실을 왜곡시켜도 된다고 말하고 있다.

Cersei: When Aerys Targaryen sat on the Iron Throne, your father was a rebel and a traitor. Someday you'll sit on the throne and the truth will be what you make it.

세르세이: 아에리스 타르가르옌이 철왕좌에 앉아 있을 때, 네 아버지는 반역자에다 배신자였지. 언젠가 넌 그 왕좌에 앉을 것이고 네가 만드는 것이 진실이 될 것이야.

Game of Thrones

Notes

- sit on …의 자리에 앉다
- traitor 배신자, 반역자
- rebel 반역자

03 "The occasional kindness will spare you all sorts of trouble down the road"

산사와 아리아에게 약점을 보인 조프리는 그들을 싫어하게 되지만, 세르세이는 그들에게 잘해주라고 한다.

Cersei: The occasional kindness will spare you all sorts of trouble down the road.

세르세이: 가끔 친절하게 해주면 나중에 괜한 수고를 덜어주게 된다.

Game of Thrones

Notes

- occasional 가끔의
- all sorts of 모든 종류의
- spare …을 겪지 않아도 되게 하다
- down the road 앞으로, 나중에

04 "Everyone who isn't us is an enemy"

북부의 스타크 가문에 불만을 가진 조프리에게 세르세이는, 훌륭한 왕은 힘을 비축할 때와 적을 쓰러트릴 때를 아는 것이라고 하면서 다혈질의 조프리를 진정시킨다.

Cersei: A good King knows when to save his strength And when to destroy his enemies.(Joffrey: So you agree The Starks are enemies?) Everyone who isn't us is an enemy.

세르세이: 훌륭한 왕은 자신의 힘을 비축할 때와 적을 쓰러트릴 적기를 아는거야. (조프리: 그럼 스타크 가문은 적이라는데 동의하시는건가요?) 우리가 아닌 사람은 누구든 적이야.

Notes

- save 비축하다, 아끼다
- destroy 파멸시키다

05 "War was easier than daughters"

산사에게 준비한 선물을 가져온 네드는 거칠게 행동하는 아리아를 방에 가 있으라고 하고 산사에게는 선물을 준다. 하지만 산사는 8살 때부터 인형을 갖고 놀지 않았다고 퉁명스럽게 말하며 자리에서 일어나도 되냐고 한다. 산사와 아리아, 두 딸의 다툼을 해결하려는 네드 스타크. 전쟁이 오히려 더 쉬웠다고 말한다.

Eddard: It's all right. Go on. War was easier than daughters.

에다드: 괜찮다. 가봐라. 전쟁이 딸들보다 더 쉬웠어.

Notes

- Go on 가거라

06 "We cannot fight a war amongst ourselves"

아리아의 방을 찾아간 스타크는 아리아가 검을 갖고 있는 것을 보고 놀란다. 그러면서 "검술의 가장 중요한게 뭔지 아니?"라고 묻자 아리아는 "날카로운 쪽으로 찌르는거예요"라고 한다. 스타크는 그게 핵심이지라고 말하면서 산사의 입장을 아리아에게 이해시키며 현재 상황이 어떠한지 설명을 해주고 있다.

Eddard: You were born in the long summer. You've never known anything else. But now winter is truly coming. And in the winter, we must protect ourselves, look after one another. Sansa is your sister. (Arya: I don't hate her. Not really.) I don't want to frighten you, but I won't lie to you either. We've come to a dangerous place. We cannot fight a war amongst ourselves.

에다드: 넌 기나긴 여름에 태어나서 여름 말고는 다른 것을 본 적이 없어. 하지만 이제 진짜 겨울이 다 가오고 있어. 그리고 겨울에는 우리 스스로를 보호해야 되고 또 서로를 돌봐줘야 돼. 산사는 네 언니야. (아리아: 언니를 정말로 싫어하는건 아녜요.) 너를 겁주고 싶지 않지만 그렇다고 거짓말하지 않겠다. 우리는 아주 위험한 장소에 와 있어. 우리끼리 싸우면 안돼.

Notes

- look after 돌보다
- frighten 겁주다

07 "Here a man gets what he earns, when he earns it"

장벽 위에서 존 스노우는 벤젠 삼촌과 얘기를 나눈다. 벤젠은 퍼스트 레인저(최정예대원)로 장벽 밖으로 탐색하러 나간다고 하고 이에 존 스노우는 자기도 준비되었고 실망시키지 않겠다면서 같이 가자고 한다. 하지만 아직 준비가 덜 되었다고 보는 벤젠은 존 스노우에게 더 배울 것을 권한다.

Benjen: Better than no one! Here a man gets what he earns, when he earns it. We'll speak when I return.

벤젠: 전혀 뛰어나지 않아! 여기서는 노력을 할 때 노력한 것을 얻게 된다. 내가 돌아오면 다시 얘기하자.

Notes

- earn 얻다
- return 돌아오다

Cripples, Bastards, and Broken Things

01 "Last words are usually as significant as first words"

존 아린의 죽음을 조사하는 네드 스타크는 그랜드 마에스터 파이셀로부터 존 아린이 죽기전에 한 말이 "The seed is strong"이라고 한다. 네드는 그 의미를 묻지만 파이셀은 "죽어갈 때의 마음은 정상적이지 않습니다"라고 하면서 별로 중요하지 않다고 말한다. 여기서 "The seed is strong"은 나중에 알겠지만 바라테온 가의 검은 머리는 우성인데, 조프리의 머리는 금발로 존 아린은 바라테온의 자식이 아님을 알게 된 것이다. 파이셀의 말과는 달리 죽기 전에 아주 중요한 말을 한 셈이다.

Pycelle: For all the weight they're given, last words are usually as significant as first words.

파이셀: 죽을 때 하는 말에 큰 의미를 부여하지만 마지막 말들은 보통 처음 내뱉는 말처럼 별로 의미가 없는 말입니다.

Notes

- weight 무게
- significant 중요한
- be given 주어지다

02 "You can't get any worse"

존은 샘에게 싸움도 못하고, 눈도 안좋고 높은 곳과 거의 모든 것들을 무서워하면서 왜 나이트워치에 들어오게 되었냐고 묻는다. 샘은 아버지가 나이트워치에 가지 않으면 사냥을 하다 죽었다고 할 것이라고 협박을 해서 오게 되었다고 한다. 그리고 다음 날이면 알리세르 훈련관이 자기를 또 싸우게 할 것이라고 걱정한다. 그러면서 절망적으로 말한다.

Sam: I'm not going to get any better, you know?
Jon: Well, you can't get any worse.

샘: 나 조금도 나아지지 않을거야. 그지?
존: 더 나빠질 것도 없잖아.

Game of Thrones

Notes
- get better 나아지다
- get worse 더 나빠지다

03 "Distrusting me was the wisest thing you've done since you climbed off your horse"

네드 스타크와 배일리쉬가 궁정 정원을 걷고 있다. 각종 정보를 주는 배일리쉬가 아랫사람 중에서 완벽하게 신뢰하는 사람이 있냐고 묻자 네드는 그렇다고 답한다. 그러자 배일리쉬는 "현명한 대답은 없다입니다"라고 말한다. 그리고 존 아린의 종자였다가 기사가 된 사람을 조사해보고 시내의 무기 제조가에게 가보라는 정보를 준다. 이에 네드는 당신을 신뢰하지 않은게 내 잘못이었소라고 말하는데 이에 대한 배일리쉬의 대답은….

Baelish: Distrusting me was the wisest thing you've done since you climbed off your horse.

배일리쉬: 저를 불신하신 것은 말에서 내려서 경이 하신 일 중에 가장 현명한 일이었습니다.

Game of Thrones

Notes
- distrust 불신하다
- clime off 말에서 내리다(여기서는 수도에 도착한 후)

04 "The next time you raise a hand to me will be the last time you have hands"

비세리스가 대너리스를 찾아와 자신에게 명령을 내렸다고 폭력을 행사한다. 그러자 대너리스는 저항을 하면서 비세리스의 얼굴에 상처를 입힌다.

Daenerys: I am a Khaleesi of the Dothraki! I am the wife of the great Khal and I carry his son inside me. The next time you raise a hand to me will be the last time you have hands.

대너리스: 난 도트락의 칼리시다. 난 위대한 칼의 아내이고 내 안에는 그의 아들이 있다. 다시한번 내게 손찌검을 하면 손을 잃게 될 것이야.

▶▶ Game of Thrones

Notes

- carry one's son inside~ …안에 …의 아이를 배고 있다
- raise a hand 손찌검을 하다

05 "It's not a good life for a child"

존 스노우와 뚱보 샘의 대화장면. 다시한번 서자 존 스노우의 슬픔을 느낄 수 있는 장면이다. 존 스노우는 여자와 자본 적이 없다고 말하는데, 그 이유는 자신이 북부의 서자이기 때문이라고 말한다.

Jon: I never met my mother. My father wouldn't even tell me her name. I don't know if she's living or dead. I don't know if she's a noblewoman or a fisherman's wife or a whore. So I sat there in the brothel as Ros took off her clothes. But I couldn't do it. Because all I could think was what if I got her pregnant and she had a child, another bastard named Snow? It's not a good life for a child.

존: 난 엄마를 만난 적이 없어. 아버지는 이름을 알려주려고 하지 않아. 살아계신지 돌아가셨는지도 몰라. 귀족인지, 어부의 아내인지 혹은 매춘부인지 몰라. 난 로즈가 옷을 벗을 때 매춘굴에 앉아 있었어. 하지만 난 할 수가 없었어. 내 머리 속에는 오직, 내가 저 여자를 임신시키면, 그래서 아이가 생겨나고 스노우라는 또 다른 서자가 생기면 어떡하나라는 생각뿐이었어. 서자로서의 삶은 아이에게 좋은게 아니니까.

▶▶ Game of Thrones

Notes

- surname 성
- brothel 매음굴, 창녀촌

06 "And come the winter you will die like flies"

존 스노우와 샘이 장난치고 있는데 훈련관 알리세르가 들어와 나이트워치의 근무가 얼마나 힘들고 어려운지를 말해준다. 추위와 와이들링 등의 험난함을 일장연설한다.

Allyser: Soon we'll have new recruits and you lot will be passed along to the Lord Commander for assignment and they will call you men of The Night's Watch, but you'd be fools to believe it. You're boys still. And come the winter you will die like flies.

알리세르: 곧 신병들이 올것이고 너희들은 사령관으로부터 임무를 부여 받을 것이다. 사람들은 너희들을 나이트워치라고 부르겠지. 하지만 그걸 믿으면 멍청한거지. 너희들은 아직 소년이야. 그리고 겨울이 오면 너희들은 파리처럼 죽게 될거야.

Game of Thrones

Notes

- recruit 신병
- pass along 넘겨주다, 할당하다
- lot 무리
- assignment 임무

07 "They don't care what games the high lords play"

대너리스가 자기 오빠를 때린 후 심복인 조라 모르몬트와 나누는 대화. 오빠인 비세리스 타르가르옌이 철왕좌를 탈환할 가능성에 대해 얘기하며 대너리스는 자신은 오빠가 철왕좌에 앉는 것이 달갑지 않지만 평민들이 용이 새겨진 깃발을 만들고 그의 귀환을 기도하고 있다고 말한다. 이에 조라는 현실을 알려준다.

Jorah: The common people pray for rain, health and a summer that never ends. They don't care what games the high lords play.

Daenerys: What do you pray for, Ser Jorah?

Jorah: Home.

Daenerys: I pray for home too. My brother will never take back the Seven Kingdoms. He couldn't lead an army even if my husband gave him one. He'll never take us home.

조라: 평민들은 비가 오기를, 건강하기를 그리고 절대로 끝나지 않는 여름이 되기를 기도합니다. 높은 귀족들이 무슨 게임을 하던지 신경쓰지 않아요.
대너리스: 조라경, 당신을 무엇을 바라나요?
조라: 고향입니다.
대너리스: 나도 고향에 가기를 바래요. 내 오빠는 절대로 칠왕국을 되찾지 못할거에요. 내 남편이 군대를 준다고 해도 이끌지도 못할겁니다. 그는 우리를 집으로 데려다 주지 못할거에요.

Notes

- common people 평민
- take back 되찾다
- pray for …을 기원하다, 바라다
- lead an army 군대를 이끌다

08 "He'll do what he wants"

왕비 세르세이가 왕의 핸드인 네드 스타크를 찾아와 일시적인 화해를 청한다. 아이들 문제에서는 때론 극단적으로 가곤 한다고 유화 제스처를 보내지만 자신들의 비밀을 지키려는 세르세이와 이를 캐려는 네드 스타크 사이의 대화 사이에는 돌이킬 수 없는 감정이 섞여져 있다.

Cersei: You can't change him. You can't help him. He'll do what he wants, which is all he's ever done. You'll try your best to pick up the pieces. (Eddard: If that's my job, then so be it.) You're just a soldier, aren't you? You take your orders and you carry on. I suppose it makes sense. Your older brother was trained to lead and you were trained to follow.(Eddard: I was also trained to kill my enemies, your Grace.) As was I.

세르세이: 당신은 왕을 변화시킬 수도 도와줄 수도 없어요. 왕은 자신이 원하는 것만을 할거예요, 여태까지 그래왔듯이요. 당신은 사태를 수습하려고 최선을 다하는게 전부겠죠. (에다드: 그게 제 일이라면 기꺼이.) 당신은 그저 군인이구요, 그렇지 않아요? 명령을 받아서 따르기만 하는. 그러고보니 말이 되네요. 당신의 형은 남을 이끌도록 자랐고 당신은 따르도록 지도를 받았다는 말이요. (에다드: 왕비전하, 저는 또한 저의 적을 죽이도록 훈련을 받았습니다.) 저랑 같군요.

Notes

- pick up the pieces (사태 등을) 수습하다
- take one's orders 명령을 받다
- make sense 말이 되다
- so be it 그렇게 돼야죠
- carry on 따르다

The Wolf and the Lion

01 "A Lannister always pays his debts"

캐틀린에게 포로로 잡힌 티리온은 자신을 풀어달라고 한다. 아버지가 많은 포상금을 거실거고 라니스터 가문은 언제나 빚을 갚는다라는 라니스터 가문에 관한 얘기를 한다. '라니스터 가는 항상 빚을 갚는다'라는 문장은 라니스터의 공식가언은 아니지만 왕좌의 게임에서 반복해서 나오는 유명한 문구이다.

Tyrion: Everyone knows a Lannister always pays his debts. Would you be so good as to untie me?

티리온: 라니스터 가문은 항상 빚을 갚는다는 것을 다들 알고 있죠. 저를 좀 풀어주시겠습니까?

Notes

- pay one's debts …의 빚을 갚다
- untie 풀어주다

02 "Some doors close forever, others open in the most unexpected places"

환관인 바리스경이 네드 스타크를 찾아온다. 자신의 경우를 예로 들면서 네드의 아들 브랜의 불행을 얘기하면서 못걷는 대신 다른 기회가 올 것이다라고 조언한다.

Varys: Some doors close forever, others open in the most unexpected places.

바리스: 어떤 문들은 영원히 닫힙니다. 어떤 문들은 전혀 예상치 못한 곳에서 열리지요.

Notes

- forever 영원히
- unexpected 전혀 예상못한, 뜻밖의

03 "He started asking questions"

바리스는 네드에게 존 아린은 독살당하였고 로버트 왕도 같은 운명에 처해 있다는 현실을 얘기해준다. '리스의 눈물'이라 불리우는 희귀하고 물처럼 투명하고 맛도 없는, 그리고 아무런 흔적도 남기지 않는 독으로 독살당했다고 고한다.

Eddard: Jon was a man of peace. He was Hand for 17 years-- Why kill him?

Varys: He started asking questions.

에다드: 존은 평화로운 사람이었어요. 17년간 왕의 핸드를 했구요. 그를 왜 독살합니까?
바리스: 이것저것 캐기 시작했거든요.

Notes

- a man of peace 평화로운 사람
- ask questions 캐기 시작하다
- start ~ing …하기 시작하다

04 "Do you think honor keeps them in line?"

대너리스의 임신 소식을 들은 왕 로버트는 직접 회의를 소집하고 핸드인 네드 스타크를 호출한다. 왕은 대너리스와 태어나지 않은 아이, 그리고 오빠 비세리스 타르가르옌을 살해하자고 하고 네드는 이에 반대한다.

Robert: The whore is pregnant. (Ned: You're speaking of murdering a child.) I warned you this would happen. Back in the North, I warned you, but you didn't care to hear. Well, hear it now. I want 'em dead, mother and child both. And that fool Viserys as well. Is that plain enough for you? I want them both dead. (Eddard: You will dishonor yourself forever if you do this.) Honor?! I've got Seven Kingdoms to rule! One King, Seven Kingdoms. Do you think honor keeps them in line? Do you think it's honor that's keeping the peace? It's fear-- fear and blood.(Eddard: Then we're no better than the Mad King.)

로버트: 그 매춘부가 임신을 했어. (에다드: 전하는 아이를 살해하자고 하는 겁니다.) 내가 북부에서 이런 일이 있을거라고 경고했는데 자넨 들으려고 하지 않았지. 자 이제 들어봐. 난 그들을 죽이기를 바래. 엄마와 아이 모두. 그리고 어리석은 비세리스도 함께 말야. 이제 명백히 알아들었나? 난 모두 다 죽기를 바란다고. (에다드: 만약 그렇게 하신다면 영원히 전하의 명예를 더럽히게 될 것입니다.) 명예?! 난 칠왕국을 통치하고 있네! 왕은 하나인데, 왕국은 7개야. 그들이 명예 때문에 질서가 지켜진다고 생각하나? 평화를 지켜주는게 명예라고 생각하는거야? 공포야, 공포와 피야.(네드: 그럼 우린 미친 왕보다 나은게 없습니다.)

▶ ▶ Game of Thrones

Notes

- whore 매춘부
- dishonor oneself 명예를 더럽히다
- keep ~ in line …가 규칙을 지키게 하다
- as well 마찬가지로
- rule 통치하다
- no better than~ …에 지나지 않다

05 "I will have no part in it"

왕은 신하들을 시켜 네드를 설득하려고 하지만 네드는 끝내 왕의 핸드직을 내려놓고 나가버린다.

Eddard: I followed you into war-- twice, without doubts, without second thoughts. But I will not follow you now. The Robert I grew up with didn't tremble at the shadow of an unborn child. (Robert: She dies.) I will have no part in it. (Robert: You're the King's Hand, Lord Stark. You'll do as I command or I'll find me a hand who will.) And good luck to him. I thought you were a better man. (Robert: Out. Out, damn you. I'm done with you. Go, run back to Winterfell! I'll have your head on a spike! I'll put it there myself, you fool! You think you're too good for this? Too proud and honorable? This is a war!)

에다드: 전하를 따라 전쟁을 두번 치뤘습니다. 아무런 의심없이, 주저없이요. 하지만 이번에는 전하를 따르지 않겠습니다. 저와 함께 자란 로버트 왕은 아직 태어나지도 않은 아이의 그림자에 떨지 않았습니다. (로버트: 그녀는 죽는다.) 전 관여하지 않겠습니다. (로버트: 자네는 왕의 핸드야, 스타크 경. 내가 명하는대로 하고 그렇지 않으면 그렇게 할 핸드를 다시 찾겠네.) 그에게 행운이 있기를 바랍니다. 난 전하가 더 나은 사람이라고 생각했습니다. (로버트: 나가, 나가, 빌어먹을. 자네와는 끝났어. 가, 윈터펠로 빨리 돌아가라고! 창에 머리를 걸어주지! 내 스스로 할거야, 이 바보야! 너무 고상해서 이걸 못하겠다는거야? 자부심이 넘치고 너무 명예로와서? 이건 전쟁이야!)

Notes

- without doubts 아무런 의심없이
- tremble at …에 떨다
- be done with sb …와 끝났다
- without second thoughts 주저없이
- have no part in …에 관여하지 않다

06 "That thrones are only made for the hated and the feared?"

티렐 가문의 로라스는 동성연인인 렌리 바라테온을 왕으로 옹립하려고 유혹한다. 렌리는 부드러운 성품으로 백성들이 좋아하니 왕위계승에서 밀리더라도 티렐 가문을 등에 엎고 왕위에 오르라고 한다.

Loras: Where is it written that power is the sole province of the worst? That thrones are only made for the hated and the feared? You would be a wonderful King.

로라스: 권력이 나쁜 자들의 전유물이란 법이 어디 있어? 미움받고 공포스런 사람만 왕좌에 오르라는 법은 없어. 넌 훌륭한 왕이 될거야.

▶ ▶ Game of Thrones

Notes

- sole province 전유물, 분야
- the hated 미움을 받는 사람들
- the worst 나쁜 사람들, 악인
- the feared 두려움의 대상이 되는 사람들

07 "Our marriage"

스타크와 헤어진 로버트왕에게 세르세이가 찾아온다. 왕은 비세리스를 경계하면서 현재 왕국에는 중상모략과 음모, 그리고 아첨과 돈욕심 뿐이어서 무엇이 왕국을 지탱하고 있는지 모르겠다고 한탄한다.

Robert And that's all the realm is now: Back-stabbing and scheming and arse-licking and money-grubbing. Sometimes I don't know what holds it together.

Cersei: Our marriage.

로버트: 이제 왕국에는 그게 전부야. 중상모략과 음모, 아첨과 돈욕심. 때론 무엇이 왕국을 지탱하고 있는지 모르겠어.
세르세이: 우리의 결혼이죠.

▶ ▶ Game of Thrones

Notes

- back-stabbing 중상모략
- arse-licking 아첨, 아부
- hold~ together …을 함께 유지하다
- scheming 음모
- money-grubbing 돈욕심을 내는 것

08 "My spite didn't mean anything to you"

계속해서 세르세이와 로버트는 남남처럼 살아가는 17년간의 결혼생활에 대해 서로 허심탄회하게 털어놓는다. 세르세이가 그동안 묻지 않았던 로버트의 약혼녀, 네드 스타크의 여동생 리안나가 어떻게 생겼는지 물어본다.

Cersei: At first, just saying her name even in private felt like I was breathing life back into her. I thought if I didn't talk about her, she'd just fade away for you. When I realized that wasn't going to happen, I refused to ask out of spite. I didn't want to give you the satisfaction of thinking I cared enough to ask. And eventually it became clear that my spite didn't mean anything to you. As far as I could tell, you actually enjoyed it.

세르세이: 처음에는 단 둘이라 해도 그녀의 이름을 말하는 것은 내가 그녀를 다시 살려내는 것처럼 생각했어요. 내가 그녀 얘기를 하지 않으면 그녀는 당신에게서 멀어질 줄 알았죠. 그렇게 되지 않을거라는 것을 안 다음에는 악을 쓰고 물어보지 않았어요. 내가 물어볼 정도로 그녀에 대해 신경쓴다는 만족감을 당신에게 주고 싶지 않았어요. 그리고 결국 나의 악의는 당신에게 아무런 의미가 없다는 것이 명백해졌죠. 내가 생각하기에는 당신은 즐겼던 것 같아요.

Notes

- in private 단 둘일 때, 사적으로
- fade away 사라지다
- take~ away from~ …에게서 …을 빼앗아가다
- breathe life back into~ …에게 생명을 다시 불어넣다
- out of spite 악의로, 화가나서

09 "It doesn't make me feel anything"

세르세이는 한때 자신이 로버트 왕을 좋아했었다고 고백하고 지금까지 한번도 자신들에게 가능성이 없었냐고 물어보는데 로버트 왕은 단호하게 No라고 답한다. 그리고는 묻는다. 기분이 좋으냐고 나쁘냐고….

Cersei: I felt something for you once, you know? (Robert: I know.) Even after we lost our first boy. For quite a while, actually. Was it ever possible for us? Was there ever a time, ever a moment? (Robert: No. Does that make you feel better or worse?) It doesn't make me feel anything.

세르세이: 내가 한때 당신을 좋아했던거 알고 있죠? (로버트 : 알아.) 우리 첫아이를 잃고 난 후에도 한동안은요. 우리는 전혀 가능성이 없었나요? 단 한 순간도 없었나요? (로버트 : 없었어. 이 사실이 당신 기분을 어떻게 만드나?) 아무런 느낌도 없어요.

Notes

- feel something for sb …에게 감정을 갖다, 느끼다
- even after~ 심지어는 …후에도

A Golden Crown

01 "I'm the King. I get what I want"

캐틀린은 티리온을 납치했고 제이미는 그 복수로 네드 스타크를 공격해 다리에 부상을 입힌다. 다리를 다쳐 누워있는 스타크를 로버트 왕과 세르세이가 찾아와 문제를 해결하려고 한다.

Robert: (Eddard: If we don't act, there will be a war.) So tell your wife to return that little shit of an Imp to King's Landing. She's had her fun, now put an end to it. You hear me? Send a raven and put an end to it. (Eddard: And what about Jaime Lannister? What about Jaime?) I'm half a Kingdom in debt to his bloody father. I don't know what happened between you and those yellow-haired shits. I don't want to know. This is what matters-- I can't rule the Kingdoms if the Starks and the Lannisters are at each other's throats. So enough. (Eddard: As you command, Your Grace. With your leave, I will return to Winterfell and set matters straight.) Piss on that. Send a raven. I want you to stay. I'm the King. I get what I want.

로버트: (에다드: 우리가 행동을 취하지 않으면 전쟁이 일어날겁니다.) 그러니 그 빌어먹을 난쟁이 자식을 킹스랜딩으로 돌려보내라고 아내에게 말하게. 재미는 볼만큼 봤으니 이제 끝내라고. 알았어? 까마귀를 보내서 이제 그만하라고 해. (에다드: 제이미 라니스터는요? 제이미는요?) 왕국의 절반을 그 아버지에게 빚지고 있네. 자네와 노랑머리 것들 사이에 무슨 일이 있었는지 모르겠어. 알고 싶지도 않네. 중요한 건 이거야. 스타크 가문과 라니스터 가문이 서로 죽이려고

대립하면 난 왕국을 통치할 수가 없네. 그러니 그만하게. (에다드: 명령대로 하겠습니다. 전하. 나가시면 윈터펠로 돌아가서 문제를 바로 잡겠습니다.) 빌어먹을, 까마귀를 보내고 자네는 여기 남게. 내가 왕이니 내가 시키는대로 하게.

Notes

- put an end to 끝내다
- This is what matters 중요한 건 이거야
- be at each other's throats 서로의 목을 노리다
- Piss on that 젠장할, 빌어먹을, 말도 안되는 말은 하지마
- bloody 빌어먹을
- rule 통치하다
- set matters straight 문제를 바로잡다

02 "You were the brother I chose"

계속되는 장면. 로버트는 자기 형제들을 좋아하지 않았고 자신에게 유일한 형제는 네드 스타크라고 얘기하면서 왕의 핸드배지를 다시 돌려주면서 사냥을 갔다오는 동안 왕국을 통치하라고 한다. 자신보다 그 자리를 더 싫어하게 될거라면서….

Robert: I never loved my brothers. A sad thing for a man to admit, but it's true. You were the brother I chose. We'll talk when I return from the hunt. (Eddard: The hunt?) Killing things clears my head. You'll have to sit on the throne while I'm away. You'll hate it more than I do. (Eddard: The Targaryen girl) Seven hells, don't start with her again. The girl will die and I'll hear no more of it. Put on the badge. And if you ever take it off again, I swear to the mother I'll pin the damned thing on Jaime Lannister.

로버트: 난 형제들을 좋아한 적이 전혀 없어. 남자로서 인정하기 슬픈 이야기이지만 정말 그랬네. 자네는 내가 선택한 형제야. 사냥에서 돌아와서 얘기하세. (에다드: 사냥요?) 뭘 좀 죽여야 머리가 맑아지거든. 내가 없는 사이에 왕좌에 앉게나. 나보다 더 증오하게 될걸세. (에다드: 타르가르옌 소녀) 젠장할, 그 여자 얘기는 다시 꺼내지 말게나. 그 여자는 죽게 될거고 난 더 이상 그에 대해 듣고 싶지 않네. 배지를 달게. 다시 한번 그 배지를 떼면, 어머니(세븐의 일곱신 중 하나)께 맹세코 그 빌어먹을 배지를 제이미 라니스터에게 달아줄걸세.

Notes

- Seven hells 왕좌의 게임에 나오는 욕설 중의 하나로 God dammit 정도로 생각하면 된다.
- Don't start with~ …얘기는 꺼내지도마
- I swear to~ I'll~ …에 맹세코 …할거야

03 "Not today"

아버지가 부상당해 위험에 처해 있어 마음이 심란한 상태 속에서 아리아가 검술 선생님 시리오 포렐에게서 지도를 받고 있다.

Syrio: Do you pray to the gods? (Arya: The old and the new.) There is only one God and his name is Death. And there is only one thing we say to Death: "Not today."

시리오: 신들에게 기도해? (아리아: 옛신과 새로운 신께요) 세상에는 단 하나의 신이 있으며 그의 이름은 죽음이야. 그리고 죽음에게 우리가 할 말은 단 한가지 뿐이지. : "다음에 오세요."

Notes

- pray to~ …에게 기도하다
- Not today 오늘은 안돼요, 다음에 와요

04 "I'm good at convincing others to do violence for me"

하늘 감옥에 갇혀 있는 티리온은 더 이상 못견디고 죄를 고백하겠다고 한다. 하지만 그가 자백하는 죄들은 캐틀린이 듣고 싶어하는 것과는 전혀 상관없는 사소한 것들을 털어놓고 있다.

Tyrion: My crimes and sins are beyond counting. I have lied and cheated, gambled and whored. I'm not particularly good at violence, but I'm good at convincing others to do violence for me.

티리온: 저희 죄는 셀 수 없을 정도입니다. 거짓말을 했고, 사기를 쳤고 도박을 하고 매춘을 하였습니다. 폭력에는 딱히 능하지 못하나 다른 사람을 시켜 나를 위해 폭력을 쓰게 하는데는 능합니다.

Notes

- beyond counting 셀 수 없는
- whore 매춘하다
- convince sb to+V …에게 …하게끔 설득하다
- cheat 사기치다
- be good at~ …에 능하다

05 "Gold wins wars, not soldiers"

사냥간 왕을 대신해 집무를 보고 있는 네드 스타크가 라니스터 가문에 정면으로 맞서는 결정을 내리자 배일리쉬가 다가와 전쟁을 이기게 하는 것은 돈이지 병사들이 아니라는 그 다운 조언을 해준다.

Baelish: A bold move, My Lord, and admirable. But is it wise to yank the lion's tail? Tywin Lannister is the richest man in all the Seven Kingdoms. Gold wins wars, not soldiers. (Eddard: Then how come Robert is King and not Tywin Lannister?)

배일리쉬: 스타크 경, 대담하고 훌륭한 조치군요. 하지만 사자의 꼬리를 잡아채는게 현명한 일일까요? 타이윈 라니스터는 칠왕국에서 가장 부유한 사람입니다. 전쟁에서 이기는 것은 병사들이 아니라 돈입니다. (에다드: 그럼 왜 타이윈 라니스터가 아니라 로버트가 왕인거요?)

Game of Thrones

Notes

- move 조치
- tail 꼬리
- yank 잡아당기다

06 "Fire cannot kill a Dragon"

칼 드로고가 연회를 베풀고 있는데 철왕좌를 차지하는데 조급한 비세리스가 찾아와 동생을 줬으니 왕좌를 달라고 난동을 부리다 결국 금을 녹인 뜨거운 왕관을 쓰고 죽게 된다.

Daenerys: He was no Dragon. Fire cannot kill a Dragon.

대너리스: 그는 용이 아니예요. 불은 용을 죽일 수 없어요.

Game of Thrones

You Win or You Die

01 "It's the family name that lives on"

제이미는 네드 스타크를 공격하고 나서 아버지이자 캐스털리 록의 영주인 타이윈 라니스터에게로 도망친다. 타이윈은 라니스터 가는 바보같은 짓을 하지 않는다고 하면서 아들 제이미에게 일장 연설을 한다.

Tywin: If another House can seize one of our own and hold him captive with impunity, we are no longer a House to be feared. Your mother's dead. Before long I'll be dead. And you and your brother and your sister and all of her children. All of us dead; all of us rotting in the ground. It's the family name that lives on. It's all that lives on. Not your personal glory, not your honor, but family. Do you understand?

타이윈: 다른 가문이 우리 가문의 한 사람을 포로로 붙잡고 있는데도 처벌을 받지 않는다면 우리 가문은 더 이상 두려움의 대상이 아니야. 네 어머니는 죽었다. 머지않아 나도 죽게 될거다. 그리고 너, 네 동생 그리고 네 누이 그리고 누이의 아이들까지. 우리 모두는 죽는다. 우리 모두는 땅에서 썩게 된다. 살아남는 것은 가문의 이름이야. 남는 것은 그것 뿐이야. 너의 개인적인 영광이나 명예가 아니라 가문이야. 알겠나?

Notes

- seize 붙잡다
- impunity 처벌받지 않음
- live on 살아남다
- hold ~ captive …을 포로로 잡다
- rot 썩다

02 "I need you to become the man you were always meant to be"

계속되는 타이윈의 훈계. 제이미는 훌륭한 가문에 태어났지만 지금까지 그 대가로 보여준 것이 없다면서 앞으로 몇 달이 가문의 운명이 결정되는 중요한 시기임을 강조한다.

Tywin: You're blessed with abilities that few men possess. You are blessed to belong to the most powerful family in the kingdoms. And you are still blessed with youth. And what have you done with these blessings, huh? You've served as a glorified bodyguard for two kings-- one a madman, the other a drunk. The future of our family will be determined in these next few months. We could establish a dynasty that will last a thousand years. Or we could collapse into nothing, as the Targaryens did. I need you to become the man you were always meant to be. Not next year. Not tomorrow. Now.

타이윈: 넌 다른 사람들이 갖기 힘든 능력을 타고 났어. 넌 칠왕국에서 가장 강력한 가문에 태어난 축복을 받았어. 그리고 넌 여전히 젊음으로 축복받고 있지. 그런데 넌 이런 축복들을 받고서 한게 뭐가 있지? 넌 한 명은 미치광이이고 다른 한 명은 술주정뱅이인 두 왕의 밑에서 영광스런 경호원으로 일한게 다야. 우리 가문의 미래는 다가오는 이 몇달안에 결정될거다. 우리는 천년동안 지속될 왕조를 세울 수도 있어. 아니면 타르가르옌 가문이 그랬듯이 산산이 무너질 수도 있다. 난 네가 되고자 했던 사람이 되기를 원한다. 내년이 아니다. 내일도 아니다. 지금 당장.

Notes

- be blessed with~ …의 축복을 받다
- glorified 미화된, 영광스런
- establish 세우다
- belong to …에 속하다
- be determined 결정되다
- last 지속하다, 계속하다

03 "We belong together"

네드 스타크는 바라테온 가는 대대로 검은 머리인데 조프리는 금발인 점에 왕비 세르세이의 근친상간을 알아차린다. 네드 스타크는 세르세이를 만나서 제이미와 연인사이냐고 묻자 세르세이는 근친상간의 전통이 있는 타르가르옌 가의 예를 들며 반론한다.

Cersei: The Targaryens wed brothers and sisters for 300 years to keep bloodlines pure. Jaime and I are more than brother and sister. We shared a womb. We came into this world together. We belong together.

세르세이: 타르가르옌 가문은 지난 300년간 남매끼리 결혼을 시켜서 순수 혈통을 지켰어요. 제이미와 나는 남매 이상예요. 우리는 같은 자궁을 공유했고 함께 태어났고 함께 있어야 돼요.

Notes

- wed 결혼시키다
- womb 자궁
- share 공유하다

04 "Your sister was a corpse and I was a living girl and he loved her more than me"

세르세이는 변명이라도 하듯 로버트 왕은 창녀들과 어울렸고 어쩌다 술취해 자기한테 오면 다른 방법으로 만족시켜줬다고 비난한다. 이 말에 스타크는 당신은 항상 로버트를 싫어하지 않았냐고 하자 이에 반박한다.

Cersei: Hated him? I worshipped him. Every girl in the Seven Kingdoms dreamed of him, but he was mine by oath. And when I finally saw him on our wedding day in the Sept of Baelor, lean and fierce and black-bearded, it was the happiest moment of my life. Then that night he crawled on top of me, stinking of wine and did what he did-- what little he could do-- and whispered in my ear, "Lyanna." Your sister was a corpse and I was a living girl and he loved her more than me.

세르세이: 싫어했다고요? 난 숭배했어요. 칠왕국의 모든 여자들은 로버트를 갈망했지만, 언약에 의해 왕은 내 것이 되었죠. 그리고 결혼식날 '배일러의 신전(Sept of Baelor)'에서 마르고 날카롭고 검은 수염의 왕을 처음 봤을 때, 그때가 내 인생의 가장 행복한 순간이었죠. 그런 그날 밤 그는 와인 냄새를 풍기며 내 위로 기어 올라와서는 자기가 해야 할 일을 했는데, 아주 엉망으로 했죠. 그리고 내 귀에다 "리안나"라고 속삭였죠. 당신의 누이는 시체였고 난 살아있는 여자였는데, 왕은 나보다 그녀를 더 사랑했어요.

Game of Thrones

Notes

- stumble drunk into one's bed 우연히 술취해 침대로 들어오다
- worship 숭배하다
- crawl on …의 위로 기어올라가다
- whisper 속삭이다
- oath 서약
- stinking of~ …의 냄새를 풍기며
- corpse 시체, 시신

05 "When you play the Game of Thrones, you win or you die"

스타크는 세르세이에게 아이들을 데리고 로버트의 분노가 미치지 않는 곳으로 멀리 도망치라고 하지만 세르세이는 네드가 전에 명예에 집착하다 실리를 놓치는 실수를 하였다면서 의미심장한 말을 남긴다.

Cersei: And what of my wrath, Lord Stark? You should have taken the realm for yourself. Jaime told me about the day King's Landing fell. He was sitting in the Iron Throne and you made him give it up. All you needed to do was climb the steps yourself. Such a sad mistake. (Eddard: I've made many mistakes in my life, but that wasn't one of them.) Oh, but it was. When you play the Game of Thrones, you win or you die. There is no middle ground.

세르세이: 그럼 나의 분노는 어떡하나요? 당신은 왕국을 직접 차지해야 했어요. 제이미가 킹스랜딩이 함락당한 날에 대해 얘기해줬어요. 제이미가 왕좌에 앉아 있었는데, 당신은 그를 포기하게 했다죠. 당신은 계단을 오르기만 하면 됐었어요. 아주 슬픈 실수였죠. (에다드: 살면서 많은 실수를 했지만 그건 나의 실수가 아니었습니다.) 그건 실수가 맞아요. 왕좌의 게임을 할 때는 승리가 아니면 죽음뿐이죠. 그 중간은 없습니다.

Game of Thrones

Notes

- wrath 분노
- fall 함락되다

06 "He seized them because he could"

대너리스와 조언자 조라 모르몬트가 시장길을 걸어 가면서 얘기를 나누고 있다. 죽은 자기 오빠 비세리스가 비록 바보였지만 칠왕국의 정당한 후계자라고 말하자, 조라는 대너리스의 선조 아에곤 타르가르옌이 칠왕국을 정복했을 때도 정당해서가 아니라 할 수 있어서 정복한 것이라고 말한다.

Jorah: Forgive me, Khaleesi, but your ancestor Aegon the Conqueror didn't seize six of the kingdoms because they were his right. He had no right to them. He seized them because he could.

조라: 용서하십시오, 칼리시. 하지만 선조이신 정복자 아에곤은 정당했기 때문에 칠왕국을 정복한게 아닙니다. 그에게는 칠왕국을 차지할 정당성이 없었습니다. 그는 할 수 있는 능력이 있기 때문에 정복한 것입니다.

Notes

- forgive me 용서해주세요
- the Conqueror 정복자
- ancestor 선조
- seize 장악하다

07 "He who holds the King holds the Kingdom"

로버트의 막내동생인 렌리는 네드 스타크에게 세르세이를 조프리와 격리시켜야 된다고 주장하며, 세르세이의 섭정을 막으면서 자신이 왕이 되려는 야망을 드러낸다.

Renly: We must get Joffrey away from his mother and into our custody. Protector of the Realm or no, he who holds the King holds the Kingdom. Every moment you delay gives Cersei another moment to prepare. By the time Robert dies, it will be too late for the both of us.

렌리: 우리는 조프리를 왕비에게서 떼어놓고 직접 보호하고 있어야 합니다. 왕국의 수호자가 누구이던지간에 왕을 데리고 있는자가 왕국을 가지는 것입니다. 망설일 때마다 세르세이에게 준비할 시간을 주게 됩니다. 로버트가 죽을 때면 우리 모두에게 늦을지 모릅니다.

Notes

- get sb away from~ …로부터 …을 떼어놓다
- realm 왕국
- custody 보호

08 "You need only reach out and take it"

네드 스타크는 배일리쉬를 불러 로버트 왕의 후임을 논한다. 현실주의자이자 기회주의자인 배일리쉬는 모두 다 살 수 있는 방법은 조프리가 왕위를 계승하는 것이라고 하지만 명예를 중시하는 네드 스타크는 정당한 후계자인 스타니스 경에게 왕위를 물려줘야 된다고 고집핀다.

Baelish: You are now Hand of the King and Protector of the Realm. All of the power is yours. You need only reach out and take it. Make peace with the Lannisters. Release the Imp. Wed your daughter to Joffrey. We have plenty of time to get rid of Stannis. And if Joffrey seems likely to cause problems when he comes into his throne, we simply reveal his little secret and seat Lord Renly there instead.

배일리쉬: 경은 왕의 핸드이고 왕국의 수호자입니다. 모든 권력은 당신 것입니다. 당신은 단지 손을 뻗어서 잡기만 하면 돼요. 라니스터 가문과 평화를 맺고 난쟁이를 풀어주세요. 따님을 조프리와 결혼을 시키세요. 스타니스를 제거할 시간은 많아요. 그리고 조프리가 왕좌에 올라서 문제들을 일으킬 것 같으면 우리는 가볍게 그의 자그마한 비밀을 폭로하고 그 대신 렌리 경을 앉히면 됩니다.

Notes

- release 석방하다
- get rid of 제거하다
- wed~ to …을 …에게 결혼하게 하다
- seat 앉히다

09 "We only make peace with our enemies"

네드 스타크는 배일리쉬의 제안을 반역이라고 규정하지만 배일리쉬는 라니스터 가와 평화협정을 맺으라고 권유한다.

Eddard: What you suggest is treason.

Baelish: Only if we lose.

Eddard: Make peace with the Lannisters, you say with the people who tried to murder my boy.

Baelish: We only make peace with our enemies, My Lord. That's why it's called "making peace."

스타크: 당신이 말하는 것은 반역이요.
배일리쉬: 우리가 질 때만 그렇죠.
스타크: 라니스터와 평화협정을 맺으란 말이오? 내 아이를 죽이려고 한 자들과?.
배일리쉬: 경, 평화는 적과 맺는 것입니다. 그래서 "평화를 맺다"라고 불리죠

Notes

- treason 반역
- That's why S+V 그래서 …하다
- make peace with~ …와 평화를 맺다, 화해하다

10 "I am the watcher on the walls"

나이트워치. 존 스노우와 샘이 옛신(Old Gods)인 하트 트리(heart tree; Weirwood) 앞에 무릎을 꿇고 나이트워치 서약을 하고 있다.

Hear my words and bear witness to my vow. Night gathers and now my watch begins. It shall not end until my death. I shall take no wife, hold no lands, father no children. I shall wear no crowns and win no glory. I shall live and die at my post. I am the sword in the darkness. I am the watcher on the walls. I am the shield that guards the realms of men. I pledge my life and honor to The Night's Watch, for this night and all the nights to come. (A man of Night watch: You knelt as boys. Rise now as men of The Night's Watch.)

나의 말을 듣고 내 맹세의 증인이 되어주소서. 밤이 시작되니 이제 나의 경계가 시작됩니다. 이는 죽음이 올 때까지 끝나지 않을 것입니다. 아내를 취하지 않을 것이며, 땅을 소유하지 않고 자식도 낳지 않을 것입니다. 왕관을 쓰거나 영광을 얻지도 않을 것입니다. 나는 내 위치에서 살다 죽을 것입니다. 나는 어둠 속의 검이고 장벽의 감시자입니다. 나는 왕국을 지키는 방패입니다. 오늘 밤과 앞으로 올 모든 밤까지 내 삶과 명예를 나이트워치에 바칩니다. (나이트워치 대원: 무릎을 꿇을 때는 소년이었지만 일어날 때는 나이트워치의 대원이 되는거야.)

Notes

- bear witness to~ …의 증인이 되다
- realm 왕국
- pledge my life and honor to~ 내 생명과 명예를 …에 서약하다
- crown 왕관
- kneel 무릎을 꿇다

11 "I did warn you not to trust me"

로버트 왕은 서거하고 재빨리 조프리가 왕위에 오른다. 이를 인정못하는 네드 스타크와 이런 스타크를 반역자로 체포하려는 세르세이와의 대화현장. 네드는 킹스랜딩의 경비대인 시티워치를 이끌고 상황을 정리하려 하지만, 시티워치와 배일리쉬는 결정적인 순간에 그를 배신한다

Cersei: Lord Eddard, when we last spoke you offered me some counsel. Allow me to return the courtesy. Bend the knee, My Lord. Bend the knee and swear loyalty to my son-- and we shall allow you to live out your days in the gray waste you call home.

Eddard: Your son has no claim to the throne.

Cersei: You condemn yourself with your own mouth, Lord Stark. Ser Barristan, seize this traitor.

Eddard: Ser Barristan is a good man, a loyal man. Do him no harm.

Cersei: You think he stands alone? (Joffrey: Kill him! Kill all of them, I command it!,

Eddard: Commander, take the Queen and her children into custody. Escort them back to the royal apartments and keep them there, under guard. (Commander: Men of the Watch!) I want no bloodshed. Tell your men to lay down their swords. No one needs to die.

Baelish: Now! I did warn you not to trust me.

세르세이: 스타크 경, 우리가 지난번에 얘기를 나눌 때 내게 조언을 했지요. 이제 그 보답을 하지요. 무릎을 꿇어요. 무릎을 꿇고 내 아들에게 충성을 맹세해요. 그러면 경이 집이라고 부르는 회색의 땅에서 남은 여생을 살게 하리다.

에다드: 당신의 아들은 왕좌를 오를 자격이 없습니다.

세르세이: 스타크 경, 스스로의 입으로 유죄를 선고했군요. 바리스탄 경, 반역자를 체포해요.

에다드: 바리스탄 경은 선하고 충성스런 사람이다. 해를 끼치지 마라.

세르세이: 그 사람만 있는 줄 아세요? (조프리: 저 자를 죽여라! 모두 죽여라! 내가 명령하노라!)

에다드: 사령관, 여왕과 그 아이를 체포하라. 왕실의 방으로 모시고 가서 거기에 감금하라. (사령관: 경비대원들!) 피를 보고 싶지 않습니다. 부하들에게 검을 내려놓으라고 하시오. 아무도 죽을 필요가 없소.

배일리쉬: 나를 믿지 말라고 경고했을텐데.(뒤에서 에다드의 목에 칼을 들이밀며)

Game of Thrones

Notes

- swear loyalty to~ …충성맹세를 하다
- seize 체포하다
- condemn 유죄를 입증하다

The Pointy End

01 "It was your mercy that killed the King"

바리스가 투옥된 네드 스타크를 찾아와 사태를 이렇게 만든 것은 바로 다름아닌 스타크 경의 자비라고 그의 선의를 질책한다.

Varys: When you look at me do you see a hero? What madness led you to tell the Queen you had learned the truth about Joffrey's birth? (Eddard: The madness of mercy. That she might save her children.) Ah, the children. It is always the innocents who suffer. It wasn't the wine that killed Robert, nor the boar. The wine slowed him down and the boar ripped him open, but it was your mercy that killed the King. I trust you know you are a dead man, Lord Eddard?

바리스: 저를 보시면서 영웅이라고 생각하십니까? 어떤 미친 생각으로 조프리의 출생에 대해 진실을 안다고 왕비에게 말하게 된 것입니까? (에다드: 미친 자비요. 왕비가 아이들을 살릴 수도 있도록 하기 위해서요.) 아, 아이들이요. 항상 고통을 받는 것은 죄없는 사람들이죠. 로버트 왕을 죽인 것은 와인도 아니었고 멧돼지도 아닙니다. 와인 때문에 몸이 둔해지고 멧돼지로 다치기는 했지만 왕을 죽인 것은 바로 당신의 자비입니다. 스타크 경, 이제 죽은 목숨이라는 것은 알겠지요?

Notes

- lead sb to tell~ …가 …에게 …을 말하게 하다
- boar 멧돼지

02 "Whatever their price, I'll beat it"

배일의 성 에이리에서 풀려난 티리온은 자신의 목숨을 구해준 용병 브론과 함께 아버지가 있는 병영으로 가고 있다. 브론이 자신을 팔아넘기고 싶은 날이 오면 가격이 어떠하던지 그 이상을 쳐주겠다고 하면서 브론을 자기 사람으로 만든다.

Tyrion: And if the day ever comes when you're tempted to sell me out, remember this: Whatever their price, I'll beat it. I like living.

티리온: 그리고 날 팔아 넘기고 싶은 날이 오게 되면 이것을 기억해두게. 가격이 얼마든지 난 그 이상을 쳐줄테니까. 난 살아있는게 좋아.

Game of Thrones

Notes

- the day comes when S+V …하는 날이 오면
- sell sb out 팔아넘기다, 배신하다
- beat sth …을 능가하다

03 "Blood will always tell"

존 스노우를 못마땅해 하는 훈련관 알리세르는 존 스노우를 그냥 사생아도 아니고 반역자의 사생아라고 비아냥거리자 존 스노우는 칼을 들고 공격을 시도한다.

Alliser: Blood will always tell. You will be hanged for this, bastard.

알리세르: 피는 못속이는 법이지. 넌 이걸로 교수형에 처해지게 될거다, 사생아야.

Game of Thrones

Notes

- tell 알려주다, 보여주다
- be hanged 교수형에 처해지다
- bastard 서자

04 "There must always be a Stark at Winterfell"

롭은 북부군을 이끌고 네드 스타크가 있는 남부로 향한다. 브랜과 작별인사를 할 때 브랜이 자신도 가고 싶다고 하자, 윈터펠에는 언제나 스타크가 있어야 한다고 한다. 이는 캐틀린이 남편에게 가기 위해 윈터펠을 떠날 때 롭에게 했던 말이기도 하다.

Robb: There must always be a Stark at Winterfell. Until I return that will be you.

롭: 윈터펠에는 항상 스타크가 있어야 한다. 내가 돌아올 때까지 네가 그래야 돼.

Notes

- a Stark 스타크 가 가문 사람
- return 돌아오다

05 "The cold winds are rising"

브랜이 '옛신'인 나무 앞에서 기도를 하고 있는데 브랜을 공격하다 잡혀온 야만족 여인이 다가온다. 브랜의 형은 지금 남부로 향하고 있지만 남부엔 '옛신' 하트트리가 없어 도움을 받지 못할거라고, 그리고 북부 장벽너머에 더 큰 문제가 있다고 브랜에게 말한다.

Osha: You asked them, they're answering you. Shh. Open your ears. (Bran: It's only the wind.) Who do you think sends the wind if not the Gods? They see you, boy. They hear you. Your brother will get no help from them where he's going. The Old Gods have no power in the South. The Weirwoods there were all cut down a long time ago. How can they watch when they have no eyes?... (Bran: Are there really giants beyond the Wall?) Giants and worse than giants. I tried telling your brother, he's marching the wrong way. All these swords, they should be going North, boy. North, not south! The cold winds are rising.

오샤: 네가 신들에게 청원을 했고, 신들이 네게 응답하는거야. 조용. 귀를 열어봐. (브랜: 바람소리 뿐인데요.) 신들이 아니라면 누가 바람을 보내는거라고 생각해? 옛신들이 너를 보고 듣고 있단다. 네 형은 그가 가는 곳에서 옛신들의 도움을 받지 못할거야. 옛신들은 남부에서는 아무런 힘도 못써. 남부에 있던 위어우드들은 모두 오래전에 다 베어 없어졌거든. 눈이 없는데 어떻게 볼 수 있겠어?…. (브랜: 장벽 너머에 정말 거인들이 있나요?) 거인들과 거인들보다 더 한 것도 있지. 네 형에게 얘기를 해봤지만, 그는 다른 길로 진군하고 있어. 이 모든 병력을 이끌고 그들은 남부가 아니라 북부로 가야 된다고! 차가운 바람이 일어나고 있어.

Notes

- The Old Gods 웨스테로스에 퍼스트멘이 오기 전에 있던 옛신으로 신의 숲(God's wood) 한 가운데 위어우드를 심고 나무의 몸통에 얼굴을 조각한다. 남부에서는 세븐신앙을 믿으며 북부, 리버랜드 등에서만 믿는 신이다. 특히 북부에선 지배적인 신앙.
- be allowed to~ …하는 것이 허락되다
- get no help from~ …로부터 도움을 못받다
- put a knife to one's throat 목에 칼을 들이대다
- The Weirwoods 위어우즈

06 "Only fire will stop them"

장벽 너머로 순찰갔다 시체로 돌아온 나이트워치 대원이 다시 살아나 사람을 죽이려고 한다. 이들을 불태우고 있는 나이트워치 대원들. 해박한 지식의 샘이 말을 시작한다. 백귀들은 수천년동안 얼음 밑에서 자고 있다가 일어난다고 하며 장벽이 충분히 높기를 바랄 뿐이라고 암울하게 얘기한다.

Sam: They were touched by White Walkers. That's why they came back. That's why their eyes turned blue. Only fire will stop them.

샘: 그들은 백귀들과 접촉이 되었을거야. 그래서 되살아난거지. 그래서 그들의 눈이 파란색으로 바뀐거야. 오직 불만이 그들을 막을 수 있어.

Notes

- be touched by~ …에 접촉되다
- turn blue 파란색으로 변하다
- That's why~ 바로 그래서 …하다

07 "Tell Lord Tywin Winter is coming for him. 20,000 northerners marching south to find out if he really does shit gold"

라니스터의 정찰병이 롭의 병사에 잡힌다. 롭은 정찰병에게 타이윈 경에게 가서 2만의 군대가 공격할 것이라고 전하게 한다. 이를 미끼로 롭은 제이미가 있는 곳을 공격하여 그를 포로로 잡는데 성공한다.

Robb: Tell Lord Tywin Winter is coming for him. 20,000 northerners marching south to find out if he really does shit gold.

롭: 타이윈 경에게 그에게 겨울이 다가오고 있다고 전해라. 2만명의 북부군이 남쪽으로 진군해서 과연 경이 정말 황금 똥을 싸는지 알아낼 것이다.

Game of Thrones

Notes

- march south 남쪽으로 진군하다
- find out 알아내다

08 "All I ask is mercy"

왕의 내전 회의가 진행되고 있다. 세르세이 왕비는 바리스탄 경비대장을 쫓아내고, 산사는 왕의 앞에서 무릎을 꿇고 아버지 네드 스타크에게 자비를 베풀어 달라고 빈다.

Sansa: I know he must be punished. All I ask is mercy. I know My Lord father must regret what he did. He was King Robert's friend and he loved him. You all know he loved him. He never wanted to be Hand until the King asked him. They must have lied to him-- Lord Renly or Lord Stannis or somebody. They must have lied! (Joffrey: Your sweet words have moved me. But your father has to confess. He has to confess and say that I'm the King. Or there'll be no mercy for him.)

산사: 아버지는 벌을 받아야 합니다. 제가 부탁드리는 것은 자비입니다. 제 아버님은 자신이 한 일을 후회하고 있을 것입니다. 아버지는 로버트 왕의 친구였고 로버트 전하를 좋아하셨습니다. 아버님이 전하를 좋아하는 것은 모두들 알고 계실겁니다. 왕께서 부탁을 하기 전까지는 왕의 핸드가 되기를 원한 적이 없습니다. 렌리 경이나 스타니스 경이나 혹은 다른 사람이 아버지에게 거짓을 고했을 것입니다. 거짓말을 하였을 것입니다. (조프리: 너의 애청이 내 마음을 움직이는구나. 하지만 네 아버지는 자백을 해야 한다. 자백을 하고 내가 왕이라고 말해야 한다. 그렇지 않으면 자비는 없다.)

Game of Thrones

Notes

- move sb …의 마음을 움직이다
- confess 자백하다

Baelor

01 "Each man has a role to play"

바리스 경이 다시 옥중에 있는 네드 스타크를 찾아와서 산사가 궁정에 와서 무릎을 꿇고 네드의 목숨을 살려달라고 간청한 사실을 전한다. 네드가 바리스의 의도를 모르겠다고 하자 자신의 경험담을 늘어놓으며 모든 사람은 각기 맡은 역할이 있다고 한다.

Varys: When I was still a boy-- before they cut my balls off with a hot knife-- I traveled with a group of actors through the free cities. They taught me that each man has a role to play. The same is true at court. I am the master of whisperers. My role is to be sly, obsequious and without scruples. I'm a good actor, My Lord.

바리스: 제가 아직 뜨거운 칼로 고환을 잘려버리기 전 어렸을 때는 배우들과 자유도시들을 여행했지요. 그들은 모든 사람에게는 각자 맡은 역할이 있다는 것을 깨우쳐줬어요. 궁정에서도 마찬가지예요. 저는 밀담의 대가입니다. 제 역할은 교활하고, 아부 잘하고 그리고 양심도 없는 사람이에요. 스타크 경, 저는 아주 훌륭한 연기자입니다.

Notes

- sly 교활한
- obsequious 아부 잘하는
- scruples 양심의 가책

02 "I want you to serve the realm!"

세르세이는 네드를 죽이기보다는 온순하게 만드는게 더 유익하다는 것을 안다고 하면서 바리스는 네드에게 산사의 목숨을 위해서라도 죄를 자백하라고 한다.

Varys: I want you to serve the realm! Tell the Queen you will confess your vile treason, tell your son to lay down his sword and proclaim Joffrey as the true heir. Cersei knows you as a man of honor. If you give her the peace she needs and promise to carry her secret to your grave, I believe she will allow you to take the Black and live out your days on the Wall with your brother and your bastard son.

Eddard: You think my life is some precious thing to me? That I would trade my honor for a few more years of what? You grew up with actors. You learned their craft and you learned it well. But I grew up with soldiers. I learned how to die a long time ago.

Varys: Pity. Such a pity. What of your daughter's life, My Lord? Is that a precious thing to you?

바리스: 왕국을 섬기라는 말입니다! 여왕에게 당신의 용납할 수 없는 반역을 자백하고, 롭에게 검을 내려놓으라고 하고 그리고 조프리가 진정한 왕위계승자임을 공표하세요. 세르세이는 경이 명예를 지키는 사람이라는 걸 알고 있어요. 왕비에게 평화를 주면 그리고 그녀의 비밀을 평생 지키겠다고 약속한다면 그녀는 경이 나이트워치에 들어가 장벽에서 형제 그리고 서자와 함께 남은 여생을 살게 할 것입니다.
에다드: 내 목숨이 내게 그렇게 중요한 것 같소? 몇년 뭐 더 하겠다고 내 명예를 바꾸라고요? 당신은 배우와 함께 자랐소. 당신은 그들의 재능을 아주 잘 배웠지. 하지만 난 군인들과 자랐소. 오래전에 난 어떻게 죽어야 하는지를 배웠소.
바리스: 정말 안타깝네요. 경, 따님의 목숨은 어떻습니까? 경에게 중요하지 않나요?

▶ ▸ Game of Thrones

Notes

- serve the realm 왕국을 섬기다
- vile treason 용납할 수 없는 반역
- proclaim 선포하다, 공표하다
- take the Black 나이트워치가 되다
- trade ~ for~ …를 …와 바꾸다
- confess 자백하다
- lay down 내려놓다
- true heir 진정한 계승자
- precious 소중한, 귀중한
- craft 재능

03 "Love is the death of duty"

캐슬 블랙의 마에스터 아에몬이 존 스노우를 부른다. 나이트워치 서약을 하고 당당히 경비대의 일원이 된 스노우, 하지만 아버지는 반역자로 몰려 감옥에 갇혀 있고 이복형 롭은 군대를 일으켜 남부를 향하고 있다.

Aemon: Love is the death of duty. If the day should ever come when your lord father was forced to choose between honor on the one hand and those he loves on the other, what would he do? (Jon: He would do whatever was right. No matter what.)

아에몬: 사랑은 곧 의무의 죽음이다. 만약 네 아버지 스타크 경이 한 쪽의 명예와 다른 쪽의 사랑하는 것들 사이에서 선택하도록 강요받는 날이 오게 된다면 어떻게 하실 것 같으냐? (존: 뭐든지 올바른 일을 하실거예요. 그 무엇이든지요.)

Notes

- be forced to~ 어쩔 수 없이 …하다

04 "We all do our duty when there's no cost to it"

계속되는 아에몬의 이야기. 희생할 것이 없을 때는 명예를 지키기가 쉽지만 그렇지 않을 때가 오게 되어있다는 것을 조언한다.

Aemon: We're all human. Oh, we all do our duty when there's no cost to it. Honor comes easy then. Yet sooner or later in every man's life there comes a day when it is not easy, a day when he must choose.

아에몬: 우리는 모두 인간이야. 우리는 치뤄야 하는 희생이 없다면 모두 의무를 수행하지. 그땐 명예는 쉽게 와. 하지만 모든 인간의 생에는 늦든 이르든 그것이 어려워지는, 선택을 해야 하는 날이 오게 되어 있어.

Notes

- do one's duty 의무를 다하다
- sonner or later 조만간에, 결국은

05 "You must make that choice yourself, and live with it for the rest of your days"

아에몬은 자신의 경험담을 얘기해주며 서약을 지키냐 혹은 깨고 가족을 위해 싸우러 가야 하는지 선택을 해야 되며, 그 결과는 평생 끌어 안고 가야 한다고 말한다.

Aemon: The Gods were cruel when they saw fit to test my vows. They waited till I was old. What could I do when the ravens brought the news from the South-- the ruin of my House, the death of my family? I was helpless, blind, frail. But when I heard they had killed my brother's son, and his poor son and the children! Even the little children. (Jon: Who are you?) My father was Maekar, the first of his name. My brother Aegon reigned after him when I had refused the Throne. And he was followed by his son Aerys, whom they called the Mad King. (Jon:You're Aemon Targaryen.) I'm a Maester of the Citadel, bound in service to Castle Black and The Night's Watch. I will not tell you to stay or go. You must make that choice yourself, and live with it for the rest of your days. As I have.

아에몬: 신들은 내 서약을 잔인하게도 확인하셨다. 신들은 내가 나이가 들 때까지 기다리셨다. 남부에서 까마귀가 가문의 몰락, 내 가족의 죽음이라는 새로운 소식을 가져다 주었을 때 내가 무엇을 할 수 있었을까? 나는 아무런 힘도 없고, 눈도 안보이고 나약했어. 하지만 그들이 내 조카를 살해하고 그의 불쌍한 아들까지 살해했다고 들었을 때. 그리고 아이들까지! 어린 아이들까지 말야. (존: 누구이십니까?) 내 아버지는 마에카르 1세이고 내 동생 아에곤은 내가 왕좌를 거부했을 때 아버지의 뒤를 이어 통치했지. 그리고 다시 그의 아들 아에리스가 즉위했는데 사람들은 그를 미친왕으로 불렀어. (존: 아에몬 타르가르옌이시군요.) 난 캐슬 블랙과 나이트워치에 봉사하도록 되어있는 시타델의 마에스터네. 남거나 떠나라고 하지 않겠네. 넌 그 선택을 스스로 해야 되고, 내가 그랬듯이 남은 평생동안 그 선택에 책임을 져야 한다.

Notes

- cruel 잔인한
- test one's vows 서약을 시험하다
- frail 유약한
- refuse 거절하다, 거부하다
- make that choice 그 결정을 하다
- see fit to~ …하는 것이 적절하다고 생각하다
- ruin 멸망, 파괴
- reign 통치하다
- bound in …에 묶이다

06 "I want you to fuck me like it's my last night in this world"

전장터에서 선봉에 서라는 아버지 타이윈의 지시를 받고 막사에 돌아온 티리온은 브론이 데려온 창녀 셰이에게 같이 있는 동안 다른 사람은 받지 말라고 한다.

Tyrion: I want you to take no other man to bed for as long as we're together. And I want you to fuck me like it's my last night in this world-- which it may well be.

티리온: 우리가 같이 있는 동안 다른 남자를 받지 말아줘. 그리고 오늘이 이 세상의 마지막 밤인 것처럼 나와 섹스를 해주기를 바래. 이건 충분히 가능한 얘기지.

▶ Game of Thrones

Notes

- I want you to+V …해주기를 바래
- take ~ to bed …을 침대에 들이다

07 "Here they only honor strength"

대너리스의 남편 칼 드로고는 상처가 곪아 죽음을 목전에 두고 있고 대너리스는 자기 아들이 칼의 대를 잇겠다고 한다. 하지만 도트락인들은 웨스테로스와 달리 혈통을 중시하지 않는다고 말해주며 조라는 피신할 것을 권한다.

Jorah: This isn't Westeros where men honor blood. Here they only honor strength. There will be fighting after Drogo dies. Whoever wins that fight will be the new Khal. He won't want any rivals. Your boy will be plucked from your breast and given to the dogs.

조라: 여기는 혈통을 중시하는 웨스테로스가 아닙니다. 여기는 오직 힘만을 따릅니다. 드로고가 죽으면 싸움이 있을 것입니다. 그 싸움에서 이긴 자는 누구든지 새로운 칼이 됩니다. 그는 어떤 라이벌도 원치 않을 것이고 칼리시의 아이는 빼앗겨 개에게 던져질 겁니다.

▶ Game of Thrones

Notes

- honor 중시하다, 존중하다
- be plucked from~ …에서 빼앗겨지다

08 "This war is far from over"

롭은 전투에서 승리하고 제이미 라니스터를 포로로 잡아온다. 기만전술을 사용한 대가로 2천명의 병사를 잃은 롭은 자책한다. 테온은 시인들이 그들을 위해 노래를 불러줄거라고 위로하지만 롭은 죽은 자들은 노래를 듣지 못한다며 연설을 시작한다.

Robb: But the dead won't hear them. One victory does not make us conquerors. Did we free my father? Did we rescue my sisters from the Queen? Did we free the North from those who want us on our knees? This war is far from over.

롭: 하지만 죽은 자는 듣지 못하지. 한번의 승리로 우리는 정복자가 되지 않는다. 내 아버지를 구했는가? 왕비로부터 내 여동생들을 구했는가? 우리보고 무릎꿇기를 바라는 사람들로부터 북부를 구했는가? 이 전쟁은 아직 끝나려면 멀었다.

Notes

- sacrifice 희생
- rescue 구하다

09 "Joffrey Baratheon is the one true heir to the Iron Throne"

네드 스타크는 딸의 목숨을 살리고자 왕과 왕비 앞에서 반역을 실토하고 조프리를 진정한 왕위계승자로 인정하지만 조프리 왕은 네드 스타크의 목을 벤다.

Eddard: I am Eddard Stark, Lord of Winterfell and Hand of the King. I come before you to confess my treason in the sight of Gods and men. I betrayed the faith of my King and the trust of my friend Robert. I swore to protect and defend his children, but before his blood was cold I plotted to murder his son and seize the Throne for myself. Let the high Septon and Baelor the blessed bear witness to what I say: Joffrey Baratheon is the one true heir to the Iron Throne, by the Grace of all the gods, Lord of the Seven Kingdoms and Protector of the Realm.

에다드: 나는 윈터펠의 영주이자 왕의 핸드인 에다드 스타크입니다. 여러분들과 신들이 보는 가운데 나의 반역을 자백하러 여러분 앞에 섰습니다. 내가 모시던 왕의 믿음과 내 친구 로버트의 신뢰를 배신하였습니다. 난 그의 아이들을 보호하고 지키기로 맹세했지만 그의 피가 식기도 전에 난 그의 아들을 살해할 음모를 꾸몄고 내 스스로 왕좌를 차지하려고 했습니다. 대주교와 축복받은 배일러 앞에서 선언하건대, 조프리 바라테온은 진정한 왕위계승자이며 모든 신들의 은총에 의해 칠왕국의 지배자이며 왕국의 수호자입니다.

Notes

- confess 자백하다
- swear to …하기로 맹세하다
- Baelor 세븐 신앙의 존경받는 사제
- betray 배신하다
- plot 음모를 꾸미다
- bear witness to~ …을 증명하다

Fire and Blood

01 "Why is the world so full of injustice?"

남편 네드의 죽음을 접한 캐틀린이 포로로 잡혀 있는 제이미 라니스터를 찾아오고 제이미는 신의 존재에 대해 회의적인 생각을 드러내며 캐틀린을 도발한다

Jaime: My Lady. The dark is coming for all of us. Why cry about it? (Catelyn : Because you are going to the deepest of the Seven Hells, if the Gods are just.) What Gods are those? The trees your husband prayed to? Where were the trees when his head was getting chopped off? If your Gods are real and if they are just, why is the world so full of injustice?

제이미: 어둠이 우리 모두를 엄습하고 있는데 울어봤자 뭐하나요? (캐틀린: 신들이 정의롭다면 넌 일곱 지옥의 가장 깊은 곳으로 떨어질테니까.) 무슨 신들을 말하는겁니까? 당신 남편이 기도하던 나무들요? 그의 목이 참수당할 때 그 나무들은 어디 있었나요? 당신네 신들이 존재한다면, 그리고 정의롭다면 왜 세상은 이렇게 불의로 가득찬겁니까?

Notes

- pray to 기도하다
- just 정의로운
- injustice 불의
- be chopped off 참수당하다
- be full of~ …로 가득하다

02 "You will serve as Hand of the King in my stead"

조프리가 네드 스타크의 목을 베고 제이미는 포로로 잡히고 롭의 군사들 그리고 로버트 왕의 형제들이 버티는 상황에 접한 타이윈 라니스터는 난쟁이 아들 티리온에게 킹스랜딩으로 가서 왕의 핸드 역할을 하라고 말한다.

Tywin: And you will go to King's Landing. (Tyrion: And do what?) Rule! You will serve as Hand of the King in my stead. You will bring that boy King to heel and his mother too, if needs be.

타이윈: 그리고 너는 킹스랜딩으로 가거라. (티리온: 뭐하러요?) 다스려라! 내 대신에 왕의 핸드 역할을 해라. 어린 왕, 필요하다면 그 어미까지 말을 듣게 해라.

Notes

- serve as …의 역할을 하다
- bring~ to heel …을 굴복시키다, 말을 듣게 하다
- in one's stead …대신에

03 "Show me what I bought with my son's life"

마녀의 말대로 의식을 치뤘지만 칼 드로고는 의식을 되찾지 못하고 대너리스는 출산 중 아이를 잃는다.

Daenerys: Where is Khal Drogo? Show him to me. Show me what I bought with my son's life.

대너리스: 칼 드로고는 어디 있나? 내게 그를 보여달라. 내 아들의 목숨을 버리고 내가 얻은 것을 보여달라.

Notes

- show ~ to sb …을 …에게 보여주다

04 "Winning a Kingdom and ruling a Kingdom are rather different things"

파이셀이 매춘부에게 자기가 모셨던 왕들을 얘기하며 로버트 바라테온의 차례에 이르러선 그는 뛰어난 전사로 왕국을 정복했지만 왕국을 통치하는데는 무능했다는 말을 한다.

Pycelle: Robert Baratheon was an entirely different animal-- powerful man, a great warrior-- but alas, winning a Kingdom and ruling a Kingdom are rather different things.

파이셀: 로버트 바라테온은 전혀 다른 사람이었지. 강력한 사람으로 위대한 전사였어. 하지만 안타깝게도 왕국을 얻는 것과 왕국을 통치하는 것은 전혀 별개의 것이었어.

▶ ▶ Game of Thrones

Notes

- warrior 전사

05 "He can often be blind to the enemies at his side"

계속되는 파이셀의 왕 이야기. 전쟁에서 적에 대항해 싸우지만, 투구를 벗고 생활을 하다보면 바로 옆에 있는 적도 알아보기 힘들 수도 있다는 명언을 말한다.

Pycelle: They say that if a man goes through life with his battle visor down, he can often be blind to the enemies at his side.

파이셀: 전쟁에서 쓰던 투구를 벗고 살아가다 보면, 종종 바로 옆의 적들도 못알아본다는 말이 있지.

▶ ▶ Game of Thrones

Notes

- go through life 삶을 살아가다
- be blind to …을 모르다
- with one's battle visor down 전쟁에 쓰던 투구를 벗고서

06 "Honor made you leave, honor brought you back"

나이트워치의 모르몬트 사령관이 존 스노우가 서약을 깨고 남부로 향하다가 동료대원들의 도움으로 다시 돌아온 것을 알고 하는 말.

Mormont: Honor made you leave, honor brought you back. (Jon:My friends brought me back.) I didn't say it was your honor.

모르몬트: 명예 때문에 떠났지만 명예 때문에 돌아왔구나.(존: 친구들이 데려왔습니다.) 너의 명예라고 말하지 않았다.

Notes

- make sb+V …하게 하다
- bring sb back …을 다시 데려오다

07 "Do you think it matters who sits on the Iron Throne?"

모르몬트 사령관은 장벽너머에서 죽은 자와 더 최악의 것들이 우리를 쫓고 있는데 철왕좌를 정복하기 위한 싸움이 더 중요하냐고 충고한다.

Mormont: Do you think your brother's war is more important than ours? (Jon: No.) When dead men and worse come hunting for us in the night, do you think it matters who sits on the Iron Throne? (Jon: No.) Good. Because I want you and your wolf with us when we ride out beyond the Wall tomorrow.

모르몬트: 네 형제의 전쟁이 우리의 전쟁보다 더 중요하다고 생각하냐? (존: 아닙니다.) 죽은자와 더 최악의 것이 밤에 우리를 쫓고 있는데, 누가 철왕좌에 앉는게 중요하다고 생각하나? (존: 아닙니다.) 좋아. 나는 내일의 장벽 너머 원정에서 너와 너의 늑대가 함께 있길 원한다.

Notes

- hunt 사냥하다
- matter 중요하다
- sit on 자리에 앉다

08 "I am the Dragon's daughter"

칼 드로고의 화장식 장면. 조라는 대너리스에게 용의 알을 팔자고 하고 대너리스는 칼 드로고 옆에 용의 알을 두고 자기도 불 속으로 들어가려고 한다. 다음 날 그녀는 알몸으로 부화한 새끼용들과 함께 일어선다.

Daenerys: You will be my Khalasar. I see the faces of slaves. I free you. Take off your collars. Go if you wish, no one will stop you. But if you stay, it will be as brothers and sisters, as husbands and wives. Ser Jorah, bind this woman to the pyre. You swore to obey me. I am Daenerys Stormborn of House Targaryen of the blood of Old Valyria. I am the Dragon's daughter. And I swear to you that those who would harm you will die screaming.

대너리스: 그대들은 나의 칼리사르가 될 것이다. 노예들의 얼굴이 보이는구나. 너희를 자유롭게 놓아준다. 구속을 벗어라. 원한다면 아무도 너희들을 잡지 않을 것이다. 하지만 남는다면, 형제자매, 남편과 아내가 될 것이다. 조라 경, 이 여인을 화장틀에 묶어요. 나를 따르겠다고 맹세하셨지요. 나는 옛 발리리아의 혈통인 타르가르옌 가문의 폭풍의 딸 대너리스이다. 나는 용의 딸이다. 맹세하건데 너희들에게 해를 끼치는 자는 비명을 지르며 죽을 것이다.

Notes

- take off one's collars 구속(장비)을 벗다
- bind ~ to …을 에 묶다
- I swear to you that S+V 너희에게 맹세하건대 …하다

MEMO

“조프리 왕과 약혼한 산사 스타크는 아버지 네드의 죽음을 목격하고 충격에 빠진다. 조프리는 산사를 인질로 잡고 괴롭히며 그 광기를 드러낸다. 한편 아리아 역시 아버지의 죽음을 본 후 남장을 하고 이름도 아리라고 바꾸고 복수를 하기 위해 긴 여정을 출발한다. 도중에 다면신을 섬기는 자켄이라는 사람을 만나 위기의 순간에 도움을 받고 다시 북부로 향하게 된다. 한편 롭 스타크는 라니스터 가와의 전투에서 승승장구하며 제이미를 포로로 잡는 성과를 이루지만 동맹가문 월더 프레이의 딸과의 약속된 혼인을 깨고 전쟁터에서 만난 탈리사와 혼인을 하게 되는데 이는 롭과 어머니 캐틀린의 죽음을 가져오게 된다. 또한 네드 스타크로부터 정당한 왕위 계승자로 명명된 스타니스 바라테온은 동생 렌리를 마법의 힘을 빌어 죽이고 철왕좌를 차지하기 위해 킹스랜딩을 공격하지만, 티리온의 지략과 렌리를 따르던 티렐 가문의 지원으로 스타니스는 대패하고 만다.”

The North Remembers

01 "Then learn how to follow"

나이트워치의 사령관 모르몬트는 장벽너머로 순찰대를 이끌고 정보를 수집하고 있다. 크래스터의 움막에서의 존의 행동에 대해 존 스노우에게 하는 충고하는 장면이다. 먼저 자신이 누구냐고 묻고 이어서 너는 누구냐고 물은 뒤 지휘관이 되고 싶다면 먼저 복종하는 법을 배우라고 한다.

Mormont: You want to lead one day? Then learn how to follow.

모르몬트: 나중에 지휘를 하고 싶은가? 그럼 복종하는 법을 배워라

Notes

- **lead** 이끌다, 지휘하다
- **learn to** …하는 법을 배우다

02 "Loyal service means telling hard truths"

처음으로 로버트 왕의 동생인 스타니스 바라테온이 나온다. 스타니스의 마에스터 크레센이 스타니스의 심복이자 책사인 다보스에게 붉은 마녀 멜리산드레에 대해 경고한다.

Cressen: As do I, but loyal service means telling hard truths. He's surrounded by fools and fanatics, but he trusts you, Davos. If you tell him the truth...

크레센: 나도 그러네. 하지만 충성스런 섬김이란 듣기 싫어하는 냉엄한 진실을 말해야 하는 것이네. 스타니스는 바보들과 광신도들에 둘러싸여 있네. 하지만 그는 자네 다보스를 신뢰하잖나. 자네가 그에게 진실을 말한다면….

Game of Thrones

Notes

- hard truths 냉엄한 진실
- be surrounded by …로 둘러싸이다

03 "The night is dark and full of terrors"

크레센은 멜리산드레를 죽이기 위해 포도주에 독을 타서 자기가 먼저 마시고 잔을 멜리산드레에게 주지만, 멜리산드레는 죽어가는 크레센을 보고서도 독이 든 잔을 들이킨다.

Melisandre: The night is dark and full of terrors, old man, but the fire burns them all away.

멜리산드레: 밤은 어둠과 공포로 가득차 있죠. 하지만 불은 그 모든 것들을 태워버립니다.

Game of Thrones

Notes

- full of …로 가득한
- burn away 태워없애다

04 "Three victories don't make you a conqueror"

롭이 포로로 잡힌 제이미를 찾아와 제이미의 사촌에게 평화제의를 담아 킹스랜딩으로 보냈다고 한다. 타이윈 라니스터를 상대로 세번의 승리를 한 롭에게 제이미는 그렇다고 정복자가 되는 건 아니라고 말한다.

Robb: I'm sending one of your cousins down to King's Landing with my peace terms.
Jamie: You think my father's going to negotiate with you? You don't know him very well.
Robb: No, but he's starting to know me.
Jamie: Three victories don't make you a conqueror.
Robb: It's better than three defeats.

롭: 네 사촌 중의 한 명을 내 평화조건과 함께 킹스랜딩으로 보낼 것이다.
제이미: 나의 아버지가 너와 협상할 것 같은가? 아버지를 잘 모르는군.
롭: 그래. 하지만 그가 나를 알아가기 시작하겠지.
제이미: 세번 이겼다고 정복자가 되지는 않아.
롭: 세번 패하는 것보다는 낫지.

Game of Thrones

05 "Power is power"

스타크의 목을 베고 아리아의 행방을 놓쳐 동생 티리온에게 수모를 당한 왕비 세르세이는 배일리쉬에게 아리아의 행방을 수소문해달라고 부탁하지만 배일리쉬는 바리스 경에게 물어보라고 한다. 세르세이는 캐틀린 툴리와 관련된 배일리쉬의 트라우마를 건드리고, 배일리쉬는 맞받아친다.

Baelish: When boys and girls live in the same home, awkward situations can arise. Sometimes, I've heard, even brothers and sisters develop certain affections. And when these affections become common knowledge, well, that is an awkward situation indeed, especially in a prominent family. But prominent families often forget a simple truth, I've found.
Cersei: And which truth is that?

Baelish: Knowledge is power.

Cersei: Seize him. Cut his throat. Stop. Wait. I've changed my mind. Let him go. Step back three paces. Turn around. Close your eyes. Power is power. Do see if you can take some time away from your coins and your whores to locate the Stark girl for me. I would very much appreciate it.

배일리쉬: 남녀가 같은 집에 살 때는 어색한 상황이 일어나기도 하죠. 때로는 제가 듣기로는 심지어 남매간에도 어떤 애정관계로 발전한다고 합니다. 그리고 이런 애정관계가 다 알려졌을 때 그건 정말 어색한 상황이지요. 특히 덕망있는 가문에서는요. 덕망있는 가문에서는 아주 사소한 진실을 가끔 지나치기도 하더군요.
세르세이: 그 진실이라는게 뭐죠?
배일리쉬: 아는 것이 힘이다.
세르세이: 체포해라. 목을 베라. 잠깐, 기다려. 마음이 바뀌었다. 풀어줘라. 세발짝 뒤로 물러서라. 돌아서서 눈을 감아. 권력이 곧 힘입니다. 돈과 매춘부들로부터 좀 벗어나서 시간을 내 아리아의 행방을 알아봐줘요. 그러면 매우 고마울겁니다.

Game of Thrones

Notes

- prominent 덕망있는, 유수한
- affections 애정
- pace 걸음
- awkward 어색한
- seize 체포하다

06 "The King does not ask, He commands"

남동생이자 연인인 제이미가 포로로 잡힌 후 왕비 세르세이는 스타크 가문과 협상하기 위해 아리아를 찾는데 혈안이 되어 있다. 아들 조프리에게 타이윈 라니스터에게 부탁을 하자고 하자….

Joffrey: The King does not ask; He commands. And my grandfather's stupidity in the field of battle is the reason Robb Stark has Uncle Jaime in the first place.

조프리: 왕은 부탁하지 않아요. 명령하죠. 애초에 전쟁터에서 할아버지가 어리석어서 롭 스타크가 제이미 삼촌을 붙잡은거예요.

Game of Thrones

Notes

- command 명령하다
- in the first place 무엇보다도
- stupidity 어리석음

07 "You will never do it again"

계속되는 세르세이와 통제불능인 조프리와의 대화. 조프리가 자신의 태생에 대한 역겨운 이야기를 들었다고 하면서 로버트 왕의 서자가 몇 명이나 되는지 세르세이에게 묻자 세르세이는 분을 못참고 왕의 빰을 때리게 된다. 이후 조프리는 로버트 왕의 사생아를 찾아 모두 죽이도록 명한다.

Joffrey: Someone believes it. Father had other children? Besides me and Tommen and Myrcella? (Cersei: What are you asking?) I'm asking if he fucked other women when he grew tired of you. How many bastards does he have running-- What you just did is punishable by death. You will never do it again. Never. That will be all, Mother.

조프리: 어떤 사람은 믿어요. 아버지에게 다른 아이들이 있나요? 나, 토멘 그리고 마르셀라 말고요? (세르세이: 뭘 묻고 있는거냐?) 내가 묻는 것은 아버지가 어머니한테 지겨워졌을 때 다른 여자들하고 잤냐는거에요. 얼마나 많은 서자들이 있는지… (뺨을 맞은 후) 방금 하신 행동은 죽을 죄예요. 다시는 그러지 마세요. 절대로요. 어머니 이게 다예요.

Notes

- besides …외에
- grow tired of~ …에 싫증나다

The Night Lands

01 "I understand the way this game is played"

바리스는 티리온이 몰래 데려온 창녀 셰이를 찾아와 대화를 나누고 있다. 타이윈이 데려가지 말라고 했다는 사실까지 알고 있다고 말하는 바리스에게 티리온이 난 협박같은 건 싫어한다고 경고한다.

Tyrion: I'm not Ned Stark. I understand the way this game is played. (Varys: Ned Stark was a man of honor.) And I am not. Threaten me again and I will have you thrown into the sea.

티리온: 난 네드 스타크가 아니네. 어떻게 돌아가는지 난 알고 있다고. (바리스: 네드 스타크는 명예로운 사람였습니다.) 난 아니네. 나를 다시 협박했다가는 바다에 처넣을거야.

Notes

- a man of honor 명예로운 사람
- threaten 협박하다
- have sb thrown into the sea …을 바다에 던지게 하다

02 "I keep on paddling"

계속되는 바리스의 대사. 폭풍은 왔다 지나가고 큰 고기가 작은 고기를 먹게 되지만 자기는 계속해서 노를 저어간다는 의미심장한 말을 한다. 세상은 순리대로 돌아갈 것이고 자기는 그 순리를 지켜보면서 평안히 계속 지낼거라는 말이다.

Varys: You might be disappointed in the results. The storms come and go. The big fish eat the little fish. And I keep on paddling. Come, my lord. We shouldn't keep the queen waiting.

바리스: 결과에 실망할지도 모르겠어요. 폭풍은 왔다가 지나가고 큰 고기가 작은 고기를 잡아먹죠. 그리고 저는 계속해서 노를 젓겠죠. 가시죠, 섭정왕후를 기다리게 해서는 안되죠.

Notes

- be disappointed in …에 실망하다
- paddle 노을 젓다

03 "I will take my crown"

테온 그레이조이는 롭의 사자로 아버지를 찾아와 군대를 내주면 롭이 다시 강철군도의 왕으로 임명하겠다고 하자 아버지 발론 그레이조이는 서신을 불에 태우면서 왕위는 스스로 차지하겠다고 한다.

Balon Greyjoy: No man gives me a crown. I pay the iron price. I will take my crown. That is who I am. That is who we have always been.

발론 그레이조이: 아무도 내게 왕관을 주지 못한다. 난 강철의 대가를 치를 것이다. 난 나의 왕관을 차지할거다. 그게 나라는 사람이다. 우린 항상 그래왔다.

Notes

- crown 왕관
- That is who~ 그게 바로 …한 사람이다

04 "The one true god is what's between a woman's legs"

스타니스의 책사 다보스가 아들 마토스와 함께 친구인 해적 살라도르에게 병력을 지원해달라고 한다. 웨스테로스를 점령하여 황금을 약탈하라고 하지만 살라도르는 세르세이 왕비를 원한다고 한다. 마토스가 스타니스가 정통성있는 왕이며 빛의 왕이며 진정한 신이라고 하자….

Salladhor: I've been all over the world, my boy, and everywhere I go, people tell me about the true god. They all think they found the right one. The one true god is what's between a woman's legs, and better yet a queen's legs.

살라도르: 세상천지 다 돌아다녀봐도, 가는 곳마다 다들 사람들은 진정한 신에 대해 내게 말하지. 다들 진정한 신을 찾았다고 생각하고 있어. 진정한 신은 여인의 다리사이에 있어. 여왕의 다리사이라면 더 그렇지.

Game of Thrones

Notes

- be all over the world 전세계를 돌아다니다

05 "I imagine that would be even worse"

새로운 왕의 핸드인 티리온은 시티워치의 사령관을 체포해서 나이트워치로 보낸다. 이에 누이 세르세이가 항의하러 온다. 티리온은 왕의 서자, 아기들까지 죽이는 등 민심을 잃고 있다고 하자 세르세이는 "백성들, 내가 신경이나 쓰는 줄 알아?"라고 한다.

Tyrion: You might find it difficult to rule over millions who want you dead. Half the city will starve when winter comes. The other half will plot to overthrow you. And gold-plated foes just gave them the rallying cry. The Queen slaughters babies. You don't even have the decency to deny it. It wasn't you who gave the order, was it? Joffrey didn't even tell you. Did he tell you? I imagine that would be even worse.

티리온: 누나가 죽기를 바라는 수백만 명을 통치하는게 어렵다는 것을 알게 될거야. 겨울이 오면 도시의 반은 굶주릴거야. 또 다른 반은 누나를 쓰러트릴 음모를 꾸밀거고. 시티워치는 백성들에게 구호만 주고 있어. 왕비가 아기들을 도살한다. 그걸 부정하는 예의도 없구만. 명령을 내린게 누나가 아니구만, 그렇지? 조프리가 누나에게 말도 안했어? 누나에게 말했어? 그렇다면 더 최악이겠지.

Game of Thrones

Notes

- starve 굶어죽다
- overthrow 전복시키다, 뒤집다
- plot 음모를 꾸미다
- rallying cry 구호

06 "Before they strangle you in your sleep"

세르세이는 조프리가 할 일을 했을 뿐이라고 옹호하고 통치라는 건 잡초 위에 누워서 자는 사이에 잡초들이 목졸라 죽이기 전에 먼저 잡초들을 뽑아내는 것이라고 주장한다. 티리온은 이말에 나는 왕은 아니지만 통치란 것은 그것 이상의 것이 있다고 생각한다고 말을 받는다.

Cersei: He did what needed to be done. You want to be the Hand of the King? You want to rule? This is what ruling is! Lying on a bed of weeds, ripping them out by the root one by one before they strangle you in your sleep.

세르세이: 걔는 해야 할 일을 한 것뿐이야. 왕의 핸드가 되고 싶어? 통치하고 싶어? 이게 바로 통치란거야! 잡초라는 침대에 누워서 잡초가 자는 사이에 목을 조르기 전에 잡초를 하나씩 뿌리채 뽑아내야 된다고.

▶ ▶ Game of Thrones

Notes

- rip out 잡아 뽑다
- strangle 목을 조르다

07 "It's all fallen on me"

세르세이가 자신의 진심을 털어놓는 순간. 제이미도 그렇고 티리온도 그렇고 다들 진지하지 않다고 하면서 모든 걸 다 자기가 짊어지게 된다고 토로한다.

Cersei: I don't care what you think! You've never taken it seriously. You haven't, Jaime hasn't. It's all fallen on me.

세르세이: 네 생각이 뭐든 상관안해! 넌 한번도 진지하게 받아들이는 적이 없지. 넌 없었어. 제이미도 그렇고. 모든게 나 내 몫이었지.

▶ ▶ Game of Thrones

Notes

- I don't care what~ …을 신경쓰지 않아
- take ~seriously …을 진지하게 받아들이다
- fall on …의 몫이다, 책임이다

What Is Dead May Never Die

01 "We take what is ours"

롭의 밀사로 아버지 발론 그레이조이에게 돌아왔지만 아버지는 아들 테온 그레이조이를 탐탁치 않게 여긴다. 북부군을 도와 킹스랜딩을 치자는 롭의 제안은 무시하고 대신 무주공산이 된 북부를 쳐서 과거의 빚을 갚겠다고 한다. 롭과 동맹을 원하는 테온에게 발론은 우리의 가언이 뭐냐고 묻는다.

Balon: "We do not sow." We are Ironborn. We're not subjects. We're not slaves. We do not plow the fields or toil in the mine. We take what is ours. Your time with the wolves has made you weak.

발론: "우리는 씨를 뿌리지 않는다." 우리는 강철인이고 누구의 신하나 노예가 아니다. 우리는 논에서 쟁기질을 하거나 광산에서 노역질을 하지 않는다. 우리는 우리의 것을 빼앗는다. 늑대들과 함께 한 시간이 널 약하게 만들었구나.

Notes

- subject 신하
- toil in the mine 광산에서 노역을 하다
- plow the fields 논을 쟁기로 갈다

02 "You gave me away"

테온은 아버지가 자신의 것을 찾겠다고 하자 로버트 왕에게 전쟁에서 졌을 때 아버지의 것인 아들들을 지켰냐고 따진다. 아버지가 나를 버렸다고 울부짖는다.

Theon: You act as if I volunteered to go. You gave me away, if you remember. The day you bent the knee to Robert Baratheon. After he crushed you. Did you take what was yours then? You gave me away! Your boy! Your last boy! You gave me away like I was some dog you didn't want anymore. And now you curse me because I've come home.

테온: 마치 제가 자원해서 간 것처럼 말씀하시네요. 저를 버리셨잖아요. 기억해보세요. 아버지가 로버트 바라테온에게 무릎을 꿇은 날. 로버트 왕이 아버지를 제압한 후에요. 그때 아버지의 것을 아버지가 취하셨나요? 아버지가 저를 버리신거예요! 당신의 아들을요! 마지막 남은 아들을요! 더 이상 필요없게 된 개처럼 저를 버리셨어요. 근데 이제 집에 돌아오니 저를 저주하시네요.

Game of Thrones

Notes

- You act as if S+V 마치 …인 것처럼 행동하다
- bend the knee to~ …에게 무릎을 꿇다
- curse 저주하다

03 "Holding grudges can be an encumbrance"

티리온은 파이셀, 바리스, 그리고 배일리쉬에게 각각 왕후에게 비밀로 하는 얘기를 하고 누가 첩자인지를 가려내려 한다. 배일리쉬에게는 존 아린의 아들 로빈과 마르셀라를 결혼시키겠다고 한다. 그러자 배일리쉬는 그답게 자신에게 뭐가 돌아오냐고 물어본다.

Tyrion: For men in our position, holding grudges can be an encumbrance, don't you think?

티리온: 우리같은 위치에 있는 사람들에게는 원한을 품고 있다는 것은 장애물이 될 수 있죠. 그렇지 않나요?

Game of Thrones

Notes

- hold grudges 원한을 품다
- encumbrance 짐, 폐

04 "Beauty most desired is the beauty concealed"

렌리 바라테온은 동성애자로 부인인 마저리 티렐의 오빠인 로라스와 연인사이이다. 그런 사실을 알고 있는 마저리는 전쟁의 승리를 위해 두 가문이 힘을 합해야 한다고 하면서 어떻게든 임신을 하려고 한다. 와인을 많이 마셨다는 렌리 앞에서 마저리는 옷을 벗지만 렌리는 피한다.

Margaery: You think so? I can't decide how I like it better. This way or this way.

Renly: You certainly don't need it. Although some say that beauty most desired is the beauty concealed.

마저리: 그렇게 생각하세요? 저는 어떤 식이 더 좋은지 결정을 못했어요. 이렇게요 아니면 이렇게요.
렌리: 그럴 필요는 없어요. 어떤 이들은 가장 매력적인 아름다움은 숨겨진 아름다움이라고 하던데요.

▶ Game of Thrones

Notes

- You think so? 그렇게 생각해요?
- conceal 숨기다

05 "He could get you started"

동성애자인 렌리는 와인 탓을 했지만 나체의 마저리를 보고도 서지 않는다. 동성애자임을 아는 마저리는 어떻게든 임신을 하려고 자기 오빠를 데려와서 시작을 하거나 아니면 자기가 후배위로 할테니 오빠인 것처럼 생각하라고 과감하게 묻는다.

Margaery: Do you want my brother to come in and help? (Renly:What?) He could get you started. I know he wouldn't mind. Or I can turn over and you can pretend I'm him.

마저리: 오빠보고 들어와서 도와달라고 할까요? (렌리: 뭐요?) 오빠가 전하를 흥분시킬 수 있잖아요. 오빠는 상관하지 않을거예요. 아니면 제가 돌아서고 마치 제가 오빠인 것처럼 생각해도 돼요.

▶ Game of Thrones

Notes

- get sb started …가 시작하게 하다
- pretend …인 척하다

06 "There's no need for us to play games"

오빠 얘기에 내숭을 떨며 무슨 얘기인지 모르겠다고 말하는 렌리에게 마저리는 그런 게임은 하지 않아도 된다고 말한다.

Margaery: There's no need for us to play games. Save your lies for court. You're going to need a lot of them. Your enemies aren't happy about us. They want to tear us apart. And the best way to stop them is to put your baby in my belly. We can try again later. You decide how you want to do it-- with me, with me and Loras. However else you like. Whatever you need to do. You are a King.

마저리: 우리들 사이에서는 그런 게임을 할 필요가 없어요. 거짓말은 궁정에서 하세요. 많은 거짓말이 필요할거예요. 전하의 적들은 우리들 때문에 불편해해요. 우리를 갈라 놓고 싶어해요. 그들을 막는 가장 좋은 방법은 제가 임신하는거예요. 우리 나중에 다시 해봐요. 어떻게 하고 싶은지는 전하께서 결정하세요. 나와 하시던지 아니면 나와 로라스와 함께 하던지요. 뭐든 좋아하시는 방식으로요. 전하가 원하는 어떤 것이던지요. 당신은 왕이시니까요.

Game of Thrones

Notes

- save ~ for~ …는 …을 위해 아껴두다
- tear ~ apart …을 갈라놓다

07 "You won't get away with this"

왕의 핸드 티리온은 마르셀라 공주를 마르텔 가로 보내려고 하고 세르세이 왕비는 결사 반대한다. 마르텔 가는 라니스터를 증오하기 때문에 마르셀라는 인질이 될 것이라며 티리온을 공격한다.

Cersei: You won't get away with this. You think the piece of paper father gave you keeps you safe. Ned Stark had a piece of paper, too. (Tyrion: It's done, Cersei.)

세르세이: 네가 이러고도 그냥 무사히 넘어갈 것 같아? 아버지가 주신 종이 한 장이 너를 안전하게 지켜준다고 생각하는데, 네드 스타크도 역시 종이 한 장을 갖고 있었어. (티리온: 누나, 결정된 일이야.)

Notes

- get away with~ …의 짓을 하고도 처벌받지 않다

08 "Make no mistake"

세르세이가 계속해서 반대하자 티리온은 수도가 함락당하면 마르셀라가 어떻게 될지 아냐며, 마르셀라를 도른에 보내서 전쟁에서 득을 보는게 낫다고 설득을 한다.

Tyrion: Just how safe do you think Myrcella is if this city falls? Do you want to see her raped, butchered like the Targaryen children? Make no mistake. They'll mount her pretty little head on a spike right beside yours.(Cersei: Get out! Get out!)

티리온: 이 도시가 함락되면 마르셀라는 얼마나 안전할거라 생각해? 걔가 타르가르옌 아이들처럼 강간당하고 도살당하는 것을 보고 싶어? 실수하지마. 그들은 마르셀라의 작은 머리를 꼬챙이에 꽂아서 누나 머리 옆에 세워놓을거야. (세르세이: 나가라고!)

Notes

- fall 함락되다
- Make no mistake 실수하지마
- butcher 도살하다
- mount 세워놓다

09 "Power resides where men believe it resides"

티리온의 계략으로 파이셀은 감옥으로 보내지고 바리스와 대화를 나누고 있다. 이 장면에서 바리스는 왕, 사제 그리고 부자, 그리고 그 사이에 용병이 나오는 유명한 수수께끼를 낸다.

Varys: Three great men sit in a room. A king, a priest and a rich man. Between them stands a common sellsword. Each great man bids the sellsword kill the other two. Who lives, who dies?

Tyrion: Depends on the sellsword.

Varys: Does it? He has neither crown nor gold nor favor with the Gods.

Tyrion: He has a sword, the power of life and death.

Varys: But if it's swordsmen who rule, why do we pretend Kings hold all the power? When Ned Stark lost his head, who was truly responsible? Joffrey? The executioner? Or something else?

Tyrion: I've decided I don't like riddles.

Varys: Power resides where men believe it resides. It's a trick, a shadow on the wall. And a very small man can cast a very large shadow.

바리스: 3명의 위대한 사람들이 한 방에 앉아있습니다. 왕, 사제 그리고 부자입니다. 그 가운데 용병이 서 있습니다. 위대한 사람들은 각각 용병에게 나머지 두 사람을 죽이라고 명령을 내립니다. 누가 살고, 누가 죽을까요?
티리온: 용병에 달렸죠.
바리스: 그런가요? 용병에겐 왕관이나 금 그리고 신의 자비도 갖고 있지 않습니다.
티리온: 그에게는 삶과 죽음의 힘인 검을 갖고 있습니다.
바리스: 용병들이 결정하는거라면 왜 우리는 왕이 모든 권력을 갖고 있는 것처럼 행동할까요? 네드 스타크가 목을 잃었을 때, 누구의 책임이었던가요? 조프리? 처형자? 혹은 다른 어떤 것요?
티리온: 수수께끼는 싫어졌어요.
바리스: 권력이란 사람들이 있다고 믿는 곳에 존재합니다. 일종의 속임수이죠. 벽에 비친 그림자처럼요. 아주 작은 사람도 아주 큰 그림자를 드리울 수 있습니다.

Game of Thrones

Notes

- found one's way into~ …의 상태로 빠지다
- be fond of~ …을 좋아하다
- sellsword 용병
- riddle 수수께끼
- be about to~ 막 …하려고 하다
- reside 존재하다

Garden of Bones

01 "The Mad King did as he liked"

롭은 전쟁에서 승승장구하고 있고 이에 열받은 조프리는 산사를 무릎꿇게 하고 죄를 추궁하고 폭행을 하며 벌을 준다. 티리온은 조프리에게 멍청이라고 부르자 조프리는….

Joffrey: You can't talk to me like that. The king can do as he likes!

Tyrion: The Mad King did as he liked. Has your Uncle Jaime ever told you what happened to him?

조프리: 나한테 그렇게 말할 수 없어요. 왕은 하고 싶은대로 할 수 있는겁니다!
티리온: 미친왕도 자기 하고 싶은대로 했다. 네 삼촌 제이미가 미친왕이 어떻게 되었는지 말해준 적이 없냐?

Game of Thrones

Notes

- do as one likes 맘대로 하다

02 "Lady Stark, you may survive us yet"

조프리로부터 산사를 구해준 티리온은 산사에게 조프리와의 약혼을 깨고 싶냐고 물어보는데, 산사는 하나 뿐인 진정한 사랑인 조프리 왕에게 충성한다는 말을 하자 이어지는 티리온의 독백.

Tyrion: I apologize for my nephew's behavior. Tell me the truth. Do you want an end to this engagement? (Sansa: I am loyal to King Joffrey, my one true love.) Lady Stark, you may survive us yet.

티리온: 내 조카의 행동에 사과합니다. 진실을 말해보세요. 이 약혼을 끝내고 싶어요? (산사: 내 하나뿐인 사랑인 조프리왕에게 충성합니다.) 스타크양, 우리에게서 살아남는 방법을 아는군요.

Game of Thrones

Notes

- apologize for~ …에 대해 사과하다
- survive 살아남다

03 "You repaid our faith with treachery"

네드 스타크를 배신한 배일리쉬가 렌리 바라테온 진영에 특사로 와 있는 네드 스타크 부인 캐틀린의 막사로 들어오고, 캐틀린은 "당신이 감히 어떻게?" 라고 말을 한다.

Catelyn: You betrayed Ned.

Baelish: Betrayed? I wanted him to serve as Protector of the Realm. I begged him to seize the moment.

Catelyn: I trusted you. My husband trusted you. And you repaid our faith with treachery.

캐틀린: 넌 네드를 배신했어.
배일리쉬: 배신이라니? 난 스타크 경이 왕국의 수호자로 역할을 하기를 바랬어. 기회를 잡으라고 간청했지.
캐틀린: 널 믿었는데. 내 남편도 널 믿었는데. 넌 우리의 신뢰를 배신으로 갚았어.

Game of Thrones

Notes

- betray 배신하다
- serve as …의 역할을 하다
- seize the moment 기회를 잡다

04 "A man without friends is a man without power"

스타니스 형제간의 협상장면. 형 스타니스는 동생 렌리에게 투항하라고 하지만 병력이 우세한 렌리가 그 말을 들을 리가 없다. 스타니스가 철왕좌는 자신의 것이며 그걸 부정하는 사람은 모두 적이다라고 하자….

Renly: The whole realm denies it, from Dorne to the Wall. Old men deny it with their death rattle and unborn children deny it in their mother's wombs. No one wants you for their King. You never wanted any friends, brother. But a man without friends is a man without power.

렌리: 도른부터 장벽까지 왕국 전체가 그걸 부정합니다. 노인들을 죽어가는 목소리로 부정하고 태어나지 않은 아이들도 어머니의 자궁 속에서 그걸 부정하죠. 누구도 형을 그들의 왕으로 원하지 않아요. 형은 어떤 친구도 형제도 원한 적이 없어요. 친구가 없는 사람은 힘이 없는 사람이죠.

▶▶ Game of Thrones

Notes

- **deny** 부정하다
- **death rattle** 죽어가는 사람의 목에서 나는 소리

05 "We will burn you first"

지친 부족을 이끌고 황야를 헤매이다 콰스에서 그녀를 들이겠다는 소리를 듣고 콰스를 찾아가지만, 콰스를 지배하는 사람들은 용을 보여주기 전까지는 들이지 않겠다고 한다. 대너리스는 분노에 차 소리를 지른다.

Daenerys: When my dragons are grown, we will take back what was stolen from me and destroy those who have wronged me. We will lay waste to armies and burn cities to the ground. Turn us away and we will burn you first.

대너리스: 내 드래곤들이 다 자라면, 우리는 내게서 훔쳐간 것들을 되찾고 나를 모욕준 사람들을 파괴할 것이다. 군대를 파괴하고 도시는 잿더미가 될 것이다. 우릴 쫓아내면 돌아와 제일 먼저 너희를 불태울 것이다.

▶▶ Game of Thrones

Notes

- take back 되찾다
- lay waste to~ …을 파괴하다
- wrong 부당하게 취급하다, 모욕주다
- burn~ to the ground …을 초토화하다

06 "I only meant I did as I was bid"

로버트 왕의 종자였고 타이윈 라니스터의 조카인 란셀 라니스터가 파이셀을 석방하라는 세르세이의 전갈을 가지고 티리온에게 온다. 세르세이와의 친밀한 관계를 알고 있는 티리온은 서서히 란셀을 자기 사람으로 만드는 작업에 들어간다.

Tyrion: Tell me, did Cersei have you knighted before or after she took you into her bed? (Lancel: What?) Nothing to say? No more warnings for me, Ser? (Lancel: You will withdraw these filthy accusations.) Have you ever given any thought to what King Joffrey will have to say when he finds out you've been bedding his mother? (Lancel: It's not my fault!) Did she take you against your will? Can you not defend yourself, knight? (Lancel: Your own father, Lord Tywin, when I was named the King's squire, he told me to obey her in everything.) Did he tell you to fuck her, too? (Lancel: I only meant I did as I was bid.)

티리온: 말해봐. 세르세이가 너에게 기사작위를 내린게 너를 침대에 들이기 전이냐 후냐? (란셀: 뭐라구요?) 할 말이 없냐? 내게 더 할 경고가 없나, 기사 나으리? (란셀: 그런 추잡한 주장은 취소하셔야 할 겁니다.) 네가 자기 엄마와 자는 사이라는 걸 조프리 왕이 알게 되면 뭐라고 할지 생각해본 적이 있냐? (란셀: 제 잘못이 아니에요.) 네 의지와 상관없이 했다는 말이냐? 기사가 자기 몸도 지키지 못한다는거야? (란셀: 경의 아버님이 타이윈 경께서 저를 왕의 종자로 임명하셨을 때, 세르세이가 시키는 대로 다 하라고 하셨습니다.) 누나와 자라고도 했냐? (란셀: 난 시키는대로만 했을 뿐이에요.)

Notes

- take sb into one's bed …을 잠자리에 들이다
- filthy 추잡한
- bid 명령하다
- withdraw 취소하다
- bed …와 자다, 성관계를 하다

07 "You heard me"

티리온에게 약점을 잡힌 란셀 라니스터는 수도를 떠나겠다고 한다. 티리온은 No, I think not이라고 하자, 영문을 모른 란셀은 My Lord?라고 되묻는다.

Tyrion: You heard me. My father told you to obey my sister. Obey her. Stay close to her side. Keep her trust. Pleasure her whenever she requires. No one ever need know as long as you keep faith with me. I want to know what Cersei is doing, where she goes, who she sees, what they talk of-- everything. And you will tell me.

티리온: 들었잖아. 아버지가 누이에게 복종하라고 했다. 누이가 시키는대로 하고 그녀 곁에 가까이 있어라. 그녀의 신뢰를 얻고 그녀가 필요로 할 때마다 기쁘게 해줘라. 네가 나와 신뢰를 지키는 한 아무도 알 필요는 없다. 난 세르세이가 뭘 하는지 어디 가는지 누굴 만나는지 뭐를 얘기하는지, 뭐든지 알고 싶다. 넌 내게 말해라.

08 "A good act does not wash out the bad, nor a bad the good"

전직 밀수꾼인 책사 다보스와 스타니스가 자신들의 함대에서 얘기를 주고 받고 있다. 스타니스가 자신의 신념을 말하고 다보스는 이를 아들에게 가르치려고 했지만 듣지 않는다고 말한다.

Stannis: You were a hero and a smuggler. A good act does not wash out the bad, nor a bad the good.

스타니스: 자넨 영웅이자 밀수꾼이었네. 선한 행동이 악한 행동을 씻어낼 수 없듯이 악한 행동 또한 선한 행동을 씻어낼 수 없지.

Notes

- smuggler 밀수꾼
- wash out 씻어내다

09 "Cleaner ways don't win wars"

스타니스는 전직 밀수꾼인 다보스에게 밀수꾼 시절의 실력을 발휘해서 붉은 여인 멜리산드레를 적의 해안가로 몰래 데려가라고 한다.

Davos: I am true to Your Grace and always will be, but surely there are other ways, cleaner ways.

Stannis: Cleaner ways don't win wars.

다보스: 전 전하를 충실히 섬기며 앞으로도 항상 그럴 것입니다만, 분명 좀 더 깨끗한 방법이 있을 겁니다.

스타니스: 정직한 방법으로는 전쟁에서 이길 수 없네.

Game of Thrones

Notes

- be true to~ …을 충실히 섬기다
- win wars 전쟁에서 이기다

10 "A man is good or he is evil"

스타니스의 명에 따라 다보스는 은밀하게 멜리산드레를 적의 해안가로 데려가고 있는데, 멜리산드레가 다보스에게 선한 사람이냐고 묻는다.

Melisandre: Are you a good man, Ser Davos Seaworth? (Davos: I'd say my parts are mixed, My Lady-- good and bad.) If half an onion is black with rot, it's a rotten onion. A man is good or he is evil.

멜리산드레: 당신은 선한 사람인가요 다보스 시워스 경? (다보스: 부분들이 섞여 있다고 해야겠죠. 선한면과 악한면이요.) 양파의 반이 썩어서 검어졌다면 그건 썩은 양파입니다. 사람은 선하거나 악하거나입니다.

Game of Thrones

Notes

- I'd say S+V …라고 해야겠죠
- rotten 썩은

11 "And the brighter the flame, the darker they are"

계속되는 장면에서 다보스는 빛의 신을 외치는 멜리산드레에게 왜 빛의 신이 어둠 속에서 일을 하도록 하냐고 의아해한다.

Davos: Strange that this Lord of Light asks you to work in the shadows.

Melisandre: Shadows cannot live in the dark, Ser Davos. They are servants of light, the children of fire. And the brighter the flame, the darker they are.

다보스: 빛의 신이 어두운 그림자 속에서 일을 하도록 하니 이상하네요.
멜리산드레: 그림자는 어둠속에서 존재할 수가 없죠. 다보스 경. 그림자는 빛의 종이며 불의 아이들이죠. 그리고 불빛이 더 밝을수록 그림자는 더 진해집니다.

The Ghost of Harrenhal

01 "You can't avenge him from the grave"

멜리산드레의 마법으로 렌리 왕은 살해당한다. 그의 애인 로라스는 복수심에 불타오르지만 누이 마저리와 배일리쉬 경은 일단 피신하라고 권한다.

Baelish: Tell me, Ser Loras, what do you desire most in this world? (Roras: Revenge.) I have always found that to be the purest of motivations, but you won't have a chance to put your sword through Stannis, not today. You'll be cut to pieces before he sets foot on solid ground. If it is justice that you want, be smart about it. (Margaery: You can't avenge him from the grave.)

배일리쉬: 로라스 경, 이 세상에서 가장 바라는게 뭐요? (로라스: 복수요.) 전 항상 그것이야말로 가장 순수한 동기라고 생각합니다만, 당신은 스타니스를 찌를 기회를 갖지 못할 것입니다. 오늘은 아니에요. 그가 뭍에 발을 딛기도 전에 당신은 살육당할 것입니다. 정말 정의를 원한다면 현명해져야 합니다. (마저리: 무덤에서 복수를 할 수는 없는거야.)

Game of Thrones

Notes
- find ~ to be~ …가 …하다고 생각하다
- be cut to pieces 살육당하다
- put one's sword through 검으로 찌르다
- set foot on 발을 딛다

02 "No. I want to be the queen"

로라스가 말을 가지러 간 사이 배일리쉬와 마저리가 죽은 렌리왕을 보면서 나누는 대화. 배일리쉬가 여왕이 되고 싶냐(Do you want to be a queen?)고 물어보자 마저리는 No라고 답하고 다시 I want to be the queen이라고 한다. 이때 the를 붙인 것은 왕이라 칭하는 자의 왕비가 아니라 진정한 칠왕국의 왕비를 말하는 것이다.

Margaery: Calling yourself king doesn't make you one. And if Renly wasn't a king, I wasn't a queen. (Baelish: Do you want to be a queen?) No. I want to be the queen.

마저리: 스스로 왕이라고 칭한다고 왕이 되는 것은 아니에요. 렌리가 왕이 아니었다면 나도 왕비가 아니었던거죠. (배일리쉬: 왕비가 되고 싶으십니까?) 아뇨. 진짜 왕비가 되고 싶어요.

Notes
- call oneself~ 자신을 …라고 부르다

03 "Hard truths cut both ways"

멜리산드레의 마법을 직접 목격한 다보스는 스타니스에게 킹스랜딩 원정길에서는 그녀를 제외시켜야 한다고 주장한다. 그러면서 "진정한 섬김은 냉엄한 진실을 말하는 것입니다"라고 고언을 계속하는데, 멜리산드레를 동행하고 점령하게 되면 승리는 그녀의 것이 된다는 현실을 말해준다. 그러자 스타니스는 충고를 받아들이는 대신 다보스에게 블랙워터 만으로 가는 함대를 이끌라고 한다.

Davos: Your Grace, I'm honored, but my time on the sea was spent evading ships, not attacking them. The other lords won't be happy.

Stannis: Most of those lords should consider themselves lucky I don't hang them for treason. Hard truths cut both ways, Ser Davos.

다보스: 전하, 영광입니다만 저는 바다에서 배들을 피해다녔지 공격을 하지 않았습니다. 다른 영주들이 불만을 가질 것입니다.
스타니스: 그 영주들 대부분은 내가 반역으로 목을 치지 않은걸 행운이라 생각해야 해. 냉엄한 진실은 양날의 검일세, 다보스.

Notes
- evade 피하다
- cut both ways 두가지 상반된 결과를 가져오다

04 "Anyone can be killed"

아리아는 하렌할에서 타이윈의 시녀로 일하고 있는데 그녀에게 롭에 대한 소문을 물어본다. 아리아는 늑대를 타고, 늑대로 변하기도 하고 죽지 않는다고도 한다고 말하자 타이윈이 그걸 믿냐고 물어보자 꼿꼿히 쳐다보며 대답한다.

Arya: They say he rides into battle on the back of a giant Direwolf. They say he can turn into a wolf himself when he wants. They say he can't be killed. (Tywin: And do you believe them?) No, My Lord. Anyone can be killed.

아리아: 거대한 늑대의 등에 타고 전투를 한다고 합니다. 원하면 자신이 늑대로 변할 수도 있다고 합니다. 죽지 않는다고도 합니다. (타이윈: 그런 걸 믿느냐?) 아닙니다. 죽일 수 없는 자는 없습니다.

Notes
- They say~ …라고들 한다
- turn into …로 변하다

05 "The Iron Throne is mine and I will take it"

콰스에서 가장 부유한 자, 자로 조안 닥소스가 대너리스를 초대하며 대화를 나눈다. 대너리스에게 뭐를 원하냐고 물어보는데….

Daenerys: To cross the Narrow Sea and take back the Iron Throne. (Xaro Zhoan Daxos : Why?) Because I promised my Khalasar I'd protect them and find them a safe home. (Xaro Zhoan Daxos : You want to conquer the Seven Kingdoms for Dothraki?) I want them because they're mine by right. The Iron Throne is mine and I will take it.

대너리스: 협해건너 철왕좌를 되찾는거요. (자로 조안 닥소스: 왜요?) 나의 칼라사르에게 그들을 보호해주고 안전한 집을 찾아주겠다고 약속했거든요. (자로: 도트락인들을 위해 칠왕국을 정복하겠다고요?) 정당한 권리로 내 것이기 때문에 원하는 겁니다. 철왕좌는 나의 것이고 내가 차지할 겁니다.

Game of Thrones

Notes

- take back 되찾다
- conquer 정복하다

06 "Rich men do not become rich by giving more than they get"

철왕좌를 차지하려는 마음 급한 대너리스에게 콰스의 자로 조안 닥소스는 지원을 약속하지만, 조언자 조라는 부자는 결코 자기가 얻는 것 이상으로 주고 부자가 되지 않는다고 경계한다.

Jorah: Rich men do not become rich by giving more than they get. They'll give you ships and soldiers and they'll own you forever. Moving carefully is the hard way, but it's the right way.

조라: 부자들은 자신들이 얻는 것보다 더 주고서 부자가 되지 않아요. 그들이 배와 군대를 주게 되면 영원히 칼리시를 소유하려고 할 겁니다. 조심스럽게 움직이는게 쉬운 일은 아니지만, 그게 옳은 방법입니다.

Game of Thrones

Notes

- own 소유하다
- the hard way 어려운 일

07 "Someone who can rule and should rule"

계속되는 조라의 조언. 대너리스는 존경받고 두려움의 대상이 될 뿐만 아니라 사랑도 받는 통치자가 될 것이라고 하며 대너리스가 진정한 통치자라고 말한다.

Jorah: You have a good claim. A title. A birthright. But you have something more than that. You may cover it up and deny it, but you have a gentle heart. You would not only be respected and feared, you would be loved. Someone who can rule and should rule. Centuries come and go without a person like that coming into the world. There are times when I look at you and still can't believe you're real.

조라: 충분한 권리가 있어요. 자격. 상속권. 하지만 전하는 그 이상의 것을 가지고 있어요. 감추고 부정할지 모르겠지만 전하는 아주 부드러운 마음씨를 갖고 계세요. 존경과 두려움의 대상이 될 뿐만 아니라 사랑도 받을겁니다. 통치할 수 있는 사람이 통치해야 하는 사람입니다. 수세기 동안 그런 사람 한 명이 세상에 나타나지 않고 세월이 지나갔습니다. 전하를 볼 때 실존하는 사람이란게 실감이 안 날 때가 종종 있습니다.

Notes

- claim 자격, 권리
- rule 통치하다
- cover up 숨기다

The Old Gods and the New

01 "You can't trust a wild thing"

야만족을 정찰하기 위해 자원한 존 스노우의 늑대 고스트를 보고 하프핸드는 야생동물은 각자의 룰이 있기 때문에 믿을 수 없다고 한다.

Halfhand: You can't tame a wild thing. You can't trust a wild thing. (Jon: Ghost is different.) So you think. Wild creatures have their own rules, their own reasons. And you'll never know them.

하프핸드: 야생의 것을 길들일 수는 없어. 야생의 것을 믿어서도 안돼. (존: 고스트는 달라요.) 그렇게 생각하겠지. 야생물들은 자신들만의 룰이 있고 자신들만의 분별력을 가지고 있어. 그리고 넌 그게 뭔지 절대 알 수 없을거야.

Game of Thrones

Notes

- tame 길들이다
- wild creature 야생물
- trust 신뢰하다

02 "I want you to know what it's like to love someone"

왕의 핸드인 티리온의 주장에 따라 막내딸 마르셀라를 도른으로 떠나보내면서 세르세이가 티리온에게 분노에 차서 하는 말.

Cersei: One day I pray you love someone. I pray you love her so much, when you close your eyes, you see her face. I want that for you. I want you to know what it's like to love someone, to truly love someone, before I take her from you.

세르세이: 언젠가 너도 누군가를 사랑하라고 기도할거야. 네가 그녀를 너무 사랑한 나머지 네가 두눈을 감아도 그녀의 얼굴이 보일만큼. 네가 진실로 사람을 사랑하는 것, 정말 진심으로 사랑하는게 어떤건지 알길 바래. 내가 그녀를 너에게서 가져가기 전에.

Game of Thrones

Notes

- pray 기도하다
- I want you to know what it's like to+V …하는 것이 어떤 것인지 네가 알기를 바래

03 "I don't know if we've ever been cursed with a vicious idiot for a king"

마르셀라를 떠나보내고 궁정으로 돌아가는 길에 성난 군중들은 왕에게 굶주림을 그리고 왕이 사생아임을 내세우며 시위한다. 겨우 성안에 들어온 조프리는 분노에 차 전부 죽이라고 하지만 티리온은 왕이 포악하고 바보 같은 왕이라고 한다.

Tyrion: We've had vicious kings and we've had idiot kings, but I don't know if we've ever been cursed with a vicious idiot for a king.

티리온: 포악한 왕도 있었고 바보같은 왕도 있었지만, 포악하고 멍청한 왕을 가질 정도로 저주받은 시기가 있었는지는 모르겠어.

Game of Thrones

Notes

- vicious 포악한
- curse 저주하다

04 "You owe him quite a bit"

계속되는 장면에서 티리온은 산사의 안위를 걱정하고, 조프리는 아무 생각없이 폭도들에게 주라고 한다. 티리온은 산사의 중요성과 조프리가 왜 산사를 꼭 찾아야 하는지 말해준다.

Tyrion: Where is the Stark girl? (Joffery:Let them have her.) If she dies, you'll never get your Uncle Jaime back. You owe him quite a bit, you know.

티리온: 산사는 어디에 있느냐? (조프리: 그들이 갖도록 해요.) 걔가 죽으면 제이미를 되찾을 수가 없다. 넌 제이미 삼촌에게 빚을 많이 지고 있잖아.

Notes

- get ~ back 되찾다
- quite a bit 꽤많이

05 "I judge every trade on its merits"

대너리스는 콰스에서 두번째로 부유한 향신료 왕(The Spice King)에게 배를 빌려달라고 하지만, 무역상인 향신료 왕의 대답은 냉정하다.

The Spice King: Of course not. You came to take my ships. So let me explain my position, little princess. Unlike you, I do not have exalted ancestors. I make my living by trade. And I judge every trade on its merits. You ask for ships. You say I shall be repaid triple. I do not doubt your honesty or your intentions. But before you repay your debts, you must seize the Seven Kingdoms. Do you have an army?

향신료왕: 물론 그러시겠죠. 저희 배들을 갖고자 오셨죠. 어린 공주님, 그럼 제 입장을 말씀드리겠습니다. 공주님과 달리, 저는 고귀한 조상들이 없습니다. 전 무역으로 생존을 꾸려나가고 있습니다. 그리고 모든 거래는 그 이익으로 판단을 합니다. 배를 요청하셨고 저에게 세배로 되갚겠다고 하셨습니다. 공주님의 정직함과 의도를 의심하지 않습니다. 하지만 빚을 되갚기 전에 먼저 칠왕국을 차지하셔야 합니다. 군대가 있으십니까?

Notes
- exalted 고상한
- make one's living 생존하다

06 "I was unhurt, the Mother of Dragons"

계속해서 대너리스는 불 속에서 부화한 용을 자신이 챙겼다면서 자신의 놀라운 능력에 대해서 연설을 하게 되지만 향신료 왕은 들어줄 생각을 하지 않는다.

Daenerys: For my wedding he gave me three petrified dragon eggs. He believed-- the world believed-- that the ages had turned them to stone. How many centuries has it been since dragons roamed the skies? But I dreamt that if I carried those eggs into a great fire, they would hatch. When I stepped into the fire, my own people thought I was mad. But when the fire burned out, I was unhurt, the Mother of Dragons. Do you understand? I'm no ordinary woman. My dreams come true.

대너리스: 그는(일리리오 모파티스) 내 결혼식에 석화된 용의 알을 세개를 가져왔소. 그는, 아니 온 세상이 세월이 오래되어 그것들이 돌로 변했다고 믿었어요. 드래곤이 하늘을 날아다닌지 몇백년이 지났죠? 하지만 난 내가 그 알들을 불속에 가지고 들어가면 부화할거라 꿈꿨습니다. 내가 불속으로 걸어들어갈 때 내 백성들은 내가 미쳤다고 생각했죠. 하지만 불이 꺼졌을 때, 난 다치지 않았어요. 드래곤의 어머니인거죠. 알겠어요? 난 보통의 여자가 아닙니다. 내 꿈은 이루어질겁니다.

Notes
- petrified 석화된
- hatch 부화하다
- unhurt 무사한
- roam 돌아나다다
- burn out 불이 꺼지다

07 "I will take what is mine"

대너리스의 열정을 존중하지만 사업에서는 열정보다 타당성을 믿는다면서 향신료 왕은 대너리스의 부탁을 거절한다.

Daenerys: I am not your little princess. I am Daenerys Stormborn of the blood of old Valyria and I will take what is mine. With fire and blood, I will take it.

대너리스: 난 당신의 작은 공주가 아닙니다. 난 옛 발리리아의 피가 흐르는 대너리스 스톰본이고 난 나의 것을 차지할겁니다 . 불과 피로, 나는 손에 넣을 겁니다.

08 "You are a king. And that means you don't have to do everything yourself"

그레이조이는 윈터펠을 점령하고 이에 분노한 롭은 직접가서 그레이조이를 치겠다고 하지만 볼튼 경은 이를 만류하면서 왕이라고 모든 것을 다 직접 처리할 수는 없는 것이라고 말한다.

Robb: How can I call myself king if I can't hold my own castle? How can I ask men to follow me if I can't…

Bolton: You are a king. And that means you don't have to do everything yourself.

롭: 내 성도 지키지 못하면서 어떻게 스스로 왕이라 할 수 있겠소? 어떻게 내가 못하면서 백성들에게 따르라고 하겠소?

볼튼: 전하는 왕이십니다. 그 말은 모든 것을 스스로 다 할 필요가 없다는 의미입니다.

Notes

- call oneself~ 자신을 …라 칭하다
- That means S+V 그건 …을 뜻합니다
- hold 지키다
- don't have to …할 필요가 없다

09 "You'll lose what you gained"

테온은 얼마 안되는 병력으로 비어있는 윈터펠을 점령했기 때문에 볼튼 경은 자신의 서자인 램지 볼튼에게 가서 윈터펠을 되찾으라고 하겠다고 한다.

Bolton: Theon holds the castle with a skeleton crew. Let me send word to my bastard at the Dreadfort. He can raise a few hundred men and retake Winterfell before the new moon. We have the Lannisters on the run. If you march all the way back north now, you'll lose what you gained. My boy would be honored to bring you Prince Theon's head.

Robb: Tell your son Bran and Rickon's safety is paramount. And Theon-- I want him brought to me alive. I want to look him in the eye and ask him why. And then I'll take his head myself.

볼튼: 테온은 최소한의 병력으로 성을 지키고 있어요. 드레트포트에 있는 제 서자에게 전갈을 보내겠습니다. 몇 백의 군사로 어두워지기 전에 윈터펠을 되찾을 겁니다. 저희는 라니스터가를 향해 계속 진군해야합니다. 지금 북부로 다시 되돌아간다면 여태껏 얻은 모든 것을 잃게 될 것입니다. 제 자식이 전하께 테온 왕자의 머리를 바치는 영광을 주셨으면 합니다.

롭: 아들에게 브랜과 릭콘의 안전을 최우선으로 해달라고 하시오. 그리고 테온은 생포하시오. 눈을 쳐다보면서 왜 그랬냐고 물어보겠소. 그런 다음 내 친히 목을 칠 것이오.

Notes

- skeleton 최소한의
- paramount 최우선의

10 "Don't trust anybody. Life is safer that way"

봉변을 당하기 직전 겨우 구사일생한 산사가 사람들이 왕을 싫어하듯 자신도 그 누구보다도 싫어한다고 하고 셰이는 산사에게 아무도 믿지 말라고 충고를 한다.

Sansa: I hate the King more than any of them. (Shae: Don't say these things. If the wrong people hear you...) But you're not the wrong people. (Shae: Don't trust anybody. Life is safer that way.)

산사: 난 그들 누구보다도 왕을 싫어해. (셰이: 이런 말을 하시 마세요. 엉뚱한 사람이 듣기라도 하면….) 하지만 넌 그런 사람이 아니잖아. (셰이: 어느 누구도 믿지 마요. 그러면 삶이 더 안전해져요.)

Notes

- hate 싫어하다
- that way 그런 식으로
- trust 믿다, 신뢰하다

A Man Without Honor

01 " I might be your prisoner, but I'm a free woman"

존 스노우는 야만족 여자인 이그리트를 포로로 잡고 자신의 무리를 찾아 헤매고 있다. 이그리트는 자신은 자유인이지만 나이트워치인 존 스노우는 서약에 얽매인 진짜 포로라고 신경전을 벌인다.

Ygritte: You think you're better than me, crow. I'm a free woman.
Jon: You're a free woman?
Ygritte: I might be your prisoner, but I'm a free woman.
Jon: If you're my prisoner, you're not a free woman. That's what "prisoner" means.
Ygritte: And you think you're free? You swore some stupid oath and now you can never touch a girl.
Jon: It was my choice to say the words.

이그리트: 네가 나보다 낫다고 생각하는구나. 난 자유로운 여자야.
존: 네가 자유로운 여자라고?
이그리트: 너희 포로일지 몰라도 난 자유로운 여자야.
존: 네가 나의 포로라면 넌 자유로운 여자가 아냐. "포로"라는 의미가 바로 그런거야.
이그리트: 그럼 넌 네가 자유로운 인간이라 생각해? 한심한 서약에 맹세하고 이제 절대로 여자를 만질 수도 없잖아.
존: 그 맹세를 한 건 내 선택이었어.

Notes
- You think S+V (실은 아닌데) …라고 생각하는구나
- swear 맹세하다, 서약하다

02 "Who is to be trusted?"

조라가 배를 구하러 간 사이에 대너리스의 무리들은 살해당하고 드래곤은 사라졌다. 이 소식을 듣고 달려온 조라와 절망에 빠진 대너리스 간의 대화.

Daenerys: And who is to be trusted? Who are my people? The Targaryens? I only knew one-- my brother, and he would have let 1,000 men rape me if it had got him the crown. The Dothraki? Most of them turned on me the day that Khal Drogo fell from his horse.

대너리스: 그럼 누가 신뢰할 수 있는 사람들인가요? 누가 나의 백성들인가요? 타르가르옌? 유일하게 한 명의 타르가르옌, 내 오빠를 알고 있는데, 그는 그에게 왕관이 주어진다면 천명의 남자들이 나를 강간하게 놔뒀을거예요. 도트락인들요? 대부분은 칼 드로고가 말에서 떨어지자 뒤돌아 떠났죠.

Notes
- rape 강간하다
- turn on 돌아서다
- crown 왕관

03 "I don't need trust any longer"

아무도 신뢰할 수 없는 절망에 빠진 대너리스에게 조라가 자신을 믿으라고 하자 더 이상 신뢰는 필요 없다고 말한다.

Daenerys: There it is-- "trust me. " And it's you I should trust, Ser Jorah? Only you? I don't need trust any longer. I don't want it and I don't have room for it.

대너리스: 또 그말이네요. "나를 믿으라." 그럼 내가 믿어야 되는 사람은 당신인가요, 조라 경? 당신만요? 난 더 이상 신뢰는 필요없어요. 원하지도 않고 그럴 여유도 없어요.

Notes
- trust 신뢰하다, 믿다
- have room for sth …을 둘 여유가 없다

04 "No one can survive in this world without help"

조라는 대너리스가 절망 속에서 아무도 믿지 못하겠다고 하자 이 세상에서 도움없이는 살아날 수 없다고 하면서 자신이 그녀를 도울 수 있도록 해달라고 한다.

Jorah: No one can survive in this world without help. No one. Let me help you, please. Tell me how. (Daenerys: Find my dragons.)

조라: 이 세상에서 도움없이는 아무도 살아남을 수가 없습니다. 아무도요. 제가 도와드릴게요. 방법을 말해주세요. (대너리스: 내 용을 찾아요.)

Game of Thrones

Notes

- survive 생존하다, 살아남다

05 "You'll do things for them that you know you shouldn't do"

산사는 초경을 하게 되고 조프리의 아들을 낳고 싶지 않은 그녀는 이 사실을 왕비에게 숨기려고 하지만 결국 왕비는 알게 된다. 왕비가 산사에게 조언하는 장면이다.

Cersei: The more people you love, the weaker you are. You'll do things for them that you know you shouldn't do. You'll act the fool to make them happy, to keep them safe. Love no one but your children. On that front, a mother has no choice.

세르세이: 더 많은 사람들을 사랑하면 할수록 넌 더욱 약해질거다. 그들을 위해서 너는 해서는 안되는 일을 하게 될거야. 그들을 행복하게 하고 그들을 안전하게 하기 위해 너는 어리석은 행동을 하게 된다. 너의 아이들 외에는 아무도 사랑하지마라. 그 점에 있어서는 어머니는 선택의 여지가 없다.

Game of Thrones

Notes

- act the fool 바보 짓을 하다
- on that front 그 점에 있어서

06 "It's hard to put a leash on a dog once you've put a crown on its head"

스타니스가 킹스랜딩을 향해 진군하고 있는 상황에서 티리온과 세르세이가 걱정을 하고 있는 장면이다. 조프리의 통제되지 않는 광기에 가까운 행동에 근심한다.

Cersei: Do you think I haven't tried? He doesn't listen to me.
Tyrion: It's hard to put a leash on a dog once you've put a crown on its head.

세르세이: 내가 시도를 안해본 줄 알아? 내 말을 들으려고 하지 않아.
티리온: 개의 머리에 왕관을 씌워주고 나면 개에게 사슬을 묶는 건 쉽지 않아.

Notes

- listen to …의 말을 듣다
- put a leash on …에게 개줄을 묶다

07 "I wonder if this is the price for what we've done"

계속되는 티리온과 세르세이의 대화. 조프리의 광기를 보면서 세르세이는 그게 근친상간한 대가가 아닐지도 모른다고 하면서 자책을 하고 티리온은 그래도 토멘과 마르셀라라는 온전하지 않냐고 위로한다.

Cersei: Sometimes I wonder if this is the price for what we've done, for our sins.(Tyrion: Sins? The Targaryens…) Wed brother and sister for hundreds of years, I know. That's what Jaime and I would say to each other in our moments of doubt. It's what I told Ned Stark when he was stupid enough to confront me. Half the Targaryens went mad, didn't they? What's the saying? Every time a Targaryen is born, the Gods flip a coin. (Tyrion: You've beaten the odds. Tommen and Myrcella are good, decent children, both of them.)

세르세이: 가끔 이런 생각이 들어…. 이게 우리가 저지른 우리의 죄에 대한 대가가 아닌가. (티리온: 타르가르옌들은…) 오랫동안 남매가 결혼을 하지. 알아. 제이미와 내가 확신이 없을 때 서로에게 하던 말이 바로 그거였어. 네드 스타크가 어리석게도 내게 맞설 때도 그 말을 했지. 타르가르옌의 반은 미쳤다며, 그렇지 않아? 뭐라고 그랬지? 타르가르옌 아이가 태어날 때마다 신은 동전을 던진다고. (티리온: 누나는 확률을 이겼잖아. 토멘과 마르셀라는 선하고 근사한 아이들이야. 둘 다.)

Game of Thrones

Notes

- This is the price for what~ 이건 …에 대한 대가야
- be stupid to~ …하는 것은 어리석다
- flip a coin 앞뒤를 정하기 위해 동전을 던지다
- That's what~ 그게 바로 …야
- beat the odds 확률을 이기다

08 "No matter what you do, you're forsaking one vow or another"

경비를 죽이고 달아났다 다시 잡혀온 제이미를 여기사 브리엔느와 함께 캐틀린이 찾아와서 제이미는 기사도 아니라고 일침을 한다.

Catelyn: You are no Knight. You have forsaken every vow you ever took.

Jaime: So many vows. They make you swear and swear. Defend the king, obey the king, obey your father, protect the innocent, defend the weak But what if your father despises the king? What if the king massacres the innocent? It's too much. No matter what you do, you're forsaking one vow or another.

캐틀린: 넌 기사도 아냐. 넌 스스로 했던 모든 서약을 저버렸어.
제이미: 그 많은 서약들. 사람들은 수많은 맹세를 하게 하죠. 왕을 지키고, 왕에게 복종하고, 아버지에게 복종하고, 무고한 사람들을 보호하고, 약한 사람들을 지켜라. 하지만 자기 아버지가 왕을 무시하면 어떻게 해야 할까?. 만약 왕이 무고한 사람들을 학살하면 어떻게 해야 할까? 너무 많아요. 어떻게 하던간에 그 많은 서약 중에서 하나는 어겨야 하죠.

Game of Thrones

Notes

- forsake 저버리다
- No matter what you do, ~ 네가 무슨 일을 해도,
- What if~ ? …하다면 어떨까?

09 "I have more honor than poor old dead Ned"

제이미에게 왕시해자라고 부르며 명예가 없는 사람이라고 비난하자 자신의 독특한 논리로 자신이 네드 스타크보다 명예가 더 있다는 궤변을 늘어놓는다.

Jaime: Do you know I've never been with any woman but Cersei? So in my own way, I have more honor than poor old dead Ned. What was the name of that bastard son he fathered? (Catelyn: Brienne.) No, that wasn't it. Snow, a bastard from the North. Now, when-- when good old Ned came home with some whore's baby, did you pretend to love it? No. You're not very good at pretending. You're an honest woman. You hated that boy, didn't you? How could you not hate him? The walking, talking reminder that the honorable Lord Eddark Stark fucked another woman.

제이미: 난 세르세이 말고는 다른 여자와 관계를 맺어본 적이 없는거 알아요? 그래서 내 방식에서 보면 난 불쌍한 고인 네드 스타크보다 내가 더 명예롭죠. 네드를 아버지로 둔 그 사생아 아들의 이름이 뭐였죠? (캐틀린: 브리엔느.) 그 이름은 아니었어요. 스노우, 북부의 사생아. 훌륭한 네드 스타크가 어느 창녀의 아기를 집으로 데려왔을 때 그 아이를 사랑하는 척이라도 하셨나요? 아닐거예요. 당신은 그런 척하는데는 서투르지요. 당신은 정직한 여성이니까요. 그 아이를 싫어했죠, 그렇지 않아요? 어떻게 싫어하지 않을 수가 있어요? 걸음걸이, 말투를 보면 명예로운 에다드 스타크 경이 다른 여자와 잤다는 걸 떠오르게 하는데요.

Game of Thrones

Notes

- I've never been with any woman but~ 난 …외에 다른 여자와 관계를 맺은 적이 없어
- in my own way 내 방식으로
- You're not good at~ 넌 …에 능숙하지 않아
- How could you not~? 네가 어떻게 …하지 않을 수 있어?

The Prince of Winterfell

01 "We're Ironborn, we take what we need"

윈터펠을 점령한 동생 테온에게 누나 야라가 군사들을 이끌고 온다. 성벽에 매달린 스타크의 아이들의 불탄 시신들을 보면서 야라가 여섯살 난 아이하고 장애가 있는 아이 중에서 누가 더 싸우기 힘들었냐고 비웃기 시작한다.

Theon: I treated the Stark boys with honor and they repaid me with treachery.

Yara: You treated them with honor by butchering them?

Theon: Before I had to kill them, I treated them...

Yara: You seized their home, as is your right. We're Ironborn, we take what we need.

테온: 난 명예롭게 스타크 아이들을 대했는데 배반으로 되갚았어.
야라: 녀석들을 살육한게 명예롭게 대접한거냐?
테온: 죽여야 하기 전에 난 걔들을…
야라: 넌 그들의 집을 점령했다. 정당하게. 우리는 강철인이고 필요한걸 빼았는다.

Notes

- treat 대접하다
- butcher 살육하다
- repay 되갚다
- seize 점령하다

02 "He needs to be out there"

전쟁이 임박한 위기상황에서 세르세이와 티리온은 또 다시 티격태격한다. 티리온은 조프리가 직접 선두에서 전쟁을 치뤄야 한다는 주장이고 세르세이는 조프리를 죽일 생각이냐고 따진다.

Tyrion: He'll have his Kingsguard protecting him. He has the finest armor gold can buy. He needs to be out there. The men will fight more fiercely seeing their king fighting beside them instead of hiding behind his mother's skirts.

티리온: 조프리에게는 그를 보호하는 킹스가드가 있어. 그리고 황금으로 살 수 있는 최고의 갑옷을 입고 있지. 걔는 전쟁터에 있어야 돼. 엄마 치마 뒤에 숨어 있는 대신에 백성들 옆에서 싸우는 왕을 봤을 때 사람들은 더 맹렬히 싸울거야.

Notes
- protect 보호하다
- fiercely 맹렬히

03 "Because he doesn't have a cock"

세르세이는 티리온이 창녀를 함께 데려왔다는 보고를 받게 된다. 눈엣가시인 티리온의 약점을 알게 된 세르세이는 남자들은 거시기 때문에 생각을 제대로 하지 못한다고 말을 꺼낸다.

Cersei: Do you know why Varys is so dangerous?
Tyrion: Because he has thousands of spies in his employ. Because he knows everything we do before we do it.
Cersei: Because he doesn't have a cock.
Tyrion: Neither do you.
Cersei: Perhaps I'm dangerous, too. You, on the other hand, are as big a fool as every other man. That little worm between your legs does half your thinking.
Tyrion: It's not that little.

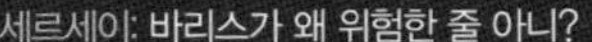

세르세이: 바리스가 왜 위험한 줄 아니?
티리온: 수천의 첩자를 데리고 있기 때문이지. 우리가 무엇을 하기 전에 우리가 할 것들을 알고 있기 때문이야.
세르세이: 남성기가 없기 때문이야
티리온: 누나도 없잖아.
세르세이: 아마 나도 위험할 지도 모르지. 근데 넌 말야, 다른 남자들처럼 멍청한 바보야. 네 다리 사이에 있는 지렁이 같은게 네 생각의 절반을 차지하고 있지.
티리온: 그렇게 작지는 않다고

Notes

- have ~ in one's employ …을 쓰고 있다
- on the other hand 다른 한편

04 "Every wound he suffers she'll suffer, too"

티리온의 약점인 그가 사랑하는 창녀를 찾았다고 착각하는 세르세이는 창녀의 안위와 아들 조프리 왕의 안위를 맞바꾸려고 한다. 그러자 티리온의 "창녀에 관해 가장 중요한 것은 사는 것이 아니라 빌리는 것이다"라며 창녀와의 거리를 두려고 한다.

Cersei: You're usually a better liar, baby brother. This one you like. You like her very much. Could it be love? Don't worry, she'll be treated gently enough unless Joffrey is hurt. And then every wound he suffers she'll suffer, too. And if he dies, there isn't a man alive who could devise a more painful death for your little cunt.

세르세이: 평소에는 뛰어난 거짓말쟁이였잖니 동생아. 넌 이 애를 좋아해. 아주 많이 좋아하지. 사랑이라도 하는거야? 걱정마. 조프리만 다치지 않는다면 살살 다루어 줄테니까. 그리고 조프리가 입는 모든 상처는 이 창녀도 똑같이 입게 될거야. 만약 조프리가 죽으면, 네 창녀는 세상에서 가장 고통스럽게 죽게 될 것이야.

Notes

- unless …하지 않는다면
- devise 고안하다
- wound 상처

05 "You will know the debt is paid"

티리온은 윈터펠에서 창녀 로즈에게 라니스터 가문의 목걸이를 준 적이 있다. 세르세이는 이를 근거로 로즈가 티리온의 정부라는 착각을 하게 되고, 티리온은 그것이 착각이란 사실을 숨긴채 세르세이에게 경고를 한다.

Tyrion: I'll hurt you for this. A day will come when you think you're safe and happy and your joy will turn to ashes in your mouth. And you will know the debt is paid.

티리온: 이 일로 인해 누나를 해칠거야. 누나가 안전하고 행복하다고 생각하는 그 날이 오면 누나의 기쁨은 입안의 재로 바뀌게 될거야. 그럼 빚이 갚아졌다는 것을 알게 되겠지.

Notes

- turn to …로 변하다
- ashes 재

06 "They disdained the game and those who played"

전쟁준비를 하고 있는 성위에서 바리스와 티리온이 나누는 대화. 티리온은 아버지가 처음으로 왕의 핸드라는 실권을 줬다고 하자 바리스는 티리온이 지금까지 잘해오고 있다고 한다.

Varys: You're quite good at being Hand, you know? Jon Arryn and Ned Stark were good men, honorable men, but they disdained the game and those who played. You enjoy the game. (Tyrion: I do. Last thing I expected.) And you play it well.

바리스: 경은 핸드 업무를 아주 훌륭히 수행하고 계십니다. 존 아린과 네드 스타크는 훌륭하고 명예로왔지만 게임과 그 게임을 하는 사람들을 무시했습니다. 경은 게임을 즐기고 있습니다. (티리온: 그래요. 전혀 예상못한 일이죠.) 그리고 아주 잘하고 있어요.

Notes

- honorable 명예로운
- disdain 무시하다

07 "Why are all the Gods such vicious cunts?"

스타니스는 빛의 신을 섬기기 때문에 적들을 산채로 태워죽인다는 소리를 들은 티리온은 왜 신들은 다들 그렇게 사악하냐고 되묻는다.

Tyrion: The Lord of Light wants his enemies burned, the Drowned God wants them drowned. Why are all the Gods such vicious cunts? Where is the God of tits and wine? (Varys: In the Summer Isles, they worship a fertility goddess with 16 tits.) We should sail there immediately.

티리온: 빛의 신은 적을 태워죽이기를 원하고, 익사한 신은 적들을 익사시키길 원합니다. 왜 신들을 다들 그렇게 사악한거요? 젖가슴과 와인의 신은 어디있나요? (바리스: 여름군도에서는 16개의 젖꼭지가 있는 다산의 여신을 모시죠.) 당장 배타고 그리로 갑시다.

▶ ▶ Game of Thrones

08 "One game at a time, my friend"

바리스가 다시 콰스에 대너리스가 살아 있으며 드래곤 세마리를 키우고 있다고 하자 티리온은 눈앞의 스타니스 문제부터 해결하자고 말한다.

Varys: This morning I heard a song all the way from Qarth beyond the Red Waste. Daenerys Targaryen lives.(Tyrion: A girl at the edge of the world is the least of our problems.) She has three dragons. But even if what they say is true, it'll be years before they are fully grown. And then there will be nowhere to hide. (Tyrion: One game at a time, my friend.)

바리스: 오늘 아침, 레드 웨이스트를 넘어 콰스로부터 들려오는 노래를 들었습니다. 대너리스 타르가르옌이 살아 있습니다. (티리온 : 세상 끝에 있는 소녀이야기는 가장 사소한 문제입니다.) 드래곤이 세마리 있습니다. 그 말이 사실일지라도 드래곤들이 성장하기까지는 많은 세월이 걸리겠죠. 그리고 나면 우리는 숨을 데가 없을겁니다. (티리온: 한번에 한 게임만 합시다.)

▶ ▶ Game of Thrones

Notes

- edge 끝, 가장자리
- fully 완전히

Blackwater

01 "The worst ones always live"

스타니스 군대가 성앞까지 도달했고 조프리 왕은 전쟁터에 나가면서 산사에게 자신의 새로운 검, 하트이터에 키스를 하게 한다. 이어지는 대화.

Sansa: Of course you'll be in the vanguard. They say my brother Robb always goes where the fighting is thickest. And he is only a pretender. (Joffrey: Your brother's turn will come. Then you can lick his blood off Hearteater, too.) (Shae: Some of those boys will never come back.) Joffrey will. The worst ones always live.

산사: 물론 전하가 선두에 서시겠죠. 제 오빠 롭도 항상 전투가 치열한 곳에서 싸운다고 합니다. 단지 왕인척 하는 자인데도요. (조프리: 네 오빠의 차례도 올 것이다. 그럼 넌 또 하트이터에 묻은 그의 피를 핥아야 한다.) (셰이: 저들 중 영영 못돌아오는 사람들도 있겠죠.) 조프리는 돌아올거야. 나쁜 놈은 항상 살아남으니까.

Notes

- vanguard 선봉
- pretender …인 척하는 사람
- thick 치열한
- lick 핥다

02 "The only way to keep the small folk loyal is to make certain they fear you more than they do the enemy"

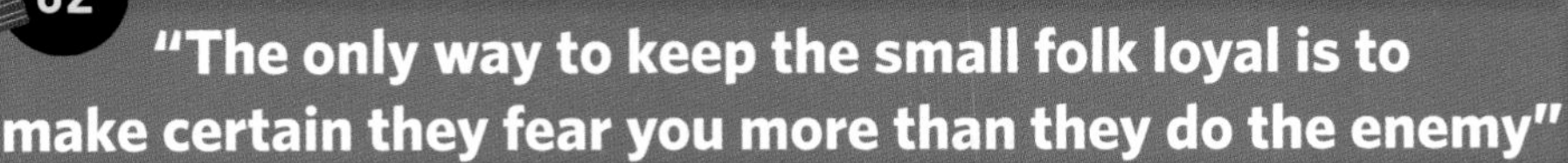

전쟁이 벌어지기 직전 도망가는 백성들이 생기자 세르세이는 사형집행인 일린 페인에게 참수하여 마굿간에 목을 걸어놓으라고 한다.

Cersei: The battle's first traitors. Have Ser Ilyn see to them. Put their heads on spikes outside the stables as a warning. The only way to keep the small folk loyal is to make certain they fear you more than they do the enemy. Remember that if you ever hope to become a queen. (Sansa: You said he was here to protect us.) He is. Traitors are a danger to us all.

세르세이: 전쟁의 첫번째 반역자들이군. 일린 경에게 데려가라. 경고의 의미로 마굿간 밖에 그들의 머리를 창에 꽂아 세워둬라 . 백성들의 충성심을 유지하는 유일한 방법은 그들이 적에게 느끼는 것보다 더 너를 두려워하게 만드는 것이다. 네가 여왕이 될 생각이라면 기억해둬라. (산사: 일린 경은 우리를 보호하기 위해 여기 있다고 하셨잖아요.) 그렇지. 반역자들은 우리 모두에게 위험요소야.

Notes

- traitor 반역자, 배신자
- stable 마굿간
- make certain 확실히 하다
- spike 창
- keep ~ loyal …를 충성하게 하다

03 "The Gods have no mercy. That's why they're Gods"

피난소에서 포도주를 마시고 있던 세르세이는 기도중인 산사를 다시 부른다. 그리고 무슨 기도를 하냐고, 자신과 조프리를 위해서도 기도하냐며 시니컬하게 반응한다.

Cersei: Praying to the Gods to have mercy on us all. The Gods have no mercy. That's why they're Gods. My father told me that when he caught me praying.

세르세이: 우리 모두에게 자비를 베풀어달라고 신들께 기도를 한다고. 신은 자비가 없단다. 그래서 그들이 신인거야. 아버지는 내가 기도하는 모습을 발견했을 때 그렇게 말씀하셨어.

▶ ▶ Game of Thrones

Notes

- pray to …에게 기도하다
- have mercy on~ …에게 자비를 베풀다

04 "Tears aren't a woman's only weapon. The best one's between your legs"

만약 성이 함락될 경우, 그리고 성앞에 서 있는 사람이 잔혹한 스타니스가 아니라면 유혹이라도 해보겠지만 스타니스에게는 통하지 않는다면서 여성의 무기는 눈물만 있는게 아니라는 것을 깨우쳐준다.

Cersei: If it were anyone else outside those gates, I might have hoped for a private audience. But this is Stannis Baratheon. I'd have a better chance of seducing his horse. Have I shocked you, little dove? Tears aren't a woman's only weapon. The best one's between your legs. Learn how to use it.

세르세이: 저 성문 밖에 다른 누군가가 있다면 내가 개인적으로 만나보기를 희망했을 것이다. 하지만 성문 밖에 있는 사람은 스타니스 바라테온이다. 그의 말을 유혹하는 것이 더 가능성이 있을게다. 내 말에 놀랬니? 눈물만이 여자들의 유일한 무기는 아니다. 여자들의 최고의 무기는 다리 사이에 있다. 어떻게 사용하는지 배워둬라.

▶ ▶ Game of Thrones

Notes

- might have+pp …했을지도 모른다
- private audience 개인적인 접촉

05 "When a man's blood is up, anything with tits looks good"

세르세이는 전쟁에 패하고 도시가 약탈당하면 구체적으로 어떤 일들이 일어나는지 특히 여성들에게 무슨 일들이 벌어지는지 묘사한다.

Cersei: Do you have any notion of what happens when a city is sacked? No, you wouldn't, would you? If the city falls, these fine women should be in for a bit of a rape. Half of them will have bastards in their bellies come the morning. You'll be glad of your red flower then. When a man's blood is up, anything with tits looks good. A precious thing like you will look very, very good. A slice of cake just waiting to be eaten.

세르세이: 도시가 약탈당하면 어떻게 되는지나 알고 있니? 아니, 넌 모를거야. 모르지? 도시가 함락되면 이 고귀한 여인들은 일부 강간을 당할 것이다. 그들 중 절반은 아침이 오면 배안에 사생아를 배게 될 것이다. 그럼 넌 지금 월경 중인 걸 기뻐할 것이야. 사내의 피가 솟구칠 때는 가슴을 가진 모든 것이 좋아 보이는거다. 너처럼 사랑스런 여자는 아주아주 좋아 보일게다. 먹어주기를 기다리는 한 조각의 케익인 셈이지.

Game of Thrones

Notes

- sack 약탈하다
- be in for …을 맞게 될 상황이다
- fall 함락되다

06 "The King's presence is good for morale"

세르세이 등 여자들이 피신해 있는 곳에 란셀 라니스터가 들어와 현재의 전쟁상황을 보고한다. 스타니스의 함대는 물리쳤지만 그의 병력들이 성밖에 상륙했다고 전한다.

Cersei: Bring him back inside at once. (Lancel: But, Your Grace...) What? (Lancel: The King's presence is good for morale.) Bring him back to his chambers now.

세르세이: 당장 왕을 안으로 모셔라. (란셀: 하지만, 왕후전하…) 무엇이냐? (란셀: 왕이 계셔야 사기 진작에 도움이 됩니다.) 왕을 지금 바로 알현실로 모셔와라.

Notes

- bring back 다시 데려오다
- morale 사기

07 "If you won't defend your own city, why should they?"

세르세이의 명에 따라 란셀은 왕을 레드킵으로 데려가려고 하고 이에 티리온은 왕이 전쟁을 지휘해야지 누가 하냐고 반문하며 반대한다.

Tyrion: If you won't defend your own city, why should they? (Joffrey: What would you have me do?) Lead. Get down there and lead your people against the invaders who want to kill them. (Joffrey: What did my mother say exactly? Did she have urgent business with me?)

티리온: 네가 너의 도시를 지키지 않겠다면 병사들이 왜 지키려 하겠느냐? (조프리: 나보고 뭘 어떻게 하라고요?) 지휘해라. 아래로 내려가서 그리고 죽이려는 침략자들에 맞서 네 병사들을 지휘해라. (조프리: 왕비께서 정확히 뭐라고 하셨느냐?, 급한 일이라고 하셨나?)

Notes

- defend 방어하다
- have urgent business with~ …와 급한 용무가 있다

08 "Don't fight for your king"

왕이 레드킵으로 피신하자 군사들은 동요하고, 티리온은 자신이 나서서 우리 자신들을 위해서 싸우자는 연설로 사기를 다시 복돋운다.

Tyrion: They say I'm half a man. But what does that make the lot of you? (Man: The only way out is through the gates. And they're at the gates.) There's another way out. I'm going to show you. We'll come out behind them and fuck them in their asses. Don't fight for your king and don't fight for his kingdoms. Don't fight for honor. Don't fight for glory. Don't fight for riches, because you won't get any. This is your city Stannis means to sack. That's your gate he's ramming. If he gets in, it will be your houses he burns, your gold he steals, your women he will rape. Those are brave men knocking at our door. Let's go kill them.

티리온: 다들 날 난쟁이라고 한다. 하지만 그게 제군들에게 어떻게 하기라도 했는가? (남자: 유일한 출구는 성문을 지나는 것인데, 적군들이 성문 앞에 있습니다.) 다른 출구가 있다. 내가 너희들에게 알려줄 것이다. 우리는 적군의 뒤로 나가 놈들의 엉덩이를 걷어찰 것이다. 왕을 위해 싸우지마라. 왕국을 위해 싸우지마라. 명예를 위해서 싸우지마라. 영예를 위해 싸우지마라. 부를 위해 싸우지마라 이 중 어느 것도 얻지 못할테니까. 여기는 스타니스가 약탈하고자 하는 그대들의 도시이다. 스타니스가 부수고 있는 건 제군들의 성문이다. 스타니스가 들어오게 되면 너희 집들을 불태울 것이고 너희들의 금을 훔칠 것이고 여자들을 강간할 것이다. 우리 성문을 두들기는 저들은 용맹한 자들이다. 가서 놈들을 죽이자.

Notes

- fuck sb in sb's asses 엉덩이를 걷어차다
- sack 약탈하다
- mean to~ …할 작정이야
- ram 부수다

09 "The world is built by killers"

얼굴에 화상이 있는 사냥개는 불타는 것과 죽이는거에 지쳐 전쟁에서 빠져나와 산사의 방에 숨어있다가 산사가 들어오자 자신은 불타는 것이 없는 곳으로 가겠다며 윈터펠로 데려다주겠다고 한다.

The Hound: Stannis is a killer. The Lannisters are killers. Your father was a killer. Your brother is a killer. Your sons will be killers someday. The world is built by killers. So you'd better get used to looking at them.

사냥개: 스타니스는 살인자야. 라니스터 가도 살인자들이야. 네 아버지도 살인자였고 네 오빠도 살인자다. 네 아들들도 언젠가 살인자가 될 것이다. 세상은 살인자들에 의해 세워졌다. 그러니 그들을 쳐다보는데 익숙해져야 한다.

Notes

- someday 언젠가
- get used to~ …에 익숙해지다

Valar Morghulis

01 "We're all liars here. And every one of us is better than you"

조프리는 산사와의 약혼을 파혼하고 타이윈과 힘을 합해 스타니스를 물리친 티렐가문의 마저리와 결혼선언을 하게 된다. 이때 배일리쉬 경이 산사에게 다가와 집으로 돌아가도록 도와주겠다고 한다.

Baelish: Joffrey's not the sort of boy who gives away his toys. You have a tender heart, just like your mother did at your age. I can see so much of her in you. She was like a sister to me. For her sake, I'll help get you home. (Sansa: King's Landing is my home now.) Look around you. We're all liars here. And every one of us is better than you.

배일리쉬: 조프리는 자신의 장난감을 줘버리는 그런 종류의 아이가 아닙니다. 아가씨는 당신의 어머니가 어렸을 때처럼 부드러운 심성을 가졌습니다. 아가씨에게서 아가씨의 어머니를 많이 볼 수 있습니다. 내게는 여동생과도 같은 분이셨죠. 그녀를 위해서 아가씨를 도와 집으로 데려가겠습니다. (산사: 킹스랜딩이 이제 제 집입니다.) 주변을 살펴봐요. 여기 우리 모두는 거짓말쟁이예요. 그리고 우리 모두 다 아가씨보다 더 나은 거짓말쟁이죠.

Game of Thrones

Notes

- give away 버리다, 줘버리다
- For her sake 그녀를 위해서
- tender heart 부드러운 심성

02 "You will betray everything you once held dear"

타이윈과 티렐가문의 기습공격으로 전쟁에서 패한 스타니스는 불속에서 자신이 승리하는 것을 봤다고 말했던 마녀 멜리산드레에게 책임추궁을 하고 있다.

Melisandre: This war has just begun. It will last for years. Thousands will die at your command. You will betray the men serving you. You will betray your family. You will betray everything you once held dear. And it will all be worth it because you are the Son of Fire. You are the Warrior of Light. You will sweep aside this pretender and that one. You will be King.

멜리산드레: 이 전쟁은 이제 시작됐어요. 수년간 계속 될거예요. 수많은 사람들이 전하의 명령에 따라 죽게 될거예요. 전하는 전하를 섬기는 사람들을 배신하게 될거예요. 전하의 가족들도 배신할거에요. 전하가 한때 소중히 했던 모든 것을 배반하게 될겁니다. 전하는 불의 왕자이기 때문에 충분히 그럴 가치가 있어요. 전하는 빛의 전사이십니다. 전하는 스스로를 왕이라고 칭하는 자들을 몰아내고 왕이 되실 것입니다.

Notes

- last 계속되다
- hold dear 소중히 여기다
- betray 배신하다

03 "I've gone too far to pretend to be anything else"

볼튼 경의 서자 램지 볼튼의 군대에 포위당한 테온 그레이조이가 현 상황을 어떻게 벗어날지 윈터펠의 마에스터인 루윈과 이야기를 나누고 있다.

Luwin: I've known you many years, Theon Greyjoy. You're not the man you're pretending to be. Not yet.

Theon: You may be right. But I've gone too far to pretend to be anything else.

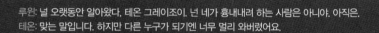

루윈: 널 오랫동안 알아왔다, 테온 그레이조이. 넌 네가 흉내내려 하는 사람은 아니야. 아직은.
테온: 맞는 말입니다. 하지만 다른 누구가 되기엔 너무 멀리 와버렸어요.

Notes

- pretend to …인 척하다
- have gone too far 너무 지나쳤다

04 "Don't want to swim too close to a drowning man?"

전쟁터에서 티리온은 맨든 무어에게 살해당할 뻔 하지만 종자 포드릭의 도움으로 얼굴에 상처만 입는다. 병상에 누워있는 그에게 바리스가 찾아온다.

Varys: I'm afraid we won't be seeing each other for some time, My Lord. (Tyrion: Don't want to swim too close to a drowning man? And I thought we were friends.) We are. Podrick, would you mind? There are many who know that without you this city faced certain defeat. The King won't give you any honors, the histories won't mention you, but we will not forget. Come along now, Podrick.

바리스: 티리온 경 우리 한동안 못볼 것 같네요. (티리온: 익사하는 사람 곁에서는 수영를 하지 않겠다는 거요? 우린 친구라고 생각했는데.) 친구죠. 포드릭, 모셔 오게. (셰이가 들어온다) 경이 아니었더라면 이 도시는 패배에 직면했을거라는 것을 많은 사람들이 알고 있습니다. 왕은 경에게 아무런 명예도 주지 않고, 역사는 경을 언급하지 않을 것이지만 우리는 잊지 않을 것입니다. 따라나오게 포드릭.

Notes

- for some time 당분간
- drowning man 익사하는 사람
- defeat 패배

05 "These bad people are what I'm good at. Outtalking them, outthinking them"

계속 이어지는 장면. 티리온을 살해하려는 이 도시를 떠나자는 셰이와 도시에 남아 나쁜 사람들과 상대하겠다는 티리온의 대화.

Shae: Your father, your sister, all these bad people, they can't stop you. Forget about them. Come with me.

Tyrion: I can't. I do belong here. These bad people are what I'm good at. Outtalking them, outthinking them. It's what I am. And I like it. I like it more than anything I've ever done. Are you going to leave?

Shae: You have a shit memory. I am yours and you are mine.

셰이: 당신의 아버지, 누이, 이 모든 나쁜 사람들은 당신을 막지 않을거예요. 그들은 잊어버리고 나와 함께 가요.
티리온: 그럴 수 없어. 난 여기에 속해. 내가 잘하는건 이 나쁜 사람들 상대하는거요. 그들을 말로 이기고 머리로 이기지. 그게 나요. 그리고 난 그게 좋아. 내가 여짓껏 했던 그 어떤 일보다도 이걸 좋아해. 떠나고 싶소?
셰이: 쓰레기같은 기억력을 갖고 있군요. 난 당신 것이고 당신은 나의 것이에요.

Notes

- forget about …을 잊다
- be good at~ …을 잘하다
- belong here 여기에 속하다

06 "To be a faceless man-- that is something else entirely"

하렌할에서 자켄의 도움으로 탈출한 아리아는 도중에 다시 자켄을 만난다. 자켄처럼 사람들을 죽일 수 있는 능력을 부러워하는 그녀는 자켄에게 배우고자 하지만 자켄은 브라보스로 가야 한다고 한다. 아리아는 자기 춤선생도 브라보스 출신이라고 말한다.

Jaqen: To be a dancing master is a special thing, but to be a faceless man-- that is something else entirely. A girl has many names on her lips-- Joffrey, Cersei, Tywin Lannister, Ilyn Payne, the Hound. Names to offer up to the Red God. She could offer them all one by one.

자켄: 춤선생이 되는 것도 특별한 것이지만 얼굴없는 자가 되는 건 전혀 다른 것이다. 소녀는 많은 이름을 입에 담고 있다. 조프리, 세르세이, 타이윈 라니스터, 일린 페인, 사냥개. 붉은 신에게 제물로 바쳐질 이름들. 소녀는 그들 모두를 한명씩 바칠 수 있을 것이다.

Game of Thrones

Notes

- entirely 전적으로
- offer 바치다

MEMO

"렌리가 죽자 티렐 가문은 타이윈과 합세하여 스타니스 군대를 물리친다. 조프리는 이에 산사와의 약혼을 깨고 렌리의 왕비였던 마저리와 혼인하게 된다. 또한 타이윈은 왕의 핸드가 되어 전권을 잡게 되고 티리온을 산사와 결혼시킨다. 대너리스는 콰스에서 용의 힘을 빌어 탈출하게 되고 노예상의 도시 윤카이에서는 거세병 8천여명을 얻고 도시까지 점령하면서 여왕으로서의 탁월한 지략과 카리스마를 보여준다. 한편 롭의 파혼으로 분노한 월더 프레이는 라니스터 가와 연합하게 되고, 여기에 루즈 볼튼이 북부의 수호자를 노리고 합세하게 된다. 월더는 툴리 가문의 에드뮤어와 자신의 딸의 혼인을 빌미로 자신의 성에 롭과 캐틀린을 초대한다. 월더와 볼튼은 캐틀린이 보는 앞에서 롭을 살해하고 캐

Valar Dohaeris

01 "I want to fight for the side that fights for the living"

포로가 된 존 스노우가 야만족의 수장 만스 레이더와 처음으로 만나는 장면. 만스 레이더는 존 스노우가 왜 나이트워치를 떠나서 야만족 군대에 합세하려는 이유를 묻는다.

Jon: We stopped at Craster's Keep on the way north. I saw...(Mance Rayder: You saw what?) I saw Craster take his own baby boy and leave it in the woods. I saw what took it. (Mance Rayder: You're telling me you saw one of them? And why would that make you desert your brothers?) Because when I told the Lord Commander, he already knew. Thousands of years ago, the First Men battled the White Walkers and defeated them. I want to fight for the side that fights for the living. Did I come to the right place?

존: 북쪽으로 향하던 중 크래스터의 거처에 잠시 들렀어요. 난 봤어요… (만스 레이더: 뭘 봤다는건가?) 크래스터가 자기 자신의 사내 아이를 데려다가 숲에 두고 오는 것을 봤고 무엇이 그 아이를 데려가는지를 봤습니다. (만스 레이더: 그들 중 하나를 봤다는건가? 그게 어째서 네 형제들을 버릴 이유가 되나?) 사령관에게 말했을 때 그는 이미 알고 있었으니까요. 수천년 전, 퍼스트멘은 백귀와 싸워 물리쳤습니다. 난 산자를 위해 싸우는 쪽에서 싸우고 싶습니다. 내가 제대로 잘 찾아온 것입니까?

Notes

- You're telling me S+V? …라는 말인가?
- Why would that make you~? 그게 어째서 네가 …하는 이유가 되는거야?

02 "A little bloody gratitude would be a start"

블랙워터 전투 중에 상처를 입은 티리온과 그 아버지 타이윈 라니스터 간의 대화장면. 조프리를 대신해서 선전하고 상처까지 입었으나 찾아오지 않은 아버지에게 원망을 표현한다.

Tyrion: I organized the defense of this city while you held court in the ruins of Harrenhal. I led the foray when the enemies were at the gate while your grandson, the king, quivered in fear behind the walls. I bled in the mud for our family. And as my reward, I was trundled off to some dark little cell. But what do I want? A little bloody gratitude would be a start.

티리온: 아버지가 하렌할 폐허의 궁정을 지키고 있는 동안 난 수도방어를 준비했습니다. 적군이 성문에 이르렀을 때 전 기습공격을 지휘했구요. 그러는 사이 아버지 손자인 왕은 성벽에 숨어 두려움에 떨고 있었죠. 전 가문을 위해 진흙탕 속에서 피를 흘렸어요. 그 대가로 전 아주 조그만 독방에 갇혀 지냈어요. 그런제 제가 뭘 원하느냐고요? 우선 빌어먹을 고맙다는 말을 해주시면 좋겠어요.

Game of Thrones

03 "I want what is mine by right"

티리온은 장자인 제이미가 킹스가드이기 때문에 결혼이나 상속이 금지되었으니 자기가 법적인 상속자라면서 라니스터 가의 본성인 캐스털리 록을 달라고 한다.

Tyrion: I want what is mine by right. Jaime is your eldest son, heir to your lands and titles. But he is a Kingsguard, forbidden from marriage or inheritance. The day Jaime put on the white cloak, he gave up his claim to Casterly Rock. I am your son and lawful heir. (Tywin:You want Casterly Rock?) It is mine by right.

티리온: 전 마땅한 제 권리를 원합니다. 제이미는 장자입니다. 토지와 작위를 물려받을 후계자죠. 하지만 왕의 친위대이니까 혼인과 상속이 금지됩니다. 제이미가 흰 망토를 입는 순간 캐스털리 록의 소유권을 포기한 것입니다. 전 아버지의 아들이자 합법적인 상속자입니다. (타이윈: 너 캐스털리 록을 원하는 거냐?) 이치상 제 것입니다.

Game of Thrones

Notes

- inheritance 상속
- give up one's claim to~ …의 권리를 포기하다

04 "Speak no more of your rights to Casterly Rock"

티리온은 논리적으로 캐스털리 록의 상속권을 주장하지만 타이윈은 캐스털리 록을 매음굴로 만들 수 없다며 난쟁이 아들에게 폭언을 쏟아붓는다.

Tywin: You ask that? You, who killed your mother to come into the world? You are an ill-made, spiteful little creature full of envy, lust, and low cunning. Men's laws give you the right to bear my name and display my colors since I cannot prove that you are not mine. And to teach me humility, the gods have condemned me to watch you waddle about wearing that proud lion that was my father's sigil and his father's before him. But neither gods nor men will ever compel me to let you turn Casterly Rock into your whorehouse. Go, now. Speak no more of your rights to Casterly Rock. Go. Oh, one more thing. The next whore I catch in your bed I'll hang.

타이윈: 그걸 몰라서 묻냐? 넌 이 세상에 태어나면서 네 어머니를 죽인 놈이야. 넌 재앙이 불러온 질투와 욕정과 간계로 가득한 역겨운 존재야. 내가 네놈이 친아들이 아니란 증거를 찾지 못했기에 인간의 법규는 네게 내 이름과 상징을 물려주었다. 신들께선 내가 겸손함을 배우도록 네가 선대부터 대대로 내려오는 긍지높은 사자 문장을 차고 뒤뚱거리는 모습을 보는 벌을 내리셨다. 하지만 어떤 신이나 인간도 네가 캐스털리 록을 매음굴로 만들도록 방치하는 일을 강요하지 않는다. 그만 가봐라. 다시는 캐스털리 록의 대한 소유권을 말하지 마라. 그리고 한가지 더. 네 침대에서 창녀를 한번 더 발견한다면 교수형에 처할거다.

▶ Game of Thrones

Notes

- You ask that? 그걸 몰라서 물어?
- give sb the right to~ …에게 …할 권리를 주다
- Speak no more of~ 더 이상 …을 말하지 마라
- come into the world 태어나다
- I can't prove~ …을 증명할 수가 없어

05 "Death by fire is the purest death"

죽음에서 살아온 다보스는 스타니스에게서 멜리산드레를 떼어놓으려고 하지만 실패하고 멜리산드레를 죽이려고 하다가 감옥에 갇히는 신세가 되고 만다.

Melisandre: What I told your son is true. Death by fire is the purest death.

Davos: This woman is evil! She's the mother of demons.

멜리산드레: 내가 당신 아들에게 말한 것은 사실이에요. 불에 타 죽는 것이 가장 순수한 죽음이죠.
다보스: 이 여자는 사악합니다. 최악의 악마에요!

Notes

- pure 순수한
- the mother of~ 최악의 …
- evil 사악한

06 "The lowest among us are no different from the highest~"

마저리는 사원으로 가는 길에 빈민가의 고아원에 들러 아이들을 돌봤고, 왕후에게 기회를 주고 열린 마음으로 다가가면 천한 사람도 귀한 사람과 다를 것이 없다고 한다.

Margaery: The lowest among us are no different from the highest if you give them a chance and approach them with an open heart. (Cersei: An open heart is what you'll get in Flea Bottom if you're not careful, my dear.)

마저리: 가장 천한 사람도 기회만 주고 마음을 열고 다가가면 가장 귀한 사람들과 다를 바가 없습니다. (세르세이: 빈민가에선 조심하지 않으면 진짜 심장이 열릴 수도 있단다.)

Notes

- give ~ a chance 기회를 주다
- approach 접근하다

Dark Wings Dark Words

01 "We don't get to choose who we love"

브리엔느는 캐틀린 부인의 명령대로 제이미를 킹스랜딩으로 데리고 가서 산사와 교환하려 한다. 도중에 제이미는 브리엔느가 렌리의 킹스가드인 것을 알아내고는 렌리에 대한 추문을 비꼬면서 애기한다.

Jaime: His proclivities were the worst kept secret at court. It's a shame the throne isn't made out of cocks. They'd have never got him off it. (Brienne: Shut your mouth!) I don't blame him. And I don't blame you, either. We don't get to choose who we love.

제이미: 그의 성적취향은 궁정에서 가장 지켜지지 않는 비밀이었어. 왕좌가 음경으로 만들어지지 않은 것이 안됐지. 렌리는 음경들에서 떨어지지 않으려 했을텐데. (브리엔느: 입다물어!) 난 렌리를 비난하지도 않고 당신을 비난하는 것도 아냐. 우리는 우리가 사랑하는 사람을 고를 수가 없는거지.

Game of Thrones

Notes

- proclivity (별로 좋지 않은) 성향
- be made of~ …로 만들어져 있다
- It's a shame S+V …해서 안됐어
- get sb off~ …에서 …을 떨어뜨리다

02 "Men only want one thing from a pretty girl"

순진한 산사는 배일리쉬가 자기를 구해주겠다는 것은 자기 어머니를 사랑했었기 때문에 관심을 갖고 자기를 도와주려는 것이라고 말하고, 시녀 셰이는 믿을 수 없다고 말한다.

Shae: Men only want one thing from a pretty girl. (Sansa: Littlefinger's not in love with me.) Love is not the thing he wants.(Sansa: He's too old.) They never see it that way.

셰이: 남자들이 예쁜 여자에게 바라는 것은 오직 하나예요. (산사: 배일리쉬는 날 사랑하지 않아.) 사랑은 그가 원하는게 아닐거예요. (산사: 너무 늙었어.) 남자들은 그런걸 신경쓰지 않아요.

Game of Thrones

Notes

- be in love with …와 사랑하다
- see it that way 그런 식으로 그걸 보다

03 "But once the cow's been milked, there's no squirting the cream back up her udders"

마저리의 할머니인 티렐 가문의 올레나는 산사와 만나 인사하면서 렌리에 대해 자격도 없는 놈이 전쟁에 뛰어들었다면서 질책한다.

Olenna: How could he possibly have any claim to that ugly iron chair? We should have stayed well out of all this if you ask me. But once the cow's been milked, there's no squirting the cream back up her udders. So here we are to see things through. What do you say to that, Sansa?

올레나: 그런 추한 철왕좌가 자기 것이라고 주장하는게 말이나 되니? 나라면 멀리 거리를 두고 있었을텐데. 하지만 이미 젖을 짰으니 젖통 속으로 크림을 다시 넣을 방법은 없겠지. 이제 상황을 지켜보는 수밖에 없지. 어떻게 생각하나, 산사?

Game of Thrones

Notes

- if you ask me 나라면
- udder 젖통
- squirt 짜집어넣다
- see things through 상황을 관망하다

04 "You never know which one you'll need"

산사의 시중을 들고 있는 셰이가 티리온의 방으로 찾아와 산사가 걱정된다고 한다. 배일리쉬의 친구가 충고를 해줬다고 하는데 티리온의 입에서는 로즈라는 이름이 나오고 셰이가 질투심에 따지고 든다.

Tyrion: Oh, Ros? The redhead? (Shae: How do you know her?) I try to know as many people as I can. You never know which one you'll need.

티리온: 오 로즈. 빨간머리? (셰이: 그녀를 어떻게 알아요?) 난 가능한 한 많은 사람들을 알아두려고 해. 누가 필요할 지 모르거든.

05 "The duty of any wife to any husband-- to provide him with children"

조프리는 마저리를 자기방으로 불러서 반역자 렌리 침대 옆도 여자가 있을 곳이냐라고 약점을 찌르고 마저리는 자기는 아내로서의 도리를 했을 뿐이라고 말한다.

Margaery: I tried to do my duty as a wife, that is all. (Joffrey: What was your duty to this traitor as you saw it?) The duty of any wife to any husband-- to provide him with children.

마저리: 저는 아내로서의 의무를 했을 뿐이예요. (조프리: 네가 보기에 반역자에게 너의 의무는 무엇이었나?) 어느 아내든지 남편에게 해야 하는 의무죠. 아이를 갖게 해주는거요.

Notes

- do one's duty 의무를 이행하다
- traitor 배신자
- that is all 그뿐이다
- provide ~ with~ …에게 …을 제공하다

06 "You're a warg"

브랜 일행은 도중에 만난 조젠 리드와 미라와 함께 북쪽으로 가고 있다. 릭콘이 잠시 길을 벗어나려고 하자 브랜은 늑대가 지켜줄거라고 말하고 조젠 리드는 브랜에게 브랜은 동물의 마음에 들어가서 그 눈으로 세상을 보는게 가능한 워그라고 한다.

Bran: The wolves will protect him.
Jojen: You can get inside his head, see through his eyes.
Bran: Only when I'm asleep.
Jojen: That's how it begins until you learn to control it. You're a warg.

브랜: 늑대가 걔를 보호해줄거야.
조젠: 늑대의 머리에 들어가서 늑대의 눈으로 볼 수 있구나.
브랜: 오직 잠잘 때만 그래.
조젠: 네가 그걸 통제하는 것을 배우기 전엔 그렇게 시작하는거야. 넌 워그야.

Notes

- protect 보호하다
- That's how~ 그렇게 해서 …하다
- see through 꿰뚫어보다
- learn to …하는 것을 배우다

07 "That doesn't mean they're not worth helping"

계속되는 브랜 일행. 미라가 자기 동생 조젠 리드를 보호한다고 하자 오샤는 커서는 더 큰 도움이 필요하겠다고 말한다. 조젠은 브랜을 오랫동안 기다려왔고 또 앞으로도 갈 길이 많이 남았다고 말한다.

Meera: Some people will always need help. That doesn't mean they're not worth helping.

미라: 항상 도움이 필요한 사람들도 있어. 그렇다고 도와줄 가치가 없다는 의미는 아니야.

Notes

- That doesn't mean~ 그렇다고 …라는 얘기는 아니다
- be not worth ~ing …할 가치가 없다

Season 03

Walk of Punishment

01 "You'd let them do what they wanted?"

볼튼 경의 수하에 포로로 잡힌 제이미와 브리엔느가 말위에 묶인채 서로 얘기를 주고 받는다. 볼튼 경의 수하들은 브리엔느를 겁탈할 것이니 살고 싶으면 반항하지 말라고 제이미가 말하자….

Brienne: If you were a woman, you wouldn't resist? You'd let them do what they wanted?

Jaime: If I was a woman, I'd make them kill me. But I'm not, thank the gods.

브리엔느: 당신이 여자라면 가만히 있겠어요? 그들이 원하는대로 하도록 내버려 둘거요?
제이미: 내가 여자라면, 차라리 나를 죽이게 할거요. 하지만 난 다행히도 여자가 아니오.

Notes

- resist 저항하다
- thank the gods 다행스럽게도
- make~+V …가 …하게 하다

02 "He's got to remain strong if he's to prevail"

캐틀린은 아버지 장례를 치르고 삼촌과 대화하면서 아이들 걱정에 눈물을 흘리자 삼촌 브린덴 툴리는 롭이 강해지기 위해서는 너도 강해져야 한다고 말한다.

Brynden: He's got to remain strong if he's to prevail. And you must remain strong for him.

브린덴: 롭이 전쟁에서 승리하려면 강해져야 한다. 그리고 넌 롭을 위해 강해져야한다.

Notes

- have got to+V …해야 한다
- prevail 전쟁에서 승리하다

03 "The blood of my enemies, not the blood of innocents"

아스타포(또 다른 노예상의 도시)에 도착한 대너리스. 죽어가는 노예들을 보고 대너리스가 동정심을 보이자, 조라는 철왕좌를 쟁취하기 위해서는 피를 봐야 한다고 말한다.

Jorah: If you want to sit on the throne your ancestors built, you must win it. That will mean blood on your hands before the thing is done. (Daenerys: The blood of my enemies, not the blood of innocents.)

조라: 선조께서 만드신 왕좌에 오르시려면 쟁취하셔야 합니다. 그 과정에서 손에 피를 묻히셔야 합니다. (대너리스: 적의 피지, 죄없는 자의 피는 아니오.)

Notes

- ancestors 선조
- innocents 죄없는 사람

04 "There's a beast in every man and it stirs when you put a sword in his hand"

계속되는 조라의 열변. 킹스랜딩이 약탈당했을 때 자기는 무고한 많은 사람의 죽음을 목격했다고 하면서 거세병들은 그런 일이 없을거라며 추천한다.

Jorah: You know what I saw? Butchery. Babies, children, old men. More women raped than you can count. There's a beast in every man and it stirs when you put a sword in his hand.

조라: 제가 뭘 봤을까요? 살육입니다. 아기들, 아이들, 노인들. 셀수 없는 많은 여자들이 강간을 당했죠. 모든 남자의 마음 속에는 야수가 들어있고 손에 칼을 쥐어 주면 그 야수는 날뛰게 됩니다.

Notes

- rape 강간하다
- beast 야수, 짐승
- count 수를 세다
- stir 움직이게 하다, 동요시키다

05 "There are no masters in the grave"

대너리스가 죽어가는 노예에게 물을 주려고 했더니, Let me die라고 했다고 하면서 왜 그러냐고 물어보니 시녀 미산데는 이렇게 말한다.

Missandei: There are no masters in the grave, Your Grace.

미산데: 무덤에는 섬길 주인이 없으니까요.

Notes

- master 주인
- grave 무덤

06 "But we are not men"

계속되는 대너리스와 미산데의 대화. 대너리스는 이제 전쟁을 할 것이며 그러면 아프거나 죽을 수도 있다라고 말하면서 Valar morghulis라고 말한다.

Daenerys: Valar morghulis. Yes, all men must die. But we are not men.

대너리스: 발라 모굴리스. 그렇다. 모든 인간은 죽게 되어 있다. 하지만 우리는 인간이 아니다.

▶ ▶ Game of Thrones

07 "Fighting for a winning cause is far more rewarding"

볼튼 경의 수하에 잡혀 있는 제이미는 아버지 타이윈 라니스터의 돈으로 그리고 북부의 전쟁 패배가능성으로 들먹이면서 볼튼 경의 수하들을 요리하고 있다.

Jaime: Fighting bravely for a losing cause is admirable. Fighting for a winning cause is far more rewarding.

제이미: 패배를 알면서도 대의를 위해 싸우는 것은 존경받을 만한 일이야. 하지만 승리하는 쪽의 대의를 위해 싸우면 얻는게 훨씬 더 많지.

▶ ▶ Game of Thrones

Notes

- lose cause 대의를 상실하다, 빌미를 잃다
- rewarding 수익이 나는, 보상이 많은

08 "You're nothing without your daddy"

볼튼 경의 수하 로크는 제이미의 감언이설에 속아 넘어가는 척만하고 제이미에게 아버지타령은 그만하라고 하면서 이게 기억하는데 도움이 될지 모른다고 하면서 그의 오른 손목을 검으로 벤다.

Locke: You think you're the smartest man there is. That everyone alive has to bow and scrape and lick your boots. (Jaime: My father...) And if you get in any trouble, all you've got to do is say "my father" and that's it, all your troubles are gone. (Jaime: Don't.) Have you got something to say? Careful. You don't want to say the wrong thing. You're nothing without your daddy, and your daddy ain't here. Never forget that. Here, this should help you remember.

로크: 넌 네가 가장 잘난 줄 알지. 다들 네게 절하고 비벼대고 신발을 핥아댈 줄 알고 있어. (제이미: 나의 아버지는…) 그리고 곤란한 상황에 처하면 네가 하는 말이라곤 "나의 아버지" 그러면 만사형통이야. 모든 곤경이 사라지지. (제이미: 그러지마시오.) 뭐 해야 할 말이 있어? 조심해. 엉뚱한 얘기는 하지 않는게 좋아. 넌 아버지 없이는 아무 것도 아니고 네 아버지는 여기 없어. 절대 그걸 잊지 말라고. 자. 이게 네가 기억하는데 도움이 될거야.

And Now His Watch Is Ended

01 "But influence is largely a matter of patience"

티리온은 전쟁 중 자신을 죽이려는 사람이 누구인지 확증을 잡고자 바리스 경에게 찾아온다. 바리스는 자신이 거세당하고 미르의 빈민가에서 어떻게 의회까지 올라왔는지 자신을 거세한 사람에게 어떻게 복수했는지 말해준다.

Varys: But influence is largely a matter of patience, I have found.
바리스: 하지만 영향력은 거의 인내심의 문제라는 것을 알게 되었습니다.

Notes

- largely 주로
- patience 인내심

02 "If we want to live we'll have to look out for ourselves"

모르몬트의 지휘하에 성벽 밖을 정찰하던 나이트워치들은 백귀들의 존재를 알게 되고 살고 싶으면 자신들 스스로를 지켜야 한다고 다짐한다.

A Night's Watch: Mormont isn't gonna save you. This lummox here isn't gonna save you. When the walkers come calling, Craster will serve us up like so many pigs. If we want to live we'll have to look out for ourselves.

나이트워치 대원: 사령관은 너희를 지켜주진 않을거야. 이 멍청이 같은 놈도 너희를 구해주지 않을거야. 백귀들이 오면 크래스터는 우릴 돼지먹이듯 먹일거야. 우리가 살려면 우리 스스로를 지켜야 돼.

Notes

- save 구해주다
- serve up (음식을) 차려주다
- lummox 병신, 멍청이
- look out for~ …보살피다, 지키다

03 "Prodigies appear in the oddest of places"

바리스는 자신의 정보원인 배일리쉬의 수하, 창녀 로즈와 얘기를 나누고 있다. 바리스는 이 명대사를 두번 사용하는데 한번은 티리온이 창녀들을 붙여준 종자 포드릭이 그 방면에서 엄청난 재능을 보여줬다고 할 때 그리고 로즈가 가져온 정보에 감탄하면서 한다.

Varys: Prodigies appear in the oddest of places.

바리스: 전혀 예상못한 곳에서 천재성이 피어나는군.

Notes

- prodigy 영재, 천재성
- odd 이상한

04 "We mothers do what we can to keep our sons from the grave"

티렐 가의 올레나가 왕후 세르세이와 결혼식 문제로 이야기를 주고 받는다. 그러다 같은 어미의 마음으로 자식들에 대한 생각을 표현한다.

Olenna:: We mothers do what we can to keep our sons from the grave. But they do seem to yearn for it. We shower them with good sense, and it slides right off like rain off a wing.

올레나: 우리 어머니들은 자식들이 죽지 않도록 무슨 짓이든 하는데 아이들은 죽음을 갈망하는 것 같아요. 아이들은 우리가 온갖 현명한 얘기를 쏟아 부어도 날개에서 빗물이 떨어지듯 한 귀로 흘려 듣습니다.

▶ ▶ Game of Thrones

Notes

- keep ~ from …을 …로부터 멀리하다
- shower~ with …에게 …을 쏟아붓다
- yearn for~ …을 갈망하다
- slide right off~ …로부터 미끌어 떨어지다

05 "Sometimes severity is the price we pay for greatness"

조프리 왕이 왕비가 될 마저리에게 궁의 이곳저곳을 소개시켜주고 있다. 타르가르옌 가문얘기를 하다가 마저리가 그들에 대해 한마디를 한다.

Margaery: I know they did terrible things at the end, but their ancestors built this. Sometimes severity is the price we pay for greatness.

마저리: 타르가르옌들이 끝에는 끔찍한 일들을 한 것을 알고 있지만 이곳은 그의 선조들이 지었잖아요. 때로는 혹독함이 위대함의 대가인 법이죠.

▶ ▶ Game of Thrones

Notes

- terrible 끔찍한
- severity 혹독함
- ancestors 조상, 선조
- price 대가

06 "People have important things taken from them"

제이미는 검을 잡는 오른 손을 잃고 절망에 빠져 있다. 브리엔느는 죽지말고 복수하라고 하고, 복수따위엔 관심없다고 하자 자그마한 불행을 겪고 포기한다고 제이미를 자극한다.

Brienne: You have a taste-- one taste of the real world where people have important things taken from them and you whine and cry and quit. You sound like a bloody woman.

브리엔느: 사람들이 소중한 것들을 빼앗기는게 일상인 진짜 세계의 쓴 맛을 조금 맛본 것 뿐인데 질질 짜면서 포기한다고. 빌어먹을 계집애같은 소리같군.

Notes

- a taste of the real world 진짜 세계의 쓴 맛
- whine 징징거리다
- have ~ taken …을 빼앗기다
- quit 그만두다, 포기하다

07 "I choose my allies carefully and my enemies more carefully still"

바리스가 올레나를 찾아와 산사에 관심이 있냐고 하면서 이야기를 시작하고 있다. 함께 정원을 거닐기 시작하면서 자기는 친구와 적을 선택할 때 아주 신중히 하고 있다고 바리스가 말을 한다.

Varys: I choose my allies carefully and my enemies more carefully still.

바리스: 전 같은 편을 신중하게 고르고 적은 더욱 신중하게 고릅니다.

Notes

- ally 같은 편, 친구
- enemy 적

08 "And now his watch has ended"

크래스터의 거처에 있던 배넌이라는 나이트워치 대원이 죽고 화장을 한다. 모르몬트가 배넌에 대해서 얘기하는데 맨 마지막에 하는 말이 나이트워치 대원이 죽었을 때 하는 말로 모르몬트를 따라 다들 따라 복창한다.

Mormont: Never failed in his duty. He kept his vows the best he could. He rode far, fought fiercely. We shall never see his like again. And now his watch has ended.

모르몬트: 절대로 임무에 실패한 적이 없으며 서약을 충실히 이행하였으며 열심히 달렸고 맹렬히 싸웠다. 우린 다시는 그런 모습을 보지 못하리라. 이제 그의 감시가 끝나노라.

Game of Thrones

Notes

- fail in …에 실패하다
- fiercely 맹렬히
- keep one's vows 서약을 이행하다
- like 그와 같은 것, 비슷한 사람

Kissed by Fire

01 "The people are hungry for more than just food"

빚더미 왕국의 재무담당이 된 티리온은 조프리와 마저리의 결혼식을 조촐하게 하고 싶으나 티렐 가문의 올레나는 성대한 결혼식은 돈 이상의 가치가 있다며 주장을 굽히지 않는다.

Olenna: The people are hungry for more than just food. They crave distractions. And if we don't provide them, they'll create their own. And their distractions are likely to end with us being torn to pieces.

올레나: 백성들은 먹는거에만 굶주린게 아닙니다. 그들은 현실에서 눈을 돌릴거리를 갈망하고 있어요. 우리가 그런 것들을 제공하지 못하면 백성들이 스스로 만들어낼 겁니다. 그리고 그건 우리를 갈기갈기 찢어놓을 거에요.

Notes

- crave 갈망하다
- be torn to pieces 갈기갈기 찢기다
- distractions 현실에서 눈을 돌리게 해주는 것

02 "I'm not fighting for justice if I~"

제이미에게 아들을 잃은 북부의 카스타크는 감금되어 있는 라니스터의 친척 아이들을 도살한다. 롭의 어머니인 캐틀린이 제이미를 풀어준 반역자라고 하며 자신은 복수를 한 것이라고 하는데….

Robb: I'm not fighting for justice if I don't serve justice to murderers in my ranks, no matter how highborn. He has to die.

롭: 위치가 얼마나 높든지 간에 내 휘하에 있는 살인자들에게 정의를 실행하지 못한다면 내가 정의를 위해서 싸우는게 아니겠죠. 그는 사형당해야 합니다.

Notes

- serve justice to~ 정의를 이루다, 정의를 실행하다
- highborn 상류출신의

03 "You need trust to have a truce"

제이미와 브리엔느가 목욕을 하는 장면. 제이미는 브리엔느의 임무를 상기시키며 브리엔느의 경호를 받던 렌리가 죽은 것도 당연하다며 브리엔느를 자극한다. 싸움에 지쳤다는 제이미는 브리엔느에 사과를 하는데 브리엔느는….

Jaime: I'm sick of fighting. Let's call a truce. (Brienne: You need trust to have a truce.) I trust you.

제이미: 난 싸우는데 지쳤소. 휴전합시다. (브리엔느: 신뢰가 있어야 휴전을 하지요.) 난 당신을 신뢰해요.

Notes

- be sick of~ …에 지치다
- truce 휴전

04 "I've seen it for 17 years on face after face"

계속되는 제이미와 브리엔느의 목욕하는 장면이다. 왕시해자로 불리는 제이미는 브리엔느의 표정을 보면서 17년간 그 표정을 대하며 살아왔다면서 자기가 왜 왕을 시해했는지 말을 풀어놓고 있다.

Jaime: There it is. There's the look. I've seen it for 17 years on face after face. You all despise me. Kingslayer. Oathbreaker. A man without honor.

제이미: 바로 그거야. 바로 그 표정이야. 내가 17년 동안 계속해서 봐오던 얼굴이야. 당신들 모두는 날 경멸하지. 왕시해자. 서약을 깬자. 명예가 없는 자.

Game of Thrones

Notes

- despise 경멸하다
- oathbreaker 서약을 깬자

05 "He's never been one to pick the losing side"

제이미가 왕을 시해한 상황을 말하고 있다. 아버지 타이윈 라니스터가 미친왕 아에리스 타르가르옌에게 로버트와 네드 스타크의 반란으로부터 수도를 방어하겠다며 성문 안으로 들어와서는 약탈을 하였다고 한다.

Jaime: I knew my father better than that. He's never been one to pick the losing side.

제이미: 아버지는 내가 잘 알지. 결코 지는 쪽에 서는 분이 아니셔.

Game of Thrones

Notes

- pick 고르다, 선택하다
- the losing side 지는 쪽

06 "Would you have kept your oath then?"

미친왕이 자기 아버지를 죽이라고 하고 수많은 백성들을 산채로 죽이라는 명령을 내리는데 아무리 왕의 친위대라지만 그 명령을 따를 수 있냐며 자신이 어쩔 수 없이 왕을 죽였다고 털어놓는다.

Jaime: Tell me, if your precious Renly commanded you to kill your own father and stand by while thousands of men, women, and children burned alive, would you have done it? Would you have kept your oath then? First, I killed the pyromancer. And then when the king turned to flee, I drove my sword into his back. "Burn them all," he kept saying. "Burn them all." I don't think he expected to die. He-- he meant to burn with the rest of us and rise again, reborn as a dragon to turn his enemies to ash. I slit his throat to make sure that didn't happen.

제이미: 당신의 소중한 렌리가 당신의 아버지를 죽이라고 하며 수많은 남자, 여자, 아이들이 산채로 불타는데 옆에 서있으라고 명령한다면 그렇게 했겠소? 그래도 기사로서 한 서약을 지켰겠소? 난 먼저 화염술사를 죽였고 뒤돌아 도망치는 왕의 등에 칼을 꽂았소. "다 태워버려"라고 그는 계속 말했어요. "다 태워버려라." 난 그가 죽지 않을거라 생각했죠. 그는 우리 모두와 함께 탄 다음에 다시 일어나 드래곤으로 되살아나 적들을 재로 만들려고 하려던 것 같았어요. 그렇게 되지 않도록 확실히 하기 위해 난 그의 목을 베었죠.

Game of Thrones

Notes

- pyromancer 화염술사
- mean to …할 셈이다
- slit 길게 자르다
- flee 도망치다
- turn~ to ash …을 잿더미로 만들다
- make sure …을 확실히 하다

07 "I always hated the politics"

대너리스가 거세병들과 함께 행군을 하고 있고 새로 가세한 바리스탄과 조라가 함께 말을 타며 이야기를 주고 받는다. 바리스탄은 자기가 미친왕을 섬겼기 때문에 소의회에도 참석을 못했다면서 정치란 걸 싫어한다고 말한다.

Barristan: I always hated the politics. (Jorah: Yeah, I imagine I would, too. Hours spent jabbering about backstabbings - and betrayals the world over.)

바리스탄: 난 항상 정치를 싫어했다네. (조라: 나라도 그럴거였습니다. 세상을 어떻게 뒷통수치고 배반할 것인지 노상 노닥거리는데요.)

Notes

- jabber 노닥거리다
- betrayal 배반, 배신
- backstabbing 중상모략

08 "Once we get it, then we want something else"

바다를 바라다보고 있는 산사에게 배일리쉬는 저 멀리 보이는 배가 자신의 배라면서, 이제 한 척을 갖게 되니 더 많은 배를 갖고 싶어진다고 하는데….

Baelish: Strange, isn't it? (Sansa: What is?) It doesn't matter what we want, once we get it, then we want something else.

배일리쉬: 이상하지, 그렇지 않아? (산사: 뭐가요?) 우리가 원하는게 뭐든, 우리가 일단 손에 넣게 되면 다른 뭔가를 원하게 된단 말야.

▶ ▶ Game of Thrones

Notes

- It doesn't matter what~ …은 상관없다
- get 손에 넣다

09 "That's cruel even for you"

타이윈은 산사와 로라스, 즉 스타크와 티렐 가문의 결합을 반대하며 그 방지책으로 산사에게 새로운 신랑을 구해주겠다고 한다.

Tyrion: Joffrey has made this poor girl's life miserable since the day he took her father's head. Now she's finally free of him and you give her to me? That's cruel even for you.

티리온: 조프리가 이 가엾은 애의 아버지 목을 치고 난 이후로 그녀의 삶은 비참했어요. 근데 이제 조프리로부터 드디어 자유로와지는데 걔를 저한테 주신다고요? 아무리 아버지라도 너무 가혹하시네요.

▶ ▶ Game of Thrones

Notes

- miserable 비참한
- be free of~ …로부터 자유롭다
- take one's head 목을 치다[베다]
- cruel 잔인한

The Climb

01 "No man can compel another man to marry"

프레이 경의 딸과 결혼하기로 한 롭이 전쟁 중 다른 여자와 결혼을 해버리자, 프레이 경은 캐틀린의 동생인 에드뮤어 툴리와 자신의 딸과 결혼을 조건으로 계속 동맹을 맺는 것으로 하자고 한다.

Edmure Tully: The laws of gods and men are very clear. No man can compel another man to marry.

에드뮤어 툴리: 신들과 인간의 규율은 분명합니다. 아무도 다른 사람에게 결혼을 강요할 수 없어요.

Notes

- compel sb to~ …에게 …하라고 강요하다

02 "That stain would be very difficult to wash out"

타이윈은 근친상간하는 세르세이를 티렐 가문의 동성애자 로라스와 결혼시키려고 올레나와 이야기를 주고 받지만 올레나는 결혼을 반대하며 서로의 약점을 헐뜯는다.

Olenna: But it's a natural thing, two boys having a go at each other beneath the sheets.

Tywin: Perhaps Highgarden has a high tolerance for unnatural behavior.

Olenna: I wouldn't say that. True, we don't tie ourselves in knots over a discreet bit of buggery, but brothers and sisters-- where I come from, that stain would be very difficult to wash out.

올레나: 하지만 남자들 둘이 한 이불 속에 있으면 자연스러운 일이기도 하지요.
타이윈: 하이가든에서는 그런 비정상적인 행동이 용납되는가 보군요.
올레나: 그렇다는 것은 아니죠. 사실 남몰래하는 남색으로 큰 곤경에 처해지지는 않습니다만 남매간이라면… 제 고향에서는 그런 관계는 씻기 어려운 오점이죠.

Notes

- have a go 덤벼들다, 한번 해보다
- discreet 신중한, 남몰래하는
- stain 오점
- tie oneself in knots 곤경에 빠지다
- buggery 남색

03 "We're all being shipped off to hell together"

타이윈의 명으로 티리온은 산사와, 세르세이는 로라스와 결혼을 하게 되는데, 티리온이 세르세이에게 이 4명중 가장 불행한 사람이 누군이지 말하기 어렵다고 하자 하는 말이다.

Cersei: We're all being shipped off to hell together. (Tyrion: On a boat you built.)

세르세이: 우리는 모두는 지옥으로 실려가는거지. (티리온: 누나가 만든 배를 타고)

Notes

- be shipped off to~ …로 실려가다

Season 03

04 "Sometimes we think we want to hear something~"

산사와 셰이가 조프리의 혼인식 날 무슨 옷을 입을까 고민하고 있는데 티리온이 들어와서 산사는 자기와 결혼해야 된다는 이야기를 하려고 한다. 산사와 단둘이서 얘기하고 싶은데 셰이는 왜 둘이만 얘기하려고 하느냐고 한다.

Sansa: She's not from here. But I trust her, even though she tells me not to.

Tyrion: Sometimes we think we want to hear something and it's only afterwards when it's too late that we realize we wished we'd heard it under entirely different circumstances.

산사: 여기 출신이 아니에요. 자기를 신뢰하지 말라고 하지만 전 그녀를 신뢰해요.
티리온: 가끔은 우리는 뭔가 듣고 싶어하지만 전혀 다른 상황 아래에서 들었으면 하는 생각이 드는 것은 때늦은 나중에서지요.

Notes

- afterwards 나중에
- circumstances 상황

05 "Although who doesn't like to see their friends fail now and then?"

철왕좌 옆에서 배일리쉬와 바리스가 대화를 나누고 있다. 배일리쉬가 자기가 원하고자 하는 것을 얻는 것을 보고 무섭냐고 하자 바리스가 하는 말이다.

Varys: Thwarting you has never been my primary ambition, I promise you. Although who doesn't like to see their friends fail now and then?

바리스: 경을 방해하는 것은 저의 우선순위는 아닙니다. 정말이에요. 하지만 자신의 친구들이 몰락하는 것을 즐기지 않는 사람이 어디 있겠습니까마는?

Notes

- thwart 방해하다
- primary 주된

06 "A story we agree to tell each other over and over till we forget that it's a lie"

배일리쉬의 첩자를 빼오려다 들킨 바리스는 궁색하게 자신은 왕국을 위해 일했을 뿐이라고 말하자 배일리쉬는 왕국이 뭔지 아냐고 하면서 그만의 논리로 정의를 내린다.

Baelish: The realm? Do you know what the realm is? It's the thousand blades of Aegon's enemies. A story we agree to tell each other over and over till we forget that it's a lie.

배일리쉬: 왕국요? 왕국이 무슨 의미인지 아십니까? 그건 아에곤의 적들의 천개의 칼날입니다(아에곤의 적들의 칼을 녹여서 만든 철왕좌를 의미). 우리가 서로에게 계속해서 거짓임을 잊어버리기로 합의한 이야기인 셈이죠.

Game of Thrones

07 "The climb is all there is"

왕국은 허상이라고 말하자 바리스는 그 허상마저 없으면 남는 건 혼란이고 그 혼란은 우리 모두를 삼켜버릴 거대한 구렁텅이일거라고 말한다. 하지만 배일리쉬가 말하는 혼란의 정의는 다음과 같다.

Baelish: Chaos isn't a pit. Chaos is a ladder. Many who try to climb it fail and never get to try again. The fall breaks them. And some are given a chance to climb, but they refuse. They cling to the realm or the gods or love. Illusions. Only the ladder is real. The climb is all there is.

배일리쉬: 혼돈은 수렁이 아닙니다. 혼돈은 사다리이죠. 많은 사람들이 그 사다리를 오르려다 실패하고 다시는 시도도 하지 않지요. 추락하면 꺽여버리죠. 그리고 어떤 사람은 사다리에 오를 기회에 주어졌는데도 오르기를 거부하죠. 그들은 왕국에 혹은 신들께 혹은 사랑에 매달리죠. 환상입니다. 오직 사다리만이 현실이죠. 올라가는 것만이 전부에요.

Game of Thrones

Notes

- pit 수렁
- give a chance 기회를 주다
- cling to 매달리다
- ladder 사다리
- refuse 거부하다
- illusion 환상

The Bear and the Maiden Fair

01 "Which is why you'll never hold onto her"

장벽을 넘어온 야만족의 워그와 존 스노우와의 대화. 장벽을 타고 올라오는 도중 사고가 나자 워그는 밑에 존 스노우와 이그리트가 있는데도 밧줄을 끊었다. 이를 따지는 존 스노우에게 워그가 하는 말.

A warg: People work together when it suits them. They're loyal when it suits them. They love each other when it suits them. And they kill each other when it suits them. She knows that, you don't. Which is why you'll never hold onto her.

워그: 사람들은 필요에 의해 협력한다. 사람들은 필요에 의해 충성을 하고 사랑을 하고 서로 살해를 한다. 그녀는 그것을 알고 있고 너는 모른다. 그래서 넌 그녀를 절대로 가질 수 없을 것이다.

Notes

- loyal 충성스러운
- which is why~ 바로 그런 이유로 해서 …하다
- suit …에게 편리하다, …에게 좋다
- hold onto 놓치지 않다, 차지하다

02 "The ones already there don't need company"

산사와의 결혼 때문에 심란한 티리온에게 수하인 브론이 산사같이 예쁜 아가씨와 잠자리를 하고 싶지 않냐고, 그걸 인정하기 싫어할 뿐이라고 부추기고, 티리온은 안그래도 나쁜 생각들로 머리 속은 충분하다고 말한다.

Bronn: You want to fuck that Stark girl. You just don't want to admit it.
Tyrion: I don't pay you to put evil notions in my head. The ones already there don't need company.
Bronn: You pay me to kill people who bother you. Evil notions come free.

브론: 스타크 계집애하고 하고 싶잖아요. 인정하지 않으려 할 뿐이죠.
티리온: 내 머리 속에 나쁜 생각을 넣으라고 돈을 주는게 아니네. 나쁜 생각들은 안 그래도 내 머리 속에 차고 넘치네.
브론: 경을 괴롭히는 사람을 죽이라고 돈을 받고 있지만 나쁜 생각들은 덤으로 생각해요.

Game of Thrones

Notes

- admit 인정하다
- evil notions 나쁜 생각들
- bother 괴롭히다
- pay sb to+V 돈을 주고 …하도록 하다
- company 일행, 동행
- come free 무료다, 덤이다

Season 03

03 "You gave your word. Keep it"

하렌할에 잡혀있는 제이미와 브리엔느가 헤어지기 전에 나누는 대화. 제이미는 킹스랜딩으로 가게 되어 있어 브리엔느에게 빚을 졌다고 하고 브리엔느는 캐틀린과 한 약속을 지키라고 한다.

Brienne: When Catelyn Stark released you, we both made a promise to her. Now it's your promise. You gave your word. Keep it and consider the debt paid. (Jaime: I will return the Stark girls to their mother. I swear it.)

브리엔느: 캐틀린 스타크 부인이 당신을 풀어줬을 때 우리 둘 모두 부인에게 약속을 했소. 이제 맹세하시오. 약속을 했으니 약속을 지키면 빚은 갚아지는거요. (제이미: 스타크 여자애들을 그들의 어머니에게 돌려보내겠소. 맹세하오.)

Notes

- release 풀어주다, 석방하다
- give one's word 서약하다, 약속하다

04 "Your famous cock must be very precious to you"

램지 볼튼이 테온 그레이조이의 거시기를 거세하는 장면. 창녀 두명을 붙여주고 분위기 달아오르자 램지 볼튼은 질투가 난다면서 나타나 그를 거세하며 테온을 노예로 만들고 그를 고문하기 시작한다.

Ramsay: Should we see this cock everyone's always going on about? Everyone knows you love girls. I bet you always thought they loved you back. Your famous cock must be very precious to you. Would you say it's your most precious part?

램지: 사람들이 계속 얘기해대는 네 거시기를 우리가 봐야 하나? 다들 네가 여자를 좋아한다는 것을 알아. 넌 여자들도 널 좋아한다고 생각했을거야. 네 유명한 거시기는 네게 몹시 소중할테지. 너의 가장 소중한 부위라고 말해볼테야?

Notes

- go on about …에 대해 계속 얘기하다
- precious 소중한, 귀중한

05 "But the gods wouldn't spare a raven's cold shit for you or me or anyone"

브랜 일행이 쉬는 도중 조젠 리드가 브랜하고 얘기를 하고 있자 오샤는 다가와서 조젠에게 브랜을 미혹하게 하지 말라고 한다. 존 스노우는 캐슬 블랙에 없고 장벽 너머에 있다고 하자 브랜도 자신이 있을 곳이 북부가 아닐까라고 말한다.

Bran: What if I belong in the North? What if I fell from that tower for a reason?

Osha: Is that what he's telling you? That it's all for a reason? All these bad things happened because the gods got big plans for you? I wish it were true, little lord. But the gods wouldn't spare a raven's cold shit for you or me or anyone.

브랜: 내가 있을 곳이 북부라면? 그리고 내가 탑에서 떨어진게 다 이유가 있는거라면?
오샤: 쟤가 얘기하는게 바로 그거야? 모든 것에는 다 이유가 있다고? 신이 너에 대해 거대한 계획을 갖고 계시기 때문에 이 모든 불행이 일어났다고? 나도 그게 사실이었으면 좋겠다. 하지만 신은 너나 나나 혹은 누구에게라도 눈꼽 만큼의 관심도 없을거야.

Game of Thrones

Notes

- What if~? …라면 어쩌지?
- fall from …에서 떨어지다
- Is that what S+V? …하는 것이 바로 그거야?
- spare 아끼다, 남겨두다

Second Sons

01 "Men who fight for gold have neither honor nor loyalty"

대너리스는 윤카이를 점령하려고 하지만 윤카이에게는 많은 용병이 있다는 사실을 알아낸다. 그들에 대해 새롭게 가세한 바리스탄과 조라가 나누는 대화이다.

Barristan: Men who fight for gold have neither honor nor loyalty. They cannot be trusted.

Jorah: They can be trusted to kill you if they're well paid.

바리스탄: 돈 때문에 싸우는 자들은 명예도 충성심도 없습니다. 그들은 믿을 수 없는 자들입니다.
조라: 돈을 많이 주면 우릴 죽일거라는 건 분명하죠.

Notes

- fight for …을 위해서 싸우다
- loyalty 충성심

02 "It's hard to collect wages from a corpse"

윤카이의 용병단인, 'Second Sons'의 병력을 보면서, 대너리스는 윤카이 노예상들이 살아야 돈을 받을 수 있으니 용병들은 이기는 쪽에 붙을거라고 예상하며 그들과 대화를 해보려고 한다.

Daenerys: It's hard to collect wages from a corpse. I'm sure the sellswords prefer to fight for the winning side.

대너리스: 죽은 시체로부터 돈을 받기는 어렵지. 용병들은 이기는 쪽에 서서 싸우는걸 선호할거라 확신하오.

Game of Thrones

Notes

- collect (돈을) 받다
- sellswords 용병
- corpse 시체
- winning side 이기는 쪽

03 "Give me your Second Sons and I may not have you gelded"

대너리스는 용병단의 메로를 위시한 수장들을 만난다. 메로는 대너리스를 우습게 보면서 농짓거리를 하자 대너리스는 용병단을 내놓지 않으면 거세해버리겠다고 호기를 부린다.

Mero: Take your clothes off and come and sit on Mero's lap and I may give you my Second Sons.

Daenerys: Give me your Second Sons and I may not have you gelded.

메로: 옷을 벗고 이리와서 메로의 무릎에 앉으면 용병을 내줄지도 몰라.
대너리스: 네 용병들을 내놓으면 거세는 피할지도 모르겠군.

Game of Thrones

Notes

- take off 옷을 벗다
- geld 거세하다

04 "Show me your cunt. I want to see if it's worth fighting for"

계속되는 대너리스와 메로의 대화. 대너리스는 일방적으로 이틀간 결정할 시간을 주겠다고 하고 메로는 여전히 농으로 대너리스에게 모욕을 가한다.

Daenerys: You have two days to decide.
Mero: Show me your cunt. I want to see if it's worth fighting for.

대너리스: 이틀간 결정할 시간을 주겠다.
메로: 음부를 보여줘봐. 내가 싸울 가치가 있는지 보겠소.

Notes

- cunt 여자의 음부
- be worth …할 가치가 있다

05 "I never asked for this. No more than I asked to be king"

멜리산드레는 로버트 왕의 서자인 겐드리를 잡아와 제물로 바치려 한다. 이를 반대하는 다보스에게 스타니스는 멜리산드레의 말을 빌어 자기가 왕이 되지 않으면 불행이 엄습한다며 자기는 원해서가 아니라 정해진 운명에 따라 자신의 의무를 이행할 뿐이라는 망상을 늘어놓는다.

Stannis: The darkness will devour them all, she says. The night that never ends. Unless I triumph. I never asked for this. No more than I asked to be king. We do not choose our destiny, but we must do our duty, no? Great or small, we must do our duty. What's one bastard boy against a kingdom?

스타니스: 그녀가 말하길 어둠이 모든 사람들을 집어 삼킬거다. 밤은 영원히 지속될거고. 내가 승리하지 않는다면 말이지. 내가 이걸 원한 적은 절대 없다. 왕이 되기를 바란 적도 없네. 우리는 우리의 운명을 선택하지 않지만 우리는 우리의 의무를 이행해야 하네. 아닌가? 크던 작던 우리는 우리의 의무를 이행해야 하네. 왕국에 비하면 한 명의 서자가 무슨 의미가 있겠는가?

Notes

- devour 삼켜버리다
- triumph 승리하다

06 "How can you deny her god is real?"

스타니스는 자신도 반신반의했지만 멜리산드레가 믿는 불꽃 속에서 환영을 봤고, 그리고 다보스 또한 그녀가 동굴 속에서 무엇을 낳는지 봤는데, 이런 진실 앞에서 그녀의 신을 어떻게 부정할 수 있냐고 다보스에게 반문한다.

Stannis: I saw a vision in the flames. A great battle in the snow. I saw it. And you saw whatever she gave birth to. I never believed, but when you see the truth, when it's right there in front of you as real as these iron bars, how can you deny her god is real?

스타니스: 난 불꽃 속에서 환영을 봤네. 설원에서의 거대한 전투. 난 봤네. 그리고 자네도 그녀가 무엇을 낳는지 봤잖나. 난 전혀 믿지 않았지만, 이 철창처럼 실제하는 진실을 봤는데, 어떻게 그녀의 신이 실제하지 않는다고 부정할 수 있는가?

Notes

- vision 환영
- iron bars 철창(다보스는 감옥에 갇혀 있음)

07 "She sells her sheath and you sell your blade"

Second Sons의 진영. 메로가 창녀를 무릎에 올려놓고 다리오 나하리스와 얘기를 주고 받는다. 메로는 돈을 받고 검을 파는 용병은 아랫도리를 팔고 돈을 받는 창녀와 다름없다고 한다.

Mero: Daario Naharis, the whore who doesn't like whores.

Daario: I like them very much. I just refuse to pay them. And I'm no whore, my friend.

Mero: She sells her sheath and you sell your blade. What's the difference?

메로: 다리오 나하리스, 창녀를 싫어하는 창녀군.
다리오: 난 창녀들을 무척 좋아하지만 돈 내는게 싫을 뿐일세. 그리고 난 창녀가 아니네 친구.
메로: 창녀는 아랫도리를 팔고 너는 검을 파는거야. 그게 무슨 차이인가?

Notes

- refuse to …하기를 거부하다
- sheath 칼집, 여성의 음부

Season 03

08 "The gods gave men two gifts to entertain ourselves before we die"

Second Sons 진영의 같은 장면. 다리오는 자기는 창녀가 아니라 미녀를 위해서 싸운다고 한다. 옆에서 우리는 돈 때문에 싸운다고 하자 다리오는 자신의 논리를 펴가면서 재미있는 말을 한다.

Daario: The gods gave men two gifts to entertain ourselves before we die-- the thrill of fucking a woman who wants to be fucked and the thrill of killing a man who wants to kill you.

다리오: 신들은 남자들에게 죽기전에 누릴 즐거움을 두가지 주셨어. 하나는 잠자리를 원하는 여자와 자는 때, 그리고 자기를 죽이려고 하는 자를 죽일 때의 전율이야.

Notes

- entertain oneself 즐기다
- thrill 스릴, 흥분, 전율

09 "A god is real or he's not. You only need eyes to see"

멜리산드레는 잡아온 로버트 왕의 서자 겐드리를 왕가의 피에는 특별한 힘이 있다며 유혹하고 그의 피를 뽑는다. 그러면서 함께 다가오는 죽음과 어둠을 멈추게 해보자고 한다.

Melisandre: What have their gods done for you? Hmm? When you pray to them, what's their answer? A god is real or he's not. You only need eyes to see. Death is coming for everyone and everything. A darkness that will swallow the dawn. And we can stop it, you and I.

멜리산드레: 그들의 신이 네게 해준 것이 뭐냐? 음? 그들에게 기도하면 그들의 응답은 뭐였느냐? 신은 실재하거나 혹은 실재하지 않거나이다. 그걸 알아볼 안목만 있으면 된다. 죽음이 모든 이에게 다가온다. 어둠이 새벽을 삼켜버릴 것이다. 그리고 너와 나 우리는 그걸 멈추게 할 수 있어.

Notes
- pray to …에게 기도하다
- swallow 삼키다
- eyes 안목
- dawn 새벽

10 "My poor wife won't even know I'm there"

티리온과 산사의 결혼 축하연에서 조프리는 신나서 산사와 티리온의 동침의식을 하자고 하는데…. 술에 만취한 티리온은 동침의식은 없을거라고 단호하게 말하지만 조프리는 자기가 명령하면 하는거라고 하자 티리온은 칼을 탁자에 꽂으면서 조프리에게 네 마누라하고나 하라고 한다.

Tyrion: Then you'll be fucking your own bride with a wooden cock.
Joffrey: What did you say? What did you say?!
Tywin: I believe we can dispense with the bedding, Your Grace. I'm sure Tyrion did not mean to threaten the king.
Tyrion: A bad joke, Your Grace. Made out of envy of your own royal manhood. Mine is so small. My poor wife won't even know I'm there.

티리온: 그럼 나무 막대기 거시기로 네 신부하고나 하거라.
조프리: 뭐라고? 뭐라고?!
타이윈: 동침의식은 없어도 될 듯합니다. 전하. 티리온이 전하를 협박하려는 것은 아니었을 겁니다.
티리온: 형편없는 농담입니다. 전하. 전하의 남성다움에 샘이 나서 그런 겁니다. 제 것은 너무 작아서 가여운 부인은 들어가 있는 줄조차 모를겁니다.

Notes
- wooden cock 거시기 대용 나무 막대기(조프리의 남성답지 못함을 비유함)
- dispense with …의 의식을 생략하다
- royal manhood 국왕의 남성다움
- made out of~ …에서 나온, …에서 기인된

The Rains of Castamere

01 "Show them how it feels to lose what they love"

롭 스타크는 타이윈의 영지인 캐스털리 록을 점령하겠다고 어머니인 캐틀린과 이야기를 나누고 있다. 캐틀린은 놈들에게 사랑하는 것을 잃는게 어떤 기분인지 맛보게 해주라고 단호하게 말한다.

Catelyn: Show them how it feels to lose what they love.

캐틀린: 사랑하는 사람을 잃는다는 것이 어떤 기분이 맛보게 해줘라.

Notes

- show sb how it feels to+V …하는 것이 어떤 기분이지 알려주다
- lose 잃다

02 "All men should keep their word, kings most of all"

롭은 월더 프레이 경의 딸과 혼인 약속을 파기하고 탈리사라는 여인과 결혼을 했다. 이제 대신 롭의 삼촌인 에드뮤어 툴리가 월더 프레이 경의 딸과 결혼하기 위해 양가 가문이 다 모였다. 롭이 먼저 약속을 지키지 못함을 월더의 딸들에게 사과하는 장면이다.

Robb: My ladies. All men should keep their word, kings most of all. I was pledged to marry one of you and I broke that vow. The fault is not with you. Any man would be lucky to have any one of you. I did what I did not to slight you, but because I loved another. I know these words cannot set right the wrong I have done to you and your house. I beg your forgiveness and pledge to do all I can to make amends so the Freys of the Crossing and the Starks of Winterfell may once again be friends.

롭: 숙녀 여러분. 모든 사람은 약속을 지켜야 합니다. 왕이라면 더더욱. 난 그대들 중 한 명과 혼인하기로 하였으나 그 서약을 깨트렸소. 그대들의 잘못이 아닙니다. 그대들과 혼인하는 남자는 분명 행운아일거요. 내가 혼인을 한 것은 그대들을 무시해서가 아니라 다른 사람을 사랑하기 때문이오. 이런 말들이 그대들과 그대들의 가문에 저지른 나의 잘못이 바로 잡혀지지 않는다는 것을 알고 있소. 그대들의 용서를 바라며 보상하기 위해 할 수 있는 모든 것을 해서 크로싱의 프레이 가와 윈터펠의 스타크 가가 다시 우호관계를 맺고자 하오.

Notes

- keep one's word 약속을 지키다
- vow 서약
- set right 바로잡다
- pledge to …하겠다고 서약하다
- slight 무시하다
- make amends 보상하다

03 "Your king says he betrayed me for love"

롭이 다른 여자와 결혼하여 월더와 캐틀린과의 약속이 깨지자, 앙금이 남은 월더는 롭의 부인 탈리사를 보자고 하면서 입에 담기 힘든 말을 한다. 이 에드뮤어 툴리와 월더의 딸의 결혼식이 어떻게 끝날 것인가 사뭇 암시되어 있다.

Walder: If you wanted to hide her, you shouldn't have brought her here in the first place. I can always see what's going on beneath a dress. Been at this a long time. I bet when you take that dress off, everything stays right where it is. Doesn't drop an inch. Your king says he betrayed me for love. I say he betrayed me for firm tits and a tight fit.

월더: 그녀를 숨기고 싶었다면 데려오지 말았었야지. 옷 속에는 어떻게 돌아가는지 훤히 보이거든. 오랫동안 이런 걸 겪어봤지. 네가 그 드레스를 벗고 나면 있어야 할 곳에 다 있을거야. 조금도 처지지 않고. 너의 왕이 사랑 때문에 나를 배신했다고 하는구나. 난 탱탱한 젖꼭지와 꽉 쪼이는 아랫도리 때문에 배신한 것 같은데.

Notes

- beneath …의 아래에
- betray 배신하다
- a tight fit 꽉 쪼이는 거
- take off 옷을 벗다
- tits 젖꼭지

04 "A man cannot make love to property"

대너리스 측에 합류한 Second Sons의 용병 다리오가 함께 윤카이를 공략할 방법을 논의하고 있다. 잠자리 노예를 만나러 가는 뒷문을 통해 성에 진입하자고 한다. 이때 조라는 너의 부하들이 아니라 네가 잠자리 노예들과 놀아난 것이 아니냐라고 말하자….

Daario: I have no interest in slaves. A man cannot make love to property.

다리오: 난 노예들에겐 흥미가 없소. 남자는 자기 소유물과 사랑을 나눌 수 없는 것이오.

Game of Thrones

Notes

- have no interest in~ …에 관심이 없다
- make love to sb …와 사랑을 나누다

05 "If we are truly her loyal servants, we'll do whatever needs to be done no matter the cost, no matter our pride"

이어서 다리오가 조라 등과 함께 성에 침입하여 성문을 열겠다고 하니까 바리스탄이 자기도 가겠다고 한다.

Barristan: You can use an extra sword.

Jorah: You're the Queensguard, Ser Barristan. Your place is by the queen. If we are truly her loyal servants, we'll do whatever needs to be done no matter the cost, no matter our pride.

바리스탄: 나도 갈 수 있소.

조라: 당신은 여왕의 경비대입니다. 바리스탄 경. 당신이 있을 곳은 여왕의 옆입니다. 우리가 진정으로 충직한 신하라면, 희생이 무엇이든, 우리의 자존심에 상관없이 해야 될 일을 해야 할 것입니다.

Game of Thrones

Notes

- loyal 충직한
- no matter …가 무엇이든

06 "Take me for a hostage, but let Robb go"

에드뮤어 툴리의 혼인 축하연이 벌어지는 월더 프레이의 크로싱. 이미 라니스터 가에 넘어간 볼튼 경과 자신의 딸과 결혼하기로 했던 롭의 배신에 분노한 월더 프레이는 함께 롭과 캐틀린을 살해한다.

Catelyn: Lord Walder! Lord Walder, enough! Let it end! Please. He is my son. My first son. Let him go and I swear that we will forget this. I swear it by the old gods and new. We will take no vengeance. (Walder: You already swore me one oath right here in my castle. You swore by all the gods your son would marry my daughter!) Take me for a hostage, but let Robb go. Robb, get up. Get up and walk out. Please! Please! (Walder: And why would I let him do that?) On my honor as a Tully, on my honor as a Stark, let him go or I will cut your wife's throat. (Walder: I'll find another.)

캐틀린: 월더 경, 이제 그만해요! 그만 끝내요! 제발. 그는 내 장자입니다. 그냥 보내주세요 그럼 이번 일은 맹세코 잊을게요. 옛신과 새로운 신께 맹세해요. 복수도 하지 않을 것입니다. (월더: 여기 내 성에서 이미 내게 서약을 하지 않았소. 당신 아들을 내 딸과 혼인시키기로 모든 신에게 맹세했잖소!) 나를 인질로 잡고 롭은 보내줘요. 롭, 일어나. 일어나 밖으로 나가. 제발! 제발요! (월더: 내가 왜 그렇게 해야 하나?) 툴리 가로써의 명예를 걸고, 스타크 가로써의 명예를 걸고, 롭을 보내주지 않으면 당신 아내의 목을 벨거야. (월더: 하나 더 찾지.)

Notes

- I swear S+V …하겠다고 맹세하다
- hostage 인질
- vengeance 복수

Mhysa

01 "Any man who must say, "I am the king" is no true king"

킹스랜딩의 소평의회. 롭과 캐틀린의 죽음에 신나 들뜬 조프리는 티리온과 언쟁을 하다 "내가 왕이니 널 처벌하겠다"라고 소리치자 타이윈이 조프리에게 하는 말이다.

Tywin: Any man who must say, "I am the king" is no true king. I'll make sure you understand that when I've won your war for you.

타이윈: "내가 왕이다"라고 말해야 되는 사람은 진정한 왕이 아니다. 내가 너를 대신해 전쟁에서 승리하고 나면 그걸 이해하도록 가르쳐주마.

Notes

- Any man who~ …하는 사람은 누구나
- make sure S+V …을 확실히 하다

02 "I think armies give you power"

타이윈 라니스터는 광기를 보이는 조프리를 세르세이와 함께 방으로 보내버리고 티리온과 남아 이야기를 주고 받는다.

Tywin: You really think a crown gives you power?
Tyrion: No. I think armies give you power.

타이윈: 정말 왕관이 권력을 준다고 생각하느냐?
티리온: 아뇨. 병력이 권력을 준다고 생각해요.

Notes

- crown 왕관

03 "Explain to me why it is more noble to kill 10,000 men in battle than a dozen at dinner"

계속되는 타이윈과 티리온의 긴장감 넘치는 대화. 전쟁을 끝내고 가문을 보호하기 위해서는 무슨 짓이라도 하겠다는 타이윈에 반해서 티리온은 전쟁임을 감안하더라도 결혼식에서 살육하는 것은 지나쳤다고 한다.

Tyrion: I'm all for cheating. This is war. But to slaughter them at a wedding…
Tywin: Explain to me why it is more noble to kill 10,000 men in battle than a dozen at dinner.
Tyrion: So that's why you did it? To save lives?
Tywin: To end the war. To protect the family.

티리온: 전쟁인데 무슨 짓이든 찬성이죠. 하지만 결혼식에서 그들을 살육하는 것은….
타이윈: 저녁만찬에서 12명을 죽이는 것보다 전투에서 만명을 죽이는게 왜 더 고상한지 내게 설명해봐라.
티리온: 그럼 그래서 그러신거예요? 인명피해를 줄이기 위해서요?
타이윈: 전쟁을 끝내기 위해서 그리고 가문을 보호하기 위해서이다.

Notes

- be all for~ …에 찬성하다
- slaughter 살육하다
- cheat 사기치다, 기만하다
- noble 고귀한, 숭고한

04 "Let them remember what happens when they march on the south"

티리온은 타이윈이 월더 프레이와 루즈 볼튼을 이용해 롭 스타크와 캐틀린을 살해한 것을 북부인들은 잊지 않을거라고 경계하지만 타이윈은 자신있게 이렇게 말한다.

Tywin: Let them remember what happens when they march on the south. All the Stark men are dead. Winterfell is a ruin. Roose Bolton will be named Warden of the North until your son by Sansa comes of age.

타이윈: 남부로 진군하면 어떻게 되는지 기억해두라고 해. 모든 스타크 남자들은 죽었다. 윈터펠은 폐허가 됐고. 루즈 볼튼이 네가 산사와 낳은 아이가 성년이 되기 전까지는 북부의 감시자가 될 것이다.

Notes

- march 진군하다
- be named …로 임명되다
- ruin 폐허
- come of age 성년이 되다

05 "A good man does everything in his power to better his family's position regardless of his own selfish desires"

타이윈과 티리온의 대화는 항상 긴장감이 돈다. 북부의 감시자가 되기 위해서 티리온보고 산사와 아이를 낳으라고 하지만 티리온은 강제로 그럴 수는 없다고 거부하자 아버지의 연설이 시작된다. 티리온은 타이윈에게 가문을 위해서가 아니라 자기 자신이 관심가는 일에만 신경쓴다고 비난하자, 티리온의 태어난 날을 언급한다. 오직 가문을 위해서 괴물을 버리지 않았다고….

Tywin: Shall I explain to you in one easy lesson how the world works?

Tyrion: Use small words. I'm not as bright as you.

Tywin: The house that puts family first will always defeat the house that puts the whims and wishes of its sons and daughters first. A good man does everything in his power to better his family's position regardless of his own selfish desires. Does that amuse you?

Tyrion: No, it's a very good lesson. Only it's easy for you to preach utter devotion to family when you're making all the decisions.

Tywin: Easy for me, is it?

Tyrion: When have you ever done something that wasn't in your interest but solely for the benefit of the family?

Tywin: The day that you were born. I wanted to carry you into the sea and let the waves wash you away. Instead, I let you live. And I brought you up as my son. Because you're a Lannister.

타이윈: 세상이 어떻게 돌아가는지 쉽게 네게 설명해줄까?
티리온: 쉽게 말해줘요. 전 아버지처럼 똑똑하지 않잖아요.
타이윈: 가족을 최우선으로 하는 가문은 언제나 자식들의 변덕과 바람을 우선으로 하는 가문들을 물리친다. 제대로 된 사람이라면 자신의 이기적인 욕심은 제껴두고 가족의 발전을 위해 온 힘을 쏟는다. 내 말이 우습나?
티리온: 아뇨, 아주 좋은 교훈입니다. 다만 모든 결정을 다 내리시는데 아버지의 입장에서는 가족에 완전히 헌신하라고 하는 훈계를 하기가 쉽죠.
타이윈: 내게는 쉽다고, 그런가?
티리온: 아버지 관심사는 아니었지만 오로지 가문의 이익을 위해서 하신 적이 있습니까?
타이윈: 네가 태어난 날이다. 널 바다로 데려가 떠내려 보내고 싶었다. 대신에 난 너를 살려줬고, 내 자식으로 키웠다. 너는 라니스터 가 사람이기 때문이다.

▶ ▶ Game of Thrones

Notes

- put~ first …을 최우선으로 하다
- better …을 더 낫게하다
- preach 설교하다, 훈계하다
- solely 오로지
- whims 변덕
- regardless of~ …와는 상관없이
- utter devotion 완전한 헌신
- bring up 키우다

06 "What I know is what I saw. And if you saw it, too, you'd run the other way"

장벽너머 북부로 향하던 브랜일행은 풍차간에서 나이트워치 대원인 샘을 만난다. 늑대를 보고 존 스노우의 동생이라고 생각하고 캐슬블랙으로 가자고 하지만 브랜 일행은 단호하게 북부로 가고자 한다.

Jojen: There's nowhere safe any longer. You know that.
Sam: What I know is what I saw. And if you saw it, too, you'd run the other way.
Jojen: You saw the white walkers and the army of the dead.
Sam: How do you know all that?
Jojen: The Night's Watch can't stop them. The kings of Westeros and all their armies can't stop them.
Sam: But you're going to stop them?
Bran: Please, Sam. I have to go north.

조젠: 더 이상 안전하게 숨을 곳이 없다는거 알잖아요.
샘: 저는 본 것만을 믿습니다. 당신이 그걸 봤다면 북부가 아니라 남부로 달아날거예요.
조젠: 백귀들과 망자의 군대를 보셨군요.
샘: 그걸 어떻게 다 알고 있어요?
조젠: 나이트워치로는 그들을 막을 수 없습니다. 웨스테로스의 모든 왕과 군대도 막을 수 없어요.
샘: 당신들이 막는다고요?
브랜: 샘, 제발요. 전 북부로 가야 해요.

Notes

- the other way 반대 방향으로

07 "We're not really people to you, are we? Just a million different ways to get what you want"

다보스 경은 감옥에 갇혀 있는 겐드리를 찾아 온다. 겐드리는 높으신 분들이 자기를 찾아오면 다 문제가 생긴다면서 우리 같은 백성은 착취의 도구일 뿐아니냐라는 지금 세상에도 들어맞는 시니컬한 이야기를 한다.

Gendry: Every time a highborn asks my name, it's trouble. We're not really people to you, are we? Just a million different ways to get what you want.

겐드리: 높으신 분들이 제 이름을 물어볼 때마다 문제가 생겨요. 우리는 당신네들에게는 백성들이 아니죠, 그렇지요? 당신들이 원하는 것을 얻기 위해 온갖 방법으로 이용해먹는 도구일 뿐이죠.

Game of Thrones

Notes

- highborn 높은 분, 고위직의
- get what you want 원하는 것을 얻다

08 "Here only the family name matters"

티리온이 산사와 결혼함으로써 셰이는 입장이 난처하다. 산사를 좋아하면서도 둘이 부부로 사는 것을 보면서 시녀노릇하는 것을 괴로워한다. 바리스가 이때 나타나 새로운 출발을 하라고 한다.

Varys: We break bread with them, but that doesn't make us family. We've learned their language, but we'll never be their countrymen. If you let yourself believe that a foreign girl with no name could spend her life with the son of Tywin Lannister... (Shae: I have a name.) You have one name. As do I. Here only the family name matters.

바리스: 함께 식사를 한다고 해서 가족이 되지는 않습니다. 그들의 언어를 배웠지만 그들의 동족이 될 수는 없죠. 이름도 없는 이국의 여자가 타이윈 라니스터의 아들과 평생을 보낼 수 있으리라 믿는다면…. (셰이: 전 이름이 있어요.) 이름뿐이잖아요. 나처럼요. 이곳에선 오직 가문의 이름만이 중요하죠.

Game of Thrones

Notes

- break bread with …와 함께 식사하다
- matter 중요하다

09 "Start trying to work out who deserves what and~"

티리온이 종자와 술을 마시는데 세르세이가 찾아와서 결혼생활이 어떠냐고 물어본다. 티리온은 산사가 이런 대접을 받을 필요가 없다고 동정심을 발휘하자 세르세이는 냉혹한 충고를 한다.

Cersei: Deserve? Be careful with that. Start trying to work out who deserves what and before long you'll spend the rest of your days weeping for each and every person in the world.

세르세이: 가혹하다고? 조심해야 돼. 누가 뭘 받을 만한가를 따지기 시작하다보면 오래지 않아 세상 모든 사람들을 위해 훌쩍거리면서 평생을 보내게 될거야.

Game of Thrones

Notes

- be careful with …을 조심하다
- weep 훌쩍거리다

10 "They're the reason I'm alive"

세르세이는 산사와의 사이에 산사를 위해서라도 아이를 낳으라고 하고, 티리온은 아버지의 바람대로 세르세이가 티리온을 설득해서 아이를 낳게했다고 할거냐라고 물으며, 세르세이의 약점, 즉 아이들에 대해 묻는다.

Tyrion: You have children. How happy would you say you are?
Cersel: Not very. But if it weren't for my children, I'd have thrown myself from the highest window in the Red Keep. They're the reason I'm alive.
Tyrion: Even Joffrey?
Cercei: Even Joffrey. He was all I had once. Before Myrcella was born.

티리온: 아이들 있잖아. 얼마나 행복하다고 하겠어?
세르세이: 그다지 별로. 하지만 나의 아이들이 아니었다면, 난 레드킵 제일 높은 창문에서 뛰어내렸을거야. 걔들은 내가 살아있는 이유지.
티리온: 조프리까지도?
세르세이: 조프리까지도. 마르셀라가 태어나기 전 한 때는 그가 전부였었지.

Game of Thrones

Notes

- throw oneself from …에서 뛰어내리다
- reason 이유

11 "And no one can take that away from me, not even Joffrey-- how it feels to have someone"

세르세이가 강한 모성애를 드러내는 장면

Cersei: You always hear the terrible ones were terrible babies. "We should have known. Even then we should have known." It's nonsense. Whenever he was with me, he was happy. And no one can take that away from me, not even Joffrey-- how it feels to have someone. Someone of your own.

세르세이: 끔찍한 아이가 끔찍한 사람이 된다고들 하잖아. "우리는 그걸 알았어야 하는데. 그걸 미리 알았어야 돼." 그건 말도 안되는 얘기야. 조프리는 나와 있을 때는 언제나 행복했어. 아무도, 조프리라 할지라도 자기 자식과 함께 있는 그 느낌을 내게서 빼앗아 갈 수 없어.

Notes

- terrible 끔찍한
- take ~ away from …로부터 …을 빼앗아가다

12 "I will not forget that. I will not forgive that"

전쟁에서 참패한 스타니스. 다보스 경은 멜리산드레의 마법을 이용해서 칠왕국을 통일하는 것은 안된다며 말리지만 아에곤 타르가르옌이 드래곤으로 칠왕국을 정복했는데 드래곤도 마법이라며 자신의 행위에 정당성을 부여한다.

Stannis: My enemies have made my kingdom bleed. I will not forget that. I will not forgive that. I will punish them with any arms at my disposal.

스타니스: 나의 적들이 내 왕국이 피를 흘리게 하고 있다. 절대 잊지 않을 것이며, 절대 용서하지 않을 것이다. 난 내 휘하에 있는 병력이라면 어떤 병력으로라도 그들을 처단할 것이다.

Notes

- make~ bleed …가 피를 흘리게 하다
- punish 처단하다
- at one's disposal …가 마음대로 이용할 수 있는

13 "A great gift requires a great sacrifice"

멜리산드레는 스타니스의 철왕국 정복을 위해 로버트의 사생인 겐드리를 제물로 화형시키려 한다. 다보스의 반대에 멜리산드레는 이렇게 말한다.

Melisandre: And our king is still no closer to the Iron Throne. A great gift requires a great sacrifice.

멜리산드레: 전하가 철왕좌에 오르실 날은 아직도 멀었습니다. 커다란 은총에는 커다란 희생이 따릅니다.

Notes

- require 필요로 하다
- sacrifice 희생

14 "Death marches on the Wall. Only you can stop him"

겐드리를 풀어준 다보스는 사형직전에 처해있는데 아메몬이 보내온 전갈을 보여주며, 진짜 전쟁은 장벽너머에서 시작되고 있다고 말한다. 나이트워치의 사령관은 사망했으며 장벽너머 정찰대는 한명만 살아서 왔고 그가 장벽너머에서 본 것이 우리를 향해 오고 있다고 말한다.

Melisandre: This War of Five Kings means nothing. The true war lies to the north, my king. Death marches on the Wall. Only you can stop him.

멜리산드레: 다섯 왕이 벌이는 전쟁은 전혀 의미가 없어요. 진정한 전쟁은 북쪽에서 일어나고 있습니다 전하. 죽음이 장벽을 향해 진군하고 있어요. 오직 전하만이 막을 수 있습니다.

Notes

- mean nothing 아무런 의미가 없다
- march 진군하다

Season 03

15 "People learn to love their chains"

대너리스가 윤카이의 노예들을 해방하는 순간. 많은 노예들이 나와서 Mhysa(어머니)라고 외친다.

Daenerys: Perhaps they didn't want to be conquered. (Jorah: You didn't conquer them. You liberated them.) People learn to love their chains.

대너리스: 아마도 정복당하지 않기 바랬을지도 몰라. (조라: 그들을 정복하신게 아니라 해방시켰습니다.) 사람들은 속박에 길들여지기 마련이지.

▶ ▶| Game of Thrones

Notes

- conquer 정복하다
- learn to …하는 법을 배우다

"조프리는 마저리와의 혼인 피로연에서 독살당하고 죽으면서 티리온을 손으로 가리킨다. 세르세이는 당장 티리온을 감금시키고 공범으로 의심되는 산사를 찾으려 한다. 나중에 밝혀지지만 조프리의 독살은 배일리쉬와 티렐 가문의 합작품이었다. 티리온은 부당한 재판에 항의하고 결투신청을 한다. 마운틴과 원한관계에 있던 마르텔 가문의 오베린 공은 티리온을 대신하여 싸우게 되지만 승리를 눈앞에 두고 방심했다가 처참하게 살해당하고 만다. 제이미는 죽음을 앞에 둔 티리온을 바리스와 힘을 합쳐 빼돌리지만, 티리온은 떠나기 전 사랑했던 창녀 셰이를 죽이고 아버지 타이윈마저 살해하고 만다. 한편 나이트워치 대원인 존 스노우는 야만족의 첫 공격을 잘 막아내고, 살해당한 모르몬트 사령관을 이어 사령관이 된다. 그는 야만족의 리더인 만스 레이더와 협상하러 가는데, 존이 위기에 쳐한 순간 스타니스의 기병대가 진격하며 와일들링은 패배하고 만다. 대너리스는 거세병과 차남용병단 등을 끌어들여 웨스테로스 동쪽의 에소스 대륙을 점령하며 승승장구한다. 한편 워그가 된 브랜은 드디어 목적지인 세눈 까마귀를 찾게 되고 그를 계승하게 된다."

Two Swords

01 "If you haven't learned by now, you never will"

타이윈은 돌아온 아들 제이미에게 발리리아 강철 검을 주고 캐스털리 록으로 돌아가라고 하지만 제이미는 아버지의 명을 거역하면서 킹스가드에 계속 남겠다고 한다.

Tywin: For 40 years I've tried to teach you. If you haven't learned by now, you never will.

타이윈: 40년간 널 가르치려고 했었다. 지금까지도 네가 배우지 못했다면 넌 평생 못배울 것이다.

Notes

- try to~ …하려고 하다
- by now 지금까지

02 "I swore to protect you"

산사는 오빠 롭과 어머니 캐틀린이 도살당했다는 소리에 잠을 못이루며 식음도 전폐하다시피 한다. 산사의 시녀인 셰이도 먹을 것을 권하지만 거절하고 남편 티리온의 음식권유도 마다한다.

Tyrion: I can't let you starve. I swore to protect you. My lady, I am your husband. Let me help you.

티리온: 당신을 굶어 죽게 할 수는 없어요. 당신을 보호하겠다는 맹세를 했어요. 난 당신의 남편이니 돕게 해줘요.

Game of Thrones

Notes

- starve 굶주리다
- swear to …하겠다고 맹세하다

03 "I don't pray anymore"

산사는 티리온과의 대화를 끝내고 정숙과 명상을 하는 종교적인 나무인 신의 나무에 가고 싶다고 한다. 티리온은 기도하러 가는 줄 알고 기도가 도움이 될거라고 말하지만….

Sansa: Will you pardon me, my lord? I'd like to visit the godswood. (Tyrion: Of course. Of course. Prayer can be helpful, I hear.) I don't pray anymore. It's the only place I can go where people don't talk to me.

산사: 실례해도 될까요. 신의 나무에 가고 싶어요. (티리온: 그럼요. 기도하면 도움이 될거예요.) 난 이제 기도하지 않아요. 사람들이 내게 말을 걸지 않는 유일한 곳이어서 가는거예요.

Game of Thrones

Notes

- I'd like to+V …하고 싶어요
- helpful 도움이 되는

04 "If you want them to follow you, you have to ~"

미린으로 진격하는 대너리스에게 다리오가 장미를 가져와 작업을 건다. Dusk rose는 열을 내려준다며 미린의 사람들은 다들 알고 있는 거라고 하면서 하는 말이다.

Daario: If you want them to follow you, you have to become a part of their world.

다리오: 백성들이 전하를 따르게 하려면 백성들 세계에 속하셔야 합니다.

Notes

- want~ to+V …가 …하기를 바라다
- become a part of~ …에 속하다

The Lion and the Rose

01 "I don't want her to suffer anymore on my account"

티리온은 자신의 창녀 셰이의 정체가 세르세이와 타이윈에게 발각되자 셰이를 살리기 위해 사랑을 포기하고 펜토스에 집을 마련해 떠나보내려 한다.

Tyrion: I'm a married man. My wife has suffered a great deal, as you well know. I don't want her to suffer anymore on my account. I need to uphold my vows.

티리온: 난 유부남이오. 내 아내는 당신도 알다시피 큰 고통을 겪고 있소. 난 아내가 나 때문에 더 고통을 받는 걸 원치 않소. 난 내 서약을 지켜야 하오.

Game of Thrones

Notes

- suffer 고통 등을 겪다, 당하다
- uphold 지키다, 유지하다
- on one's account …때문에

02 "I can't be in love with a whore"

위험을 피해 펜토스로 가라는 티리온의 말을 셰이가 듣지 않고 함께 세르세이와 타이윈에게 맞서겠다고 하자 티리온은 극단적인 언어를 써가면 셰이를 떼어놓으려 한다.

Tyrion: You're a whore! Sansa is fit to bear my children and you are not. I can't be in love with a whore. I can't have children with a whore. How many men have you been with? 500? 5,000? (Shae: How many whores have you been with?) I have enjoyed my time with all of them and I have enjoyed my time with you most of all. But now that time is over.

티리온: 당신은 창녀야! 산사는 내 아이를 가질 수 있지만 당신은 아니오. 난 창녀와 사랑에 빠질 수 없소. 난 창녀와 아이를 가질 수 없소. 얼마나 많은 남자와 잤소? 5백명? 5천명? (쉐이: 당신은 얼마나 많은 창녀와 잤나요?) 난 매번 창녀들과 즐겁게 놀았고 그 중에서도 당신과 놀 때가 가장 즐거웠소. 하지만 끝낼 때가 왔소.

Notes

- be fit to …하기에 적합하다
- most of all 무엇보다도, 제일
- bear 아이를 낳다
- be over 끝나다

03 "There's only one hell, Princess. The one we live in now"

멜리산드레는 병에 걸린 스타니스의 딸을 찾아와 화형식 얘기를 꺼낸다. 여자가 아이를 낳을 때처럼 비명을 지르지만 그 후에는 기쁨이 넘치듯, 산채로 화형시키면 화형당할 때 비명을 지르지만 불로써 모든 죄가 사해진다고 자신의 신을 떠받든다.

Melisandre: Septons speak of seven gods. There are but two-- a god of light and love and joy and a god of darkness, evil, and fear. Eternally at war. (Shireen: There are no seven heavens and no seven hells?) There's only one hell, Princess. The one we live in now.

멜리산드레: 셉톤들은 일곱신에 대해 말을 하죠. 하지만 단 두개의 신만이 있습니다. 사랑과 기쁨의 빛의 신 그리고 악과 공포의 어둠의 신이 있고 영원히 싸우고 있어요. (시린: 일곱 천국과 일곱 지옥도 없나요?) 공주님 지옥은 단 하나밖에 없습니다. 지금 우리가 살고 있는 곳이죠.

▶ ▶ Game of Thrones

Notes
- Septon 신관
- eternally 영원히

04 "People who spend their money on this sort of nonsense tend not to have it for long"

결혼식을 마친 후 타이윈과 올레나의 대화. 올레나의 뜻대로 비용의 반을 부담하면서 성대하게 치뤄진 결혼식에 대해 타이윈이 한마디를 한다.

Tywin: People who spend their money on this sort of nonsense tend not to have it for long.

Olenna: You ought to try enjoying something before you die.

타이윈: 의미없이 돈을 많이 쓰는 사람은 오래지 않아 돈을 잃게 됩니다.
올레나: 죽기전에 즐기며 살도록 해야죠.

▶ ▶ Game of Thrones

Notes
- tend to+V …하는 경향이 있다
- try ~ing …하도록 하다

05 "If you were to marry Cersei, she'd murder you in your sleep"

조프리 왕의 혼인 축하연 자리. 세르세이와 혼인하기로 한 왕비 마저리의 오빠 로라스에게 세르세이의 동생이자 연인인 제이미가 협박을 한다.

Jaime: If you were to marry Cersei, she'd murder you in your sleep. If you somehow managed to put a child in her first, she'd murder him, too, long before he drew his first breath. Luckily for you, none of this will happen because you'll never marry her.

제이미: 네가 세르세이와 혼인한다면 그녀는 네가 잘 때 널 살해할거야. 어떻게 먼저 임신을 시켰다고 해도, 그녀는 낳자마자 자식을 죽일거야. 너에게는 다행히도, 이 모든 일이 일어나지 않을테지. 넌 그녀와 결혼하지 않을테니까.

Notes

- manage to 어떻게 …하다
- put a child in sb …을 임신시키다

06 "Must be exciting to flit from one camp to the next serving whichever lord or lady you fancy"

계속되는 혼인축하연 자리. 브리엔느가 왕과 왕비에게 축하인사를 하고 나가는데 세르세이가 점잖게 대화를 시도하다가 제이미를 사랑하지 않냐고 질투섞인 질문을 하고 만다.

Cersei: I'm sure you have many fascinating stories. Sworn to Renly Baratheon. Sworn to Catelyn Stark. And now my brother. Must be exciting to flit from one camp to the next serving whichever lord or lady you fancy. (Brienne: I don't serve your brother, Your Grace.) But you love him.

세르세이: 자네에겐 많은 근사한 일화가 있겠지. 렌리 바라테온을 섬기고, 캐틀린 스타크를 섬기고 이제는 내 동생이라. 좋아하는 영주나 부인을 따라서 이 진영 저 진영을 옮겨다니면서 섬기는게 재미있나보군. (브리엔느: 전하의 동생은 섬기지 않습니다.) 하지만 사랑하잖아.

Notes

- fascinating 흥미로운, 근사한
- fancy 좋아하다
- flit from ~ to 이곳저곳 돌아다니다

07 "The queen is telling you the leftovers will feed the dogs or you will"

세르세이는 여자에게 집적대는 파이셀에게 경고하면서 남은 음식을 나눠주라는 마저리 왕비의 지시가 이행되지 못하도록 남은 음식을 개에게 주라고 파이셀에게 명한다. 새왕비와 왕후의 신경전이 시작된 것이다.

Cersei: My little brother had you sent to the Black Cells when you annoyed him. What do you think I could do to you if you annoyed me? (Pycelle: I never meant to annoy anyone.) But you are. You annoy me right now. Every breath you draw in my presence annoys me. So here's what I want you to do. I want you to leave my presence. Leave this wedding right now. Go to the kitchens and instruct them that all the leftovers from the feast will be brought to the kennels.(Pycelle: Your Grace, Queen Margaery…) The queen is telling you the leftovers will feed the dogs or you will.

세르세이: 내 남동생은 당신이 거슬린다고 감옥으로 보낸 적이 있죠. 당신이 나를 거슬리게 하면 내가 어떻게 할 것 같아요? (파이셀: 전 누구든 거슬리게 하려고 하지 않았습니다.) 하지만 당신은 거슬려요. 지금 당장 날 거슬리게 하죠. 당신이 내 앞에서 내뿜는 숨 하나하나가 나를 거슬리게 해요. 그러니 이렇게 하세요. 내 앞에서 사라져요. 이 혼인축하연을 떠나요. 주방에 가서 연회에서 남은 음식을 개한테 주라고 지시하세요. (파이셀: 전하, 마저리 여왕께서는…) 여왕이 지금 말하잖아요. 남은 음식을 개한테 주라고요 아니면 당신을 개한테 먹이겠어요.

Notes

- annoy 성가시게 하다, 거슬리게 하다
- instruct 지시하다
- feast 연회, 축하연
- mean to …할 작정이다
- leftovers 남은 음식
- kennel 개사육장

08 "If you want to live, we have to leave"

조프리가 독살되는 상황에서 돈토스 전직 기사는 배일리쉬의 명을 받고 산사를 배일리쉬의 배로 빼돌리려고 한다.

Dontos: Come with me now. If you want to live, we have to leave.

돈토스: 이제 절 따라오세요. 살고 싶으시다면 떠나야 합니다.

Notes

- want to …하고 싶다
- have to …해야 한다

09 "Take him!"

극적인 장면 중의 하나. 조프리는 독살당하면서 손가락으로 티리온을 가리키고, 이성을 잃은 세르세이는 티리온을 체포하라고 명한다.

Cersei: My son. He did this. He poisoned my son, your king. Take him. Take him! Take him! Take him!

세르세이: 내 아들. 저놈 한 짓이야. 저놈이 내 아들, 왕을 독살했어. 체포하라. 체포해! 체포해! 체포해!

Notes

- poison 독살하다

Breaker of Chains

01 "Money buys a man's silence for a time. A bolt in the heart buys it forever"

산사를 탈출시킨 돈토스가 돈을 달라고 하자 배일리쉬는 돈대신에 화살을 쏴서 죽여버린다. 그리고 산사에게는 돈토스는 뭐든지 다 돈 때문에 한 일이며 술주정뱅이이기 때문에 믿을 수 없다고 말한다.

Baelish: Because he was a drunk and a fool and I don't trust drunk fools. (Sansa: He saved me.) Saved you? My lady, he followed my orders. Every one of them. And he did it all for gold. Money buys a man's silence for a time. A bolt in the heart buys it forever.

배일리쉬: 술주정뱅이에 멍청이기 때문이지. 난 술취한 멍청이는 신뢰하지 않아. (산사: 나를 구해줬어요.) 너를 구해줬다고? 산사, 저 놈은 내가 시키는대로 한거야. 모든 것이 다 말이야. 다 돈때문에 한거지. 돈으로는 잠시동안 입을 다물게 할 수 있지만 심장에 화살을 박으면 영원히 다물게 할 수 있지.

Notes
- fool 멍청이
- do it for gold 돈 때문에 하다
- follow 따르다
- bolt 화살

02 "I must be cursed"

두번 결혼해서 두번 다 남편을 잃은 마저리의 신세한탄. 첫번째 결혼상대인 렌리 바라테온은 스타니스에게 살해당하고, 두번째 남편인 조프리 왕은 혼인축하연에서 독살당하고 만다.

Margaery: One of my husbands preferred the company of men and was stabbed through the heart. Another was happiest torturing animals and was poisoned at our wedding feast. I must be cursed.

마저리: 남편 중 한명은 남자들을 더 좋아하고 심장에 칼을 맞고, 다른 남편은 동물학대를 제일 좋아하더니 혼인축하연에서 독살당했어요. 난 저주받았나봐요.

Notes

- company 일행, 같이 있음
- torture 고문하다
- feast 축제, 연회
- stab 칼로 찌르다
- poison 독살하다
- curse 저주하다

03 "Wisdom is what makes a good king"

조프리의 시신 앞에 세르세이와 토멘이 서있고 타이윈이 다가오면서 토멘보고 어떤 왕이 되고 싶냐, 어떻게 하면 좋은 왕이 되느냐, 좋은 왕의 가장 중요한 덕목은 뭐냐라고 질문을 던진다. 토멘은 고결함, 정의, 그리고 강인함이라고 말하지만 각각에 해당되는 왕을 예로 들면서 타이윈은 아니라고 한다.

Tywin: So, we have a man who starves himself to death, a man who lets his own brother murder him, and a man who thinks that winning and ruling are the same thing. What do they all lack?

Tommen: Wisdom. Wisdom is what makes a good king

타이윈: 그럼 스스로 굶어죽은 왕이 있고, 친형제에게 살해당하는 왕이 있고, 그리고 전쟁의 승리와 통치를 같은 것으로 생각하는 왕이 있다. 그들 모두에게 부족한 것이 뭐냐?
토멘: 지혜. 지혜가 훌륭한 왕을 만듭니다.

Notes

- starve oneself to death 굶어죽다
- ruling 통치

04 "A wise king knows what he knows and what he doesn't"

타이윈의 가르침은 계속된다. 그렇다면 지혜란 것은 무엇이며, 지혜로운 왕은 어떻게 해야 하는지 등을 물으면서 토멘을 가르친다.

Tywin: A wise king knows what he knows and what he doesn't. You're young. A wise young king listens to his counselors and heeds their advice until he comes of age. And the wisest kings continue to listen to them long afterwards.

타이윈: 지혜로운 왕은 자신이 할 수 있는 일과 할 수 없는 일을 구분한다. 넌 젊다. 지혜롭고 어린 왕은 나이가 찰 때까지 조언자의 말을 경청하며 그들의 조언에 귀를 기울인다. 그리고 가장 지혜로운 왕은 그 후에도 계속 조언자들의 말에 귀를 기울인다.

Game of Thrones

Notes

- heed one's advice …의 조언에 귀를 기울이다
- come of age 나이가 차다

05 "Soldiers win wars"

스타니스는 멜리산드레의 마법은 믿지만 병력을 구하지 못한 상태이다. 다보스는 용병을 쓰자고 하지만 이에 거부감을 보이자 다보스가 열변을 토한다.

Davos: We're willing to use blood magic to put you on the throne, but we're not willing to pay men to fight? Now the Red Woman's magic is real. Her visions and prophecies may be, too, but I've never heard of visions and prophecies winning a war. Soldiers win wars.

다보스: 왕좌에 오르기 위해서 피의 마법을 기꺼이 쓰면서 용병은 쓰지 못한다는 말씀입니까? 붉은 여인의 마법은 진짜고 그녀가 본 환영과 예언도 진짜일 수도 있습니다. 하지만 환영과 예언이 전쟁을 이겼다는 이야기는 듣지 못했습니다. 전쟁은 병사로 이기는 것입니다.

Game of Thrones

Notes

- vision 환영
- prophecy 예언, 예지

OathKeeper

01 "I will answer injustice with justice"

노예들을 해방시키며 미린을 점령한 대너리스는 미린에 오는 길에 처형당해있던 163명의 노예들에 대한 대가로 그 수만큼의 노예상을 똑같이 처벌하려고 한다. 바리스탄이 말려보려고 하지만….

Barristan: Your Grace, may I have a word? The city is yours. All these people, they're your subjects now. Sometimes it is better to answer injustice with mercy.

Danerys: I will answer injustice with justice.

바리스탄: 전하, 한 말씀드리겠습니다. 도시는 전하의 것이 됐습니다. 여기 모든 사람들도 전하의 백성입니다. 때로는 불의에 자비로 답하는 것이 좋을 때도 있습니다.
대너리스: 난 불의에 정의로 답하겠소.

Notes

- have a word 얘기나누다
- injustice 불의
- subject 신하, 백성
- mercy 자비

02 "Sansa couldn't have done this"

제이미는 감방으로 티리온을 찾아오고, 산사가 그 누구보다도 조프리를 죽일 이유가 많기 때문에 산사가 범인일 가능성이 있다고 말하지만 티리온은 그럴 리가 없다고 반박한다.

Tyrion: Sansa couldn't have done this.

Jaime: She had more reason than anyone in the Seven Kingdoms. Do you think it's a coincidence she disappeared the same night Joffrey died?

Tyrion: No, but Sansa's not a killer.

티리온: 산사가 그랬을리가 없어.
제이미: 칠왕국에서 그녀보다 더 많은 동기를 갖고 있는 사람은 없지. 조프리가 죽은 날 밤 사라진게 우연이라고 생각해?
티리온: 아니, 하지만 산사는 살인자가 아니야.

Notes

- couldn't have+pp …했을 리가 없다
- coincidence 우연
- disappear 사라지다

03 "A man with no motive is a man no one suspects"

배일리쉬는 에이리에 있는 산사의 이모 라이사와 혼인하기 위해서 산사와 함께 배를 타고 가고 있다. 조프리를 죽였냐는 산사의 질문에 배일리쉬는 인정을 하는데 산사는 이해가 되질 않는다.

Sansa: I don't understand. The Lannisters gave you wealth, power. Joffrey made you the Lord of Harrenhal.

Baelish: A man with no motive is a man no one suspects. Always keep your foes confused. If they don't know who you are or what you want, they can't know what you plan to do next.

Season 04

산사: 이해가 안돼요. 라니스터 가가 당신에게 부와 권력을 줬잖아요. 조프리가 당신을 하렌할의 영주로 임명했구요.
배일리쉬: 동기가 없는 사람은 아무도 의심을 하지 않지. 항상 적을 혼란스럽게 해야 한다. 그들이 너의 정체와 원하는 것을 모르면, 그들은 네가 다음에 무슨 계획을 하고 있는지 알 수 없단다.

Notes

- wealth 부, 재산
- suspect 의심하다
- motive 동기

04 "I'd risk everything to get what I want"

계속되는 산사와 배일리쉬의 대화. 산사는 걸리면 효수될텐데 적을 기만하기 위해서 너무나 큰 위험을 감수한다는 것은 믿기 어렵다고 한다.

Sansa: I don't believe you. If they catch you, they'll put your head on a spike just like my father's. You'd risk that just to confuse them?

Baelish: So many men, they risk so little. They spend their lives avoiding danger. And then they die. I'd risk everything to get what I want.

Sansa: And what do you want?

Baelish: Everything.

산사: 믿지 못하겠어요. 잡히면 나의 아버지처럼 효수될 텐데요. 그들을 혼란시키기 위해 그런 위험을 감수한단 말예요?
배일리쉬: 많은 사람들은 거의 위험을 감수하지 않지. 평생을 위험을 피해다니면서 살아. 그리고는 죽지. 난 내가 원하는 것을 얻기 위해서 무슨 위험이든 감수할거야.
산사: 뭘 원하시는데요?
배일리쉬: 모든 것.

Notes

- put one's head on a spike 효수하다
- confuse 혼란시키다
- risk 위험을 감수하다
- avoid 회피하다

05 "Nothing like a thoughtful gift to make a new friendship grow strong"

배일리쉬는 자기가 왜 조프리를 죽였는지 말해준다. 라니스터 가와는 생산적인 관계였지만 조프리는 믿을 수 없는 사람이어서 조프리의 죽음은 자기의 새로운 친구들에게 주는 선물이었다고 말이다.

Baleish: My friendship with the Lannisters was productive. But Joffrey, a vicious boy with a crown on his head, is not a reliable ally. And who could trust a friend like that? (Sansa: Who could trust you?) I don't want friends like me. My new friends are predictable. Very reasonable people. As for what happened to Joffrey, well, that was something my new friends wanted very badly. Nothing like a thoughtful gift to make a new friendship grow strong.

배일리쉬: 라니스터 가와의 우정은 생산적이었지. 하지만 조프리, 머리에 왕관을 쓴 포악한 놈은 믿을 수 있는 친구가 아니야. 누가 그런 친구를 신뢰할 수 있겠어? (산사: 누가 당신을 믿을 수 있겠어요?) 난 나같은 친구는 원치 않아. 내 새로운 친구들은 예측가능하고 매우 이성적인 사람들이야. 조프리에게 일어난 일은, 저기, 내 새로운 친구들이 몹시 바라던 것이었어. 새로운 우정을 강화하는데는 정성들인 선물만한게 없지.

Game of Thrones

Notes

- productive 생산적인
- reliable 믿을만한
- vicious 사악한
- predictable 예측 가능한

Season 04

06 "You just do what needs to be done"

마저리가 수도를 떠나기로 한 올레나 할머니와 산책을 하고 있다. 마저리에게 토멘과의 혼인을 성사시키라고 하면서 조프리를 누가 죽였는지 알고 있다는 충격적인 얘기를 해준다.

Olenna: Cersei may be vicious, but she's not stupid. She'll turn the boy against you as soon as she can. And by the time you're married, it'll be too late. Luckily for you, the Queen Regent is rather distracted at the moment, mourning her dear departed boy. Accusing her brother of his murder, which he didn't commit. (Margaery: Well, he could have done.) He could have done, but he didn't. (Margaery: You don't know, Grandmother.) But I do know. You don't think I'd let you marry that beast, do you? (Margaery: What? I don't understand.) Shh. Don't you worry yourself about all that. You just do what needs to be done.

올레나: 세르세이는 사악하지만 멍청하지는 않아. 그녀는 할 수 있는 한 네가 토멘을 가까이 못하게 할 거야. 네가 혼인을 할 때 즈음에는 너무 늦을 것이다. 너에게는 다행스럽게도, 섭정왕후는 현재 떠나간 사랑스런 아들을 위해 슬퍼하느라 정신이 없는 상황이다. 동생을 저지르지도 않은 살인의 범인으로 몰면서 말이야. (마저리: 그 사람이 그랬을 수도 있잖아요.) 그럴 수도 있었겠지만, 그는 하지 않았어. (마저리: 그건 모르는 일이죠, 할머니.) 하지만 난 알고 있다. 내가 너를 그런 짐승같은 놈에게 혼인하게 놔둘거라곤 생각하지 않았겠지, 그지? (마저리: 뭐라고요? 이해가 안돼요.) 그런건 전혀 걱정하지 말고 해야 되는 일만 하도록 해라.

Notes

- vicious 사악한
- by the time …할 때쯤에는
- the Queen Regent 섭정왕후
- mourn 슬퍼하다
- accuse ~ of 비난하다, 고소하다
- turn sb against~ …을 …에게서 돌아서게 하다
- luckily for sb …에게는 다행스럽게도
- be distracted 다른 곳에 신경을 쓰다
- departed 떠나간
- commit 저지르다

07 "All we can give him now is justice"

존 스노우를 싫어하는 알리세르는 스노우에게 자원병을 데리고 크래스터의 집에 가서 모르몬트 사령관을 살해한 배신자들을 처단하라고 한다. 만스 레이더에게 나이트워치의 방어전략 등의 정보가 넘어가지 못하도록….

Jon: If Mance learns what they know, we're lost. But if that's not enough, then consider this. If the Night's Watch are truly brothers, then Lord Commander Mormont was our father. He lived and died for the Watch and he was betrayed by his own men. Stabbed in the back by cowards. He deserved far better. All we can give him now is justice. Who will join me?

존: 만스가 배신자들이 알고 있는 것들을 알게 되면 우린 패배한다. 이걸로 충분하지 않다면 이렇게 생각해 보자. 나이트워치는 진정한 형제들이며, 모르몬트 사령관은 우리의 아버지였다. 그는 나이트워치를 위해 살다가 죽었다. 그리고 자신의 대원들에게 배신당했다. 비겁자들이 등에서 칼로 찔렀다. 그 분은 더 좋은 대우를 받을 자격이 있다. 이제 우리가 그분에게 정의를 선사하자. 누가 나와 함께 하겠는가?

Notes

- consider 고려하다
- stab 칼로 찌르다
- betray 배신하다

First of His Name

01 "The old houses will flock to whichever side they think will win, as they always have"

대너리스는 조프리 왕의 살해소식을 접하고, 만명의 병력으로 웨스테로스 공격이 가능할 것인지 궁금해한다. 바리스탄과 조라 모르몬트는 각각 다른 의견을 내놓는다.

Barristan: The old houses will flock to our queen when she crosses the Narrow Sea.

Jorah: The old houses will flock to whichever side they think will win, as they always have.

바리스탄: 여왕님이 협해를 건너면 유서깊은 가문들이 몰려들 것입니다.
조라: 유서깊은 가문들은 언제나 그렇듯 이기는 쪽에 붙을 겁니다.

Notes

- flock to~ …로 몰리다, 떼로 모이다
- whichever 어느 쪽이든

02 "Why should anyone follow me?"

노예상의 만과 아스타포에서 노예해방이 다시 실패로 돌아가자, 대너리스는 이미 정복한 곳도 통치 못하면서 어떻게 웨스테로스를 통치할 수 있겠냐면서 회의감에 사로잡힌다.

Daenerys: How can I rule seven kingdoms if I can't control Slaver's Bay? Why should anyone trust me? Why should anyone follow me?

대너리스: 노예상의 만도 통치못하는 내가 어떻게 칠왕국을 통치하겠소? 사람들이 왜 나를 신뢰하고 왜 나를 따르겠소?

Notes

- rule 통치하다
- trust 신뢰하다
- control 통제하다

03 "I will do what queens do. I will rule"

조라가 여왕님은 타르가르옌이고 드래곤의 어머니라고 위로하자, 자기는 그 이상의 것이 필요하다고 한다. 그리고 노예해방이 실패한 곳을 가만히 두지 않겠다고 한다.

Daenerys: I need to be more than that. I will not let those I have freed slide back into chains. I will not sail for Westeros. (Jorah: What, then?) I will do what queens do. I will rule.

대너리스: 나는 그 이상의 것이 필요하요. 내가 해방시킨 사람들이 다시 노예로 되지 못하게 할거요. 난 웨스테로스로 항해하지 않을거요. (조라: 그럼 어떻게 하실겁니까?) 여왕이 해야 할 일. 난 통치하겠소.

Notes

- free 해방시키다
- rule 통치하다
- slide back 다시 돌아가다, 원상태로 되다

04 "Know your strengths, use them wisely, and one man can be worth 10,000"

배일리쉬와 산사는 협곡인 블러드 게이트를 통해 에이리로 걸어가고 있다. 배일리쉬는 에이리 성은 지난 천년간 블러드 게이트를 잘 활용해서 점령을 당한 적이 없다고 말한다.

Baelish: And the fortress they built here has never been overcome. Not once in 1,000 years. Know your strengths, use them wisely, and one man can be worth 10,000.

배일리쉬: 여기에 지은 성은 한번도 함락된 적이 없다. 천년동안 단 한번도. 자신의 힘을 알고 현명하게 사용하면 한 명이 만 명분의 몫을 할 수 있게 되는거야.

Notes

- fortress 성
- overcome 이기다, 압도하다

05 "What wife would do for you the things I've done for you?"

배일리쉬는 캐틀린의 여동생인 라이사와 단둘이 있게 되자 마자 키스를 하며 밀담을 주고 받는다. 라이사의 배일리쉬에 대한 사랑은 남편 존 아린의 생존 때부터였다는 사실이 드러난다.

Lysa: What wife would do for you the things I've done for you? What wife would trust you the way I've trusted you? When you gave me those drops and told me to pour them into Jon's wine, my husband's wine-- when you told me to write a letter to Cat telling her it was the Lannisters... (Baelish: The deed is done. Faded into nothing. Only speaking of it can make it real.)

라이사: 세상에 어떤 부인이 나만큼 해주겠어요? 세상에 어떤 부인이 나만큼 당신을 신뢰하겠어요? 당신이 준 약물을 내 남편의 포도주, 존의 포도주에 넣었고, 그게 라니스터 가의 짓이라고 캐틀린에게 편지를 쓰라고 해서 썼죠. (배일리쉬: 지나간 일들은 없는 일이 되죠. 오직 입에 담을 때만 현실이 되는 것입니다.)

Notes

- deed 행위
- fade 서서히 사라지다

06 "I'm going to scream when my husband makes love to me"

시즌 01에서 봐서 알 수 있듯이, 라이사는 제정신이 아닌 사람처럼 행동한다. 배일리쉬가 밤에 혼인하자고 하자 흥분에 들떠서 하는 말이다.

Lysa: I'm warning you. I'm going to scream when my husband makes love to me. I'm going to scream so loud, they'll hear me clear across the Narrow Sea.

라이사: 경고해두는데, 난 남편이 나를 사랑해줄 때 비명을 지를거야. 너무 비명소리가 커서 협해 건너에서도 분명하게 들을 수 있을거야.

Notes

- scream 비명을 지르다
- make love to~ …와 사랑을 나누다

07 "You don't need to make formal alliances with people you trust"

타이윈은 마저리와 토멘, 그리고 세르세이와 로라스와의 혼사 시점에 대해 얘기를 나누며 티렐가문을 자신들 쪽으로 끌어들여야 한다는 점을 강조한다.

Tywin: You don't need to make formal alliances with people you trust. (Cersei: Then whom can we trust?) Ourselves alone. The Tyrells are our only true rivals in terms of resources and we need them on our side.

타이윈: 신뢰하는 사람과는 공식적으로 동맹을 맺을 필요가 없다. (세르세이: 우리는 누구를 신뢰할 수 있죠?) 우리들 자신 뿐이다. 티렐 가문은 자원이라는 관점에서 유일하고도 진정한 경쟁상대이니까 그들을 우리 편으로 만들어야 한다.

Notes

- make formal alliances with~ …와 공식적인 동맹을 맺다
- in terms of~ …라는 관점에서
- resources 자원, 물자

Season 04

08 "We all live in its shadow and almost none of us know it"

타이윈은 세르세이에게 라니스터 가도 지난 3년간 금광채굴이 없기 때문에 강철은행에서 막대한 자금을 빌려쓰고 있는 상황이라고 털어놓는다. 그래서 세르세이와 로라스, 즉 티렐 가문과의 혼사는 더욱 절실하다고 말한다.

Tywin: We all live in its shadow and almost none of us know it. You can't run from them. You can't cheat them. You can't sway them with excuses. If you owe them money and you don't want to crumble yourself, you pay it back. Vesting the Tyrells in the crown will help a great deal in this respect.

타이윈: 지금 우리는 암흑기를 보내고 있는데 아무도 그걸 모르고 있다. 강철은행은 도망칠 수도 없고 속일 수도 없고 변명도 통하지 않는다. 그들에게 돈을 빚졌으면 파산하기 싫다면 돈을 갚아야 한다. 티렐 가문을 왕정에 귀속시키면 이런 점에서 무척 큰 도움이 되겠지.

Notes

- cheat 사기치다
- sway 흔들다
- crumble oneself 신세망치다, 파산하다
- pay back 돈을 갚다
- vest 귀속시키다

09 "The Lannister legacy is the only thing that matters"

세르세이는 타이윈의 혼사설득에 자신은 가문을 위해서라니까 이해하지만 동생들도 이해할 지 모르겠다면서 불편한 심기를 드러낸다.

Cersei: The Lannister legacy is the only thing that matters. You've started wars to protect this family. Turned your back on Jaime for refusing to contribute to its future. What does Tyrion deserve for lighting that future on fire?

세르세이: 오직 중요한 건 라니스터 가문의 유산이죠. 아버지는 가문을 지키기 위해 전쟁을 시작하셨죠. 그리고 가문의 미래에 공헌하지 않는다고 해서 제이미에게 등을 돌렸습니다. 그 가문의 미래에 불을 지른 티리온은 어떤 처벌을 받아야 할까요?

▶ ▶ Game of Thrones

Notes

- legacy 유산
- turn one's back on~ …에게 등을 돌리다
- contribute to 기여하다, 공헌하다
- matter 중요하다
- refuse to 거부하다
- light ~ on fire …에 불을 지르다

10 "Hate's as good a thing as any to keep a person going"

사냥개는 아리아를 잡아 캐틀린의 여동생인 라이사에게 팔 생각을 하고 있다. 밤에 아리아가 죽일 사람을 계속 반복해서 말하고 있자 잠 좀 자게 조용히 하라고 하면서 하는 말.

The Hound: Hate's as good a thing as any to keep a person going. Better than most.

사냥개: 증오는 사람이 계속 움직이게 하는 가장 좋은 원동력이지. 그 어떤 것보다도 좋은 원동력이야.

▶ ▶ Game of Thrones

Notes

- as~ as any 무엇보다도 못지 않게, 아주
- keep ~ going …을 움직이게 하다

11 "What good is power if you cannot protect the ones you love?"

세르세이가 오베린과 정원을 산책하고 있다. 오베린이 전설적인 전사였지만 자신의 누이를 구하지 못한 것처럼 자기도 왕비이자 막강한 권력가의 딸인데도 아들을 지켜내지 못했다고 한탄한다.

Cersei: The gods love their stupid jokes, don't they? (Oberyn: Which joke is that?) You're a prince of Dorne. A legendary fighter. A brilliant man feared throughout Westeros. But you could not save your sister. I'm a Lannister. Queen for 19 years. Daughter of the most powerful man alive. But I could not save my son. What good is power if you cannot protect the ones you love?

세르세이: 신들은 참 짖궂기도 하죠, 그렇지 않아요? (오베린: 뭐가 짖궂은데요?) 당신은 도른의 왕자로 전설적인 전사이죠. 웨스테로스 전체를 두렵게 한 눈에 띄는 사람이지만 당신 누이를 지켜낼 수가 없었어요. 난 라니스터 가문으로 19년간 여왕을 한 현존하는 가장 막강한 집안의 딸이지만 내 아들을 지켜낼 수가 없었어요. 자기가 사랑하는 사람들을 보호할 수 없다면 권력이 무슨 소용이 있겠어요?

Game of Thrones

Notes

- **legendary** 전설적인
- **throughout** …의 전역에
- **brilliant** 뛰어난
- **save** 구하다, 지켜내다

The Laws of Gods and Men

01 "Is it justice to answer one crime with another?"

점령하기 보다는 통치를 하겠다고 선언한 대너리스. 미린에서 통치연습을 하고 있는데, 노예상 히즈다르 조 로라크가 자기 부친을 비롯한 노예상들의 장례를 제대로 치루게 해달라고 간청한다.

Hizdahr zo Loraq: You crucified him. I pray you'll never live to see a member of your family treated so cruelly.

Daenerys: Your father crucified innocent children.

Hizdahr zo Loraq: My father spoke out against crucifying those children. He decried it as a criminal act, but was overruled. Is it justice to answer one crime with another?

Daenerys: I am sorry you no longer have a father, but my treatment of the masters was no crime.

히즈다르 조 로라크: 여왕께서 십자가에 매달았습니다. 여왕님의 가족은 그렇게 잔인하게 취급받는 일이 없기를 바랍니다.
대너리스: 당신의 아버지는 죄없는 아이들을 십자가에 매달았소.
히즈다르 조 로라크: 아버지는 아이들을 십자가에 매다는 것을 반대했습니다. 아버지는 그것은 죄악이라고 반대하셨지만 기각됐습니다. 죄악을 다른 죄악으로 답하는 것이 정의입니까?
대너리스: 부친을 잃어서 안됐으나 노예상들에 대한 나의 처벌은 죄악이 아니오.

Notes

- live to see 살아서 …을 보게 되다
- overrule 기각되다
- decry ~ as 매도하다

02 "I don't want to be most of us"

철왕좌 앞에서 바리스와 오베린이 마주친다. 바리스는 오베린이 어떻게 대너리스의 거세병에 대해 잘 알고 있냐고 묻고, 오베린은 에소스에 5년간 있었다고 한다. 그 이유를 묻는 바리스에게….

Oberyn: 'Tis is a big and beautiful world. Most of us live and die in the same corner where we were born and never get to see any of it. I don't want to be most of us.

오베린: 세상은 넓고 아름다운 곳이죠. 우리들 대부분은 태어난 곳에서 살다가 죽고 세상구경도 못해 보지 않습니까. 난 그 대부분의 사람들이 되기 싫습니다.

Notes

- 'tis 'it is' 축약형
- get to …하게 되다

03 "Besides, the absence of desire leaves one free to pursue other things"

오베린과 바리스의 대화가 계속된다. 오베린은 바리스에게 맞는 취향이 남자냐 여자냐를 물어보지만 바리스는 둘 다 아니라고 대답한다.

Oberyn: Everybody is interested in something.

Varys: Not me. When I see what desire does to people, what it's done to this country, I am very glad to have no part in it. Besides, the absence of desire leaves one free to pursue other things.

오베린: 누구나 뭔가 취향이 있기 마련이죠.
바리스: 저는 아닙니다. 욕망이 사람들과 그리고 이 나라에 미치는 영향을 봤을 때 저에겐 욕망이 없어 다행입니다. 게다가 욕망이 없으면 자유롭게 다른 것들을 추구할 수 있거든요.

Notes

- be interested in~ …에 관심이 있다
- absence 부재, 없음
- have no part in~ …에 관여하지 않다
- leave ~ free to+V …가 자유롭게 …하게끔 하다

04 "I'll take my place as your son and heir if you let Tyrion live"

티리온의 재판 휴정 중에 형인 제이미가 티리온을 살리고자 아버지를 찾아온다. 그는 킹스가드를 그만두고 아버지의 후계자로 캐스털리 록의 영주가 되겠다고 약속을 하고, 대신 티리온이 자백하면 평생 나이트워치에서 지내기로 재판관인 아버지와 협상을 한다.

Jaime: It survives through me. I'll leave the Kingsguard. I'll take my place as your son and heir if you let Tyrion live.

Tywin: Done. When the testimony's concluded and a guilty verdict rendered, Tyrion will be given the chance to speak. He'll plead for mercy. I'll allow him to join the Night's Watch. In three days' time, he'll depart for Castle Black and live out his days at the Wall. You'll remove your white cloak immediately. You will leave King's Landing to assume your rightful place at Casterly Rock. You will marry a suitable woman and father children named Lannister. And you'll never turn your back on your family again.

제이미: 제가 가문을 잇겠습니다. 킹스가드를 떠나겠습니다. 티리온을 살려주신다면 아버지의 아들이자 후계자로 제 역할을 하겠습니다.

타이윈: 좋다. 증언이 끝나면 유죄로 판결될 것이다. 티리온에게 발언기회가 주어지는데 자비를 구하면 나이트워치에 들어가도록 하겠다. 3일 이내에 캐슬 블랙으로 떠나서 평생 장벽에서 살아야 한다. 너는 당장 하얀 망토를 벗어라. 킹스랜딩을 떠나 캐스털리 록에서의 합당한 자리를 차지하거라. 적합한 여자와 결혼해서 라니스터라는 이름을 가진 아이들의 아버지가 되어라. 그리고 다시는 가문에 등을 돌리지 말거라.

▶ Game of Thrones

Notes

- survive 계속 이어지다
- render a verdict 평결을 내리다
- depart 출발하다
- father 아버지가 되다
- testimony 증언
- plead for …을 간청하다
- assume (권력, 책임 등을) 맡다

Season 04

05 "I was his property"

제이미와 타이윈의 합의로 티리온은 목숨을 건지는 쪽으로 간다. 그러나 재판에 증인으로 나온 티리온의 창녀이자 연인 셰이, 그녀는 티리온을 배신하고 티리온에게 불리한 거짓 증언을 한다.

Shae: I did everything he wanted. Whatever he told me to do to him. Whatever he felt like doing to me. I kissed him where he wanted. I licked him where he wanted. I let him put himself where he wanted. I was his property.

셰이: 전 그가 원하면 뭐든지 했습니다. 그가 시키는대로 다 했습니다. 그가 하고 싶은대로 다 했습니다. 그가 원하는 곳에 키스를 했고, 그가 원하는 곳을 핥았습니다. 또한 그가 원하는 곳에 그가 들어오게 하였습니다. 전 그의 소유물이었습니다.

Game of Thrones

Notes

- feel like ~ing …하고 싶다
- property 소유물

06 "I should have let Stannis kill you all"

창녀 셰이의 배신에 분노한 티리온은 자신의 본심을 노골적으로 드러내는 열변을 토해낸다. "아버지, 자백하겠습니다"라고 하고, 재판관인 타이윈은 "자백할 생각이냐?"라고 되묻는다. 티리온은 뒤에 자리잡고 있던 사람들에게 독설을 뿜어낸다.

Tyrion: I saved you. I saved this city and all your worthless lives. I should have let Stannis kill you all.

티리온: 내가 당신들을 구했어. 내가 이 도시와 값어치 없는 당신들 목숨을 구했다고. 스타니스 군대가 당신들을 모두 죽이도록 놔뒀어야 했는데.

Game of Thrones

Notes

- save 구하다, 지키다
- should have+pp …했어야 했는데
- worthless 값어치 없는

07 "I am guilty of being a dwarf"

분노한 티리온은 자백하겠냐고 물어보는 아버지의 물음에 자신은 유죄라고 말하며, 평생 난쟁이로 태어나 살아온게 죄라고 역설한다.

Tyrion: Guilty. Is that what you want to hear? (Tywin: You admit you poisoned the king?) No, of that I'm innocent. I'm guilty of a far more monstrous crime. I am guilty of being a dwarf. (Tywin: You are not on trial for being a dwarf.) Oh, yes, I am. I've been on trial for that my entire life.

티리온: 유죄입니다. 이말이 듣고 싶으신거죠? (타이윈: 왕을 독살한 걸 인정하나?) 아뇨. 그 점에 대해서는 무죄입니다. 전 훨씬 더 끔찍한 죄악을 저질렀습니다. 전 난쟁이라는 점에서 죄인입니다. (타이윈: 난쟁이라서 재판을 받는 것이 아니다.) 아뇨. 맞습니다. 전 그 때문에 평생동안 재판을 받고 있습니다.

Game of Thrones

Notes

- poison 독살하다
- dwarf 난쟁이

08 "I did not kill Joffrey, but I wish that I had"

티리온의 분노와 배신감은 극에 달하고, "자신을 변론할 말이 없는가"라는 재판관의 물음에 자기는 조프리를 죽이지 않았다고 말한다.

Tyrion: I did not do it. I did not kill Joffrey, but I wish that I had. Watching your vicious bastard die gave me more relief than 1,000 lying whores.

티리온: 전 안했습니다. 조프리를 죽이지 않았습니다. 하지만 내가 죽였으면 하네요. 누이의 사악한 사생아가 죽어가는 걸 보는 건 거짓을 말하는 창녀 천명보다 더 큰 기쁨을 줬습니다.

Game of Thrones

Notes

- vicious 사악한
- relief 안도, 안심

09 "I will let the gods decide my fate"

티리온은 계속해서 뒤의 사람들에게 독설을 퍼부으며 조프리 살인죄로 죽을 수는 없다고 한다. 그러면서 신들께 운명을 맡기겠다고 하면서 결투재판을 요청한다.

Tyrion: I will not give my life for Joffrey's murder. And I know I'll get no justice here. So I will let the gods decide my fate. I demand a trial by combat.

티리온: 조프리의 살인죄로 죽을 수는 없습니다. 그리고 이 재판에서는 정의란 없다는 것도 압니다. 그러니 신들께 제 운명을 맡기겠습니다. 결투재판을 요청하는 바입니다.

Notes

- give one's life 목숨을 내놓다
- get no justice 정의롭지 못하다

Mockingbird

01 "I'm the last friend you've got"

티리온 재판이 끝난 후 제이미가 감옥에 찾아와서, 자기가 살려놓은 기회를 티리온이 날려버렸다고 화를 낸다. 티리온은 형은 뭐든 해도 되지만 자기는 찬밥신세라고 말하는데….

Tyrion: You could kill a king, lose a hand, fuck your own sister, you'll always be the golden son.

Jaime: Careful. I'm the last friend you've got.

티리온: 형은 왕을 죽여도 되고, 손하나를 잃어도 되고 자기 누이와 잠자리를 해도 항상 귀중한 아들이 잖아.

제이미: 말조심해라. 이제 네 편은 나밖에 없다.

Notes

- lose a hand 손을 잃다
- golden son 귀중한 아들

02 "I thought you were a realist. Didn't realize you'd die for pride"

재판정에서 티리온은 백성들을 향해 다 죽었으면 좋겠다는 등 저주에 가까운 일장 연설을 했고 아버지가 줄 기회를 버리고 결투재판을 신청하였다.

Jaime: Yes, brilliant speech. They'll be talking about it for days to come. I thought you were a realist. Didn't realize you'd die for pride.

제이미: 멋진 연설이었어. 앞으로 며칠간 그걸로 떠들어대겠지. 난 네가 현실주의자인 줄 알았어. 자존심 때문에 죽음을 선택하리라고는 전혀 몰랐지.

Notes

- brilliant 뛰어난
- for days to come 앞으로 며칠간

03 "Nothing is just nothing"

사냥개와 아리아는 라이사에게 가는 길에 약탈당한 한 집을 발견한다. 마당에 한 남자가 칼에 맞고 숨만 겨우 버티고 있는데 아리아가 다가가서 왜 이 상태로 계속 있을려고 하느냐고 묻는다.

Arya: Nothing could be worse than this. (A man: Maybe nothing is worse than this.) Nothing isn't better or worse than anything. Nothing is just nothing.

아리아: 이 상태보다 더 나쁜 것은 없을거예요. (남자: 아마도 이게 아무것도 없는 것보다는 나은 것 같은데.) 아무것도 없는 것은 그 어떤 것보다 좋거나 나쁘지 않아요. 아무것도 없는 것은 그냥 아무 것도 없는거에요.

Notes

- nothing 첫번째 Nothing은 일반적인 최상급 표현의 nothing이고 뒤에 나오는 nothing은 말장난으로 아무 것도 아닌 것[상태]라는 의미로 쓰였다. 문맥상 Nothing은 죽음을 뜻한다.

04 "I just like myself more"

티리온은 결투재판에 브론을 내세울려고 했으나 상대가 마운틴인만큼 목숨을 거는걸 꺼려한다. 브론이 티리온에게 마지막 인사를 한다.

Bronn: I like you, pampered little shit that you are. I just like myself more.

브론: 난 경을 좋아해요. 제멋대로 노는 조그만 꼬맹이죠. 나를 더 좋아할 뿐이죠.

Game of Thrones

Notes

- pampered 제멋대로인
- little shit 꼬맹이 놈

05 "There's good and evil on both sides in every war ever fought"

대너리스가 다리오와 가까워지는 듯하니 조라가 그가 용병임을 내세워 신뢰할 수 없는 자라고 한다. 그리고 대너리스가 다리오에게 윤카이를 탈환하여 모든 노예상을 죽이라고 한 것은 그 역시 인간이 할 짓이 아니라며 반대한다.

Jorah: It's tempting to see your enemies as evil, all of them, but there's good and evil on both sides in every war ever fought.

Daenerys: Let the priests argue over good and evil. Slavery is real. I can end it. I will end it. And I will end those behind it.

조라: 적은 모두 다 악인이라고 보시고 싶을 겁니다. 하지만 지금까지 싸워온 모든 전쟁에는 저마다 선악이 공존합니다.

대너리스: 선악은 사제들이나 논하라고 하시오. 노예매매는 현실이오. 난 그걸 끝낼 수 있고 그걸 끝내겠소. 그리고 그 배후의 사람들까지 끝낼 것이오.

Game of Thrones

Notes

- tempting 솔깃한
- priest 사제

06 "They can live in my new world or they can die in their old one"

조라의 설득으로 대너리스는 윤카이의 노예상을 전멸시키는 것보다는 그전에 선택권을 주게끔 미린의 귀족인 히즈다르 조 로라크를 대동하라고 명한다.

Daenerys: He will tell the masters what has happened in Meereen. He will explain the choice they have before them. They can live in my new world or they can die in their old one.

대너리스: 그가 노예상들에게 미린에서 어떤 일이 벌어졌는지 전하라고 하겠소. 그들 앞에 놓여 있는 선택권에 대해 설명을 할 것이오. 내가 만든 새로운 세상에서 살거나 아니면 예전의 세계에서 죽거나.

Notes

- master 노예상
- choice 선택권

07 "Making honest feelings do dishonest work is one of her many gifts"

예상치 못하게 오베린 마르텔이 티리온에게 면회를 온다.

Tyrion: Making honest feelings do dishonest work is one of her many gifts.

티리온: 정직한 감정으로 불순한 일을 하게끔 하는게 그녀의 많은 재주 중의 하나요.

Notes

- make~ +V …가 …하게끔 하다
- dishonest work 불순한 일

08 "Cersei always gets what she wants"

오베린은 사냥개의 형인 그레고르 클리게인(마운틴)이 자기 누이와 누이 자식들을 죽인데에 대한 복수로 티리온를 대신하여 결투를 벌이겠다고 한다.

Tyrion: Well sooner or later, Cersei always gets what she wants.
Oberyn: And what about what I want? Justice for my sister and her children.

티리온: 늦든 이르든, 세르세이는 결국 자기가 원하는 것을 항상 얻죠.
오베린: 내가 원하는건요? 내 누이와 조카들에 대한 정의요.

Game of Thrones

Notes

- sooner or later 조만간, 결국에는
- justice 정의

09 "In a better world, one where love could overcome strength and duty, you might have been my child"

에이리에 머물고 있는 배일리쉬와 산사. 산사는 왜 조프리를 죽였냐고 물어보는데 배일리쉬는 산사의 어머니, 캐틀린을 자기가 얼마나 좋아했는지 토로한다.

Baelish: I loved your mother more than you could ever know. Given the opportunity, what do we do to those who've hurt the ones we love? In a better world, one where love could overcome strength and duty, you might have been my child. But we don't live in that world. You're more beautiful than she ever was.

배일리쉬: 내가 네 어머니를 얼마나 사랑했는지 넌 모를거야. 기회가 주어진다면, 사랑하는 사람을 해친 이에게 어떻게 하겠니? 사랑이 힘과 의무를 뛰어넘을 수 있는 그런 좋은 세상이었더라면 넌 내 아이였을 수도 있다. 하지만 우리는 그런 세상에 살고 있지 않아. 넌 엄마보다도 더 아름다워.

Game of Thrones

Notes

- Given~ …이 주어진다면
- overcome 극복하다

The Mountain and the Viper

01 "Once I'm done with this world, I don't want to come back"

야만족들이 몰스타운을 습격하게 되고, 다음 차례는 캐슬 블랙. 100여 명의 대원으로 만스 레이더의 10만 대군을 맞서야 하는 나이트워치 대원들의 걱정은 깊어만 간다.

Edd: Whoever dies last, be a good lad and burn the rest of us. Once I'm done with this world, I don't want to come back.

에드: 누구든 마지막에 죽는 사람은 우리 모두를 화장해주기로 하자. 이 세상하고 끝나고 나면 다시 살아나고 싶지 않으니까.

Notes

- lad 남자, 사내
- be done with 끝내다
- burn 화장하다

02 "The ironborn will not surrender"

강철군도인이 점령하고 있는 성(모트 케일린)을 차지 하기 위해서 램지 볼튼은 강철군도의 왕자인 그러나 지금은 Reek인 테온을 보내 백기투항을 유도하려고 한다. 테온은 자기 아버지 발론 그레이조이도 바라테온에게 무릎꿇고 백기투항 했다며 말하는데….

Kenning: "No shame." "Fought with honor." Only a whipped dog would speak this way. Or a woman. Are you a woman, boy? (Theon: You don't know…) The ironborn will not surrender.

케닝: "부끄러운 일이 아니다." "명예롭게 싸웠다." 패배한 개나 그런 식으로 말하겠지. 혹은 계집애거나. 계집애냐 소년? (테온: 상황이 어떤지 넌 몰라…) 강철군도인은 굴복하지 않는다.

Notes

- whipped 매맞은
- surrender 굴복하다, 항복하다

03 "Better to gamble on the man you know than the strangers you don't?"

배일리쉬는 산사를 위협하는 라이사를 살해하고 베일의 영주들로부터 심문을 받는데, 증인으로 나온 산사는 극적인 연기를 하면서 라이사가 자살했다고 하면서 배일리쉬를 곤경으로부터 구해준다.

Baelish: Better to gamble on the man you know than the strangers you don't? And you think you know me? (Sansa: I know what you want.) Do you?

배일리쉬: 네가 모르는 사람보다는 아는 사람에게 거는 쪽이 더 낫다고 생각한거지? 그리고 넌 날 안다고 생각하니? (산사: 경이 뭘 원하는지 알아요.) 정말?

Notes

- gamble on …에 걸다
- stranger 낯선 사람

04 "Nothing in the world beats that look"

아리아와 사냥개가 조프리의 독살소식을 접하고 나누는 대화. 아리아에게 직접 죽이지 못해서 슬프냐고 물어보는 사냥개의 질문에, 아리아는….

Arya: I wanted to see the look in his eyes when he knew it was over.

The Hound: Aye, nothing in the world beats that look.

아리아: 자기가 이제 죽는다는 것을 알았을 때의 그의 표정을 보고 싶었는데.
사냥개: 그래. 그 표정보다 더 멋진 것은 없지.

Notes

- be over 끝나다
- beat …보다 낫다

05 "Don't worry about your death. Worry about your life"

라이사를 살해했지만 산사의 거짓 증언으로 목숨을 구한 배일리쉬는 베일의 영주가 된 라이사의 아들 로빈에게 영주교육을 시키고 있다. 로빈은 밖이 위험하다고 나가지 않으려고 하자….

Baelish: People die at their dinner tables. They die in their beds. They die squatting over their chamber pots. Everybody dies sooner or later. Don't worry about your death. Worry about your life. Take charge of your life for as long as it lasts.

배일리쉬: 사람들은 저녁 먹다가도 죽고, 자다가도 죽고 요강에 쭈그리고 앉아 있다가도 죽습니다. 결국 언제가 됐든 모든 사람은 죽게 되어 있어요. 죽음에 대해 걱정하지 말고 삶에 대해 걱정하십시오. 그리고 삶이 지속되는 한 자신의 삶에 책임을 지세요.

Notes

- squat 쭈그리고 앉다
- chamber pots 요강
- take charge of~ …을 책임지다
- last 지속하다

The Children

01 "We're not here to conquer"

나이트워치와 야만족 사이에 격전이 벌어지고 나이트워치가 겨우 방어를 해낸다. 존 스노우는 무장을 해제하고 만스 레이더를 찾아가서 협상을 시도한다.

Mance: We're not here to conquer. We're here to hide behind your Wall. Just like you. We need your tunnel. Now we both know that winter is coming. And if my people aren't south of the Wall when it comes in earnest, we'll all end up worse than dead.

만스: 우리는 정복하러 여기에 오지 않았다. 우리는 너희들처럼 장벽 뒤에 숨으려고 왔다. 우리는 자네의 터널이 필요하네. 이제 우리 모두 겨울이 다가오고 있는 걸 알고 있지 않나. 나의 백성들이 겨울이 본격적으로 시작됐을 때 장벽의 남쪽에 있지 못한다면 우리는 죽음보다 더한 꼴이 될걸세.

▶ ▶ Game of Thrones

Notes

- conquer 정복하다
- end up …으로 끝나다
- come in earnest 본격적으로 시작되다

02 "I will burn our house to the ground before I let that happen"

세르세이는 아버지 타이윈에게 로라스와 혼인하지 않겠다고 한다. 조프리는 죽었고 마르셀라는 인질로 잡혀있는데 마지막 남은 아들인 토멘을 두고 하이가든으로 가지 않겠다는 것. 마저리와 타이윈의 권력다툼으로 토멘이 갈기갈기 찢겨질거라고 하면서….

Cersei: I will burn our house to the ground before I let that happen.
Tywin: And how will you do that?
Cersei: I'll tell everyone the truth.

세르세이: 그런 일을 당하느니 가문을 풍비박산내겠어요.
타이윈: 어떻게 그렇게 할거냐?
세르세이: 모든 사람들에게 진실을 말하겠어요.

Game of Thrones

03 "How can someone so consumed by the idea of his family have any conception what his actual family was doing?"

세르세이가 진실을 폭로하겠다고 하자 타이윈은 그게 무슨 진실이냐고 묻는다. 세르세이는 가문의 명예밖에 모르는 아버지이니, 진짜 모르거나 아니면 알아도 믿지 않았을거라고 말한다.

Cersei: How can someone so consumed by the idea of his family have any conception what his actual family was doing? We were right there in front of you and you didn't see us. One look in the past 20 years, one real look at your own children and you would have known.

세르세이: 가문의 명예에 그렇게 사로잡힌 사람이 자신의 가족들이 실제 어떻게 행동하는지 어떻게 알겠어요? 우리는 아버지 눈앞에 있었는데 아버지는 보지 않으셨죠. 지난 20년간 한번만 쳐다봤으면, 한번만 제대로 자기 자식들을 쳐다봤으면 아셨을텐데요.

Game of Thrones

Notes

- consume 사로잡히다
- have any conception what~ …을 알다

04 "Your legacy is a lie"

드디어 세르세이는 타이윈에게 자신과 제이미의 근친상간 소문은 사실이라고 말하며, 가문의 명예만을 생각하는 아버지에게 충격을 주며 복수한다.

Tywin: Known what?
Cersei: Everything they say is true. About Jaime and me.
Tywin: No.
Cersei: Your legacy is a lie.
Tywin: No, no, no, no. I don't believe you.
Cersei: Yes, you do.

타이윈: 뭘 알았다는 말이냐?
세르세이: 사람들이 모두들 말하는게 사실이에요. 제이미와 저요.
타이윈: 아니다.
세르세이: 아버지가 말하는 가문의 유산은 거짓예요.
타이윈: 아니다, 아냐. 네 말을 믿지 않는다.
세르세이: 믿으시잖아요.

▶▶ Game of Thrones

Notes
- legacy 유산

05 "I would do things for my family you couldn't imagine"

제이미는 자기를 찾아온 세르세이에게 누이가 이겼다, 형제 하나 줄었으니 참 좋겠어라고 비아냥거린다. 동생 티리온을 왕시해범으로 사형에 처하게 만든 세르세이에게 정말 못하는 일이 없다고 핀잔을 준다.

Jaime: There's really nothing you wouldn't do, is there?
Cersei: For my family, no, nothing. I would do things for my family you couldn't imagine.

제이미: 넌 진짜 못하는 짓이 없어, 그치?
세르세이: 가문을 위해서는 못할 것이 없지. 가족을 위해서라면 네가 상상도 못하는 일도 난 할거야.

▶▶ Game of Thrones

06 "I only see what matters"

세르세이는 제이미에게 타이원에게 자신들의 근친상간을 말했다고 하며 아버지도 버리고 티리온도 버리겠다고 한다. 그리고 사람들이 뭐라고 하든 신경쓰지 않고 자기의 사랑을 지켜내겠다고 한다.

Cersei: People will whisper, they'll make their jokes. Let them. They're all so small, I can't even see them. I only see what matters.

세르세이: 사람들이 수군대고 비웃겠지. 그러라고 해. 그들은 너무 작아서 보이지도 않아. 난 중요한 것만 봐.

Notes

- **whisper** 속삭이다, 수군대다
- **matter** 중요하다

07 "But freedom means making your own choices"

대너리스의 통치장면. 노예였던 한 노인이 찾아와 다시 노예가 되기를 바란다며 청을 한다. 젊은이들에게는 좋은 세상이 되었지만 나이 많은 노인들은 두려움만 남았다고 하면서….

Daenerys: I did not take this city to preside over the injustice I fought to destroy. I took it to bring people freedom. But freedom means making your own choices.

대너리스: 내가 파괴하기 위해 싸운 불의를 주재하고자 이 도시를 점령하지 않았소. 백성들에게 자유를 주기 위해 점령했소. 하지만 자유란 스스로 선택하는 것이다.

Notes

- **preside over** 주재하다, 관장하다
- **injustice** 불의

“ 정복자일 뿐만 아니라 통치자가 되기 위해 대너리스는 미린에서 정착하고 통치연습을 하게 된다. 하지만 노예상들은 계속 반기를 들고, 대너리스는 유화책으로 귀족인 로라크와 혼인하며 전통적인 격투경기도 다시 개최한다. 하지만 이때 대대적인 노예상들의 반란이 일어나 혈투를 벌이다 드로곤의 등장으로 전세는 역전되며 드로곤은 대너리스를 태우고 멀리 날아간다. 산사는 배일리쉬의 정략에 따라 배신자인 볼튼 가의 서자 램지 볼튼과 혼인하며 갖은 고초를 겪다가, 리크(Reek)의 도움으로 윈터펠을 탈출하는데 성공한다. 마저리 왕비는 세르세이의 영향력을 줄이기 위해 남편인 토멘왕을 부채질하는데…. 이에 분노한 세르세이는 빈민가 종교 공동체의 우두머리 하이스패로우에 힘과 권력을 쥐어주게 된다. 하이스패로우는 동성연애를 하는 마저리의 오빠 로라스를 체포하게 되고 이어서 위증을 한 마저리마저 감금하게 된다. 세르세이는 이를 보며 만족스러워하지만, 스패로우가 된 자신의 옛 정부, 란셀 라니스터의 증언으로 자신도 감금당하게 된다. 결국 간음은 인정하고 근친상간은 부정한 상태에서 신전에서 궁전까지 속죄의 걸음을 걷게 된다. 한편 존 스노우는 야만족과의 협상으로 배신자로 낙인찍혀 나이트워치 대원들의 손에 살해당하게 된다. ”

The Wars to Come

01 "The good lords are dead and the rest are monsters"

브리엔느는 아리아를 발견하고 보호하려고 하였으나 사냥개와 싸우는 사이 아리아는 자취를 감추고 만다. 브리엔느가 이제 시종 포드와 헤어지기를 원하면서 하는 말이다.

Brienne: I don't want anyone following me. I'm not a leader. All I ever wanted was to fight for a lord I believed in. The good lords are dead and the rest are monsters.

브리엔느: 나는 아무도 내 뒤를 따르기를 원치 않아. 난 리더가 아냐. 내가 원했던 것은 내가 믿는 영주를 위해 싸우는 것이었어. 훌륭한 영주들은 죽었고 나머지는 괴물들이야.

Notes

- follow 따르다
- believe in …을 믿다
- fight for~ …을 위해 싸우다

02 "But earning it for yourself, that takes work"

바리스는 제이미의 부탁을 받고 티리온을 상자에 넣어 펜토스로 밀항한다. 티리온은 바리스에게 가족도 아니면서 신세진 것도 없는데 왜 목숨을 걸고 자신을 구해줬는지 그 이유를 물어본다.

Varys: Any fool with a bit of luck can find himself born into power. But earning it for yourself, that takes work.

바리스: 어떤 멍청이도 운만 좀 있으면 권력을 지니고 태어납니다. 하지만 스스로 그걸 얻는 것은 힘이 들죠.

Game of Thrones

Notes

- find oneself born into~ …으로 태어나다
- take work 힘이 들다
- earn 얻다

03 "The powerful have always preyed on the powerless"

계속해서 바리스는 티리온이 평화와 번영에, 그리고 강자가 약자를 먹이로 삼지 않는 세상을 만드는데 한 몫할 사람이라는 것을 설명해주지만 사랑하는 창녀 셰이와 아버지를 죽이고 난 후인 티리온은 시니컬하게 받아들인다.

Tyrion: The powerful have always preyed on the powerless. That's how they became powerful in the first place.

티리온: 강한 자들은 항상 약한 자들을 먹이로 했소. 애초에 그렇게 해서 그들이 강해지게 된 것이오.

Game of Thrones

Notes

- the powerful 강한 자
- the powerless 약한 자
- in the first place 애초에
- prey on~ …을 먹이로 하다
- That's how~ 바로 그렇게 해서 …하다

04 "Politics is the art of compromise, Your Grace"

대너리스는 윤카이의 반란을 진압하고자 용병 다리오와 함께 미린의 귀족 로라크를 윤카이로 보내 협상을 했다. 로라크가 돌아와서 보고하며 그들의 요구사항을 말하려고 한다.

Loraq: They did ask for some concessions. (Daenerys: Concessions?) Politics is the art of compromise, Your Grace. (Daenerys: I'm not a politician. I'm a queen.)

로라크: 그들은 몇가지를 양보해달라고 했습니다. (대너리스: 양보?) 정치는 타협의 예술입니다, 전하. (대너리스: 난 정치가가 아니라 여왕이네.)

Notes

- ask for 요구하다
- compromise 타협
- concession 양보

05 "It's easier to rule happy subjects than angry ones"

로라크는 분노한 백성보다 행복한 백성들을 통치하는게 쉽다면서 계속해서 대너리스를 설득하고자 노력을 기울인다.

Loraq: Still, it's easier to rule happy subjects than angry ones. (Daenerys: I don't expect the Wise Masters to be happy. Slavery made them rich. I ended slavery.)

로라크: 그래도 분노한 백성보다는 행복한 백성들을 통지하는 것이 쉽습니다. (대너리스: "현명한 노예상"들이라면 행복할 수 없을 것이다. 노예매매로 부자가 되었는데 내가 그걸 끝내지 않았느냐.)

Notes

- rule 통치하다
- expect ~ to …가 …하리라 예상하다
- subject 백성
- slavery 노예매매

06 "Show your strength here, now"

잠자리를 같이 하는 대너리스와 다리오. 다리오가 대너리스를 설득한다. 노예상들이 원하는대로 격투 경기장을 열어주라고 한다.

Daario: Everyone's too afraid of you to speak truth. Everyone but me. You've made thousands of enemies all across the world. As soon as they see weakness, they'll attack. Show your strength here, now.

다리오: 다들 당신을 두려워한 나머지 진실을 말하지 않아요. 나만 빼고요. 당신은 전 세계에 걸쳐 수천의 적들을 만들었어요. 당신이 약점을 보이는 순간 바로 공격할 겁니다. 이제 여기서 당신의 힘을 보여줘요.

Notes

- too ~ to 너무 …해서 …하지 못하다
- but …을 제외하고(except)

07 "A dragon queen with no dragons is not a queen"

대너리스는 다리오에게 자신의 걱정을 털어놓는다. 용이 어린 아이를 죽여서 그 아버지가 그 유골을 자신의 발밑에 놓았는데, 다시는 이런 일이 일어나지 않았으면 좋겠다라고 한다. 다리오는 다시 대너리스에게 조언한다.

Daenerys: I don't want another child's bones dropped at my feet. No one's seen Drogon in weeks. For all I know, he's flown halfway across the world. I can't control them anymore. (Daario: A dragon queen with no dragons is not a queen.)

대너리스: 또 다른 아이의 뼈가 내 발밑에 놓여지는 것을 원치 않아. 오랫동안 드로곤을 본 사람이 없어. 세상의 반을 돌고 다닐지도 몰라. 난 더 이상 통제할 수가 없어. (다리오: 드래곤이 없는 드래곤 여왕은 여왕이 아닙니다.)

Notes

- For all I know~ …일지도 모른다
- fly halfway across~ …의 거의 반을 돌며 날다

08 "Isn't their survival more important than your pride?"

스타니스의 명령을 받은 존 스노우는 포로가 된 만스 레이더에게 제안을 한다. 스타니스 앞에 무릎을 꿇고 함께 힘을 합쳐 싸우면 정착할 토지와 자유를 주겠다고.

Jon: A life's work uniting them. You didn't do it for power. You didn't do it for glory. You brought them together to save them because none of them will survive the winter, not if they're north of the Wall. Isn't their survival more important than your pride?

존: 그들을 하나로 묶는건 평생의 작업이었소. 당신은 권력을 얻고자 그리 하지 않았소. 영광을 위해 그리 하지도 않았소. 어느 누구도 겨울을 이겨낼 수 없기 때문에, 장벽의 북쪽에 있으면 절대 이겨낼 수 없기에 당신은 그들을 구하기 위해서 뭉치게 했소. 그들의 생존이 당신의 자존심보다 더 중요하지 않소?

Notes

- unite 뭉치다, 통합시키다
- bring ~ together 합치다

The House of Black and White

01 "Sometimes we don't have a choice"

브리엔느와 종자는 우연히 배일리쉬와 산사와 조우하게 되고, 브리엔느는 저간의 상황을 설명하며 산사를 보호하려고 시도하지만 배일리쉬의 방해로 또한 산사의 거부로 무산되고 만다.

Sansa: I saw you at Joffrey's wedding bowing to the king. (Brienne: Neither of us wanted to be there. Sometimes we don't have a choice.) And sometimes we do.

산사: 조프리 왕의 결혼식 때 왕에게 절하는 것을 봤어요. (브리엔느: 우리들 모두 거기에 가고 싶지 않았죠. 때론 선택권이 없을 때도 있습니다.) 그리고 때론 선택권이 있을 때도 있죠.

Notes

- bow to …에게 절하다
- have a choice 선택권이 있다

02 "Meanness comes around"

브론은 한 영주의 차녀와 혼인한다. 부인은 부인의 언니가 비열하며 상속자이기 때문에 자신들은 성에 살 수 없다고 하자 브론이 하는 말이다.

Bronn: I've been all over the world and if there's one thing I've learned, is that meanness comes around. People like your sister, they always get what's coming for them, eventually. One way or another.

브론: 세상 곳곳을 다 돌아다녀봤는데 내가 배운게 딱 한가지 있소. 그건 비열함이 만연한다는거요. 당신 언니같은 사람들은 결국 대가를 치룰 것이오. 어떤 식으로든지.

Game of Thrones

Notes

- meanness 비열함
- come around 돌고 돌다, 만연하다

03 "Someone who's forgotten fear has forgotten how to hide"

거세병 지휘관인 회색벌레와 다리오가 어느 한 집을 수색하고 있다. 다리오가 두려우냐고 물어보니까 회색벌레는 거세병은 두렵지 않다라고 답을 한다. 이에 다리오는 두려움이 유용하다고 말하며 숨어있는 적을 찾아낸다.

Daario: Right. That's your problem. You understood fear once, long ago, but you forgot what it means. Someone who's forgotten fear has forgotten how to hide. Fear is useful that way.

다리오: 맞아. 그게 당신들의 문제야. 한때 두려움을 알았지만 이젠 그게 무엇인지 잊었지. 두려움을 잊은 사람은 숨는 법도 잊는 법이야. 두려움은 그런 식으로 유용하지.

Game of Thrones

Notes

- fear 두려움
- that way 그런 식으로

04 "It made him feel powerful and right until the very end"

바리스탄은 대너리스의 아버지 아에리스 타르가르옌이 왕일 때 킹스가드였다. 그는 자신이 옆에서 본 미친 왕의 과오를 예로 들면서, 대너리스가 같은 실수를 반복하지 않도록 조언한다.

Barristan: He burned men alive with wildfire and laughed as they screamed, and his efforts to stamp out dissent led to rebellion that killed every Targaryen except two. (Daenerys: I'm not my father.) No, Your Grace, thank the gods. But the Mad King gave his enemies the justice he thought they deserved. And each time, it made him feel powerful and right until the very end.

바리스탄: 왕은 와일드 파이어로 사람들을 산채로 태웠으며 그들이 비명을 지를 때마다 웃었습니다. 그의 반대의견에 대한 탄압은 반란으로 이어졌고 그 결과 두 명의 타르가르옌만 남고 전부 살해당했습니다. (대너리스: 난 내 아버지가 아니오.) 맞습니다, 전하. 하지만 미친 왕은 적들에게 그들이 당해도 싼 정의를 베푸는 것이라 생각했습니다. 그리고 매번, 그 때문에 왕은 마지막까지 스스로 더 강하고 올바르다고 생각했습니다.

Game of Thrones

Notes
- stamp out 근절시키다
- dissent 반대의견
- rebellion 반란

05 "You have no idea what people will do"

스타니스의 부인인 셀리스 바라테온은 딸 시린이 야인인 길리와 얘기를 나누는 것을 보고 조심하라고 한다. 아버지가 야인들을 정복하고 대장을 죽였기 때문에 해코지를 할 수 있으니 멀리하라고 한다.

Selyse: You have no idea what people will do. All your books and you still don't know.

셀리스: 넌 사람들이 어떤지 전혀 모를거야. 책을 통해 많이 읽지만 그게 다는 아니란다.

Notes

- have no idea …을 모르다

06 "If they don't fear you, they don't follow you"

스타니스는 만스 레이더를 산채로 화형시키는데, 존 스노우는 화형의 고통을 줄여주기 위해 화살로 만스 레이더의 숨을 끊어놓는다. 스타니스는 이에 대해 스노우를 질책하는데….

Stannis: Show too much kindness, people won't fear you. If they don't fear you, they don't follow you.

스타니스: 지나친 친절을 베풀면 사람들은 두려워하지 않는다. 두려워하지 않으면 따르지도 않게 되지.

Notes

- fear 두려워하다
- follow 따르다

High Sparrow

01 "Dyeing your hair doesn't change that"

배일리쉬는 산사를 윈터펠로 데려가서 롭 스타크와 캐틀린을 살해한 루즈 볼튼의 서자 램지 볼튼과 혼인을 시키려고 한다. 산사의 반대에도 불구하고 산사에 있어야 할 곳은 북부라고 하는데….

Baelish: You're a Stark. Dyeing your hair doesn't change that. You're Sansa Stark, eldest surviving child of Ned and Catelyn Stark. Your place is in the North.

배일리쉬: 넌 스타크 가문 사람이야. 머리를 염색한다고 그게 바뀌지는 않는다. 넌 산사 스타크야. 네드와 캐틀린 스타크의 살아있는 아이 중에 가장 나이가 많아. 네가 있어야 할 곳은 북쪽이야.

Notes

- dye 염색하다
- survive 살아남다
- eldest 가장 나이 많은

02 "There's no justice in the world. Not unless we make it"

산사의 고집에도 배일리쉬는 그 특유의 세치혀를 놀려가면서 산사를 설득한다. 계속 도망다니지 말고 방관자로 살지 말고 복수를 해서 정의를 만들라고 한다.

Baelish: You've been running all your life. Terrible things happen to your family and you weep. You sit alone in a darkened room mourning their fates. You've been a bystander to tragedy from the day they executed your father. Stop being a bystander. Do you hear me? Stop running. There's no justice in the world. Not unless we make it. You loved your family. Avenge them.

배일리쉬: 넌 평생동안 도망쳐왔잖아. 끔찍한 일들이 네 가족에게 일어났고 넌 울었지. 어두운 방에 혼자 앉아서 그들의 운명을 애도했지. 그들이 네 아버지를 처형한 날부터 넌 비극에 방관하면서 살았어. 방관은 이제 그만해라. 알았니? 그만 도망쳐라. 세상에 정의는 없다. 우리가 만들기까지는 말야. 넌 가족을 사랑했어. 가족을 해친 자들에게 복수해라.

Notes

- weep 울다
- bystander 방관자
- not unless …하지 않는다면, …가 아니라면
- mourn 슬퍼하다, 애도하다
- execute 처형하다
- avenge 복수하다

03 "They're nasty little shits and nasty little shits aren't worth crying over"

브리엔느와 종자 포드는 산사의 뒤를 밟는데, 포드는 어떻게 렌리의 킹스가드가 되었는지 물어본다. 브리엔느는 아버지가 베풀어준 무도회에서 남자들의 놀림감이었는데, 렌리가 함께 춤을 추자고 해서 자신이 그 곤경에서 벗어났던 일화를 말해준다.

Brienne: I tried to run away, but Renly Baratheon took me in his arms. "Don't let them see your tears," he told me. "They're nasty little shits and nasty little shits aren't worth crying over."

브리엔느: 난 도망치려고 했는데 렌리 바라테온이 팔로 나를 안았어. "그들에게 눈물을 보이지 마세요"라고 그가 말했어. "저들은 비열하고 저급한 놈들이고 그런 놈들 때문에 울 가치는 없다"고.

Notes

- run away 도망치다
- nasty little shits 비열하고 저급한 놈들

04 "Nothing's more hateful than failing to protect the one you love"

브리엔느의 이야기가 계속된다. 그렇게 자기를 수모에서 구해줬는데 자신은 렌리 바라테온을 지켜주지 못했다고 하면서 괴로워하면서 반드시 복수하겠다고 한다.

Brienne: And I couldn't save him in return. Nothing's more hateful than failing to protect the one you love. One day I will avenge King Renly.

브리엔느: 그리고 렌리를 지켜줄 수가 없어 보답을 못했지 사랑하는 사람을 지키주지 못하는 것보다 더 증오스러운 일은 없지. 언젠가 렌리 왕의 복수를 할거야.

Notes

- in return 그 대가로, 보답으로
- fail to …하지 못하다
- protect 보호하다
- avenge 복수하다

05 "Honor got your father killed"

존 스노우는 투표로 나이트워치 사령관이 된다. 스타니스는 함께 전쟁을 해서 북부의 영주가 되고 존 스노우가 아니라 존 스타크가 되라는 제안을 하지만 존 스노우는 거절한다. 스타니스는 명예를 고집하는게 꼭 아버지 네드 스타크 같다고 말한다.

Stannis: I didn't mean it as praise. Honor got your father killed. But if your mind's made up, I won't try and dissuade you.

스타니스: 칭찬으로 한 말이 아닐세. 명예 때문에 아버지가 돌아가시지 않았나. 하지만 자네가 마음을 굳혔다면 굳이 설득하려고는 하지 않겠네.

Game of Thrones

Notes

- praise 칭찬
- dissuade 설득해서 …못하게 하다
- make up one's mind 결심하다, 결정하다

06 "I heard it was best to keep your enemies close"

스타니스는 존 스노우에게 정적인 알리세르를 이스트워치 성으로 보내라고 하지만 존 스노우는 적을 가까이 두는게 최선이라는 말을 들었다고 대답한다.

Jon: I heard it was best to keep your enemies close.
Stannis: Whoever said that didn't have many enemies.

존: 적을 가까이 두는 것이 최선이라는 얘기를 들었습니다.
스타니스: 그 말을 한 사람은 적이 많지 않았을거야.

Game of Thrones

Notes

- I heard~ …라고 들었다
- keep ~ close …을 가까이 두다
- it is best to~ …하는 것이 최선이다

07 "You are a sinner. And you shall be punished"

열성적인 세븐 신앙의 분파인 스패로우들은 왕의 결혼식을 주관하는 대주교가 배일리쉬의 매음굴에서 매춘하는 현장을 잡아서 모욕과 수치를 준다.

Lancel: You have profaned our faith, the faith of our fathers and forefathers. (High Septon: I am the High Septon of the…) You are a sinner. And you shall be punished.

란셀: 당신은 우리의 믿음을 모독했소. 아버지와 선조들의 믿음을. (하이 셉톤: 난 하이 셉톤…) 당신은 죄인이오. 그리고 벌을 받을 것이오.

Game of Thrones

Notes

- profane 신성모독하다
- sinner 죄인
- punish 처벌하다

08 "It stops us from forgetting what we really are"

하이 셉톤의 항의를 듣고 세르세이는 스패로우의 우두머리인 하이스패로우를 만나러 간다. 하이스패로우가 맨발로 사람들에게 음식을 나눠주고 있는 모습을 보고 왜 맨발이냐고 묻는다.

High Sparrow: Because I gave them away to someone who needed them more. We all do that. It stops us from forgetting what we really are.

하이스패로우: 신발을 더 필요로 한 사람에게 줬기 때문입니다. 우리 모두 그렇게 합니다. 그렇게 함으로써 우리가 정말 어떤 사람인지 잊지 않게끔 해줍니다.

Game of Thrones

Notes

- give away 줘버리다
- stop sb from ~ing …가 …하지 못하게 하다
- forget what we are 우리가 어떤 사람인지 잊다

09 "Hypocrisy is a boil. Lancing a boil is never pleasant"

하이 셉톤에 가해진 수치와 모욕에 대해서 하이스패로우가 비유적으로 말한다. 위선은 종기와 같아서 칼로 잘라내는 것이 전혀 기분 좋은 일은 아니지만 좀 더 칼날을 신중하게 썼더라면 좋았을텐데라고 하며 방법이 좀 지나쳤음을 인정한다.

High Sparrow: Hypocrisy is a boil. Lancing a boil is never pleasant. Although they could have been more careful with the blade.

하이스패로우: 위선은 종기입니다. 종기를 칼로 도려내는 것은 결코 유쾌한 일은 아닙니다. 비록 칼날을 좀 더 신중하게 쓸 수도 있었지만요.

Notes

- hypocrisy 위선
- lance 종기를 절개하다, 도려내다
- boil 종기

10 "The faith and the crown are the two pillars that hold up this world"

드디어 세르세이의 본심이 들어나는 순간이다. 그녀는 타락한 하이 셉톤을 투옥하고 엄격한 하이스패로우와 손을 잡고 마저리와 로라스의 약점을 파고들어 그들의 힘을 빼려고 한다.

Cersei: The faith and the crown are the two pillars that hold up this world. One collapses, so does the other. We must do everything necessary to protect one another.

세르세이: 신앙과 왕관은 이 세계를 받들고 있는 두개의 기둥이죠. 하나가 무너지면 다른 것도 무너집니다. 우리는 서로를 보호하기 위해 필요한 것은 무엇이든 해야 됩니다.

Notes

- faith 신앙
- hold up 지탱하다
- protect 보호하다, 지키다
- pillar 기둥
- collapse 무너지다

11 "Every ambitious move is a gamble"

산사를 데리고 볼튼에게 온 배일리쉬에게 볼튼이 묻는다. 라니스터 가가 영주를 만들어줬는데 왜 그들의 뒷통수를 치면서 도박을 하냐고.

Baelish: Every ambitious move is a gamble. You gambled when you drove a dagger into Robb Stark's heart. It appears that your gamble paid off. You're Warden of the North.

배일리쉬: 모든 야망있는 행동은 도박이죠. 경이 롭 스타크의 심장에 비수를 꽂을 때도 도박을 하신거죠. 경의 도박은 성공한 듯 보입니다. 북부의 수호자이니까요.

Notes

- ambitious 야망에 찬
- dagger 단도
- gamble 도박
- pay off 성공하다, 성과를 올리다

Sons of the Harpy

01 "Wars teach people to obey the sword, not the gods"

세르세이는 하이스패로우를 불러들여 결국 자신을 옭아맬 음모를 꾸미기 시작한다. 정의 위에 군림하는 귀족들의 죄를 처벌해준다면 하이스패로우에게 병사까지 지원하여 정화운동을 시작하겠다고 한다.

High Sparrow: Wars teach people to obey the sword, not the gods.
Cersei: Perhaps the gods need a sword of their own.

하이스패로우: 전쟁은 신이 아니라 칼에 복종하도록 가르치죠.
세르세이: 신도 자신만의 칼이 필요할지도 모르겠어요.

Notes

- obey 복종하다
- sword 검

02 "There's only one war. Life against death"

멜리산드레는 나이트워치의 사령관이 된 존 스노우에게 윈터펠을 되찾아야 하지 않겠냐고 하면서 나이트워치를 떠나 스타니스와 함께 출정할 것을 권유한다. 그러나 존 스노우는 지금은 캐슬 블랙이 자신의 집이라고 하면서 거절한다.

Jon: The Night's Watch take no part in the wars of the Seven Kingdoms. (Melisandre: There's only one war. Life against death. Come, let me show you what you're fighting for.) You're gonna show me some vision in the fire? Forgive me, my lady, I don't trust in visions.

존: 나이트워치는 칠왕국의 전쟁에 관여하지 않습니다. (멜리산드레: 단 하나의 전쟁만이 있어요. 산자와 죽은 자의 전쟁이요. 따라와봐요, 무엇을 위해 싸우는지 보여줄게요.) 불의 환영같은 것을 보여주려는 건가요? 죄송합니다. 전 환영을 믿지 않습니다.

Notes

- take no part in …에 참여[관여]하지 않다
- vision 환영

I am the sword in the darkness

03 "There's power in you. You resist it, and that's your mistake. Embrace it"

멜리산드레의 계속되는 유혹장면. 그녀는 가슴을 풀어헤치고 존의 손을 잡아 자신의 가슴을 만지게 한다. 그리고 함께 합치면 힘이 생긴다고 하면서 존을 캐슬 블랙에서 끌어내려고 한다.

Melisandre: Do you feel my heart beating? There's power in you. You resist it, and that's your mistake. Embrace it. The Lord of Light made us male and female. Two parts of a greater whole. In our joining, there's power. Power to make life, power to make light, and power to cast shadows.

멜리산드레: 내 심장이 뛰는게 느껴지나요? 당신에게는 힘이 있어요. 당신은 그걸 부정하지만 그건 당신 실수예요. 받아들여요. 빛의 신께선 우리를 남성과 여성으로 만드셨어요. 전체가 두 부분으로 되어 있는거지요. 우리가 합치면 힘이 생겨나요. 삶을 만드는 힘, 빛을 만드는 힘, 그리고 그림자를 드리우는 힘이죠.

Game of Thrones

Notes

- embrace 받아들이다
- cast shadows 그림자를 드리우다

04 "But even the most dangerous men can be outmaneuvered"

배일리쉬는 윈터펠을 떠나 킹스랜딩으로 떠나려 한다. 그는 산사에게 램지를 자기 사람으로 만들라고 하는데 산사가 그의 아버지 루즈 볼튼은 어려운 상대라고 하자 다음과 같이 말을 한다.

Baelish: He's a dangerous man. But even the most dangerous men can be outmaneuvered. And you've learned to maneuver from the very best.

배일리쉬: 그는 위험한 사람이야. 하지만 가장 위험한 사람도 책략으로 이길 수 있다. 그리고 너는 가장 뛰어난 책략가로부터 조종하는 법을 배웠어.

Game of Thrones

Notes

- outmaneuver 술책으로 이기다, 책략으로 이기다
- maneuver 책략을 써서 …하게 하다, 조종하다

Kill the Boy

01 "Kill the boy and let the man be born"

존 스노우는 야만족 문제로 마에스터 아에몬을 찾아와 조언을 구하려 한다. 하지만 아에몬은 존이 무슨 내용인지 말하기도 전에 무조건 하라고 하면서 "소년을 죽이고 사나이가 되라"고 말한다.

Aemon: Half the men hate you already, Lord Commander. Do it. (Jon: But you don't know what it is.) That doesn't matter. You do. You will find little joy in your command. But with luck, you will find the strength to do what needs to be done. Kill the boy, Jon Snow. Winter is almost upon us. Kill the boy and let the man be born.

아에몬: 사령관, 나이트워치의 절반은 이미 자네를 싫어해. 그냥 해. (존: 하지만 그게 뭔지 모르시잖아요.) 그건 상관없어. 행동으로 옮겨. 자네가 하는 일에 즐거움은 적겠지만 운이 좋다면 해야만 하는 일을 하는 힘을 발견할 수 있을걸세. 소년을 죽이시게, 존 스노우. 겨울이 거의 다가왔어. 소년을 죽이고 사나이가 되시게.

Notes
- matter 중요하다
- strength 힘
- with luck 운이 따른다면

02 "Make peace to save your people"

존 스노우는 포로로 잡혀 있는 토르문드 자이언츠베인과 협상을 시도한다. 스노우 편에서 싸우는 것을 조건으로 장벽 남쪽에 정착지를 마련해주겠다고 한다.

Jon: The walkers are coming and they'll hit your people first. I'm not asking you to make peace to save your skin. Make peace to save your people.

존: 백귀들이 다가오고 있고 그들은 제일 먼저 너희들을 공격할거야. 난 당신 하나 살리자고 평화를 맺자고 하는게 아니야. 당신네 사람들을 구하기 위해서 평화협정을 받아들이라고.

Notes

- make peace 평화를 맺다
- save one's skin …의 생명을 지키다, 재앙을 면하다

03 "An apology doesn't mean anything if you're not looking the person in the eye"

윈터펠에서 볼튼 부부와 램지 볼튼이 산사와 식사를 하고 있는데 테온이 시중을 들고 있다. 램지는 테온보고 산사에게 스타크 형제들을 죽인거에 대해 사과하라고 한다.

Ramsay: Look at her, Reek. An apology doesn't mean anything if you're not looking the person in the eye.

램지: 산사 아가씨를 쳐다봐, 리크. 사람의 눈을 쳐다보지 않고 하는 사과는 아무런 의미가 없는거야.

Notes

- apology 사과
- look ~ in the eye 눈을 쳐다보다

04 "No, not death. I fear I never again see Missandei from the Island of Naath"

거세병 지휘관인 회색벌레는 반란군의 기습공격을 받고 부상을 입는다. 바리스탄을 지켜주지 못한 일, 대너리스 여왕을 실망시킨 일 등을 얘기하다 공격을 받고 땅에 쓰러졌을 때 두려웠다고 하는데….

Grey Worm: Wounded in war, there is no shame for this. I am ashamed because when the knife go in and I fall to the ground, I am afraid. (Missandei: All men fear death.) No, not death. I fear I never again see Missandei from the Island of Naath.

회색벌레: 싸우다 부상당한 것은 전혀 부끄럽지 않아요. 칼에 찔리고 땅에 쓰러졌을 때 내가 두려웠기 때문에 부끄러워요. (미산데: 모든 사람은 죽음을 두려워해요.) 아뇨, 죽음 때문이 아니었어요. 난 나쓰섬 출신의 미산데를 더 이상 못 볼까봐 두려웠어요.

Game of Thrones

Notes

- shame 수치, 모욕
- be ashamed …을 부끄러워하다, 수치스럽게 생각하다

05 "It takes courage to admit fear"

격투 경기를 개최하는 미린의 전통을 유지하자는 귀족의 진언을 거절했던 대너리스는, 바리스탄이 살해당한 반란군의 기습공격 이후 유화정책을 취하기로 한다.

Daenerys: It takes courage to admit fear. And to admit a mistake. I came here to tell you that I was wrong. I was wrong and you were right. About tradition.

대너리스: 두려움을 인정하는 것은 용기가 필요하네. 그리고 실수를 인정하는 것도. 난 내가 틀렸다고 말하려고 왔네. 내가 틀렸고 당신이 맞았네. 전통에 대해서.

Game of Thrones

Notes

- admit a mistake 실수를 인정하다
- tradition 전통, 관습
- take courage to~ …하는데 용기가 필요하다

Unbowed, Unbent, Unbroken

01 "A girl is not ready to become no one"

아리아는 아무도 아닌 사람이 되고 싶은데, 계속 청소나 시체닦는 일만 하고 있어 지쳐있다. 어느날 자켄 하가는 아리아에게 다음과 같이 묻는다.

Jaquen: Is a girl ready? To give up her ears, her nose, her tongue? Her hopes and dreams, her loves and hates? All that makes a girl who she is? Forever? No. A girl is not ready to become no one. But she is ready to become someone else.

자켄: 소녀는 귀와 코와 혀, 희망과 꿈, 그리고 사랑과 증오를 포기할 준비가 되었나? 지금의 소녀를 이루는 모든 것들을? 영원히? 아니다. 소녀는 아직 아무도 아닌 사람이 될 준비가 안되어 있다. 하지만 다른 누구가가 될 준비는 되어 있다.

Notes

- give up 포기하다
- be ready to~ …할 준비가 되어 있다

02 "We both peddle fantasies, Brother Lancel"

세르세이의 부름을 받고 킹스랜딩에 다시 온 배일리쉬. 그 앞에 스패로우인 란셀 라니스터가 나타내서 배일리쉬에게 처신을 잘 하라고 경고한다.

Lancel: You'll find there's little tolerance for flesh peddlers in the new King's Landing.

Baelish: We both peddle fantasies, Brother Lancel. Mine just happen to be entertaining.

란셀: 새로운 킹스랜딩에서는 포주에게는 관용이 없다는 것을 알게 될거요.
배일리쉬: 우리 모두 환상의 세계를 퍼트리고 있소, 란셀 형제. 내가 하는 것은 단지 여흥을 즐기는 것 뿐이라오.

Game of Thrones

Notes
- flesh peddler 포주
- peddle 팔다, 퍼트리다

03 "As I said I live to serve"

세르세이를 만난 배일리쉬는 또 그 세치의 혀로 볼튼 가와 세르세이 모두를 농락하고 있다. 볼튼 가와 스타니스가 싸우게 놔두고 그 다음에 지친 그 승자를 공격하자고 하며 자신을 북부의 감시자로 만들어 달라고 한다.

Baelish: I'll not rest until the lion flies over Winterfell. (Cersei: And I'll know you're a man of your word when I see Sansa Stark's head on a spike.) As I said I live to serve.

배일리쉬: 윈터펠에서 라니스터 깃발이 휘날릴 때까지 쉬지 않겠습니다. (세르세이: 산사 스타크의 머리가 효수된 것을 보게 되면 당신은 약속을 지키는 사람으로 알겠소.) 그대로 될 것입니다.

Game of Thrones

Notes
- rest 쉬다
- fly 깃발 등이 휘날리다
- a man of one's word 약속을 지키는 사람

04 "He understood that sometimes we must work with our rivals rather than destroy them"

티렐 가문의 상속자 로라스의 감금 소식에 할머니 올레나는 급히 킹스랜딩으로 와서 이 일을 실제적으로 주도한 세르세이와 담판을 지으려고 한다.

Olenna: I didn't trust your father. I didn't particularly like him. But I respected him. He was no fool. He understood that sometimes we must work with our rivals rather than destroy them.

올레나: 당신 아버지는 신뢰하지 않았소. 특히 좋아하지 않았지. 하지만 존경은 했지요. 그는 바보는 아니었으니까. 그는 때때로 경쟁자를 파멸시키기 보다는 함께 일해야 한다는 것을 알고 있었소.

▶ ▶ Game of Thrones

Notes

- trust 신뢰하다
- respect 존경하다
- destroy 파멸시키다
- particulary 특별히
- fool 바보, 멍청이

05 "This is my home and you can't frighten me"

산사 스타크의 혼인식 날. 램지의 정부인 미란다가 와서 산사의 목욕을 도와주면서 램지의 과거 여인들이 어떻게 되었는지 말해준다.

Sansa: I'm Sansa Stark of Winterfell. This is my home and you can't frighten me.

산사: 난 윈터펠의 산사 스타크야. 여기가 내 집이고 넌 날 겁줄 수 없어.

▶ ▶ Game of Thrones

Notes

- frighten 겁을 주다

06 "You think I care what he does to you?"

램지는 잔인하게도 테온에게 산사가 테온의 팔을 잡고 혼인식하는 신의 숲에 오라고 한다. 하지만 산사는 테온의 청을 거절하고, 테온은 벌을 받을까 부들부들 떤다.

Theon: If you please, my lady, will you take my arm? (Sansa: No.) Lord Ramsay, he said I'm to take your arm. (Sansa: I'm not touching you.) Please. He'll punish me. (Sansa: You think I care what he does to you?)

테온: 괜찮으시다면 제 팔을 잡으시겠습니까? (산사: 아니.) 램지 경이 제가 산사 아가씨의 팔을 껴야 된다고 하셨어요. (산사: 너의 팔을 잡지 않을거야.) 제발요. 제게 벌을 내리실 겁니다. (산사: 그가 네게 어떻게 하든 내가 상관할 줄 알았어?)

Notes

- be to+V …해야 한다
- punish 벌을 주다

NIGHT GATHERS
AND NOW MY WATCH
BEGINS
CASTLE BLACK

The Gift

01 "It can always be worse"

산사와 결혼한 후 램지는 산사를 방에 가둬놓고 매일 찾아와서 산사에게 고통을 주고 있다. 식사를 가져온 테온에게 도와달라고 하지만 리크가 되어 버린 테온의 눈에는 산사의 고통은 고통의 축에 끼지도 못하는 것이다.

Sansa: Help me. (Theon: You're his wife now.) Theon. (Theon: Do what he says. Do what he says or he'll hurt you.) He already hurts me every night. All day I'm locked in this room and every night he comes. It can't be any worse. (Theon: It can. It can always be worse.)

산사: 도와줘. (테온: 아가씨는 그분의 아내입니다.) 테온. (테온: 그분이 시키는대로 하세요. 그분이 시키는대로 하지 않으면 다치실거예요.) 이미 매일밤 내게 고통을 주고 있어. 온종일 이 방에 갇혀있고 매일밤 그는 온단말이야. 이보다 더 끔찍할 수는 없어. (테온: 그럴 수 있습니다. 더 끔찍할 수도 있습니다.)

Notes

- **hurt** 아프게 하다
- **be locked** …에 갇히다

02 "Winter is coming. Those aren't just the Stark words. It's a fact"

윈터펠로 진군하는 스타니스에게 복병이 나타났다. 눈폭풍이 불어서 진군하기가 힘들어졌다. 병사들도 죽거나 이탈하는 자가 많아, 다보스는 일단 눈폭풍을 피해 캐슬 블랙으로 후퇴하자고 하지만 스타니스의 고집은 완강하다.

Stannis: I retreated from King's Landing, Ser Davos. If I retreat again, I'll become the King Who Ran. (Davos: Your Grace…) Winter is coming. Those aren't just the Stark words. It's a fact. If we march back to Castle Black, we winter at Castle Black. And who can say how many years this winter will last? (Davos: It's better to wait for the right time than risk everything.) This is the right time and I will risk everything. Because if I don't, we've lost. We march to victory or we march to defeat. But we go forward. Only forward.

스타니스: 난 킹스랜딩에서 후퇴했다, 다보스 경. 내가 다시 후퇴한다면, 난 '도망치는 왕'이 될거야. (다보스: 전하…) 겨울이 오고 있어. 그건 스타크 가문의 가언일 뿐만 아니라 사실이기도 하지. 우리가 캐슬 블랙으로 퇴각한다면 우리는 캐슬 블랙에서 겨울을 나야 하는데 이 겨울이 몇년이 갈지 누가 알지? (다보스: 모든 것을 위험하게 하는 것보다는 적기를 기다리는게 낫습니다.) 지금이 적기이고 난 모든 것을 걸겠네. 그렇지 않는다면 우리는 패배하기 때문이다. 우리는 진군해서 승리하거나, 진군해서 패배하거나야. 하지만 우리는 계속 앞으로 진군할거야. 오직 앞으로 뿐이다.

Notes

- retreat 후퇴하다, 퇴각하다
- last 지속하다
- lose 지다, 패배하다
- go forward 앞으로 나아가다
- winter 겨울을 나다
- risk 위험을 무릅쓰다
- march 행군하다, 진군하다

Season 05

03 "But sometimes sacrifices must be made to ensure victory"

스타니스는 전쟁에 패한 이후로 멜리산드레를 완전히 믿지 못한다. 자기가 승리하는게 확실하냐고, 환영 속에서 보았냐고 다그치는데 멜리산드레는 승리를 확신하기 위해서는 희생이 뒤따라야 한다면서 제물을 바칠 것을 주장한다.

Melisandre: But sometimes sacrifices must be made to ensure victory.

멜리산드레: 하지만 때로는 승리를 확실히 하기 위해서는 희생이 이루어져야 합니다.

Notes

- make sacrifices 희생하다
- ensure …을 확실히 하다

04 "Even slaves have a choice-- death or slavery"

대너리스와 다리오가 사랑을 나누고 있다. 대너리스가 미린을 통치하기 위해서 미린의 대표적인 귀족인 히즈다르 조 로라크와 정치적인 혼인을 하기로 했는데 다리오가 질투를 하기 시작한다.

Daenerys: I have no choice. (Daario: Everyone has a choice. Even slaves have a choice-- death or slavery.) So what else can I do, hmm?

대너리스: 난 선택권이 없어.(다리오: 누구나 선택권이 있어요. 노예조차도 선택권이 있지요. 죽음이냐 노예로 사느냐요.) 그럼 내가 달리 어떻게 할 수 있겠어?

Notes

- have no choice 선택권이 없다

05 "All rulers are either butchers or meat"

대너리스와 다리오의 침실대화장면. 다리오는 격투경기장에서 노예상들을 다 도살하라고 대너리스에게 조언하지만 대너리스는 이를 거절한다.

Daenerys: I am a queen, not a butcher.
Daario: All rulers are either butchers or meat.

대너리스: 난 여왕이지 도살자가 아냐.
다리오: 모든 통치자는 도살자이거나 아니면 고깃덩어리가 되는 겁니다.

Notes

- butcher 도살자
- ruler 통치자

06 "I serve the gods. The gods demand justice"

손녀(마저리)와 손자(로라스)가 다 감금된 상태에서 할머니 올레나는 하이스패로우를 찾아와서 원하는 게 뭐냐고 물으면서 타협을 하려고 한다.

High Sparrow: But I'm telling you a simple truth. I serve the gods. The gods demand justice.

하이스패로우: 하지만 아주 간단한 진실을 말하겠습니다. 전 신들을 모시고, 신들은 정의를 원하십니다.

Notes

- tell a truth 진실[사실]을 말하다
- serve 섬기다, 모시다
- demand 요구하다
- justice 정의

07 "The gods' laws must be applied to all equally"

티렐 가문의 올레나는 도시의 반이상이 타락한 상황에서 유독 자신의 손녀와 손자를 감금하는 이유에 대해서 추궁한다. 그리고 하이스패로우가 계속해서 동등함을 내세워 손녀와 손자를 감금하겠다면 티렐 가에서 킹스랜딩에 공급되는 모든 식량을 중단하겠다는 선언을 한다.

High Sparrow: The gods' laws must be applied to all equally.

Olenna: If it's equality you want, so be it. When House Tyrell stops sending our crops to the capital, everyone here will starve. And I'll make sure the hungry know who's to blame.

하이스패로우: 신들의 율법은 모든 사람에게 공정하게 적용되어야 합니다.
올레나: 동등함이 당신이 원하는 것이라면 그렇게 하시오. 티렐 가문이 수도로 식량보내는 것을 중단할 때 여기의 모든 사람들은 굶주릴 것이오. 그리고 배고픈 자들에게 누구를 원망해야 하는지 확실히 알게 해주겠소.

Notes

- apply 적용하다
- so be it 그렇게 해라
- equality 동등함
- crops 식량, 곡식

08 "A lifetime of wealth and power has left you blind in one eye"

올레나는 물질적인 돈이나 식량 등으로 하이스패로우를 회유와 협박을 해보지만, 하이스패로우는 정의를 원하는 사람이 다수일 때 소수인 사람들을 두려워하지 않게 된다고 되받아친다.

High Sparrow: A lifetime of wealth and power has left you blind in one eye. You are the few, we are the many. And when the many stop fearing the few Lady Olenna.

하이스패로우: 평생의 부와 권력이 당신의 눈 한쪽을 멀게 했군요. 당신은 소수입니다. 우리는 다수이구요. 그렇게 되면 다수는 소수를 두려워하지 않지요, 올레나 부인.

Notes
- lifetime 평생의
- wealth 부, 재산

09 "You cannot blame yourself for fate"

토멘은 자기 왕비까지 구금되어 있는데 왕인 자기는 구해낼 수 없다며 자신의 처지를 비관하고 있는데, 세르세이가 자기도 막강한 권력이 있었지만 로버트, 조프리, 타이윈을 지켜주지 못했다며 토멘을 위로하고 있다.

Cersei: No matter who you are, no matter how strong you are, sooner or later, you'll face circumstances beyond your control. Events you couldn't possibly have anticipated or prevented even if you had. You cannot blame yourself for fate.

세르세이: 네가 누구이든지 간에, 네가 얼마나 강력하든지 간에, 결국에는 네가 통제할 수 없는 상황에 직면하게 될거야. 네가 도저히 예상할 수도 막을 수도 없었던 일들을 겪게 될거야. 운명 때문에 스스로를 책망해서는 안돼.

Notes
- sooner or later 조만간, 결국에는
- circumstance 상황
- anticipate 예상하다
- prevent 막다
- blame oneself for 자책하다

10 "We must be strong for those we love"

군대를 일으켜 스패로우 집단을 다 죽이겠다고 흥분하는 토멘을, 세르세이는 절망하면 안된다고 위로하면서 자신이 하이스패로우를 만나보겠다고 한다. 속으로는 지금까지는 마저리를 토멘과 멀리하게 하려는 자신의 계략이 성공했다고 믿으면서 말이다.

Cersei: We must be strong for those we love. We cannot give in to despair.

세르세이: 우린 사랑하는 사람들을 위해서 강해져야 해. 우린 절망에 굴복해서도 안돼.

Notes

- give in to 굴복하다
- despair 절망

11 "You are all that matters"

세르세이의 간교한 책략을 엿볼 수도 있지만, 자식을 무척 사랑하는 하지만 자식들을 차례대로 잃고 마는 세르세이의 비극적 캐릭터 또한 느낄 수가 있는 대사이다.

Cersei: I'll do everything I can to win her freedom and her brother's. Your happiness is all I want in this world. (Tommen: I know.) No, you don't. You can't possibly. Not until you have children of your own. I would do anything for you. Anything to keep you from harm. I would burn cities to the ground. You are all that matters. You and your sister. From the moment you came into this world. My boy. My only boy.

세르세이: 마저리와 그녀 오빠의 석방을 위해서 내가 할 수 있는 한 모든 것을 해보겠다. 이 세상에 바라는 것이라곤 너의 행복 뿐이야. (토멘: 알고 있어요.) 아냐, 넌 몰라. 그렇지 못할거야. 네가 네 자식을 가지기 전까지는 말이야. 널 위해서 뭐든지 하겠어. 널 지키기 위해서라면 못할 것이 없어. 도시들을 다 불태울 수도 있어. 가장 중요한 것은 너야. 너와 네 누이. 네가 세상에 나온 순간부터. 내 아들. 하나밖에 없는 내 아들.

Notes

- win one's freedom 석방하다
- burn ~ to the ground 잿더미로 만들다
- keep sb from harm …을 지키다, 보호하다

12 "The past is the past. The future is all that's worth discussing"

조프리를 독살한 배일리쉬와 티렐 가문의 올레나가 배일리쉬의 엉망이 된 매음굴에서 함께 만나서 얘기를 하고 있다. 공동운명체인 그들은 과거는 잊어버리고 앞으로 어떻게 난국을 헤쳐나갈지 논하자고 한다.

Baelish: The past is the past. The future is all that's worth discussing.

배일리쉬: 과거는 과거일 뿐이에요. 얘기할 가치가 있는 것은 미래 뿐이죠.

Notes

- be worth ~ing …할 가치가 있다

13 "Look at my face. It's the last thing you'll see before you die"

토멘의 부탁을 들어주는 척하면서 마저리를 찾아온 세르세이는 하이스패로우에게 감금된다. 스패로우인 란셀 라니스터가 스패로우가 될 때 고백하면서 드러난 세르세이의 죄악 때문이다. 자승자박된 세르세이는 자신을 가두는 사람에게 저주를 퍼붓는다.

Cersei: I am the queen! I am the queen! Have you lost your mind? Let me go! Get your filthy hands off me! Have you lost your mind? I am the queen! Let me go! Look at me. Look at my face. It's the last thing you'll see before you die.

세르세이: 난 여왕이야, 여왕이라고! 정신나갔어? 날 보내줘! 그 더러운 손 치우라고! 정신나간거야? 내가 여왕이라고? 날 보내줘! 날 봐. 내 얼굴을 봐. 이게 네가 죽기 전에 보게 될 마지막 얼굴이니까.

Notes

- lose one's mind 정신나가다
- filthy 더러운

Hardhome

01 "A ruler who kills those devoted to her is not a ruler who inspires devotion"

조라는 드디어 티리온을 대너리스 앞에 선보이고, 대너리스는 티리온에게 조라를 어떻게 해야 되는지에 대해서 물으며 그의 책사로서의 효용가치를 떠본다.

Tyrion: A ruler who kills those devoted to her is not a ruler who inspires devotion. And you're going to need to inspire devotion, a lot of it, if you're ever going to rule across the Narrow Sea.

티리온: 자신에게 헌신했던 사람들을 죽이는 통치자는 충성을 부르는 통치자가 아닙니다. 그리고 협해 건너편(칠왕국)을 통치하려 한다면 여왕님은 많은 충성을 필요로 할 겁니다.

Notes
- ruler 통치자
- inspire 격려[고무]하다
- devote to …에 헌신하다

02 "Belief is so often the death of reason"

감금된 세르세이를 측근인 마에스터 쾨이번이 찾아온다. 그는 현재 상황을 보고하며 곧 간음, 반역, 근친상간의 죄목으로 재판이 열릴 것이라고 하면서 다음과 같은 말을 한다.

Qyburn: My concern is that the Faith does not adhere to the same standards of proof as the crown. I hope you'll excuse me for saying it, but belief is so often the death of reason.

쾨이번: 제 걱정은 신앙은 궁정과 같은 기준의 증거를 고수하지 않는다는 것입니다. 이런 말을 해서 죄송합니다만, 신앙은 종종 이성의 죽음입니다.

Game of Thrones

Notes

- concern 걱정
- adhere to 고수하다
- excuse ~ for …하는 것에 대해 용서하다
- the Faith 신앙(스패로우 일당을 의미)
- proof 증거
- belief 신앙

03 "I will not kneel before some barefooted commoner and beg his forgiveness"

세르세이는 감금되어 있을 수가 없다고 하고 쾨이번은 방법이 있다고 한다. 그것이 고해인 것을 알고는 세르세이는 절대로 하이스패로우에게 고해하지 않을 것이라고 힘주어 말한다.

Cersei: I made him. I rose him up from nothing. I will not kneel before some barefooted commoner and beg his forgiveness.

세르세이: 내가 그를 만들었어. 아무 것도 아닌 사람을 내가 지금처럼 올려놓은거야. 난 절대로 맨발의 평민 앞에 무릎꿇고 그의 용서를 간청하지 않을거야.

Game of Thrones

Notes

- rise up 높은 자리에 올려놓다
- commoner 평민, 서민
- kneel 무릎꿇다

04 "I'm not going to stop the wheel. I'm going to break the wheel"

대너리스가 티리온과 이야기를 나누고 있다. 대너리스는 티리온을 살려두겠다고 하고 조언을 해보라고 한다. 대너리스가 어떻게 원하는 것(철왕좌)을 얻느냐고 묻고, 티리온은 꼭 철왕좌만이 답이 아니라고 하지만 대너리스는 여기는 내 집이 아니다라고 하면서 철왕좌에 대한 강한 집념을 드러낸다.

Daenerys: Lannister, Targaryen, Baratheon, Stark, Tyrell. They're all just spokes on a wheel. This one's on top, then that one's on top. And on and on it spins, crushing those on the ground. (Tyrion: It's a beautiful dream, stopping the wheel. You're not the first person who's ever dreamt it.) I'm not going to stop the wheel. I'm going to break the wheel.

대너리스: 라니스터, 타르가르옌, 바라테온, 스타크, 티렐, 그들은 모두 다 바퀴의 살과 같지. 하나가 올라가면 다음에는 다른게 올라가고 그렇게 계속 구르다보면 그들은 모두 바닥으로 쳐박히게 된다. (티리온: 바퀴를 멈춘다는 건 아름다운 꿈이예요. 그걸 꿈꾼 사람이 당신이 처음은 아니예요.) 난 바퀴를 멈추게 하려는게 아냐. 난 바퀴를 부셔버릴거야.

Notes

- spoke 바퀴의 살
- spin 돌다
- on and on 계속해서
- crush 부숴버리다

05 "Sometimes a man has to make hard choices"

존 스노우는 와일들링과 협상하기 위해서 떠났고 존의 시종인 소년 올리가 샘을 찾아와서 존이 왜 자기 가족들과 마을 사람들을 처참히 죽인 와일들링과 협상을 하려고 하는지 물어본다.

Sam: Sometimes a man has to make hard choices, choices that might look wrong to others, but you know are right in the long run.

샘: 때때로 사람은 어려운 선택을 해야 돼, 다른 사람들에게는 틀린 것처럼 보이는 그러나 결국에는 좋은 그런 선택들을.

Notes

- make hard choices 어려운 선택을 하다
- in the long run 결국에는

06 "His arrow was mercy. What he did took courage"

토르문드와 존 스노우는 와일들링의 본거지에서 본격적인 협상을 시작한다. 존 스노우가 그들의 대장 만스 레이더를 화살로 쏴 죽였다고 하자 와일들링들은 흥분하는데, 이때 토르문드가 말리면서 말을 꺼낸다.

Tormund: The southern king who broke our army, Stannis, wanted to burn him alive to send us a message. Jon Snow defied that cunt's orders. His arrow was mercy. What he did took courage. And that's what we need today, the courage to make peace with men we've been killing for generations.

토르문드: 우리 군대를 궤멸시킨 남부의 왕, 스타니스는 우리에게 메시지를 보낼 목적으로 산채로 불태워 죽이고 싶어했어. 존 스노우는 그 자식의 명령을 거부했어. 그의 화살은 자비였어. 그가 한 일은 용기가 필요했던 일이야. 그리고 오늘 우리가 필요한 것도 바로 그 용기, 대대로 우리가 죽여 왔던 사람들과 평화를 맺는 용기가 필요해.

Notes

- cunt 여자의 음부, 비열한 놈
- make peace with …와 평화를 맺다

07 "They'll never have children of their own if we don't band together"

야만족들이 자신의 부모 등 가족을 잃었다며 분노를 표출하자, 존 스노우는 기억에 남을 만한 명연설을 하기 시작한다.

Jon: I'm not asking you to forget your dead. I'll never forget mine. I lost 50 brothers the night that Mance attacked the Wall. But I'm asking you to think about your children now. They'll never have children of their own if we don't band together. The Long Night is coming and the dead come with it. No clan can stop them. The free folk can't stop them. The Night's Watch can't stop them. And all the southern kings can't stop them. Only together, all of us. And even then it may not be enough, but at least we'll give the fuckers a fight.

존: 여러분들의 망자를 잊으라는 얘기가 아닙니다. 저도 저의 망자들을 잊지 않을 겁니다. 만스가 장벽을 공격했던 밤에 난 50명의 형제를 잃었습니다. 하지만 난 지금 여러분의 아이들을 생각하라고 말하는 것입니다. 우리가 뭉치지 않으면 그 아이들은 그들의 아이들을 보지 못할 것입니다. 긴 밤이 다가오고 있고 죽은 자들이 함께 오고 있습니다. 어떤 부족도 그들을 막을 수 없습니다. 자유민들도 그들을 막을 수 없습니다. 나이트워치 또한 그들을 막을 수 없습니다. 그리고 모든 남부의 왕들도 그들을 막을 수 없습니다. 오직 우리들 모두가 뭉쳐야 합니다. 그래도 충분하지 않을 지도 모르겠지만 적어도 그 빌어먹을 것들과 싸워 볼 수는 있을 것입니다.

Notes

- lose 잃다
- band together 함께 뭉치다
- free folk 자유민, 야만인
- attack 공격하다
- clan 부족
- give a fight 일전을 벌이다

The Dance of Dragons

01 "You have a good heart, Jon Snow. It'll get us all killed"

존 스노우는 백귀들을 피해서 일부 자유민들을 데리고 캐슬 블랙으로 귀환한다. 성안으로 들어오는 자유민들을 보는 나이트워치 대원들의 시선은 곱지 않은데…. 알리세르가 다가와서 한마디 한다.

Alliser: You have a good heart, Jon Snow. It'll get us all killed.

알리세르: 존 스노우, 마음씨가 따뜻하군. 그것이 우리 모두를 다 죽게할거야.

Notes

- get ~ killed 죽임을 당하다

02 "The only thing that stays the same is that we want who we want"

제이미와 브론은 도른에 잠입해서 조카 마르셀라를 몰래 데려오려다 발각되지만, 오베린의 형인 도란 마르텔의 관용으로 마르셀라를 데려오게 된다. 편지를 쓰고 있는 제이미에게 강경파인 오베린의 정부 엘라리아 샌드가 찾아와 의미심장한 말을 남기고 간다.

Ellaria Sand: It's always changing, who we're supposed to love and who we're not. The only thing that stays the same is that we want who we want.

엘라리아 샌드: 그건 항상 변하는거죠, 우리 사랑해야 되는 사람 그리고 우리가 사랑하면 안되는 사람은요. 항상 변하지 않는 것은 우리는 우리가 원하는 사람을 원한다는거죠.

Notes

- be supposed to~ …하기로 되어 있다
- stay the same 변함이 없다

03 "He must fulfill his destiny and become who he is meant to be"

스타니스는 멜리산드레의 주장, 왕족의 피가 흐르는 사람을 제물로 받쳐 산채로 화형을 해야 한다는 주장을 받아들여 비록 겐드리를 놓쳤지만 더 진한 피가 흐르는 자신의 딸을 제물로 바치려 한다.

Stannis: Sometimes a person has to choose. Sometimes the world forces his hand. If a man knows what he is and remains true to himself the choice is no choice at all. He must fulfill his destiny and become who he is meant to be. However much he may hate it.

스타니스: 때론 사람은 선택을 해야 한다. 때로는 세상이 억지로 강요한다. 한 남자가 자신이 누구인지 알고 자신에게 충실하려고 한다면 선택은 더 이상 선택이 아닌거야. 그는 자신의 운명을 완성해야 하고 자신에게 운명지어진 사람이 되어야 한다. 그걸 자신이 아무리 싫어한다 할지라도.

Notes

- force one's hand 어쩔 수 없이 …하게 하다
- fulfill 완성하다
- remain true to~ …에 충실하다
- be meant to be~ …인 것으로 여겨지다

04 "It's easy to confuse what is with what ought to be"

대너리스와 귀족을 껴안으려는 정략결혼의 대상인 남편 로라크가 참석한 가운데 거대한 격투경기장이 벌어지는 날이다. 로라크가 먼저 티리온에게 묻는다.

Loraq: Yet it's an unpleasant question, but what great thing has ever been accomplished without killing or cruelty?

Tyrion: It's easy to confuse what is with what ought to be, especially when what is has worked out in your favor.

로라크: 유쾌하지 못한 질문이지만 살인이나 잔혹함 없이 이룩된 위대한 것이 있었나요?
티리온: 현실과 그래야 하는 것을 혼동하기는 쉽죠, 특히 그것이 당신을 위해서 행해질때는요.

Notes

- unpleasant 불쾌한
- cruelty 잔혹함
- work out in one's favor …을 위해서 행해지다
- accomplish 이룩하다, 완성하다
- confuse ~ with …와 …를 혼동하다

Mother's Mercy

01 "Go on, do your duty"

스타니스 군대는 램지의 군대에 참패하고 스타니스는 부상을 당하여 나무에 기대고 앉아있는데, 브리엔느가 다가와 자기가 모시던 렌리 바라테온의 복수를 한다면서 사형선고를 내린다. 또 한명의 자칭 왕이 죽어가는 장면이다.

Brienne: Do you have any last words?
Stannis: Go on, do your duty.

브리엔느: 마지막으로 할 말 있소?
스타니스: 어서 할 일을 하게.

Notes

- go on 계속하다
- do one's duty 의무를 다하다

02 "If I'm going to die, let it happen while there's still some of me left"

램지와 볼튼이 전쟁을 치르는 사이 산사는 도망을 시도하는데, 램지의 정부 미란다와 리크에게 발각된다. 산사는 다시 램지와 있기보다도 더 미쳐버리기 전에 죽게 놔두라고 한다.

Sansa: I know what Ramsay is. I know what he'll do to me. If I'm going to die, let it happen while there's still some of me left.

산사: 난 램지가 어떤 인간인지 알아. 그가 내게 어떻게 할거라는 것도 알아. 내가 죽는다면 내가 아주 미쳐버리기 전에 죽게 놔둬.

Game of Thrones

Notes

- there's still some of me left 아직 내가 조금이라도 온전할 때

03 "The faces are for no one. You are still someone"

자켄 밑에서 수련하고 있는 아리아는 마저리의 아버지인 메이스 티렐이 브라보스의 강철은행을 방문하는 걸 발견하는데, 수행원 중에 살생부에 들어있는 매린 트란트가 있는 것을 알고는 살해한다.

Jaquen: That man's life was not yours to take. A girl stole from the Many-Faced God. Now a debt is owed. Only death can pay for life. (Arya: No! No! No, you-- don't die! Don't die!) (A girl: Why are you crying?) (Arya: He was my friend.) (A girl: No, he wasn't. Didn't you listen to him?) He was no one. (Arya: But if you're... who's this?) No one at all. Just as a girl should have been before she took a face from the hall. The faces are for no one. You are still someone. And to someone, the faces are as good as poison.

자켄: 그 남자의 생명은 네가 취할 것이 아니었다. 소녀가 다면신으로부터 훔쳤다. 이제 빚을 지게 되었다. 죽음만이 유일한 방법이다. (아리아: 안돼요! 안돼요! 안돼요. 죽지 마세요! 죽지 마세요!) (소녀: 왜 우는거야?) (아리아: 내 친구였어.) (소녀: 아니 그는 그렇지 않았어. 그의 말을 듣지 않았던거야?) 그는 아무 사람도 아니었어. (아리아: 하지만 당신은… 그럼 이 사람은 누구예요?) 아무런 사람도 아니지. 얼굴하나를 훔쳐가기 전에 소녀가 그랬던 것처럼. 이 얼굴들은 아무도 아니다. 넌 아직도 누군가이구나. 그리고 누군가에게는, 이 얼굴들은 독과 같은 것이다.

Notes

- take one's life 목숨을 앗아가다
- as good as …와 마찬가지인

04 "We don't choose whom we love"

마르셀라는 정혼자와 함께 그리고 삼촌이자 아버지인 제이미와 함께 킹스랜딩으로 향하는 배를 탔다. 마르셀라가 자신이 정략결혼 상대방에게 사랑에 빠졌다는 이야기를 하자 제이미는 사랑은 선택하는게 아니라는 말을 해준다.

Jaime: You happen to fall in love with the man you were assigned to marry? My point is we don't choose whom we love. It just, well- - it's beyond our control.

제이미: 결혼하기로 되어 있는 사람하고 사랑에 빠졌다고? 내 요지는 우리는 사랑하는 사람을 선택하지 않는다는거야. 그건 우리가 이성적으로 통제할 수 있는게 아냐.

Notes

- happen to 마침 …하다
- be assigned to~ …하도록 주어지다
- beyond one's control 통제할 수 없는
- fall in love with …와 사랑에 빠지다
- My point is~ 내 말은 …라는거야

05 "I'm glad that you're my father"

마르셀라는 제이미가 말하는 내용을 알겠다고 하면서 자기 엄마와 제이미의 관계를 안다고 한다. 그리고 제이미가 자기 아버지여서 기쁘다고 하는데, 이게 그녀의 마지막 대사가 되고 만다.

Mycella: I know. About you and Mother. I think a part of me always knew. And I'm glad. I'm glad that you're my father.

마르셀라: 알아요. 삼촌과 엄마사이요. 내 맘속에는 항상 알고 있었던 것 같아요. 그리고 기뻐요. 삼촌이 제 진짜 아빠여서 기뻐요.

▶ ▶ Game of Thrones

Notes

• a part of me 내안의 일부는

06 "But we always want the wrong woman"

대너리스는 드로곤을 타고 반란 시위대로부터 위기를 벗어났고 티리온과 조라 그리고 다리오가 앉아 있다. 말많은 티리온이 쉬지 않고 말을 한다.

Tyrion: Neither one of you is fit consort for a queen. But we always want the wrong woman.

티리온: 당신 둘 중 어느 누구도 여왕의 배우자로는 맞지 않아요. 하지만 우리는 언제나 이루어질 수 없는 사랑을 하죠.

▶ ▶ Game of Thrones

Notes

• fit 알맞은, 적절한

• consort 배우자

07 "You need to learn which of your friends are not your friends"

조라와 다리오는 대너리스를 찾아 떠나고 티리온은 남아 미린이란 도시를 관리해야 한다. 이때 정보통인 바리스가 등장한다. 티리온은 어떻게 반란 시위대가 판을 치는 미린을 관리해야 할지 조언을 구한다.

Tyrion: Any advice for an old comrade? (Varys: Information is the key. You need to learn your enemy's strengths and strategies. You need to learn which of your friends are not your friends.) If only I knew someone with a vast network of spies.

티리온: 옛 친구로서 조언해줄거 없어요? (바리스: 정보가 키죠. 적의 강점과 전략들을 알아야 합니다. 누가 친구이고 누가 친구가 아닌지 알아야 합니다.) 방대한 정보망을 가지고 있는 사람을 알고 있더라면 좋을텐데요.

Notes

- comrade 동료
- If only~ …하기만 한다면

08 "How can I have been so blind for so long?"

세르세이는 종교의 힘을 강화하여 마저리 왕비를 견제하려고 했지만 그 화살은 자신에게도 돌아와 간통과 근친상간으로 투옥되고 자백을 강요받는다. 드디어 세르세이는 하이스패로우 앞에 무릎을 꿇고 죄를 고백하기에 이른다.

Cersei: I have sinned. I see that now. How can I have been so blind for so long? I want to be clean again. I want absolution.

세르세이: 제가 죄를 지었습니다. 이제 알겠습니다. 어떻게 그렇게 오랫동안 모를 수 있었을까요? 다시 깨끗해지고 싶습니다. 사면을 원합니다.

Notes

- sin 죄를 짓다
- absolution 사면

09 "To demonstrate her repentance, she will cast aside all pride, all artifice, and present herself as the gods made her to you, the good people of the city"

세르세이는 란셀과의 간음만 죄를 인정하고 근친상간은 단호히 부정한다. 하이스패로우는 왕후가 정직함으로 가는 첫걸음을 디뎠다며 궁전복귀를 약속한다. 다만 궁전까지 속죄의 걸음을 걸어야 하는데 알몸으로 군중들의 야유와 욕설을 들어가면서 궁전으로 돌아가야 되는 것이다.

High Sparrow: Cersei of House Lannister. Mother to His Grace King Tommen. Widow of His Grace King Robert. She has committed the acts of falsehood and fornication. She has confessed her sins and begged for forgiveness. To demonstrate her repentance, she will cast aside all pride, all artifice, and present herself as the gods made her to you, the good people of the city. She comes before you with a solemn heart, shorn of secrets, naked before the eyes of gods and men to make her walk of atonement.

하이스패로우: 라니스터 가문의 세르세이. 토멘 왕의 어머니이자 로버트 왕의 미망인입니다. 죄인은 거짓과 간통을 저질렀습니다. 죄인은 자신의 죄를 자백했고 용서를 구했습니다. 죄인은 회개함을 증명하기 위해 모든 자존심과 모든 인위적인 것들을 다 버리고 신이 만든 신대로 도시의 선량한 사람들인 여러분 앞에 자신을 드러냅니다. 죄인은 여러분 앞에 엄숙하게 비밀을 드러내고 서 있습니다. 그리고 신들과 여러분 앞에서 알몸이 되어 속죄의 걸음을 걷게 됩니다.

Game of Thrones

Notes

- commit 저지르다
- fornication 간음
- repentance 뉘우침, 후회
- solemn 엄숙한
- walk of atonement 속죄의 걸음
- falsehood 잘못
- confess 자백하다
- cast aside 벗어 던지다
- shorn of secret 비밀을 드러내고

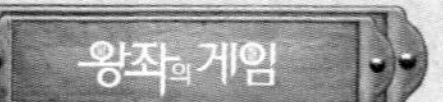

MEMO

"시즌 5에서 죽은 존 스노우는 마녀 멜리산드레의 마법으로 되살아나고 자신을 죽인 대원들을 처형한다. 그리고 나이트워치를 떠나려고 하는데 산사일행이 찾아오고 그 둘은 함께 윈터펠을 되찾기로 한다. 램지와의 치열한 전투에서 존 스노우는 패배를 눈 앞에 두지만, 산사가 베일의 기사들을 대동하고 와서 전세를 역전시켜 승리하게 된다. 서자임에도 불구하고 존 스노우는 새로운 북부의 왕이 된다. 대너리스는 도트락인들에게 잡혀갔지만 다시 불속을 걸어나오면서 도트락 군대마저 손안에 넣게 된다. 강철군도에서 죽음을 피해 달아난 테온과 야라는 배 100척을 대너리스에게 바치며 강철군도의 영주자리를 협상한다. 이제 대너리스는 군대와 용을 이끌고 협해를 건너 웨스테로스로 향한다. 한편 세르세이는 재판날 신전을 폭발시켜 하이스패로우 집단과 티렐가문을 몰살시키고 그 충격에 토멘왕은 자살하고 만다. 또한 딸을 독살한 마르텔 가문에 선전포고를 하고, 마르텔과 티렐 가문은 연합하게 된다. 자식을 모두 잃은 세르세이는 단호한 표정을 띠고 철왕좌에 앉아 다가올 겨울을 준비한다."

The Red Woman

01 "We need to fight, but we don't need to die"

존 스노우는 처참하게 살해당하고 다보스와 그의 심복들만 그의 시신을 지키고 있다. 심복들은 존을 살해한 알리세르를 죽이겠다고 하지만 다보스는 침착하게 말리고 있다.

Dolorous Edd: We all die today. I say we do our best to take Thorne with us when we go.

Davos: We need to fight, but we don't need to die.

에드: 우리 모두 오늘 죽습니다. 우리가 죽을 때 최선을 다해서 알리세르도 함께 데려갑시다.
다보스: 우리는 싸워야 하지만 죽을 필요는 없네.

Notes

- take sb with~ …와 함께 데려가다
- don't need to~ …할 필요는 없다

02 "Maybe I'm not a monster"

마르셀라를 잃은 세르세이의 슬픈 마음이 절절히 표현되는 곳이다. 자기와 다르게 비열하지도 않고 질투심도 없고 그냥 착하기만 해서, 자기도 이렇게 착한 아이를 낳을 수 있구나 생각하면서 자기가 괴물이 아닐 수도 있다는 생각을 했다고 말한다.

Cersei: I don't know where she came from. She was nothing like me. No meanness, no jealousy, just good. I know. I thought if I could make something so good, so pure- maybe I'm not a monster.

세르세이: 걔가 어디에서 왔는지 모르겠어. 나하고는 닮은 데가 없었어. 비열함도 없고 질투심도 없고 그저 착하기만 했지. 내가 아주 착하고 순수한 뭔가를 만들 수도 있다면, 어쩌면 난 괴물이 아닐 수도 있다고 생각했었어.

Game of Thrones

Notes

- meanness 비열함
- jealousy 질투

03 "It's prophecy. It's fate"

제이미가 마르셀라를 지키지 못했다고 자책하자, 세르세이는 예전 어렸을 때 한 마녀가 세르세이에게 아이 셋을 갖게 되지만 다 죽을거라고 말한 것을 떠올리며, 이건 어쩔 수 없는 운명이라고 말한다.

Cersei: I knew this would happen. The witch told me years ago. She promised me three children and she promised me they'd die. "And gold their shrouds." Everything she said came true. You couldn't have stopped it. It's prophecy. It's fate.

세르세이: 이렇게 될 줄 알았어. 마녀가 오래전에 내게 말했지. 아이가 세명인데 다 죽을거라고 했어. "금색 수의를 입은 아이들." 그녀가 말한대로 다 그렇게 됐어. 너도 막을 수 없었을거야. 그건 예언이고 운명이야.

Game of Thrones

Notes

- witch 마녀
- shroud 수의
- prophecy 예언

04 "We're the only ones who matter"

마르셀라를 잃은 충격에 세르세이는 어쩔 수 없는 운명에 무력해지고, 제이미는 이런 세르세이를 위로하며 힘을 북돋아 주려고 하고 있다.

Cersei: You told me yourself when Father died. You said we had to stay together. You said people would try to tear us apart, take what's ours. That was a prophecy, too. I didn't listen to you and everything you said came true.

Jaime: Fuck prophecy. Fuck fate. Fuck everyone who isn't us. We're the only ones who matter, the only ones in this world. And everything they've taken from us, we're going to take back and more. We're going to take everything there is.

세르세이: 아버지가 돌아가셨을 때 네가 내게 말해줬지. 우리는 함께 있어야 된다고. 사람들은 우리를 갈라놓으려고 하고 우리의 것을 빼앗아가려고 한다고 말했어. 그것 역시 예언이었어. 네 말을 듣지 않았는데 모든게 현실이 됐어.

제이미: 무슨 빌어먹을 예언이고 운명이야. 우리가 아닌 사람은 신경도 쓰지마. 중요한 것은 이 세상에 오로지 우리들 뿐이야. 그리고 우리가 뺏긴 모든 것, 우린 그 이상으로 되찾을거야. 우리는 세상의 모든 것을 빼앗을거야.

Notes

- tear~ apart …을 갈라놓다
- take back 되찾다

05 "Sinners don't make demands. They make confessions"

아직 감금되어 있는 왕비 마저리는 셉타에게 명령을 해보지만 죄인들은 요구할 수 없으며 단지 고해를 한다고 따끔한 질책을 받는다.

Margaery: I am the queen and I demand to see my brother. (Unella Septa: Sinners don't make demands. They make confessions.)

마저리: 난 여왕이고 내 오빠를 보게 해줄 것을 요구한다. (우넬라 셉타: 죄인들은 요구하지 않는다. 고해를 할 뿐이다.)

Game of Thrones

Notes

- demand 요구하다
- make confession 고해하다

06 "And only confession can purge sin"

하이스패로우가 왕비 마저리를 찾아와 잘못을 고해하라고 설득하지만 마저리는 자신은 고해할게 아무것도 없다고 한다.

High Sparrow: The love between a man and wife is sacred. It reflects the love the gods have for all of us. But sin leads us away from the sacred. And only confession can purge sin.

하이스패로우: 부부간의 사랑은 신성한 것입니다. 신들께서 우리 모두에게 갖고 계신 사랑을 반영합니다. 하지만 죄악은 우리를 신성한 것으로부터 멀어지게 합니다. 그리고 고해만이 죄를 없앨 수 있습니다.

Game of Thrones

Notes

- sacred 신성한
- reflect 반영하다
- sin 죄악
- purge 몰아내다

07 "We each have our roles"

도른의 영주인 마르텔 가문의 도란 마르텔 공은 결투에서 진 오베린 공과 자신의 차이점을 말하면서 다 각자의 역할이 있다는 말을 한다.

Doran: But that is life. We each have our roles. Oberyn was born to be an adventurer. And I was born to rule.

도란: 하지만 그게 인생이야. 우린 각각 자신의 역할이 있는거야. 오베린은 모험가로 태어났고 나는 통치자로 태어났지.

▶ ▶ Game of Thrones

Notes

- role 역할
- adventurer 모험가

08 "We can't fight an enemy we don't know"

티리온은 미린의 관리를 임시적으로 하는 중책을 맡게 되었고, 다시 재회한 바리스와 미린의 시내를 돌아다니면서 상황을 살펴본다.

Tyrion: Whoever you are, wherever you go, someone in this city wants to murder you. We can't fight an enemy we don't know.

티리온: 당신이 누구든지 간에, 어디에 가든지 간에 이 도시의 누군가는 당신을 살해하길 원하고 있소. 우리는 정체를 모르는 적과는 싸울 수가 없소.

▶ ▶ Game of Thrones

Notes

- murder 살해하다
- fight sb …와 싸우다

09 "My little birds have already taken wing"

계속되는 바리스와 티리온의 대화. 격투장에서 황금가면을 쓰고 여왕을 공격한 사람들은 '하피의 아들들'이며 누군가의 조직적인 명령을 받는 것 같다면서 바리스는 벌써 정보원들을 풀어서 알아보고 있다고 한다.

Varys: The Sons of the Harpy planned their attack in the fighting pits very carefully, which means they take orders from someone. (Tyrion: And have you started looking for that someone?) My little birds have already taken wing. Soon they'll return, singing songs of men in gold masks.

바리스: '하피의 아들들'이 격투장 공격을 아주 조심스럽게 계획을 한 것 같은데, 이 말은 그들이 누군가로부터 명령을 받는다는 것을 뜻하죠. (티리온: 그 누군가를 찾기 시작했나요?) 제 작은 새들이 이미 수소문하고 있습니다. 곧 그들이 돌아와서 황금가면을 쓴 사람들에 대한 노래를 할겁니다.

Notes

- take orders 명령을 받다
- take wing 날아가다

Home

01 "It is beautiful beneath the sea, but if you stay too long, you'll drown"

세 눈 까마귀를 조우한 브랜은 워그로써 훈련을 받는다. 세 눈 까마귀와 함께 과거로 가서 아버지의 젊은 시절을 보고, 더 있고 싶다고 하지만 세눈 까마귀는 브랜을 깨운다.

Three-Eyed Raven: It is beautiful beneath the sea, but if you stay too long, you'll drown.

세 눈 까마귀: 바다 밑은 아름답지만, 너무 오래 있으면 익사하게 된다.

Notes

- beneath …의 아래에
- drown 물에 빠지다

02 "We all fail sometimes"

마르셀라의 장례식. 세르세이는 스패로우의 방해로 참석도 못한다. 참석한 제이미는 토멘에게 왜 세르세이를 찾아가지 않느냐고 말하자, 토멘은 자신의 무력감을 토로한다.

Tommen: When the Faith Militant seized her and Margaery, what did I do? When they paraded her through the streets like a whore, what did I do? (Jaime: We all fail sometimes.) The king is supposed to be the Protector of the Realm. If I can't even protect my own wife or my own mother, what good am I? (Jaime: Go and see your mother and ask her to forgive you.)

토멘: 신도병들이 어머니와 마저리를 체포했을 때, 난 무엇을 했나요? 그들이 어머니를 창녀처럼 나체로 거리를 걷게 했을 때 난 무엇을 했나요? (제이미: 우리 모두 때때로 실패를 한다.) 왕은 왕국의 수호자이어야 합니다. 내 아내와 어머니를 보호하지도 못한다면 내가 무슨 소용이 있겠어요? (제이미: 가서 어머니를 뵙고 사죄해라.)

Notes

- seize 체포하다, 붙잡다
- be supposed to~ …하기로 되어 있다

03 "If you acquire a reputation as a mad dog, you'll be treated as a mad dog"

서자에서 적자로 승격해준 램지 볼튼의 과격한 행동에 아버지 루즈 볼튼이 미친개처럼 행동하면 미친개처럼 대우받게 될 것이라고 경고한다.

Bolton: If you acquire a reputation as a mad dog, you'll be treated as a mad dog. Taken out back and slaughtered for pig feed.

볼튼: 네가 미친개로 이름을 얻게 되면 넌 미친개로 취급될 것이다. 도살당해 돼지 밥으로 전락하겠지

Notes

- acquire 얻다
- slaughter 도살하다

"We've all had to make difficult choices"

브리엔느의 도움으로 도피중인 산사. 브리엔느가 윈터펠에서 무슨 일이 있었냐고 물어보니까, 기회가 있을 때 브리엔느를 따라갔어야 했었는데라고 후회를 하고 있다.

Brienne: It was a difficult choice, my lady. We've all had to make difficult choices

브리엔느: 산사 아가씨, 그건 어려운 결정였어요. 우리는 모두 어려운 선택을 해야만 했죠.

Game of Thrones

Notes

- make difficult choices 어려운 결정을 하다

Oathbreaker

01 "I did what I thought was right"

멜리산드레의 마법으로 칼에 찔려 죽었던 존 스노우는 다시 살아난다. 존 스노우는 자신의 몸에 난 상처를 보고서 자기는 여기에 있어서는 안되는 존재라고 말하는데….

Jon: I did what I thought was right. And I got murdered for it. And now I'm back. Why?

존: 옳다고 생각했던 것을 한 것인데. 그 때문에 살해당했고 다시 살아났소? 왜죠?

Notes

- get murdered 살해당하다

02 "What kind of god would have a pecker that small?"

다시 살아난 존 스노우, 나이트워치 대원들 사이를 걸어가고 있다. 다들 경이로움과 놀라움 속에 바라다보고 있는데 와일들링인 토르문드가 다가와 말을 걸고 포옹을 한다.

Tormund: They think you're some kind of god. The man who returned from the dead. (Jon: I'm not a god.) I know that. I saw your pecker. What kind of god would have a pecker that small?

토르문드: 이들은 당신이 뭐 신이라도 되는 것처럼 생각해. 죽음에서 되돌아온 남자말이야. (존: 난 신이 아니야) 알고 있어. 난 네 거시기를 봤어. 대체 어떤 신의 거시기가 그렇게 작을 수 있단 말이야?

Notes
- **pecker** 남자의 성기

03 "The past is already written"

세 눈 까마귀와 과거여행을 하던 브랜은 아버지가 젊은 시절 동생 리안나를 구하기 위해 싸우던 장면을 보게 된다.

Three-Eyed Raven: The past is already written. The ink is dry.

세 눈 까마귀: 과거는 이미 쓰여졌다. 잉크가 말랐어.

Notes
- **dry** 마른

04 "I do it by making people happy"

바리스는 반역무리들을 색출하기 위해 정보원들을 풀었고 드디어 발라라는 여자를 체포하는 성과를 이룬다. 그는 고문을 해서 정보를 빼내기보다는 그녀에게 아들과의 새로운 삶을 미끼로 던지면서 알고 있는 것을 털어놓으라고 한다.

Varys: I am not a torturer. Though it so often is what people deserve. And it does provide answers. But they're usually the wrong answers. My job is to find the right answers. Do you know how I do that? I do it by making people happy. I'd like to make you happy, Vala.

바리스: 난 고문하는 사람이 아녜요. 비록 종종 고문받아야 마땅한 사람이 있기는 하지만요. 그리고 고문은 정답을 제공하지요. 하지만 보통 잘못된 정보이죠. 나의 일은 올바른 정답을 찾는거에요. 제가 어떻게 그걸 하는 줄 아십니까? 난 사람들을 기쁘게 해주면서 그렇게 해요. 발라, 난 당신을 행복하게 해주고 싶어요.

▶ ▶ Game of Thrones

Notes

- deserve …할 만하다
- make ~ happy …을 행복하게 하다

05 "Men can be fickle, but birds I always trust"

바리스는 발라라는 여인으로부터 반란무리집단이 윤카이 등의 귀족들로부터 자금을 받는다는 사실을 캐내고, 티리온은 그들에게 메시지를 보낼 수 있냐고 물어본다.

Varys: Men can be fickle, but birds I always trust.

바리스: 인간은 변덕스러울지 모르지만 새들은 언제나 믿음직하죠.

▶ ▶ Game of Thrones

Notes

- fickle 변덕스러운

06 "I want to hear it"

세르세이는 쾨이번을 통해 바리스의 정보원들을 활용하게 하는데, 그녀는 이 도시에만 머물게 하지 말고 도른, 하이가든, 그리고 북부까지에도 정보원들을 보내라고 지시한다.

Cersei: I want little birds in Dorne, in Highgarden, in the North. If someone is planning on making our losses their gains, I want to hear it. If someone is laughing at the queen who walked naked through the streets covered in shit, I want to hear. I want to know who they are. I want to know where they are.

세르세이: 정보원들이 도른과 하이가든 그리고 북부에도 있기를 바랍니다. 누군가 우리를 해하고 이득을 취하려고 한다면 난 그걸 들어야해요. 오물을 뒤집어쓰고 거리를 알몸으로 걸었던 여왕을 비웃는 사람이 있다면 난 그걸 알아야해요. 그들이 누구인지 그들이 어디에 있는지 알아야합니다.

Notes
- be planning on ~ing …할 계획이다
- make our losses their gains 우리의 손실을 자신들의 이득으로 만들다

07 "A true leader avails himself of the wisest counsel he can"

토멘 왕은 하이스패로우를 찾아가 세르세이가 딸 마르셀라의 무덤을 보게 허락해 달라고 하지만 단칼에 거절당한다. 하이스패로우는 이 기회를 이용해 토멘을 설득하게 되는데….

High Sparrow: A true leader avails himself of the wisest counsel he can. And no one is wiser than the gods.

하이스패로우: 진정한 리더는 그가 받을 수 있는 가장 현명한 조언을 이용하게 되지요. 그리고 그 어느 누구도 신보다 현명하지는 않습니다.

Notes
- avail oneself of~ …을 이용[활용]하다
- counsel 조언

08 "The best we can do is to help each other bring it out"

계속해서 하이스패로우는 신을 앞세워 어리고 유약한 토멘을 설득하여 자기 말을 따르는 사람으로 만들려고 한다.

High Sparrow: There's so much good in all of us. The best we can do is to help each other bring it out.

하이스패로우: 우리 모두들 안에는 선이 많습니다. 우리가 할 수 있는 최선은 서로 그 선함이 나오도록 도와주는 것입니다.

Game of Thrones

Notes

- bring out 불러일으키다, 밖으로 끌어내다

09 "If a girl is truly no one, she has nothing to fear"

자켄은 눈이 먼 아리아에게 자신의 이름을 대면 눈을 다시 뜨게 해주겠다고 하지만, 아리아는 "소녀에게는 이름이 없다"라고 하면서 자신은 No one이라고 말한다. 다음 자켄이 물을 떠주는데 아리아가 마시기를 주저하자….

Jaqen: If a girl tells me her name, I will give her eyes back. (Arya: A girl has no name.) Come. If a girl is truly no one, she has nothing to fear.

자켄: 소녀가 자신의 이름을 말하면 그녀의 눈을 돌려줄 것이다. (아리아: 소녀는 이름이 없습니다.) 이리 와봐라. 소녀가 진정으로 아무도 아니라면 두려워할 것이 아무 것도 없다.

Game of Thrones

Notes

- give ~ back 돌려주다
- have nothing to~ …할 것이 없다
- truly 진정으로
- fear 두려워하다

10 "My watch is ended"

존 스노우가 자신을 죽인 배신자들을 처형하고 겉옷을 벗어 에드에게 준다. 그리고 그에게 캐슬 블랙을 지휘하라고 하면서 자신은 나이트워치를 떠난다고 말하는 장면이다.

Dolorous Edd: We should burn the bodies. (Jon: You should.) What do you want me to do with this? (Jon: Wear it. Burn it. Whatever you want. You have Castle Black. My watch is ended.)

에드: 시체들을 태워야 하네. (존: 자네가 하게.) 이걸 갖고 어떻게 하라고? (존: 입던지 태우던지. 맘대로 하게. 자네가 캐슬 블랙의 새로운 지휘관이네. 나의 감시는 끝났네.)

Notes

- Whatever you want 뭐든지

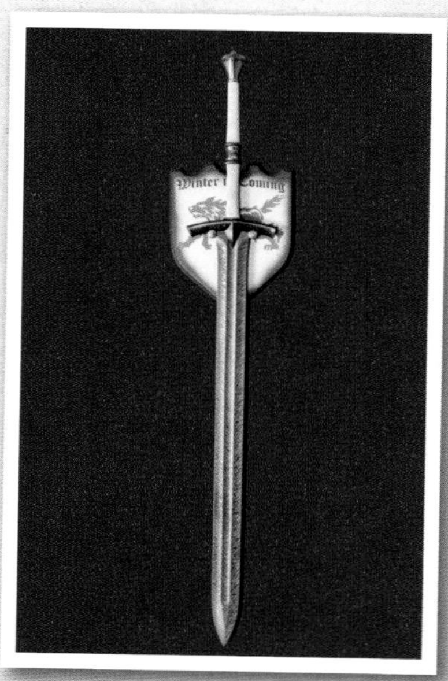

Book of the Stranger

01 "They killed me, Edd! My own brothers"

새로운 캐슬 블랙의 지휘관이 된 친구 에드는 존 스노우에게 평생 나이트워치 대원이 되겠다고 서약을 했는데 왜 그 서약을 깨려는지 다그친다.

Edd: How can you leave us now? (Jon: I did everything I could. You know that.) You swore a vow. (Jon: Aye, I pledged my life to the Night's Watch. I gave my life.) For all nights to come. (Jon: They killed me, Edd! My own brothers. You want me to stay here after that?)

에드: 어떻게 이런 때에 우리를 두고 떠날 수 있어? (존: 내가 할 수 있는 일은 다했네. 알잖아.) 자넨 서약을 했어. (존: 그래. 평생을 나이트워치에 바치겠다고 서약했지. 그리고 목숨을 바쳤어.) 앞으로 올 모든 밤들을 위해. (존: 그들이 날 죽였어, 에드. 내 형제들이. 그런데도 나보고 여기에 남으라고?)

▶ ▶ Game of Thrones

Notes

- leave sb …을 떠나다
- pledge 맹세하다
- swear a vow 서약을 맹세하다
- give one's life 목숨을 바치다

02 "We have to fight for it"

캐슬 블랙에 드디어 산사 일행이 도착하고 산사는 존 스노우와 다시 만나게 된다. 산사는 볼튼 가를 내몰고 윈터펠을 되찾자고 하고, 존 스노우는 싸움에 지쳤다고 한다.

Sansa: We have to fight for it. (Jon: I'm tired of fighting. It's all I've done since I left home.)

산사: 우리는 싸워서 윈터펠을 쟁취해야 돼. (존: 난 싸우는데 지쳤어. 내가 집을 떠난 이후로 한건 싸움뿐이야.)

Notes

- be tired of~ …에 짜증나다, 지치다

03 "It doesn't mean I forget. Or forgive"

캐슬 블랙에서 예상치 못한 조우가 이루어진다. 다보스와 멜리산드레 그리고 막 도착한 브리엔느이다. 렌리를 섬겼던 브리엔느는 아직 복수심에 가득차 있고 다보스는 다 지난 일이라면서 잊자고 한다.

Davos: That's in the past now. (Brienne: Yes, it's in the past. It doesn't mean I forget. Or forgive.)

다보스: 이제 그건 과거의 일입니다. (브리엔느: 맞아요. 과거의 일이죠. 그렇다고 내가 잊거나 용서했다는 말은 아닙니다.)

Notes

- be in the past 과거의 일이다
- It doesn't mean~ 그게 …을 의미하지는 않는다

04 "Let us sail on the tide of freedom instead of being drowned by it"

티리온은 윤카이 등의 귀족들이 반란군을 지원하고 있다는 정보에 귀족들을 초대하여 협상을 하려 한다. 노예제도를 7년간 유예시키면서 점진적으로 없애는 대신에 반란군 지원을 중단하라고 한다.

Tyrion: Let us sail on the tide of freedom instead of being drowned by it.

티리온: 자유의 파도에 거슬러 익사하기 보다는 그 흐름을 잘 타고 넘어갑시다.

Game of Thrones

Notes

- tide 흐름, 물결
- drown 익사하다[익사시키다]

05 "They'll underestimate us every time and we will use that to our advantage"

티리온과 귀족들의 타협에 회색벌레와 미산데는 불만이다. 티리온은 일시적인 타협이고 그들이 우리를 과소평가할 때 우린 그걸 이용해서 이익을 취하자고 한다.

Tyrion: Their contempt is their weakness. They'll underestimate us every time and we will use that to our advantage. (Grey Worm: You will not use them. They will use you. That is what they do.

티리온: 그들의 경멸은 그들의 약점이오. 그들이 우리를 과소평가할 때마다 우리는 그걸 이용해서 이득을 취할거요. (회색벌레: 당신은 그들을 이용하지 못해요. 그들이 당신을 이용합니다. 그들이 하는게 그런 일이니까요.)

Game of Thrones

Notes

- contempt 경멸, 멸시
- underestimate 평가절하하다, 낮춰보다
- advantage 이득

Season 06

06 "Don't let her size fool you"

대너리스의 행방을 찾는 조라와 다리오. 암벽길을 올라가는데 조라가 숨이차서 잘 올라오지 못하자 다리오가 조라를 도발한다. 여기서 ride the dragon은 진짜 용을 타는게 아니라….

Daario: You all right? Why don't you sit and catch your breath? (Jorah: I'm fine.) I don't think you could ride the dragon. 20 years ago, maybe. (Jorah: What?) Our queen. She's wild, you know. Don't let her size fool you. It's hard enough for me and I'm a young man. You, I don't think your heart could take it.

다리오: 괜찮아요? 좀 앉아서 숨 좀 돌려요. (조라: 괜찮네.) 당신은 용을 탈 수 없을 것 같네요. 20년 전이라면 모를까. (조라: 뭐라고?) 우리 여왕말이요. 아시다시피 무척 거칠어요. 체구가 작다고 얕잡아보면 안되요. 나도 정말 힘들어요, 어린데도요. 당신은, 당신 심장이 버티지 못할 것 같네요.

Game of Thrones

Notes

- Why don't you~? …해
- fool 속아넘어가다

07 "If I win, I'm the shit who killed an old man"

대너리스를 마음 속 한구석에 사랑하고 있던 조라는 여왕에게 선택받은 다리오의 도발에 불편함을 드러낸다.

Daario: I don't want to fight you, Jorah the Andal. What do I have to gain? If I win, I'm the shit who killed an old man. If I lose, I'm the shit who was killed by an old man.

다리오: 조라, 난 당신과 싸우고 싶지 않아요. 안달족 조라. 내가 얻는게 뭐가 있겠어요? 내가 이기면 노인을 죽인 나쁜 놈이 되는거고, 내가 지면 노인에게 패한 한심한 놈이 되는거죠.

Game of Thrones

Notes

- gain 얻다
- shit 나쁜 놈

08 "Let them win. Just make it stop"

하이스패로우는 어느날 마저리와 로라스를 만나게 해준다. 마저리는 로라스에게 가문의 미래이니 강해져야 한다고 하지만 이미 심신이 유약해진 로라스는 다만 이 상황이 그만 끝나기를 바란다.

Margaery: They want me to help tear you down. That's why he's letting me see you. I know it is. And if either of us give in to what they want, then they win. (Loras: Let them win. Just make it stop.)

마저리: 그들은 내가 오빠를 무너트리는 것에 도움이 되기를 바래. 그래서 나를 오빠와 만나게끔한 거야. 난 알아. 그리고 우리 둘 중 하나가 그들이 원하는 것에 굴복한다면 그들이 이기게 되는거야. (로라스: 그들이 이기라고 해. 그냥 이걸 그만 끝내게 해줘.)

Game of Thrones

Notes

- tear down 무너트리다
- give in to 굴복하다

09 "Many will die no matter what we do. Better them than us"

세르세이는 하이스패로우 제거 작전에 들어간다. 티렐 가문의 병력이 오고 란셀 라니스터의 아버지이자 현재 왕의 핸드인 케반 라니스터에게 개입하지 말라고 한다.

Kevan: If it doesn't go as planned, the sparrows have many friends in this city. We'll have civil war. Many will die. (Olenna: Many will die no matter what we do. Better them than us.)

케반: 계획대로 되지 않으면, 도시에는 스패로우 친구들이 많습니다. 내전을 겪을거예요. 많은 사람이 죽을거요. (올레나: 우리가 무엇을 하든 많은 사람은 죽게 되있소. 우리가 죽는 것보는 낫지.)

Game of Thrones

Notes

- go as planned 계획대로 되다
- civil war 내전

The Door

01 "If you didn't know, you're an idiot. If you did know, you're my enemy"

캐슬 블랙에 머물고 있는 산사에서 서신이 당도한다. 근처 몰즈타운에 도착한 배일리쉬의 서신이다. 브리엔느를 대동하고 배일리쉬를 만난 산사. 더 이상 예전의 산사가 아니다.

Sansa: To come to my aid? Did you know about Ramsay? If you didn't know, you're an idiot. If you did know, you're my enemy.

산사: 나를 도와주러 왔다고요? 램지에 대해서 알고 있었나요? 몰랐다면 당신은 바보천치이고, 알았다면 당신은 나의 적이예요.

Notes

- aid 도움
- idiot 바보, 멍충이

02 "I can still feel what he did in my body standing here right now"

램지와 혼인시킨 배일리쉬에게 산사는 계속해서 램지의 만행이 어떠했는지 신랄하게 비난한다. 아직까지도 그녀의 몸은 그의 만행이 저지른 상처를 느낄 수 있다고 하면서….

Sansa: I can still feel it. I don't mean in my tender heart it still pains me so. I can still feel what he did in my body standing here right now.

산사: 난 아직도 느낄 수 있어요. 내 마음이 아직도 아프다는 얘기는 아니에요. 지금 여기 서 있는 순간에도 그 놈이 내 몸에 무슨 짓을 했는지 느낄 수 있다는 말이에요

Game of Thrones

Notes

- I don't mean~ …라는 말은 아니다

03 "I don't believe you anymore. I don't need you anymore"

램지의 만행에 대해 배일리쉬에게 쏟아 부으면서 그녀는 더 이상 배일리쉬를 믿을 수도 더 이상 필요하지도 않다고 말한다.

Sansa: You said you would protect me. (Baelish: And I will. You must believe me when I tell you that I will.) I don't believe you anymore. I don't need you anymore. You can't protect me.

산사: 저를 보호해주겠다고 했잖아요. (배일리쉬: 난 꼭 그렇게 할거야. 내가 그러겠다고 했을 때는 내 말을 믿어야 돼.) 더 이상 당신을 믿지 않아요. 더 이상 당신이 필요없어요. 당신은 저를 보호할 수 없어요.

Game of Thrones

Notes

- protect 지켜주다, 보호하다

04 "When I take the Seven Kingdoms, I need you by my side"

도트락인들에게 잡혀갔지만 다시한번 "불은 용을 죽일 수 없다"라는 것을 보여주면서 도트락인들을 자기 사람으로 만든다. 한편 회색병에 걸린 조라는 대너리스를 떠나며 티리온의 말대로 자기는 대너리스를 사랑했다고 말하고, 대너리스는 결국 자신을 배신했던 조라를 용서한다.

Daenerys: Do not walk away from your queen, Jorah the Andal. You have not been dismissed. You pledged yourself to me. You swore to obey my commands for the rest of your life. Well, I command you to find the cure wherever it is in this world. I command you to heal yourself and then return to me. When I take the Seven Kingdoms, I need you by my side.

대너리스: 안달족의 조라, 여왕의 곁을 떠나지마라. 가도 좋다고 하지 않았다. 당신은 내게 당신을 바친다고 서약했다. 평생동안 나의 명령에 복종하겠다고 맹세했지. 이제 나는 그대에게 세상 어디에 있는 것이든지 치료약을 찾을 것을 명한다. 명령하노니, 다 치료하고는 내게 돌아오라. 내가 칠 왕국을 차지할 때 내 옆에 그대가 필요하다.

Notes

- walk away from 가버리다, 곁을 떠나다
- pledge oneself to~ …에 몸을 바치겠다고 서약하다
- dismiss 사람을 보내다
- command 명령(하다)

05 "Isn't that the whole point of being a fanatic? You're always right"

여왕이 없는 사이 티리온은 여왕에 대한 업적을 홍보하고자 빛의 신을 모시는 대사제 킨바라를 영입하여 대백성 선전전에 뛰어든다. 하지만 바리스는 스타니스를 예정된 왕으로 모셨던 그러나 실수로 드러난 멜리산드레의 예를 들면서 회의적인 발언을 한다.

Varys: I suppose it's hard for a fanatic to admit a mistake. Isn't that the whole point of being a fanatic? You're always right. Everything is the Lord's will. (Kinvaro: Everything is the Lord's will. But men

and women make mistakes. Even honest servants of the Lord.) And you, an honest servant of the Lord, why should I trust you to know any more than the priestess who counseled Stannis?

바리스: 제 생각에는 광신도는 실수를 인정하기가 쉽지 않은 듯 합니다. 그게 광신도의 전부 아니겠습니까? 자신들만이 언제나 옳다는 것이고, 모든 것은 신의 뜻이죠. (킨바로: 모든 것은 다 신의 뜻이죠. 하지만 인간은 실수를 합니다. 신의 독실한 종이더라도요.) 그러면 당신, 신의 신실한 종이시여, 왜 우리가 스타니스를 보필한 여사제보다 당신을 더 믿어야 되는지요?

Notes
- fanatic 광신도
- priestess 여사제
- make mistakes 실수를 하다
- counsel 조언하다

06 "But if you have to fight, win"

백귀들이 공격해오는데 브랜은 과거여행을 하면서 자기의 할아버지인 릭카드 스타크가 브랜의 아버지인 네드 스타크에 하는 당부의 말을 보고 있다.

Rickard: Remember that you are a Stark. Comport yourself with dignity at the Vale and try to stay out of fights. (Ned: Yes, Father.) But if you have to fight, win.

릭카드: 넌 스타크 가문 사람인 것을 잊지말아라. 베일에 있는 동안 품위있게 행동하고 싸우지 않도록 해라. (네드: 네, 아버지.) 하지만 만약에 싸우게 된다면, 이겨라.

Notes
- comport oneself with dignity 품위있게 행동하다
- stay out of~ …을 멀리하다

Blood of My Blood

01 "It's not an easy thing admitting to yourself what you really are"

마저리는 하이스패로우의 사상에 감화된 듯 오랫만에 만난 토멘에게 그의 칭찬을 한다. 토멘은 조금 당황해하면서 그녀의 얘기를 이해못하겠다는 듯이 그게 무슨 말인지 모르겠다고 한다. 하지만 마저리는 하이스패로우에 대한 칭찬을 이어 나간다.

Margaery: There's something about him. His way of looking at the world. It's not an easy thing admitting to yourself what you really are. It's taken me a while. He's helped me.

마저리: 그에게는 뭔가가 있어요. 세상을 보는 그만의 시각. 자신이 진짜 어떤 사람인지 스스로 인정하는 것은 쉬운 일이 아니예요. 전 시간이 오래걸렸죠. 그가 저를 도와줬어요.

Notes

- admit 인정하다, 받아들이다
- take sb a while …에게 시간이 한참 걸리다

02 "It's such a relief to let go of those lies"

계속되는 마저리의 자아반성. 그동안 자기 선행 등에서도 진정 빈곤한 자들이 필요로 하는 것보다는 도와주는 모습에 더 신경을 쓰는 등 자신의 모습에는 많은 거짓이 있었다며 과거의 자신을 책망한다.

Margaery: There were so many lies in those stories. (Tommen: I don't understand.) It's all right. It really is. It's such a relief to let go of those lies.

마저리: 그런 이야기안에는 많은 거짓말들이 있었어요. (토멘: 무슨 말인지 모르겠소.) 괜찮아요. 정말 괜찮아요. 그런 거짓말에서 해방되니 정말 마음이 놓여요.

Notes

- let go of~ …에서 벗어나다

03 "Rich or poor, noble or common, if we sin, we must atone"

드디어 마저리의 속죄하는 날이 다가왔다. 하이스패로우는 계단에 서서 마저리 왕비의 죄를 백성들에게 고하고 있다. 한편 티렐 가문은 군사를 동원하여 이를 막으려하는데….

High Sparrow: Rich or poor, noble or common, if we sin, we must atone. Margaery of House Tyrell came to us a sinner. She stood before the gods in the holy sept and lied. She turned a blind eye to her brother's sins. She disgraced her house, her king, and herself.

하이스패로우: 부유하거나 가난하거나, 귀족이나 평민이나 누구든 죄를 지으면 속죄해야 합니다. 티렐 가문의 마저리는 죄인으로 여기에 섰습니다. 그녀는 신성한 셉트의 신들 앞에 서서 거짓을 고했습니다. 그녀는 오빠의 죄를 눈감아 줬습니다. 그녀는 자신의 가문에, 왕께 그리고 자기 자신의 명예를 더럽혔습니다.

Notes

- atone 속죄하다
- turn a blind eye to~ …을 외면하다, 눈감아주다
- sinner 죄인
- disgrace 명예를 더럽히다

04 "We should treat them without mercy and we will"

티렐 가문의 군사와 협력하여 스패로우들을 제압하려던 계획은 마저리와 토멘 왕이 스패로우와 우호적 관계를 맺게 됨으로써 실패한다. 이로 인해 전방으로 쫓겨나는 제이미는 분노하며 스패로우 일당을 다 섬멸하겠다고 흥분한다.

Jaime: He has our son! He stole our son! He's torn our family apart. How should we treat people who tear us apart? (Cersei: We should treat them without mercy and we will.)

제이미: 그가 우리 아들을 데리고 있는 셈이야! 우리 아들을 훔쳤다고! 그는 우리 가족을 찢어 놓았어. 우리를 갈라놓는 사람들을 우리가 어떻게 해야하지? (세르세이: 무자비하게 대해야 하고 우린 그렇게 할거야.)

Game of Thrones

Notes

- tear~ apart 찢어놓다
- without mercy 무자비하게

05 "We've always been together. We'll always be together. We're the only two people in the world"

제이미는 연인 세르세이의 재판 때문에 떠나지 못하겠다고 하지만, 세르세이는 결투재판을 신청할거라면서 안심시킨다. 그리고는 스패로우들 때문에 우리가 더 강해지고 있다며 복수심에 불타오른다.

Cersei: It will be a trial by combat. I have the Mountain. They've made us both stronger, all of them. They have no idea how strong we are. No idea what we're going to do to them. We've always been together. We'll always be together. We're the only two people in the world.

세르세이: 결투재판을 신청할거야. 내게는 마운틴이 있잖아. 그들 모두가 우리 둘을 더욱 강하게 만들었어. 우리가 얼마나 강한지 상상도 못할거야. 그리고 우리가 그들을 어떻게 할지 꿈에도 모르고 있지. 우리는 항상 함께였어. 우리는 항상 함께 일거야. 세상에는 우리 둘만 있는거야.

Game of Thrones

Notes

- trial by combat 결투재판
- have no idea …을 모르다

The Broken Man

01 "If the gods are real why haven't they punished me?"

죽은 줄만 알았던 사냥개(산도르 클리게인)가 아직 살아있는 장면으로 에피소드 7은 시작된다. 자신을 살려준 그리고 자신의 정체를 아는 주민과 얘기를 하는 도중에 사냥개가 하는 말.

The Hound: If the gods are real why haven't they punished me?
사냥개: 신들이 실제로 존재한다면 왜 날 벌주지 않은겁니까?

Notes
- punish 처벌하다

02 "There are some who know every verse of the sacred text,~"

마저리가 교리서를 읽고 있는데 하이스패로우가 무엇을 읽냐고 물어보고, 마저리를 자기가 읽던 거의 내용을 줄줄 암기하는데….

High Sparrow: There are some who know every verse of the sacred text, but don't have a drop of the Mother's mercy in their blood and savages who can't read at all who understand the Father's wisdom.

하이스패로우: 신성한 글의 모든 구절을 아는 사람이라고 해서 모두가 어머니 신의 자비를 타고 나지 않습니다. 그리고 글을 못읽는 야만인이라도 아버지 신의 지혜를 이해하는 사람이 있죠.

Notes

- verse 구절
- not have a drop of~ …가 하나도 없다

03 "Congress does not require desire on the woman's part, only patience"

계속되는 마저리와 하이스패로우의 대화. 마저리가 금욕생활로 왕과 동침을 하지 않는다고 하자 하이스패로우는 다음과 같은 말을 한다.

High Sparrow: Congress does not require desire on the woman's part, only patience. The king must have an heir if we are to continue our good work.

하이스패로우: 생식행위는 여성의 입장에서는 욕망이 필요없어요. 단지 인내만 있으면 됩니다. 우리가 계속해서 좋은 일을 하려면 왕은 후계자가 있어야 합니다.

Notes

- congress 생식행위(성행위)
- heir 후계자

04 "Sometimes the true path is hard to find"

하이스패로우가 생식(임신과 출산)에는 인내가 필요할 뿐 욕망을 필요치 않는다고 말하자 마저리는 진정한 길을 찾기가 쉽지 않다고 말한다.

Margaery: Sometimes the true path is hard to find. (High Sparrow: Hard to find and harder still to walk upon. But you've made great progress.)

마저리: 때때로 진정한 길은 찾기 힘든 것 같아요. (하이스패로우: 찾기 힘들죠 그리고 그 길을 가는 것은 더욱 힘듭니다. 하지만 왕비께서는 많은 발전을 하셨어요.)

Notes

- make great progress 많은 발전을 하다

05 "You've lost, Cersei. It's the only joy I can find in all this misery"

손녀와 손자를 두고 킹스랜딩을 떠나려하는 올레나를 세르세이가 찾아온다. 올레나의 신랄한 비판에 자신의 잘못을 뉘우친다고 하며 떠나지말고 함께 힘을 합쳐 광신도와 맞서자고 한다.

Olenna: You're going to kill them all by yourself? You've lost, Cersei. It's the only joy I can find in all this misery.

올레나: 직접 저들을 죽이기라도 할거요? 당신은 졌어요, 세르세이. 그게 이 모든 불행 속에서 내가 찾을 수 있는 유일한 기쁨이요.

Notes

- lose 지다, 패배하다
- misery 불행

06 "Only a fool makes threats he's not prepared to carry out"

캐틀린의 삼촌 브린덴 툴리가 점령한 리버런을 빼앗기 위해 제이미와 브론이 함께 군대를 이끌고 온다. 먼저 온 월더 프레이의 군사들이 인질인 조카 에드뮤어 툴리를 살해하겠다고 브린덴에게 협박한다.

Jaime: Only a fool makes threats he's not prepared to carry out.

제이미: 오직 바보만이 이행할 준비가 되지 않은 협박을 하지.

Notes

- fool 바보, 멍충이
- carry out 이행하다, 수행하다
- make threats 협박을 하다

07 "Robb is gone, but House Stark is not"

산사와 존 스노우는 북부의 가문들을 찾아 병력을 요청한다. 이 대사는 모르몬트 가에 와서 병력지원을 할 때 존 스노우가 하는 말이다.

Jon: Robb is gone, but House Stark is not. And it needs your support now more than ever. I've come with my sister to ask for House Mormont's allegiance.

존: 롭은 죽었지만 스타크 가문은 살아있습니다. 그리고 그 어느 때보다 여러분의 도움이 필요합니다. 모르몬트 가의 충성을 요청하기 위해 여동생과 함께 왔습니다.

Notes

- support 지원
- allegiance 충성

08 "But I am a Stark. I will always be a Stark"

같은 장면에서 모르몬트 가가 스노우는 서자이고 산사는 볼튼과 결혼했기 때문에 라니스터 가와 가까운게 아니냐면서 회의적인 이야기를 꺼내자….

Sansa: I did what I had to do to survive, my lady. But I am a Stark. I will always be a Stark.

산사: 전 생존하기 위해 해야만 했던 것을 했을 뿐입니다. 하지만 난 스타크 가문이고 언제나 그럴 것입니다.

Notes

- survive 생존하다

09 "And make no mistake, my lady, the dead are coming"

계속해서 모르몬트 가를 설득하는 장면. 모르몬트 가에서 다른 사람들의 전쟁에 왜 자신들이 참여해야 하냐고 하자, 다보스가 나서서 이건 우리의 전쟁이라고 말하며 죽은 자들이 다가오고 있다고 말한다.

Davos: It's between the living and the dead. And make no mistake, my lady, the dead are coming.

다보스: 이건 산 자와 죽은 자의 싸움입니다. 정말입니다, 죽은 자들이 다가오고 있습니다.

Notes

- make no mistake (about~) 정말이다, 분명하다(자기 말을 강조할 때)

10 "We have to fight and we need to do it together"

다보스의 말이 계속 이어진다. 볼튼이 북부를 장악하는 한 북부는 분열되어 백귀들의 왕인 Night King에 맞설 수 없다고 강조한다.

Davos: As long as the Boltons hold Winterfell, the North is divided. And a divided North won't stand a chance against the Night King. You want to protect your people, my lady. I understand. But there's no hiding from this. We have to fight and we need to do it together.

다보스: 볼튼 가가 윈터펠을 장악하는 한 북부는 분열됩니다. 분열된 북부는 나이트킹에 맞서 승산이 없습니다. 여러분의 백성들을 보호하고 싶으시죠. 이해합니다. 하지만 이로부터 숨을 곳은 없습니다. 우리는 싸워야 하며 함께 싸워야 합니다.

▶ ▶ Game of Thrones

Notes

- as long as …하는 한
- stand a chance 가능성이 있다

11 "As long as I'm standing, the war is not over"

리버런 성을 포위하고 있는 제이미는 단독으로 성 앞까지 와서 브린덴 툴리와 협상을 한다. 항복하면 자신의 명예를 걸고 살려주겠다고….

Brynden Tully: Bargaining with oathbreakers is like building on quicksand. (Jaime: The war is over, ser. Why sacrifice living men to a lost cause?) As long as I'm standing, the war is not over. This is my home. I was born in this castle and I'm ready to die in it. So you can either attack or try to starve us out.

브린덴 툴리: 서약을 어기는 자와 협상하는건 모래성을 쌓는 것과 같지. (제이미: 전쟁은 끝났습니다. 대의도 잃은 마당에 왜 산 사람들을 희생시키려고 합니까?) 내가 서있는 한 전쟁은 끝나지 않았어. 여기가 내 집이야. 난 이 성에서 태어났고 이 안에서 죽을 각오가 되어 있네. 그러니 우리를 공격하거나 굶어죽이게.

▶ ▶ Game of Thrones

Notes
- bargain with …와 협상하다
- starve out 굶어죽이다
- oathbreaker 서약을 어기는 자

12 "Animals are true to their nature and we had betrayed ours"

사냥개를 구해준 자그마한 한 종교집단의 셉튼이, 사람들이 앉아있는데 어린 아이의 목을 땄었던 자신의 경험담을 이야기하고 있다.

Septon: I remember once a woman screaming at us, calling us animals as we dragged her son from their hut. But we weren't animals. Animals are true to their nature and we had betrayed ours.

셉튼: 한번은 한 여인이 우리가 그 아들을 오두막에서 끌고 나올 때 우리에게 짐승이라고 울부짖던게 기억납니다. 하지만 우리는 짐승이 아니었습니다. 짐승들은 자신의 본능에 충실한데 우리는 우리의 본능을 무시하고 잔혹한 짓을 했습니다.

Game of Thrones

Notes
- scream 울부짖다
- drag ~ from …을 끌고 나오다

13 "It's never too late to come back"

계속되는 고해. 그는 어린 아들의 목을 베었지만 자책감에 밤새 잠을 이룰 수가 없었다면서, "나쁜 일들을 그만두는데 결코 늦은 때는 없다"라는 말을 한다.

Septon: Never too late to stop robbing people, to stop killing people. Start helping people. It's never too late to come back.

셉튼: 사람들을 갈취하고 죽이는 것을 멈추는데 늦은 때는 없습니다. 사람들을 도와주기 시작하십시오. 돌아오는데 늦은 때는 없습니다.

Game of Thrones

No One

01 "Let's hope it doesn't come to that"

산사의 요청으로 리버런의 블랙피쉬에게 병력지원을 하러 온 브리엔느는 성을 포위하고 있는 제이미를 만나 협상을 한다. 블랙피쉬 설득에 실패하고 싸움이 벌어지면 자신은 산사의 친족인 블랙피쉬 편에서 싸우겠다고 한다.

Brienne: Should I fail to persuade the Blackfish to surrender and if you attack the castle, honor compels me to fight for Sansa's kin. (Jaime: Of course it does.) To fight you. (Jaime: Let's hope it doesn't come to that.)

브리엔느: 블랙피쉬의 항복을 설득하는데 실패하고 당신이 성을 공격하게 된다면, 명예에 따라서 난 산사의 친족편에서 싸우게 될 것이오. (제이미: 당연히 그래야죠.) 당신과 싸우게 됩니다. (제이미: 그렇게 되지 않도록 바랍시다.)

Notes

- Should I~ If I should~
- persuade 설득하다
- compel ~ to …가 …하도록 강요하다
- fail to …하지 못하다
- surrender 항복하다
- kin 친족

02 "How do you live with yourself?"

제이미의 진영. 포로인 에드뮤어 툴리와 제이미가 이야기를 나누고 있다. 에드뮤어가 정말 꼭 알고 싶다고 하면서 질문을 던진다.

Edmure: How do you live with yourself? All of us have to believe that we're decent, don't we? You have to sleep at night. How do you tell yourself that you're decent after everything that you've done?

에드무어: 당신은 어떻게 살아가는거지? 우리들 모두는 우리가 괜찮은 사람이라고 믿어야 해. 그렇지 않나? 당신은 밤에 자야되지. 당신이 저질러 온 짓들이 있는데 어떻게 자기자신에게 자신이 괜찮은 사람이라고 말할 수 있는거지?

Notes

- decent 괜찮은

03 "They'd do anything to protect their babies"

제이미는 자신을 포로로 잡았던 캐틀린 스타크 얘기를 하면서 자기 누이인 세르세이와 비슷하게 캐틀린도 자식사랑이 극진했다고 말한다. 그 둘은 자식들을 위해서라면 전쟁도 불사하는 강한 모성애가 있다고 한다.

Jaime: I suppose all mothers do, but Catelyn and Cersei, there's a fierceness you don't often see. They'd do anything to protect their babies. Start a war. Burn cities to ash. Free their worst enemies. The things we do for love.

제이미: 모든 어머니들이 그렇겠지만 캐틀린과 세르세이에겐 자주 보기 힘든 강렬함이 있소. 자식들을 보호하는 일이라면 무슨 일이라도 한다는 것이오. 전쟁을 일으키고, 도시들을 불태워버리고, 최악의 적들을 풀어주고, 모두 사랑 때문에 하는 일들이오.

Notes

- fierceness 맹렬함
- would do anything to~ …하기 위해서라면 뭐든지 하다

Season 06

04 "And if I have to slaughter every Tully who ever lived to get back to her, that's what I'll do"

제이미는 자기가 리버런을 탈환해야 되는 이유는 그래야만 자기가 사랑하는 세르세이에게 돌아갈 수 있다고 말하면서, 포로인 에드뮤어의 아들까지 투석기에 넣어서 성안으로 날려버리겠다고 한다.

Jaime: Because you don't matter to me, Lord Edmure. Your son doesn't matter to me. The people in the castle don't matter to me. Only Cersei. And if I have to slaughter every Tully who ever lived to get back to her, that's what I'll do.

제이미: 에드뮤어 경, 왜냐면 나에게 당신은 상관없는 사람이고, 당신 아들도 나하고 상관없소. 성안의 사람들도 상관없소. 오직 세르세이만이 나와 상관있소. 그래서 세르세이에게 돌아가기 위해서 지금까지 살았던 모든 툴리 사람들을 살육해야 한다면, 난 바로 그렇게 할것이오.

Notes

- matter to~ …에게 중요하다
- get back to …에게 돌아가다
- slaughter 살육하다

05 "Finally a girl is no one"

에피소드의 마지막 장면. 아리아는 자기를 죽이려던 여자를 죽이고 얼굴을 떼어내서 다면신전에 붙여 놓는다. 이를 본 자켄은 아리아에게 마침내 No One이 되었다고 하는데….

Jaqen: Finally a girl is no one. (Arya: A girl is Arya Stark of Winterfell and I'm going home.)

자켄: 마침내 소녀는 아무도 아닌 사람이 되었다. (아리아: 소녀의 이름은 윈터펠의 아리아 스타크이며 고향으로 갈 것이다.)

Battle of the Bastards

01 "No ruler that ever lived had the support of all the people"

미린은 공격을 당하고 있고 다시 돌아온 대너리스에게 티리온은 도시가 많이 좋아졌다고 하고 백성들도 여왕을 지지한다고 하면서 말꼬리를 내리는데….

Tyrion: No ruler that ever lived had the support of all the people. But the rebirth of Meereen is the cause of this violence. The Masters cannot let Meereen succeed.

티리온: 모든 백성들로부터 지지를 받은 통치자는 없었어요. 미린의 재탄생이 이 폭력의 원인입니다. 노예상들은 미린이 성공하는 것을 가만두지 않습니다.

Notes

- ruler 통치자
- rebirth 재탄생
- succeed 성공하다
- support 지지
- violence 폭력

02 "Just don't do what he wants you to do"

램지에게 질린, 램지가 어떤 인간인지 잘 안다고 생각하는 산사는 적은 병력으로 램지와 맞붙겠다는 존 스노우가 못미덥기만 하다.

Sansa: I don't know anything about battles. Just don't do what he wants you to do.

산사: 난 전투에 대해서 아는 것이 없어. 다만 그놈이 바라는대로는 하지마.

Notes

- don't know anything about~ …는 전혀 모르다

03 "No one can protect me. No one can protect anyone"

램지에게 질 것 같은 불안감에 산사는 존 스노우과 큰 소리를 주고 받는다. 존이 다시는 램지가 산사를 건들지 못하도록 지켜주겠다고 하지만….

Jon: Battles have been won against greater odds. (Sansa: If Ramsay wins, I'm not going back there alive. Do you understand me?) I won't let ever let him touch you again. I'll protect you, I promise. (Sansa: No one can protect me. No one can protect anyone.)

존: 승산이 없었지만 결국 승리한 전투들도 많아. (산사: 램지가 이기면 난 살아서 돌아가지는 않을거야. 알겠어?) 다시는 램지가 너를 건들지 못하도록 할게. 내가 널 지켜줄게. 약속해. (산사: 아무도 나를 지켜줄 수는 없어. 아무도 다른 사람을 지켜줄 수 없어.)

Notes

- odds 승산
- protect 보호하다

04 "But then, we all live complicated lives, don't we?"

테온과 야라는 100척의 배와 함께 미린에 도착하여 대너리스와 협상을 시도한다. 그전에 윈터펠에서 만난 적이 있는 테온에게 티리온이 말을 건다.

Tyrion: It was complicated for you, I'm sure, growing up at Winterfell. Never quite knowing who you were. But then, we all live complicated lives, don't we?

티리온: 윈터펠에서 성장한 것이 당신에게는 복잡했을거요. 자신이 누군인지 전혀 모른채 말이오. 하지만 우리 모두 복잡한 인생을 사는 것 아닌가요?

Game of Thrones

Notes

- complicated 복잡한
- grow up 성장하다

05 "We're going to leave the world better than we found it"

테온과 야라의 제의에 대너리스가 답을 한다. 대너리스, 티리온, 테온 모두 못된 아버지를 두었고 세상을 더 나쁘게 만들었지만 우리들은 지금보다 더 나은 세상을 만들자고 한다.

Daenerys: Our fathers were evil men, all of us here. They left the world worse than they found it. We're not going to do that. We're going to leave the world better than we found it.

대너리스: 여기있는 우리 모두 다 못된 아버지를 두었소. 자기들이 살던 때보다 더 나쁜 세상을 물려줬소. 우리는 그렇게 하지 않을거요. 우리는 우리가 살던 때보다 더 나은 세상을 남겨줄 것이오.

Game of Thrones

Notes

- evil 사악한, 못된
- worse than …보다 못한

06 "Your words will disappear. Your house will disappear. Your name will disappear. All memory of you will disappear"

램지의 전술에 패색이 짙던 존 스노우는 산사가 베일의 군사들을 데려온 덕에 역전하여 승리하게 된다. 산사는 피투성이가 된 램지를 개사육장으로 데려가 그가 좋아하는 방식으로 죽인다.

Ramsay: Is this where I'll be staying now? No. Our time together is about to come to an end. That's all right. You can't kill me. I'm part of you now. (Sansa: Your words will disappear. Your house will disappear. Your name will disappear. All memory of you will disappear.) My hounds will never harm me. (Sansa: You haven't fed them in seven days. You said it yourself.) They're loyal beasts. (Sansa: They were. Now they're starving.)

램지: 이제 이곳이 내가 머물 곳인가? 아니지. 우리가 함께 했던 시간은 곧 끝나겠지. 괜찮아. 넌 날 못 죽여. 난 너의 일부이기 때문이야. (산사: 너의 말들은 사라질 것이고 너의 가문도 사라질 것이고 너의 이름도 사라질 것이다. 너에 대한 모든 기억은 사라질 것이다.) 내 사냥개들은 절대 나를 해치지 못해. (산사: 7일간 굶겼다고 했지. 너 스스로 한 얘기야.) 충성심이 강한 동물이라고. (산사: 그랬었겠지. 지금은 굶주려 있다고.)

Notes

- come to an end 끝나다
- feed 먹이다
- disappear 사라지다

Winds of Winter

01 "But sometimes before we can usher in the new, the old must be put to rest"

세르세이의 대복수가 펼쳐진다. 먼저 파이셀을 지하로 유인한 콰이번이 파이셀에게 작별인사를 고하고 있다. 콰이번의 정보원(작은새)들은 무자비하게 칼로 난도질을 한다.

Qyburn: Whatever your faults, you do not deserve to die alone in such a cold, dark place. But sometimes before we can usher in the new, the old must be put to rest.

콰이번: 당신의 잘못이 무엇이든지 간에 당신은 이렇게 차갑고 어두운 곳에서 외롭게 죽을 사람은 아닙니다. 하지만 때로는 우리는 새로운 것을 받아들이고 옛 것을 보내야만 하죠.

Game of Thrones

Notes

- usher in …을 받아들이다, 맞이하다
- put to rest 잠재우다, 보내다

02 " I do things because they feel good"

신전을 와일드파이어로 폭발시켜 하이스패로우와 마저리, 로라스까지 일거에 제거한 세르세이는 셉타 우넬라를 따로 감금한채 고문을 시작한다.

Cersei: It felt good. Beating me, starving me, frightening me, humiliating me. You didn't do it because you cared about my atonement. You did it because it felt good. I understand. I do things because they feel good. I drink because it feels good. I killed my husband because it felt good to be rid of him. I fuck my brother because it feels good to feel him inside me. I lie about fucking my brother because it feels good to keep our son safe from hateful hypocrites. I killed your High Sparrow and all his little sparrows all his septons, all his septas, all his filthy soldiers, because it felt good to watch them burn. It felt good to imagine their shock and their pain. No thought has ever given me greater joy.

세르세이: 기분이 좋았지. 나를 때리고, 나를 굶기고, 겁을 주고 모욕을 주고. 넌 내 속죄 때문에 그렇게 한게 아니야. 넌 그렇게 하는게 기분이 좋았기 때문이야. 이해해. 나도 기분이 좋아져서 하는 일들이 있어. 술마시면 기분이 좋아지고, 벗어나는게 좋았기 때문에 남편을 살해했고, 내안에 그가 들어오는게 좋았기 때문에 동생과 관계를 맺었고, 증오스런 위선자들로부터 아들을 안전하게 보호하는 것이 좋았기 때문에 동생과의 관계에 대해 거짓말을 했지. 나는 네 하이스패로우와 스패로우들, 그리고 셉톤과 셉타들 그리고 더러운 병사들 모두를 죽였지, 그들이 불타죽는 것을 보는게 좋았기 때문이야. 그들의 충격과 고통을 상상해보는건 좋았어. 나한테 더 큰 기쁨을 준 생각은 없었어.

Notes

- starve 굶기다
- be rid of …에서 벗어나다, 해방되다
- humiliate 모욕을 주다
- hypocrite 위선자

03 "Fear is a marvelous thing"

제이미의 지략으로 리버런을 정복한 월더 프레이는 흥에 차서 툴리 가문도 사라지고 스타크 가문도 없어지고 남은 자가 승리자라고 하면서 기뻐한다.

Walder Frey: Here we are now, two kingslayers. We know what it's like to have them grovel to our faces and snigger behind our backs. We don't mind, do we? Fear is a marvelous thing.

월더 프레이: 이제 우리 두 킹슬레이어가 있네. 사람들이 면전에서는 굽신거리고 뒤에서는 비웃는 것이 어떤 것인지 알지. 우린 신경안쓰잖소? 두려움은 정말 놀라운 것이오.

Notes

- grovel 굽신거리다
- snigger 비웃다

04 "I didn't lie. I was wrong"

전쟁터에서 화형시킨 흔적 그리고 그 아래 자기가 선물한 사슴인형을 발견한 다보스는 끔찍한 진실을 알게 되고 멜리산드레에게 스타니스의 딸 쉬린을 왜 죽였냐고 추궁한다.

Davos: You told everyone Stannis was the one. You had him believing it, all of them fooled. And you lied. (Melisandre: I didn't lie. I was wrong.) Aye, you were wrong. How many died because you were wrong?

다보스: 당신은 모두에게 스타니스가 왕으로 선택된 사람이고 했잖소. 스타니스가 그걸 믿게 했고, 모든 사람들이 속았소. 당신은 거짓말을 했소. (멜리산드레: 난 거짓말을 하지 않았어요. 내가 틀렸어요.) 그래, 당신은 틀렸소. 당신이 틀렸기 때문에 얼마나 많은 사람이 죽었소?

Notes

- have sb ~ing …가 …하게 하다

05 "We can't fight a war amongst ourselves"

존 스노우는 자기는 스타크가 아니기 때문에 윈터펠의 영주는 산사가 맡아야 된다고 한다. 그리고는 산사가 베일의 기사들에 대해 언급하지 않은 것을 염두에 두고 배일리쉬를 믿냐고 묻는다.

Sansa: Only a fool would trust Littlefinger. I should have told you about him, about the Knights of the Vale. I'm sorry. (Jon: We need to trust each other. We can't fight a war amongst ourselves. We have so many enemies now.)

산사: 바보만이 배일리쉬를 믿겠지. 그에 대해 그리고 베일의 기사들에 대해 오빠에게 말했어야 했는데. 미안해. (존: 우리는 서로를 믿어야 돼. 우리들끼리 전쟁을 할 수가 없어. 이제 우리에게는 너무 많은 적들이 있다고.)

Notes

- **fool** 바보, 멍충이
- **amongst** …사이에(= among)

06 "Survival is not what I'm after now"

세르세이는 티렐 가문과 도른 가문에 전쟁을 선포했고 두 가문의 수장들이 만나 대책을 논의하고 있다. 도른에서는 영주 도란 마르텔을 살해한 엘라리아 샌드, 그리고 티렐 가에서는 올레나가 나와있다.

Ellaria: The Lannisters have declared war on House Tyrell. They have declared war on Dorne. We must be allies now if we wish to survive. (Olenna: Cersei stole the future from me. She killed my son. She killed my grandson. She killed my granddaughter. Survival is not what I'm after now.) You're absolutely right. I chose the wrong words. It is not survival I offer. It is your heart's desire. (Olenna: And what is my heart's desire?) Vengeance. Justice.

엘라리아: 라니스터가가 티렐 가문에 선전포고를 했어요. 도른에게도 했죠. 우리는 생존을 원한다면 연합해야 합니다. (올레나: 세르세이가 내 미래를 훔쳐갔지. 내 아들을 죽이고, 내 손자를 죽였어. 그리고 손녀도 죽였고. 생존은 이제 내가 찾는게 아니요.) 맞는 말씀입니다. 제가 단어선택을 잘못했네요. 제가 제안하는 것은 생존이 아닙니다. 당신의 심장이 바라는 것입니다. (내 심장이 바라는게 뭐요?) 복수. 정의.

Notes

- declare war on 전쟁을 선포하다
- vengeance 복수

07 "No one tells me to do anything"

대너리스는 웨스테로스를 공격할 준비를 하고 있고 연인 다리오에게는 미린에 남아 관리를 해달라고 한다. 다리오는 이게 티리온의 수작이라고 생각하는데….

Daario: The dwarf told you to do this? (Daenerys: No one tells me to do anything.) Clever fellow. Can't argue with his logic.

다리오: 난쟁이가 이렇게 하라고 시켰나요? (대너리스: 아무도 내게 지시할 수 없다.) 똑똑한 놈. 그 말빨은 당해낼 수가 없단말야.

Notes

- dwarf 난쟁이
- Can't argue with~ …는 당해낼 수가 없다

08 "That's the kind of self-sacrifice that makes for a good ruler"

대너리스는 사랑하는 연인 다리오를 보내고 티리온에게 와서 대화를 한다. 티리온은 좋은 통치자가 되기 위해 자기희생을 하였다고 칭찬한다.

Tyrion: You turned away a man who truly loves you because he would have been a liability in the Seven Kingdoms. That's the kind of self-sacrifice that makes for a good ruler, if it's any consolation.

티리온: 칠왕국에 짐이 될 수도 있을까봐 진정으로 당신을 사랑하는 사람을 내쳤어요. 그건 좋은 통치자가 되기 위한 자기희생이죠. 위안이 됐으면 합니다.

Notes

- turn away 내치다
- liability 부담
- consolation 위로

09 "I said farewell to a man who loves me. A man I thought I cared for. And I felt nothing"

티리온은 계속해서 대너리스를 위로하려고 하고 대너리스는 전쟁이 두려운게 아니라 사랑하는 연인과 헤어지는데 아무런 느낌이 없었다는게 두려웠다고 말한다.

Tyrion: The only people who aren't afraid of failure are madmen like your father. (Daenerys: Do you know what frightens me? I said farewell to a man who loves me. A man I thought I cared for. And I felt nothing. Just impatient to get on with it.) He wasn't the first to love you and he won't be the last. (Daenerys: Well, you have completely failed to console me.)

티리온: 실패를 두려워하지 않는 사람은 당신의 아버지처럼 미친 사람들입니다. (대너리스: 나를 무섭게 하는게 뭔지 아는가? 나는 나를 사랑하는 사람에게 작별을 고했다. 나도 좋아한다고 생각하는 남자에게. 그런데 난 아무런 느낌이 없었어. 그저 그 순간이 빨리 끝나기를 바라며 조급했을 뿐이다.) 그가 첫 사랑도 아니었고 마지막 사람도 아닐텐데요. (대너리스: 날 위로하는데 완벽히 실패했군.)

Notes

- failure 실패
- fail to …하지 못하다
- get on with it 서두르다
- console 위로하다

10 "The last thing you're ever going to see is a Stark smiling down at you as you die"

아리아 스타크는 살생부에 있는 사람들을 죽이는 작업을 하고 있는데, 그 첫번째 인물은 월더 프레이와 그 아들들이다.

Arya: My name is Arya Stark. I want you to know that. The last thing you're ever going to see is a Stark smiling down at you as you die.

아리아: 내 이름은 아리아 스타크이다. 그걸 알아두라고. 네가 마지막으로 보는 것은 스타크 가 사람이 네가 죽어가는 것을 웃으며 내려다보는 것이다.

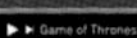

Notes

- smile down at …을 내려다보면서 웃다

11 "It's never stopped you from serving yourself"

산사가 기도하는데 배일리쉬가 와서 자신이 철왕좌에 앉아 있고 그 옆에는 산사가 있는 모습을 상상해 본다고 한다. 야심과 사랑고백을 일언지하에 거절당한 배일리쉬. 그는 스타크의 복권 소식이 칠왕국 전체에 퍼질 것이며 자신이 모두에게 스타크 가를 대변했다고 말한다.

Baelish: I've declared for House Stark for all to hear. (Sansa: You've declared for other houses before, Lord Baelish. It's never stopped you from serving yourself.)

배일리쉬: 난 모두에게 스타크 가문을 대변해 말했어. (산사: 배일리쉬 경, 전에는 다른 가문들을 위해 얘기하셨잖아요. 끊임없이 자기 자신을 위한 길이겠죠.)

Notes

- declare for~ …을 위해 대변하다
- stop ~ from …가 …하는 것을 멈추게 하다

12 "He brings the storm"

윈터펠. 전쟁이 끝났으니 집에 가서 폭풍을 대비하자고 하는 사람들에게 존 스노우가 말한다. 진정한 적들은 폭풍을 기다리지 않고 폭풍을 몰고 온다고 한다.

Jon: The war is not over. And I promise you, friend, the true enemy won't wait out the storm. He brings the storm.

존: 전쟁은 끝나지 않았습니다. 친구여 내 확신하건대, 진정한 적은 폭풍이 끝나기를 기다리지 않습니다. 폭풍을 몰고 옵니다.

Notes

- be over 끝나다
- wait out 끝나기를 기다리다

13 "He's my king from this day until his last day"

존 스노우의 전쟁에 참여한 모르몬트 가의 어린 영주가 일어나서 존 스노우를 북부의 왕으로 모시자고 일장 연설을 한다.

Mormont: But House Mormont remembers. The North remembers. We know no king but the King in the North whose name is Stark. I don't care if he's a bastard. Ned Stark's blood runs through his veins. He's my king from this day until his last day.

모르몬트: 모르몬트 가는 기억합니다. 북부는 기억합니다. 북부의 왕은 스타크 가문 이외에는 없다는 것을 알고 있습니다. 그가 서자여도 상관하지 않습니다. 네드 스타크의 피가 그의 혈관에 흐르고 있습니다. 그는 오늘부터 그의 마지막 날까지 나의 왕이십니다.

Game of Thrones

Notes
- run through …을 관통해서 흐르다
- vein 정맥

"Fear cuts deeper than swords"

아리아 스타크의 독백

Arya: Fear cuts deeper than swords.

아리아: 두려움은 검보다 더 깊게 베는 법이지

Game of Thrones

Notes
- fear 두려움
- cut 베다

Season 06

"Once you've accepted your flaws, no one can use them against you"

지략가 티리온 라니스터가 한 말이다.

Tyrion: Once you've accepted your flaws, no one can use them against you.

티리온: 네 약점을 스스로 인정하면 아무도 네게 그것을 이용하지 못해.

Notes

- accept 받아들이다, 인정하다
- flaw 단점, 약점

"

프레이 가문의 복수로 끝난 시즌 6에 이어 계속 아리아의 복수로 시즌 7은 시작된다. 시즌 7의 키워드는 복수, 스타크 가문의 재회, 그리고 산자와 죽은자의 전쟁, 그리고 존 스노우와 대너리스의 만남으로 요약된다. 세르세이의 성전 폭파로 전쟁은 본격적으로 시작된다. 마르텔 가문과 도른 가, 그리고 삼촌에게 쫓겨난 야라 남매는 대너리스 쪽에 붙어 복수를 꾀하지만 제이미의 지략에 다 몰락에 빠져 전세가 세르세이로 기운다. 그러자 분노한 대너리스는 용을 타고 제이미가 통솔하는 주력부대를 몰살하게 된다. 그러나 존 스노우는 가문간의 전쟁이 중요한 것이 아니라 산자와 죽은자의 거대한 전쟁이 눈앞에 다가오고 있다고 대너리스를 설득하고, 증거를 가져와서 세르세이까지 설득하여 가문간의 휴전을 도모한다. 하지만 세르세이는 북부와 대너리스가 죽은자와 싸우도록 배신을 하게 되고 이에 분노한 제이미는 홀로 북부로 떠나며 약속을 지키려고 한다. 한편 산사는 간교한 세치의 혀를 놀리는 배일리쉬를 죄목을 밝히며 그동안의 복수를 하게 된다. 그럴 즈음 존 스노우는 서자가 아니라 아에곤 타르가르옌이라는 사실이 밝혀지고, 죽은 용을 되살린 화이트 워커와 죽은자들이 장벽을 뚫고 나

Dragonstone

01 "You have to be smarter than Father"

회의중 존 스노우와 다른 의견을 주장했던 산사 스타크는 배신당한 아버지와 롭 스타크보다 존이 더 영리해질 필요가 있다고 조언하는 장면이다. 배신의 무서움을 직접 겪은 산사의 충언.

Sansa Stark: I'm not trying to undermine you! You have to be smarter than Father. You need to be smarter than Robb. I loved them, I miss them, but they made stupid mistakes, and they both lost their heads for it.

산사 스타크: 오빠의 권위를 약화시키려는게 아냐. 아버지보다 더 현명해져야 하고, 롭보다도 더 현명해야 돼. 다들 사랑하고 그립지만, 어리석은 실수를 했고 그래서 죽임을 당했어.

Notes

- undermine (권위 등을) 약화시키다
- lost one's head for~ …로 죽다

02 "No one wants to fight on the losing side"

자식을 다 잃은 세르세이는 사방에 적들로 둘러싸이게 된다. 스스로 여왕이라고 지칭하며 복수심에 불타오르는 세르세이에게 제이미가 현실을 충고한다.

Jaime: No one wants to fight on the losing side. Right now, we look like the losing side.

제이미: 누구도 지는 쪽에서 싸우는 것을 원치 않아. 지금 우리는 지는 쪽에 있어 보여.

Notes

- losing side 지는 쪽
- look like~ …처럼 보이다

03 "The last ones who counts"

복수에 불타서 전쟁의 승리를 말하며, 자살한 토멘을 배신자로 칭하는 세르세이에게 제이미가 무엇을 위한 승리냐고 되묻는다. 그녀는 남아있는 둘을 위한 승리라고 외친다.

Cersei: Should we spend our days mourning the dead... Mother, father, and all our children? I loved them. I did. But they're ashes now and we're still flesh and blood. We're the last Lannisters, the last ones who count.

세르세이: 죽은 어머니, 아버지, 그리고 우리 자식들을 위해 슬퍼하며 세월을 보내야 하나? 난 그들을 사랑했어. 정말야. 하지만 그들은 이제 재로 변했고 우리 둘만 살아 있는 사람이야. 우리가 마지막 라니스터 가 사람들이라고. 중요한 것은 마지막까지 남은 사람들이지.

Notes

- mourn 애도하다, 슬퍼하다
- count 중요하다

04 "Every winter that ever came has ended"

죽은자의 무리와 화이트 워커를 봤다며 걱정하는 샘웰 탈리에게 한 문관이 수천년의 역사 속에서 세상의 종말일 것 같은 순간은 여러 번 있었지만 다 이겨냈다며 안심시키고 있다.

Archmaester: In the Citadel, we lead different lives for different reasons. We are this world's memory, Samwell Tarly. Without us, men would be little better than dogs. Don't remember any meal but the last, can't see forward to any but the next. And every time you leave the house and shut the door, they howl like you're gone forever. When Robert's Rebellion was raging, people thought the end was near. The end of the Targaryen dynasty. "How will we survive?" When Aegon Targaryen turned his eye westward and flew his dragons to Blackwater Rush... "The end is near! How will we survive?" And thousands of years before that, during the Long Night, we can forgive them for thinking it truly was the end. But it wasn't. None of it was. The Wall has stood through it all. And every winter that ever came has ended.

아치메이스터: 시타델에서 우리는 다른 목적을 가지고 다른 삶을 살고 있네. 샘웰 탈리, 우리는 이 세상의 기억이네. 우리가 없으면 사람들은 개에 지나지 않을거야. 마지막 식사 외에는 생각을 못하고, 바로 앞 너머는 내다보지 못하네. 그리고 집을 나서고 문을 닫을 때마다, 다시는 돌아오지 않을 것처럼 짖어대지. 로버트의 반란이 거세졌을 때 사람들은 종말이 가까워졌다고 생각했지. 타르가르옌 왕조의 종말에, "우리가 생존할 수 있을까?"라고 생각했지. 아에곤 타르가르옌이 눈을 서쪽으로 돌려서 용을 타고 블랙워터 러쉬로 날아갔을 때… "종말이 다 가왔다! 어떻게 생존할까?"라 했지. 그리고 그 수천년 전에, 긴밤이 지속되었을 때, 사람들이 이제는 정말 끝이라고 생각했던 것을 우리는 이해할 수 있지. 하지만 그건 끝이 아니었어. 그 어떤 것도 끝이 아니었어. 그 모든 것을 버티는 장벽이 있고, 찾아온 모든 겨울은 결국 끝이 났네.

Notes

- **howl** 개가 짖다
- **survive** 생존하다
- **rage** 거세지다
- **forgive** 용서하다, 이해하다

Stormborn

01 "What kind of a servant is that?"

대너리스는 미친왕을 섬기다 다시 로버트 왕을 섬기면서 자신을 죽이기 위해 암살자까지 보낸 바리스가 이제는 자신에게 충성하는 모습을 보면서 그의 충성심을 질타한다.

Daenerys: If he dislikes one monarch, he conspires to crown the next one. What kind of a servant is that?

대너리스: 그는 왕이 마음에 들지 않으면 공모하여 다음 왕을 섬기지. 도대체 무슨 그런 신하가 있느냐?

Notes

- dislike 싫어하다
- crown 왕위에 앉히다, 옹립하다
- conspire to~ …하려고 음모를 꾸미다

02 "The people whose hearts you aim to win"

대너리스가 자신의 충성심에 의문을 달자 이에 반격하는 바리스. 자기가 섬기는 대상은 왕이나 여왕이 아니라 백성이라고 하는데…

Varys: You wish to know where my true loyalties lie? Not with any king or queen, but with the people. The people who suffer under despots and prosper under just rule. The people whose hearts you aim to win.

바리스: 제 진정한 충성심이 어디에 있는지 알고 싶습니까? 여느 왕이나 여왕이 아니라 백성들에 있습니다. 폭군 밑에서는 고통을 겪고 성군 밑에서는 잘 사는 백성들입니다. 전하가 마음을 얻기 바라는 바로 그 백성들입니다.

Notes

- loyalty 충성(심)
- prosper 번성하다, 잘 살다
- despot 독재자, 폭군
- aim to …을 목표로 하다

03 "You'll tell me how I'm failing them"

바리스의 충성심은 백성에게 있다는 말에 대너리스는 맹세를 요구한다. 자기가 백성들을 실망시킬 때 뒤에서 음모를 꾸미지 말고 자기에게 직언하라고…

Daenerys: Swear this to me, Varys. If you ever think I'm failing the people, you won't conspire behind my back. You'll look me in the eye as you have done today, and you'll tell me how I'm failing them.

대너리스: 이걸 맹세하오, 바리스 경. 내가 백성들을 실망시키고 있다고 생각이 든다면 등 뒤에서 음모를 꾸미지 말고 오늘처럼 내 눈을 똑바로 쳐다보고 내가 어떻게 백성들을 실망시키고 있는지 말하라.

Notes

- swear 맹세하다
- fail the people 백성들을 실망시키다

04 "You're a dragon. Be a dragon"

미친 아버지의 광기가 부담이 되어, 막강한 전력에도 백성들의 안위를 생각하며 우회전략을 쓰는 대너리스와 티리온. 이에 올레나는 대너리스에게 "용이 되라"라고 충고한다.

Daenerys: I realize you're here out of hatred for Cersei and not love for me. But I swear to you, she will pay for what she's done. And we will bring peace back to Westeros.

Olenna: Peace? Do you think that's what we had under your father? Or his father? Or his? Peace never lasts, my dear. Will you take a bit of advice from an old woman? He's a clever man, your Hand. I've known a great many clever men. I've outlived them all. You know why? I ignored them. The lords of Westeros are sheep. Are you a sheep? No. You're a dragon. Be a dragon.

대너리스: 내가 좋아서가 아니라 세르세이에 대한 증오심 때문에 여기에 오신 줄 압니다. 하지만 맹세하지만 그녀는 응분의 대가를 받을 것입니다. 그리고 웨스테로스에 평화를 가져올 것입니다.
올레나: 평화요? 여왕님의 아버지 밑에서 우리가 평화스러웠다고 생각합니까? 아니면 그의 아버지나 할아버지 때요? 평화는 절대로 지속되지 않아요. 늙은이가 조언을 해도 될까요? 여왕님의 핸드는 영리한 사람입니다. 많은 영리한 사람들을 알고 있지만 난 그들보다 오래 살았어요. 왜인지 아세요? 난 그들의 말을 무시했어요. 웨스테로스의 영주들은 양입니다. 여왕님도 양이십니까? 아니죠. 여왕님은 용입니다. 용이 되십시오.

Notes

- hatred 증오
- take a bit of advice from~ …로부터 조언을 듣다
- last 지속하다
- outlive …보다 오래 살다

05 "I'll never stop fighting for it, no matter the odds"

대너리스의 초대를 받은 존 스노우. 드래곤스톤에 저장된 드래곤글래스와 또한 대너리스와의 동맹을 맺기 위해 위험을 무릅쓰고 드래곤스톤으로 가겠다고 하지만 다들 함정이라고 말린다.

Jon Snow: You all crowned me your king. I never wanted it. I never asked for it. But I accepted it because the North is my home. It's part of me, and I will never stop fighting for it, no matter the odds.

존 스노우: 여러분 모두가 나를 왕으로 추대했습니다. 난 절대로 원하지 않았습니다. 요구하지도 않았습니다. 하지만 난 받아들였습니다. 북부가 나의 집이기 때문입니다. 북부는 나의 일부이고 가능성이 얼마든지 난 북부를 위한 싸움을 결코 멈추지 않을 것입니다.

Notes

- crown 왕으로 추대하다
- odds 가능성

Queen's Justice

01 "Stark men don't fare well when they travel south"

위험으로 무릎쓰고 드래곤스톤에 도착한 존 스노우를 맞이하는 대너리스의 핸드, 티리온 라니스터. 자신의 경험상 스타크 가 사람들이 남쪽에 와서 좋았던 적이 없었다고 말하는 장면.

Tyrion Lannister: General rule of thumb-- Stark men don't fare well when they travel south.

티리온 라니스터: 실제 경험에 의하면 스타크 사람들은 남쪽으로 왔을 때 잘 맞지 않습니다.

Notes

- rule of thumb 경험상
- not fare well 잘 맞지 않는다

02 "I've brought ice and fire together"

대너리스에게 존 스노우를 만날 것을 권유한 멜리산드레가 존 스노우를 피하자 눈치빠른 바리스가 다가와 무슨 연유인지 물어본다. 왕좌의 게임 원작 제목인 〈A Song of Ice and Fire〉를 생각하게 하는 대사이다.

Melisandre: I've done my part. I've brought ice and fire together.

멜리산드레: 내 역할을 했습니다. 얼음과 불을 만나게 했습니다.

Notes

- do one's part …의 역을 하다
- bring together 함께 만나게 하다

03 "We're like the lion who tasted man"

계속되는 멜리산드레와 바리스의 대화장면. 멜리산드레에게 권력의 속성을 언급하면서 멜리산드레에게 왜 떠나려하는지 계속 의구심을 표한다.

Varys: Give us common folk one taste of power, we're like the lion who tasted man. Nothing is ever so sweet again.

바리스: 보통 사람들은 권력의 맛을 조금이라도 보게 되면, 사람들 고기 맛을 아는 사자와 다를게 없죠. 그보다 더 달콤한 것은 없으니까요.

Notes

- common folk 보통 사람
- taste 맛보다

04 "I was born to rule the Seven Kingdoms, and I will"

대너리스는 존 스노우가 사자들 무리와 함께 싸우자고 제의하자, 화이트 워커와 사자들 무리의 존재를 아직 알지 못하는 대너리스는 자기는 오직 자기 만을 믿고 여기까지 왔다고 역설한다.

Daenerys: I spent my life in foreign lands. So many men have tried to kill me, I don't remember all their names. I have been sold like a broodmare. I've been chained and betrayed, raped and defiled. Do you know what kept me standing through all those years in exile? Faith. Not in any gods, not in myths and legends. In myself. In Daenerys Targaryen. The world hadn't seen a dragon in centuries until my children were born. The Dothraki hadn't crossed the sea, any sea. They did for me. I was born to rule the Seven Kingdoms, and I will.

대너리스: 난 외지에서 세월을 보냈다. 많은 사람들이 나를 죽이려고 했고 그들의 이름조차 기억못할 정도였다. 난 암말처럼 팔려갔다. 사슬에 묶이고 배신당하고, 강간당하고, 더렵혀졌다. 유배당하고 있는 이 모든 기간에 나를 지탱해줬던 것이 뭐인지 아나? 믿음이다. 어떤 신이나 신화나 전설이 아니라, 나 자신, 대너리스 타르가르옌에 대한 믿음였다. 나의 용들이 태어나기 전 오랫동안 사람들은 용을 보지 못했다. 도트락인들은 어떤 바다도 건너본 적이 없지만 그들은 나를 위해서 건너왔다. 난 칠왕국을 다스리기 위해 태어났고 난 그리 할 것이다.

Game of Thrones

Notes

- broodmare 씨암말
- defiled 더렵혀진
- exile 유배

05 "Live that way and nothing will surprise you"

존 스노우가 자리를 비운 사이, 북부를 책임지고 있는 산사와 배일리쉬의 대화장면이다. 단순히 북부와 남부의 싸움에 얽매이지 말고 마음 속에 모든 사람들과의 싸움과 우정에 대해 계속 생각을 해놓으면 세상을 살면서 놀라지 않을 것이다라는 배일리쉬 특유의 삶의 철학이 돋보이는 명대사.

Baelish: One of two things will happen-- either the dead will defeat the living, in which case all our troubles come to an end, or life will win out. And what then? Don't fight in the North or the South. Fight every battle, everywhere, always, in your mind. Everyone is your enemy, everyone is your friend. Every possible series of events is happening all at once. Live that way and nothing will surprise you. Everything that happens will be something that you've seen before.

배일리쉬: 둘 중의 하나는 결판날 것이다. 죽은자가 산 사람들을 이기는 경우 우리들의 모든 고민들은 없어지겠지. 아니면 산 사람들이 이기면 어떻게 되나? 북부와 남부에서 싸움을 하지마라. 모든 곳에서 네 마음의 모든 곳에서 싸움을 해라. 모든 사람이 너의 적이고, 모든 사람이 너의 친구이다. 일련의 가능성있는 사건들이 동시에 벌어질 것이다. 그렇게 살면 어떤 것에도 놀라지 않을 것이다. 일어나는 모든 일들은 네가 전에 봤던 일들 일 것이기 때문이다.

▶ ▶ Game of Thrones

Notes

- come to an end 끝나다
- all at once 모두 함께, 갑자기

06 "There are always lessons in failures"

라니스터 가의 주력부대를 이끌고 마르텔 가문을 함락시킨 제이미. 올레나를 죽이기 전 그녀와 나누는 대화장면이다. 롭 스타크에게 당한 전술을 활용했다고 하면서…

Jaime: There are always lessons in failures. (**Olenna:** Yes. You must be very wise by now.) My father always said I was a slow learner.

제이미: 실패에서 항상 배우는 법이지요. (올레나: 그렇죠. 지금쯤이면 아주 현명해졌겠군요.) 아버지는 항상 내게 늦게 배운다고 하셨죠.

Notes

- failure 실패
- slow learner 천천히 배우는 사람

The Spoils of War

01 "Isn't their survival more important than your pride?"

드래곤글래스가 있는 동굴에서 대너리스가 존 스노우에게 자신에게 충성하면 북부를 위해서 함께 싸우겠다고 제의하는 장면.

Daenerys: I will fight for you. I will fight for the North. When you bend the knee. (**Jon Snow:** My people won't accept a southern ruler. Not after everything they've suffered.) They will if their king does. They chose you to lead them. They chose you to protect them. Isn't their survival more important than your pride?

대너리스: 그대를 위해 싸우겠노라. 북부를 위해 싸우겠다. 그대가 충성을 맹세하면. (존 스노우: 북부인들은 남부의 지도자를 받아들이지 않을 것입니다. 그렇게 많은 것들을 겪은 후에는요.) 그들의 왕이 충성하면 그들은 그리 할 것이다. 그들은 그대를 지도자로, 자신들을 보호하라고 선택했다. 그대의 자존심보다 그들의 생존이 더 중요하지 않겠는가?

Notes

- bend the knee 복종하다, 충성하다
- survival 생존

02 "You're just more of the same"

전황이 예상대로 풀리지 않자 대너리스는 흥분하며 용으로 레드킵을 불태워버리겠다고 한다. 티리온이 말리자, 대너리스는 존 스노우에게 자신이 어떻게 해야 되는지 물어본다.

Jon Snow: I never thought that dragons would exist again. No one did. The people who follow you know that you made something impossible happen. Maybe that helps them believe that you can make other impossible things happen. Build a world that's different from the shit one they've always known. But if you use them to melt castles and burn cities, you're not different. You're just more of the same.

존 스노우: 용들이 존재하리라고는 전혀 생각못했습니다. 아무도 못했습니다. 여왕님을 따르는 사람들은 여왕께서 불가능한 일을 가능하게 만들었다는 것을 알고 있습니다. 그 덕에 그들은 여왕님께서 다른 불가능한 일도 가능하게 만들 것이라 믿고 있습니다. 그들이 이미 겪고 있는 형편없는 세상과는 다른 세상을 세울 것이라 믿고 있습니다. 하지만 용들로 성을 녹이고 도시들을 불태운다면, 여왕님은 다르지 않은 사람이 됩니다. 다른 사람들과 별반 다를게 없습니다.

Notes

- make~ happen 가능하게 하다
- melt 녹이다

03 "She's the queen we chose"

존 스노우와 다보스 그리고 미산데이가 대화하는 장면이다. 에소스에서 건너온 대너리스의 사람들은 그녀가 왕의 딸이어서 섬기는 게 아니라 진심으로 여왕님을 모시고 있다고 한다.

Missandei: All of us who came with her from Essos, we believe in her. She's not our queen because she's the daughter of some king we never knew. She's the queen we chose.

미산데이: 에소스에서 건너온 우리들 모두는 여왕님을 믿습니다. 이름도 모르는 어느 왕의 딸이어서 우리의 여왕님이 된 것이 아닙니다. 우리가 선택한 여왕님이십니다.

Notes

- believe in …을 믿다
- choose 선택하다

Eastwatch

01 "Together, we will leave the world a better place than we found it"

거듭된 작전 실패로 코너에 몰리자 대너리스는 직접 용을 타고 타이렐 가문을 공격하고 돌아오는 제이미 부대를 공격한다. 대승을 거둔 대너리스는 포로로 잡힌 라니스터 병사들에게 선택권을 준다.

Daenerys: I'm not here to murder, and all I want to destroy is the wheel that has rolled over rich and poor to the benefit of no one but the Cersei Lannisters of the world. I offer you a choice-- bend the knee and join me. Together, we will leave the world a better place than we found it.

대너리스: 난 사람들을 죽이러 여기에 오지 않았다. 이 세상에서 빈부를 떠나 세르세이 라니스터 만을 위해 굴러가는 수레바퀴를 파괴하고 싶을 따름이다. 너희들에게 선택권을 주겠다. 무릎꿇고 나와 함께 하자. 함께 지금의 이 세상을 더 좋은 곳으로 만들어가자.

Notes

- wheel 수레바퀴
- benefit 이득

02 "Sometimes strength is terrible"

라니스터 군을 공격하고 난 후 대너리스와 존 스노우가 나누는 대화. 백성을 도우려면 강자가 되어야 하고 강자가 되는 과정은 잔인할 수밖에 없다는 냉엄한 현실을 말하고 있다.

Daenerys: We both want to help people. We can only help them from a position of strength. Sometimes strength is terrible.

대너리스: 우리 둘 모두 백성들을 돕고 싶어 한다. 우리가 강자의 위치에 있을 때에만 백성들을 돌볼 수 있다. 때론 강자가 되기에는 끔찍한 과정이 있게 마련이다.

Notes

- strength 힘
- terrible 끔찍한

03 "I am not the one doing it"

대너리스와 그의 책사들은 아버지 미친왕 때문에 스스로 많은 제약에 사로잡힌다. 대너리스가 탈리 부자를 산채로 불태워죽이자 티리온과 바리스가 함께 걱정하면서 술을 마신다.

Varys: That's what I used to tell myself about her father. I found the traitors, but I wasn't the one burning them alive. I was only a purveyor of information. It's what I told myself when I watched them beg for mercy-- I'm not the one doing it. When the pitch of their screams rose higher-- I'm not the one doing it. When their hair caught fire and the smell of their burning flesh filled the throne room-- I'm not the one doing it.

바리스: 바로 그말이 내가 여왕의 아버지에 대해서 혼잣말로 하던 것인데. 반역자를 찾았을 뿐 산채로불 태워 죽인 것은 내가 아니다. 난 단지 정보를 제공했을 뿐이야. 그들이 자비를 베풀어달라고 할 때 하던 말이 바로 그거네. 내가 그런 것은 아니다. 그들의 비명소리가 점점 고조될 때, 내가 그런 것이 아니다. 그들의 머리가 불에 붙고, 살타는 냄새가 알현실에 가득할 때, 난 중얼거리지, 내가 그런게 아니다.

Notes

- used to …하곤 했다
- traitor 반역자
- purveyor 제공자

04 "I'm asking you to trust in a stranger because it's our best chance"

존 스노우는 죽을 각오로 낯선 대너리스의 도움을 청하러 왔듯이, 죽은자를 잡으러 가는 낯선 자신을 믿어달라고 하는 열변.

Jon Snow: I'm the only one here who's fought them. I'm the only one here who knows them. (**Daenerys:** I haven't given you permission to leave.) With respect, Your Grace, I don't need your permission. I am a king. And I came here knowing that you could have your men behead me or your dragons burn me alive. I put my trust in you, a stranger, because I knew it was the best chance for my people, for all our people. Now I'm asking you to trust in a stranger because it's our best chance.

존 스노우: 여기서 나만이 그들과 싸워봤습니다. 나만이 그들을 알고 있는 사람입니다. (대너리스: 가도 좋다는 허락을 하지 않았다.) 전하, 존경합니다만 여왕님의 허락이 필요하지 않습니다. 나는 왕입니다. 그리고 난 목이 베이거나 산채로 용에 불타 죽을 수도 있다는 것을 알고 왔습니다. 나는 낯선 이인 여왕님을 믿었습니다. 그것이 나의 백성들과 모든 백성들을 위해서 최선의 선택이라는 것을 알고 있었습니다. 이제 청하오니 우리의 최선의 선택이니 이 낯선 이를 믿어주십시오.

Notes

- behead 목을 베다
- trust in 신뢰하다

05 "Nothing fucks you harder than time"

다보스 경과 겐드리의 재회 장면. 킹스랜딩에 온 다보스를 보고 겐드리는 도시 경비대에 걸리면 어떻게 하냐고 걱정하자, 다보스는 세월의 무서움을 표현하는데…

Davos: Haven't been here in years. Why should they recognize me? Sometimes I hardly do. Nothing fucks you harder than time. Anybody give you any trouble?

다보스: 오래 간만에 왔는데. 어찌 날 알아보겠나? 가끔은 나 자신도 낯설은데. 시간보다 더 큰 고난은 없는 걸세. 힘들게 하는 사람은 없고?

Game of Thrones

Notes

- recognize 알아보다
- give~ trouble …을 힘들게 하다

06 "We're all breathing"

존 스노우는 감옥에 잡혀 있던 하운드 일행과 함께 죽은자를 잡으러 장벽넘어로 가기로 한다. 존 스노우는 목적과 배경이 다르더라도 우리 모두 같은 편이라고 하자, 겐드리가 어떻게 저들과 우리가 같은 편이냐고 묻는다. 죽은자와 산자의 싸움 구도에서 우리는 숨을 쉬기 때문에 같은 편이라고 한다.

Jon Snow: We're all on the same side. (**Gendry:** How can we be?) We're all breathing.

존 스노우: 우리는 모두 같은 편이네. (겐드리: 우리가 어떻게 같은 편인가요?) 모두 숨을 쉬잖나.

Game of Thrones

Notes

- be on the same side 같은 편이다
- breath 숨을 쉬다

Beyond the Wall

01 "The rules were wrong"

산사와 아리아가 성 안뜰을 쳐다보면서 나누는 대화장면. 남자 아이들만 검술을 하게 되어 있는데 아리아는 여자 아이임에도 불구하고 혼자 활쏘기 연습을 했고 뒤에서 아버지가 보고 있었다는 이야기.

Arya: But I hit the bull's eye. And I heard this. I looked up. And he was standing right here, smiling down on me. I knew what I was doing was against the rules but he was smiling, so I knew it wasn't wrong. The rules were wrong. I was doing what I was meant to be doing and he knew it.

아리아: 하지만 명중을 시켰고 (박수치는) 소리가 들렸어. 난 올려다봤지. 아버지가 여기 서서 내려다보면서 미소를 짓고 계셨어. 내가 규칙을 어기고 있다는 것을 알았는데도 아버지는 웃으셨어. 그래서 난 알았지. 내가 잘못하고 있는게 아니라는 규칙이 잘못되었다라는 것을. 난 내가 타고난 대로 하고 있었고 아버지는 그걸 알고 계셨던거야.

Game of Thrones

Notes

- hit the bull's eye 표적 정중앙을 맞추다
- be meant to~ …하도록 되어 있다

02 "Sometimes fear makes them do unfortunate things"

아리아가 배일리쉬의 방에서 찾아낸 산사의 서신. 아버지를 살리기 위해서 롭에게 와서 투항하라는 서신을 찾아낸 아리아는 산사를 밀어 붙인다.

Sansa: You're angry. Sometimes anger makes people do unfortunate things. (**Arya:** Sometimes fear makes them do unfortunate things. I'll go with anger.)

산사: 너 화가 났구나. 때때로 사람들은 화가 나면 안좋은 일들을 하지. (아리아: 때때로 사람들은 두려우면 안좋은 일들을 하지. 난 화가 난걸로 하겠어.)

Game of Thrones

Notes

- anger 분노, 화
- go with~ …로 하다(choose)

03 "So what's the point of serving a god?"

빛의 신을 모시는 베릭이 존 스노우가 다시 살아난 이야기를 꺼내자, 존 스노우는 왜 자기를 다시 살렸는지 모르겠다고 한다. 베릭 또한 신께서 존 스노우가 다시 살아나기를 바라셨지만 그 이유는 모른다고 하자…

Jon Snow: So what's the point of serving a god, none of us knows what he wants? (**Beric:** I think about that all the time. I don't think it's our purpose to understand.)

존 스노우: 신이 원하는 것이 뭔지도 모르면서 신을 섬기는 이유가 뭔지 모르겠네. (베릭: 나도 항상 그 점을 생각하죠. 그걸 이해하는 것은 우리의 몫은 아닌 듯 합니다.)

Game of Thrones

Notes

- What's the point of~? …해봤자 뭐하나?
- serve a god 신을 모시다

04 "Death is the enemy"

베릭과 존 스노우의 이어지는 대화. 존 스노우는 베릭에게 왜 싸우냐고 묻자 살기 위해서 싸워야 한다고 하며, 최초이자 최후의 적은 죽음이라고 말한다.

Jon Snow: So what are you fighting for? (**Beric:** Life. Death is the enemy. The first enemy. And the last.) But we all die. (**Beric:** The enemy always wins. But we still need to fight him. That's all I know.)

존 스노우: 그럼 뭐 때문에 싸움을 하는건가? (베릭: 생명입니다. 죽음은 적입니다. 최초의 적이자 최후의 적이죠.) 하지만 우리 모두는 다 죽네. (베릭: 적이 항상 이깁니다. 그래도 우리는 그에 맞서 싸워야 합니다. 그게 내가 아는 전부입니다.)

Notes

- fight for~ …을 위해 싸우다
- That's all I~ 내가 …하는 것은 그게 전부다

05 "It makes their power brittle"

티리온이 기만과 대량학살이 능사가 아니라고 소신을 밝히자 대너리스는 그렇지 않고 어떻게 승리할 수 있겠냐고 반문한다. 그러자 티리온은 공포만 남은 지도자들의 말로를 말해준다.

Tyrion: Yes, you'll need to be ruthless if you're going to win the throne. You need to inspire a degree of fear. But fear is all Cersei has. It's all my father had And Joffrey. It makes their power brittle. Because everyone beneath them longs to see them dead.

티리온: 맞습니다. 왕좌를 차지하기 위해서는 잔인해질 필요가 있습니다. 어느 정도의 공포심도 불어넣어주어야 합니다. 하지만 세르세이는 오로지 공포만 갖고 있습니다. 아버지도 그랬고 조프리도 그랬죠. 공포는 권력을 불안정하게 만듭니다. 밑에 있는 모든 사람들이 권력자들이 죽기를 바라니까요.

Notes

- ruthless 잔인한
- brittle 불안정한
- inspire 감정을 불어 넣어주다
- beneath …의 아래에

06 "Sometimes nothing is the hardest thing to do"

죽은자를 사로잡기 위한 원정대가 위기에 몰리자 존 스노우는 대너리스에게 도움을 청하는데… 핸드인 티리온은 대너리스의 안위를 생각하면 가지 말라고 반대한다.

Tyrion: Sometimes nothing is the hardest thing to do. If you die we're all lost. Everyone, everything. (**Daenerys :** You told me to do nothing before and I've listened to you. I'm not doing nothing again.)

티리온: 때로는 아무 것도 하지 않는게 가장 어려운 일입니다. 여왕님이 죽으면 우리는 모든 것을 잃게 됩니다. 모든 사람, 모든 것을요. (대너리스: 그대는 전에 나보고 가만히 있으라 했고 나는 그대 말을 들었다. 다시는 아무 것도 하지 않고 있지는 않을 것이다.)

Game of Thrones

Notes

- listen to~ …의 말을 듣다

The dragon and the wolf

01 "It's just about living"

대너리스 측과 세르세이 측이 협상하는 장면. 존 스노우가 함께 모인 이유를 한마디로 정의해주고 있다. 화합하며 살려고 모인게 아니라 공동의 적으로부터 살아남기 위한 것이라고 하며…

Jon Snow: This isn't about living in harmony. It's just about living. The same thing is coming for all of us.

존 스노우: 화합하면 사는 문제가 아닙니다. 이건 생존의 문제입니다. 공동의 적이 우리 모두를 쫓아오고 있습니다.

Notes

- harmony 조화, 화합

02 "There is only one war that matters, the Great War"

드래곤글래스로 죽은자를 죽이고 나서 존 스노우가 하는 말. 왕좌를 차지하기 위한 전쟁이 문제가 아니라 산자와 죽은자의 싸움만이 중요할 뿐이라고 역설하고 있다.

Jon Snow: There is only one war that matters, the Great War. And it is here.

존 스노우: 중요한 전쟁은 단 하나뿐입니다, 거대한 전쟁. 그리고 지금 그 거대한 전쟁이 시작된 겁니다.

Notes

- matter 중요하다

03 "I cannot serve two queens"

대너리스 측의 휴전협상을 받는 조건으로 세르세이는 존 스노우에게 두 가문의 전쟁에서 빠지라는 요구를 하지만, 고지식한 북부인답게 그는 솔직하게 대너리스 여왕을 섬기기로 했다고 말을 한다.

Jon Snow: I am true to my word. Or I try to be. That is why I cannot give you what you ask. I cannot serve two queens. And I have already pledged myself to Queen Daenerys of House Targaryen.

존 스노우: 난 약속을 지킵니다. 적어도 그렇게 하려고 합니다. 그래서 나는 그대가 원하는 답변을 줄 수 없습니다. 두 여왕을 섬길 수 없습니다. 타르가르옌의 대너리스 여왕에게 충성하기로 다짐했습니다.

Notes

- be true to one's word …말에 충실히 따르다
- pledge oneself to~ …에게 충성맹세를 하다

04 "Words stop meaning anything"

휴전협상이 깨지자 티리온은 가끔 거짓말도 못하냐고 핀잔을 준다. 이에 존 스노우는 지킬 수 없는 약속을 하지 않을거라며 자신의 신조를 역설한다.

Jon Snow: I'm not going to swear an oath I can't uphold. Talk about my father if you want, tell me that's the attitude that got him killed. But when enough people make false promises, words stop meaning anything. Then there are no more answers, only better and better lies. And lies won't help us in this fight.

존 스노우: 지킬 수 없는 약속은 하지 않을 겁니다. 원한다면 아버지 얘기를 하고, 그런 태도 때문에 아버지가 참수당했다고 말하시오. 하지만 많은 사람들이 거짓 약속을 하게 되면 말은 아무런 의미가 없어지게 됩니다. 그러면 말에 대한 책임도 없고 더한 거짓말들만 남게 됩니다. 거짓말은 이 싸움에서 우리에게 도움이 되지 않습니다.

Notes

- uphold (약속 등을) 지키다
- answer 약속에 대한 책임

05 "She knows herself"

재협상을 하기 위해 목숨을 걸고 세르세이를 찾아온 티리온. 자기가 섬기는 대너리스와 세르세이의 차이점을 말해준다.

Tyrion: She knows herself. She chose an advisor who would check her worst impulses instead of feeding them. That's the difference between you.

티리온: 그녀는 자기 자신을 알고 있어. 그래서 최악의 충동을 충족시키는 대신에 막아줄 조언자를 선택했지. 그게 누나와 다른 점이야.

Notes

- impulse 충동
- feed (욕구) 충족시키다

06 "I assume the worst"

산사와 아리아의 갈등을 빌미로 둘을 이간질하는 배일리쉬. "최악의 상황을 염두에 둔다"라는 명언을 남기고 얼마 안있어 아리아의 손에 죽게 된다.

Baelish: Sometimes when I try to understand a person's motives, I play a little game. I assume the worst. What's the worst reason they could possibly have for saying what they say and doing what they do? Then I ask myself, "How well does that reason explain what they say and what they do?"

배일리쉬: 어떤 사람의 동기를 이해하려고 할 때 가끔은 작은 게임을 한다. 난 최악의 상황을 염두에 두지. 다른 사람이 하는 말이나 하는 행동의 가장 최악의 이유는 무엇일까? 그리고 나 스스로에 묻는다. "그 이유가 그들의 말과 행동을 얼마나 잘 설명하고 있을까?라고 말이다.

Game of Thrones

Notes

- motive 동기
- assume 추정하다

07 "Do you deny it?"

역시 반전은 놀랍고 복수는 통쾌하다. 산사와 아리아를 이간질하려던 배일리쉬는 역으로 산사의 계략에 넘어가 아리아의 손에 죽임을 당한다. 산사가 죄목을 나열하며 그때마다 말하는 "Do you deny it?"은 가슴을 뭉클하게 한다.

Sansa: You conspired with Cersei Lannister and Joffrey Baratheon to betray our father, Ned Stark. Thanks to your treachery, he was imprisoned and later executed on false charges of treason. Do you deny it?

산사: 그대는 세르세이 라니스터와 조프리 바라테온과 공모하여 우리 아버지, 네드 스타크를 배신하였다. 그대의 배신 때문에 아버지는 투옥되고 나중에 잘못된 반역 혐의로 처형당하셨다. 그걸 부인하는가?

Game of Thrones

Notes

- conspire 공모하다
- betray 배신하다

08 "He needs to know"

과거와 현재를 볼 수 있는 브랜 스타크와 샘웰 탈리의 도움으로 존 스노우는 서자가 아니라 아에곤 타르가르옌이라는 사실이 드디어 밝혀지는 순간이다.

Bran: He's never been a bastard. He's the heir to the Iron Throne. He needs to know.

브랜: 그는 서자였던 적이 없었어. 그는 철왕좌의 후계자야. 그는 그것을 알아야 돼.

Notes

- bastard 서자
- heir 후계자

09 "The lone wolf dies, but the pack survives"

배일리쉬에게 복수를 하고 성벽에 서서 산사와 아리아가 아버지가 한 말을 되새기면서 아버지의 그리움을 표현하고 있다.

Arya "In winter, we must protect ourselves. Look after one another." (**Sansa:** Father. "When the snows fall and the white winds blow, the lone wolf dies, but the pack survives.") I miss him.

아리아: "겨울이 되면 우리는 스스로를 지켜야 한다. 서로를 돌보면서." (산사: 아버지 말씀이지. "눈이 내리고 눈보라가 치면, 외로운 늑대는 죽지만 무리는 살아남는다.") 아버지가 보고 싶어.

Notes

- one another 서로
- pack 무리

〈왕좌의 게임〉에 자주 나오는

Key Words 21

01 호칭, 신분, 직책
02 왕국, 장소
03 honor, serve, claim
04 이런저런 사람들
05 자주 나오는 형용사
06 희망, 관심, 유감, 좌절
07 명령하다, 지시하다
08 맹세하다, 충성하다
09 약속하다, 믿다
10 배반하다, 반역하다
11 말을 전달하다, 이동하다
12 칼을 휘두르다, 죽이다
13 재판, 감옥
14 전쟁, 약탈
15 보복하다
16 책임, 성향
17 사랑, 결혼
18 종교
19 감탄사, 욕
20 명사, 형용사가 동사로
21 놓치기 아쉬운 표현들

address him as Your Grace 그를 전하라고 부르다

- Your Grace, I am yours to command.
  명령만 내려주십시오.
- Is this your first time in the north, your Grace?
  전하, 북부에는 처음이시죠?
- Mercy, sire! I didn't kill anyone. I only watched for the guards.
  전하, 자비를 베푸소서! 전 아무도 죽이지 않았습니다. 단지 경비만을 섰을 뿐입니다.

• Your Grace 전하
• Sire 왕에 대한 올림말로 전하, 폐하
• address sb as~ …을 …라 부르다

name sb Hand of the Queen …을 여왕의 핸드로 임명하다

- Robert will choose a new Hand of the King-- someone to do his job while he's off fucking boars and hunting whores-- or is it the other way around?
  로버트 왕은 자기 일을 대신해 줄 새로운 왕의 핸드를 뽑을거고, 자기는 야생돼지를 범하고 창녀들을 사냥하겠지, 아니 그 거꾸로인가?
- But since you haven't yet unnamed me Hand of the King, it is my duty to advise you against it.
  전하께서 저를 왕의 핸드에서 해촉하지 않으셨기 때문에 그것에 반대하는 의견을 드리는게 소신의 의무입니다.

• Hand of the King 왕의 핸드
• be off ~ing …하러 가다

Queen Regent 섭정왕후

▶ Her Grace, the Queen Regent, commands you to release Grand Maester Pycelle.
섭정왕후 전하께서 대문관 파이셀을 풀어주라고 명하십니다.

▶ When the Queen Regent gives me a command, I carry it out without delay.
섭정왕후가 제게 명령을 내리시면 전 즉각 이행합니다.

- release 풀어주다
- carry out 수행하다

Liege Lord 직속 영주

▶ I am the widow of your liege Lord Eddard Stark.
난 네가 섬기던 영주 에다드 스타크의 미망인일세.

▶ It is a great pleasure to see you again after so many years, My Lord.
이렇게 오랜간만에 다시 뵙게 되어 영광입니다, 영주님.

- Lord 영주
- My lord 주인님, 영주님
- vassal 땅을 하사 받은 신하
- lordship 영주작위

Ser Jaime 제이미 경

▶ The first order of business is ransoming Ser Jaime.
급선무는 제이미 경의 몸값을 지불하는거요.

▶ Bronn, the next time Ser Meryn speaks, kill him.
브론, 머린 경이 다음 번에 입을 열면 죽여라.

▶ The Faith is satisfied there is enough evidence to bring a formal trial for Ser Loras and Queen Margaery.
교단은 로라스 경과 마저리 왕비를 정식 재판에 회부하는데 충분한 증거가 있어 만족합니다.

- ransom 몸값을 지불하다
- evidence 증거

Words

an anointed knight 서임 받은 기사

▶ I bet on Ser Jaime in the jousting, as any sane man would. When the Knight of the Flowers unseated him, I lost this dagger.
난 제정신이라면 다들 그렇듯 마상시합에서 제이미 경의 승리에 걸었죠. 꽃의 기사가 제이미를 말에서 떨어트렸을 때 난 이 단도를 잃어버렸어요.

▶ You don't have to be a knight to have armor.
기사가 아니어도 갑옷을 입을 수 있단다.

- It's chivalry 그건 기사도 정신이야
- unseat 말에서 떨어트리다, 승리하다

You were only a squire 자넨 종자에 지나지 않았어

▶ If it weren't for your squire's bravery, you'd be a dead man.
공의 종자의 용감함이 아니었더라면 공은 벌써 죽었을거예요.

▶ I squired for you once, you know?
한번은 경의 종자 일을 했는데요, 아세요?

* 동사로 …의 종자일을 하다라는 의미로도 쓰인다.

Maester Luwin 루윈 문관

▶ Maester Luwin said if he made it through the night, he'd live.
루윈 문관은 밤을 잘 넘기면 생존할거라고 말했습니다.

▶ You're far better at this sort of work than Grand Maester Pycelle. 자네는 이런 종류의 일에서는 대문관 파이셀보다 낫네.

▶ Dragons are intelligent. More intelligent than men according to some maesters.
용들은 영리하네. 어떤 문관들에 따르면 사람보다 더 영리하다고 하네.

- Maester 문관(역사, 치료, 전갈 등을 담당하는 직위)
- Grand Maester 대문관

* Maester들은 Citadel에서 교육을 받는다.

eunuch 환관

▶ Did you know that Lord Varys is a eunuch?
바리스 경이 환관인 줄 알고 있었죠?

▶ Can the treasury bear such expense?
국고담당이 그런 지출을 감당할 수 있나요?

▶ Which is why I'm naming you new Master of Coin.
바로 그래서 그대를 새로운 국고담당으로 임명하는거요.

• eunuch 거세당한 환관
• treasury 국고담당
* 나라의 재정을 맡고 있는 사람으로 배일리쉬가 담당이다.

councilors 평의회 의원들

▶ Today I shall accept oaths of fealty from my loyal councilors.
오늘 내 충성스런 의회 의원들로부터 충성맹세를 받겠소.

▶ Lord Eddard, when we last spoke you offered me some counsel. Allow me to return the courtesy.
에다드 경, 지난번 대화 때 제게 조언을 해주셨는데. 이제 그 호의에 보답하도록 하죠.

• counsel 조언하다, small council meeting(소의회실 회의)에서 평의회원들이 조언하다

gold cloaks 도시 경비대 = the City Watch 황금 가운을 입은 도시경비대

▶ I can smuggle you in, but if the gold cloaks were to recognize you, I'm warning you, I'm not a fighter.
그대를 몰래 잠입시킬 수는 있지만 도시경비대가 그대를 알아본다면, 내 경고하는데, 난 싸움을 못합니다.

▶ I'm afraid your friend has been relieved of his command of the City Watch.
아쉽게도 경의 친구는 시티워치 사령관에서 물러났습니다.

* The City Watch라고 불리기도 한다.

Lord Commander of the Kingsguard 근위대장

▸ Some say it was one of his own Kingsguard, while still others say it was Stannis himself who did it after negotiations went sour.
근위대 소속 중 한 명이라는 말도 있고 협상이 틀어진 후 스타니스가 직접 했다는 말도 있어.

▸ If we beheaded every ranger who lay with a girl, the Wall would be manned by headless men.
여자와 잠자리한 순찰대원들을 모두 참수한다면 장벽은 목없는 사람들이 지키게 될거야.

- Kingsguard 왕실경위대, 친위대
- Ranger 순찰대원
- the First Ranger 상급순찰대원

a highborn beauty 귀족출신의 미인

▸ You promised me a lordship and a castle and a highborn beauty for a wife.
경은 영주작위와 성 그리고 아내로 귀족출신의 미인을 약속했어요.

▸ Lowborn girls say "M'lord," not "My Lord. If you're going to pose as a commoner, you should do it properly.
천출은 "마이 로드" 대신 "마로드"라고 말하지. 평민인 척하려면 제대로 해라.

* highborn은 명사나 혹은 형용사로 쓰인다.
반대말은 lowborn이다.

- commoners 평민
- nobles 귀족

King Robert's bastard son 로버트 왕의 사생아

▸ Lady Stark is not your mother, making you the bastard.
스타크 부인은 자네의 모친이 아니니 자네는 사생아가 되는거야.

▸ We're looking for a bastard named Gendry.
겐드리라는 이름의 사생아를 찾고 있다.

▸ Jon Snow is a bastard, not a Stark.
존 스노우는 스타크 가문 사람이 아니라 서자야.

- look for 찾다

I need a new cupbearer 새로운 시녀가 필요해

▶ My cupbearer can read better than you.
내 시녀가 자네보다 더 글을 잘 읽네.

▶ I was handmaiden to his wife Lady Sansa.
전 그의 처인 산사 부인의 몸종이었습니다.

▶ When I was seven, I saw a servant girl bathing in the river. 일곱살 때, 한 하녀가 강에서 목욕하는 것을 봤어.

- handmaiden 하녀, 몸종
- servant 하인
- groom 마부, 하인

smith 대장장이, 철세공인

▶ There are three living smiths who know how to rework Valyrian steel.
발리리안 금속을 재작업하는 방법을 아는 살아 있는 대장장이는 3명입니다.

▶ A: You, do you have a trade? 너, 직업이 뭔가?
B: Smith, My Lord. 대장장이입니다.

the rightful heir to the Seven Kingdoms 칠왕국의 적통 후계자

▶ He was the rightful heir to the Seven Kingdoms.
그가 칠왕국의 적통 후계자였어요.

▶ Stannis Baratheon is Robert's true heir. The Throne is his by rights.
스타니스 바라테온이 로버트 왕의 적통 후계자이죠. 왕좌는 원칙적으로 그의 것입니다.

▶ That makes Sansa Stark the heir to Winterfell.
그러면 산사 스타크가 윈터펠의 후계자가 된다.

- succeed 승계하다, 계승하다

He's not the Kingslayer 그는 왕시해자가 아냐

▸ If I trade the Kingslayer for two girls, my bannermen will string me up by my feet.
제가 두 여동생과 왕시해자를 맞교환한다면, 제 병사들이 저를 목매달거예요.

▸ How many men did we send in pursuit of the Kingslayer?
왕시해자를 추적하는데 몇 명을 보냈나?

- string ~ up by one's feet 목매달다

true friends of the crown 왕권의 진정한 친구들

- The Lannisters have always been true friends of the crown.
  라니스터 가는 언제나 왕권의 진정한 친구였습니다.
- I rebelled against the crown to arrange your marriage to Sansa Stark.
  난 자네와 산사 스타크의 결혼을 맺어주기 위해 왕권에 반기를 들었네.

- crown 왕관, 왕위, 왕권, 왕
- wear the crown 왕위에 오르다[있다]
- Hail to King Joffrey! 조프리 왕 만세!

protect the realm 왕국을 수호하다

- Even a million Dothraki are no threat to the realm, as long as they remain on the other side of the Narrow Sea.
  백만의 도트락인들이라고 해도 협해의 건너편에 있는 한 왕국에는 위협이 되지 않는다.
- I will not believe Jon Arryn allowed Robert to bankrupt the realm. 존 아린이 로버트 왕이 왕국을 파산내도록 그냥 놔뒀다는게 믿기지 않네요.
- The King called on me to serve him and the realm and that's what I'll do until he tells me otherwise. 전하께서 오셔서 당신과 왕국을 섬기라고 하셨고 저는 전하의 다른 말씀이 있기까지 그리 할 것입니다.

- bankrupt the realm 왕국을 파탄내다
- monarch 군주

take the throne 왕좌를 차지하다

▸ And he cannot take the throne without your help. You would be wise to deny it to him and to make sure Joffrey succeeds.
그는 당신 도움없이 왕좌를 차지할 수 없죠. 그에게 왕위를 주지 않고 조프리가 왕이 되도록 할 만큼 현명하실텐데요.

▸ Soon you will cross the Narrow Sea and take back your father's throne. 곧 협해를 건너서 부친의 왕좌를 되찾을겁니다.

- take back one's throne …의 왕좌를 되찾다
- come into one's throne 왕좌에 오르다
- win one's throne 왕좌를 얻다

reign 통치기간, 통치하다, 다스리다

▸ My brother Aegon reigned after him when I had refused the Throne.
내 동생 아에곤은 내가 왕좌를 거부했을 때 아버지의 뒤를 이어 통치했지.

▸ Your reign is over. My reign has just begun.
너의 통치는 끝났다. 나의 통치가 시작되었다.

▸ How can I rule seven kingdoms if I can't control Slaver's Bay? 노예만를 통제하지 못한다면 내가 어떻게 칠왕국을 통치할 수 있겠습니까?

- coronation 대관식
- ascension 즉위
- rule 통치하다
- nameday 명명일

establish a dynasty 왕조를 세우다

▸ The future of our family will be determined in these next few months. We could establish a dynasty that will last a thousand years. Or we could collapse into nothing, as the Targaryens did.
우리 가문의 미래가 앞으로 몇 달 안에 결정될거야. 천년을 이어갈 왕조를 세울 수도 있지만 타르가르옌 가문처럼 몰락할 수도 있을 것이다.

▸ He won the rebellion and crushed the Targaryen dynasty.
그는 반란에 성공해서 타르가르옌 왕조를 무너트렸다.

- dynasty 왕조

call me usurper 나를 왕위찬탈자라고 부르다

▶ There are still those in the Seven Kingdoms who call me usurper.
칠왕국에는 아직도 나를 왕위찬탈자라고 부르는 사람들이 있네.

▶ The breath of the greatest dragon forged the Iron Throne, which the usurper is keeping warm for me.
가장 위대한 용의 입김이 철왕좌를 만들었고, 찬탈자가 나를 위해 따뜻하게 하고 있지.

• usurp 찬탈하다, 빼앗다

sigil (가문의) 상징

▶ The direwolf is the sigil of your House.
다이어울프는 영주님 가문의 상징입니다.

▶ It's a great honor to carry your house sigil.
영주님 가문의 상징 깃발을 드는 것은 큰 영광입니다.

▶ I will skin him and his bastard like that wretch on their bloody sigil.
나는 그들의 빌어먹을 깃발에 그려진 놈처럼 그와 그의 서자의 가죽을 벗길 것이다.

• skin 가죽을 벗기다

issue a royal decree 왕의 칙령을 내리다

▶ Now that you're a Bolton by royal decree, it's high time you married a suitable bride.
이제 너는 왕의 칙령에 의해 볼튼 가 사람이 되었으니 적당한 신부감과 결혼하거라.

▶ King Joffrey has decreed that the leftovers from our feast be given to the poorest in his city.
조프리 왕께서 이 연회에서 남은 음식은 최빈민가 사람들에게 나눠주도록 하셨다.

• royal warrant 왕실이 내린 칙서
• decree 법령, 칙령, 명하다

Red Keep 왕실이 거처하는 궁

▸ Your Grace, the queen has sent me to bring you back to the Red Keep. 전하, 여왕께서 레드킵으로 모셔오라고 저를 보내셨습니다.

▸ We'll shove our swords up Tywin Lannister's bunghole and then it's on to the Red Keep to free Ned.
타이윈의 항문에 검을 쑤셔 넣고 레드킵으로 가서 네드를 자유롭게 해줄겁니다.

▸ Run to your chamber and bar your door.
네 방으로 빨리 돌아가 문을 잠그거라.

- chamber 방
- battlements 성에 활쏘는 구멍이 있는 흉벽

crypt (시신들의 조상을 모셔 놓은) 지하동굴

▸ Take me to your crypt. I want to pay my respects.
자네 지하동굴로 가세나. 조의를 표해야겠네.

▸ I've seen her statue in the crypt.
지하동굴에서 그녀의 조상을 봤어요.

▸ We're going to bury my brother in the crypt next to my father.
우리는 내 동생을 지하동굴 아버지 옆에 묻을 것이다.

- vault 저장소

stronghold 성

▸ The Targaryens built their first stronghold there when they invaded Westeros.
타르가르옌 인들은 웨스테로스를 침략했을 때 거기에 최초의 성을 지었다.

▸ She broke her leg jumping from the ramparts.
그녀는 성벽에서 뛰어내릴 때 다리가 부러졌습니다.

- drawbridge 도개교
- armory 병기고
- rampart 성벽

03 honor, serve, claim
when honor calls
명예가 달렸을 때

treat sb with honor 명예롭게 대하다

- I treated the Stark boys with honor and they repaid me with treachery. 난 스타크 가문 애들을 명예롭게 대했는데 그들은 배신으로 되갚았어.
- A: Lord Eddard Stark, I would name you the Hand of the King. 에다드 스타크 경, 자네를 왕의 핸드로 임명할거야.
  B: I'm not worthy of the honor. 전 그런 영광을 받을 자격이 없습니다.
- It grieves me you've less honor than a back alley whore. 네가 뒷골목 창녀보다 명예가 없다는게 가슴이 아프다.

• repay sb with treachery 배신으로 되갚다

when honor calls 명예가 걸렸을 때는

- A: I have no choice. 난 선택의 여지가 없소.
  B: That's what men always say when honor calls. That's what you tell your families, tell yourselves. You do have a choice. And you've made it. 남자들은 명예가 걸린 일일 때면 항상 하는 소리죠. 가족과 자신에게 하는 말이구요. 당신은 선택권이 있어요. 그리고 당신은 선택을 한거예요.
- Do you think honor keeps them in line? Do you think it's honor that's keeping the peace? It's fear-- fear and blood. 그들이 명예 때문에 말을 듣는다고 생각하나? 평화를 유지시켜 주는게 명예라 생각하나? 아니야. 공포와 피네.

• keep sb in line 동조하게 하다, 말을 듣게 하다

Words

May I have the honor of~ ? …해도 좋겠습니까?

▶ May I have the honor of presenting the newest member of the Kingsguard?
내가 왕실친위대의 새로운 대원을 소개해도 좋겠습니까?

▶ But we thank you for paying us the honor of your visit.
하지만 저희를 방문해주셔서 큰 영광입니다.

• pay the honor~
…경의를 표하다

on my honor as~ …의 명예를 걸고

▶ On my honor as a Tully, on my honor as a Stark, let him go or I will cut your wife's throat.
탈리 가문의 명예를 걸고, 스타크 가문의 명예를 걸고, 그를 보내주지 않으면 네 아내의 목을 벨 거다.

▶ I shall wear this like a badge of honor.
이걸 명예의 훈장처럼 차고 다니겠습니다.

• a man without honor 명예가 없는 자
• her honor undesmirched 아직 순결(honor)을 잃지 않은(not defiled)
• wear sth like a badge of honor …을 명예의 훈장으로 받다

You honor me 황송합니다, 영광입니다

▶ You honor me beyond words, Your Grace.
전하, 정말 이루 말할 수 없이 황공하옵니다.

▶ You honor me. I swear I will uphold your name and your tradition. 영광입니다. 가문과 전통을 지켜나갈 것을 맹세합니다.

▶ The King has honored me with his offer. 왕이 그 제안을 하사하셨어.

▶ I regret to say he did not honor me with his patronage.
아쉽게도 그분은 저를 후원하신 적이 없습니다.

• honor sb with~ …에게 …을 하사하다
• honor sb with one's patronage …을 후원차 돕다

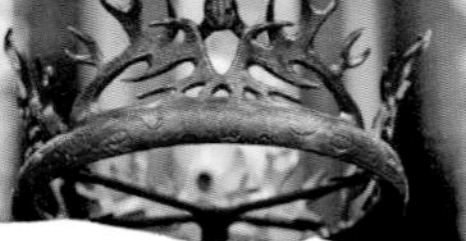

honor blood 혈통을 중시하다

▶ This isn't Westeros where men honor blood.
여기는 혈통을 중요시하는 웨스테로스가 아닙니다.

▶ The walking, talking reminder that the honorable Lord Eddard Stark fucked another woman.
걸음걸이, 말투가 그 명예로운 에다드 스타크 경이 다른 여자와 잤다는 것을 상기시켜주죠.

• honorable 명예로운

bring dishonor to one's house 가문에 먹칠을 하다

▶ He brought dishonor to our House.
그는 우리 가문에 먹칠을 했어.

▶ You will dishonor yourself forever if you do this.
그렇게 하신다면 영원히 명예를 잃으실 겁니다.

▶ I pledge to ask no service of you that might bring you dishonor.
그대를 불명예스럽게 하는 어떤 일도 요구하지 않겠다고 약속하노라.

• dishonor oneself 명예를 잃다

serve the Realm 왕국을 지키다

▶ You have served the Realm long and faithfully.
그대는 왕국을 오랫동안 충성스럽게 지켰소.

▶ I don't serve the Starks. I serve Lady Catelyn.
난 스타크 가문을 섬기는게 아니라 캐틀린 부인을 섬기오.

▶ They put me in chains and put a sword at my throat, so I served them.
나를 가두고 내 목에 칼을 댔기 때문에 그들을 섬겼다.

• serve 섬기다

swear to serve~ …을 섬기도록 맹세하다

▸ I've sworn to serve the Lord of Riverrun and obey his commands.
난 리버런 영주를 섬기고 그의 명령에 따르기로 맹세하였다.

▸ You are a Maester of the Citadel sworn to serve the lord of Winterfell, are you not?
그대는 윈터펠의 영주를 섬기도록 맹세한 시타델의 문관이 아닌가?

- obey 복종하다
- command 명령

serve as~ …로 일하다, …역을 하다

▸ He is serving as advisor to the Targaryens.
그는 타르가르옌의 조언자 역을 하고 있습니다.

▸ Anyone who attacks the Crown is unfit to serve as Lord Commander of the Kingsguard.
왕권을 공격한 사람이라면 누구나 왕실친위부대의 사령관 자격이 없다.

▸ You will serve as Hand of the King in my stead.
그대는 나 대신 왕의 핸드 역을 하거라.

- advisor 조언자
- be unfit to~ 어울리지 않다
- in one's stead …대신에

serve justice (to~) (…에게) 정의를 이루다, 정의를 행하다

▸ You help me serve justice to the king's assassins and I will help you serve justice to Elia's.
내가 왕의 암살자에 정의를 행사하도록 도와주면 그대가 엘리아의 암살자에게 정의를 행하도록 돕겠네.

- assassin 암살자

bound in service to~ …을 섬기도록 되어 있는

▶ I'm a Maester of the Citadel, bound in service to Castle Black and The Night's Watch.
난 캐슬블랙과 나이트워치에 봉사하도록 되어 있는 시타델의 마에스터네.

▶ You will fall on your knees in front of them and tell them how very sorry you are, that you are at their service.
그들 앞에서 무릎꿇고 네가 얼마나 안타까운지 뭐든지 해드리겠다고 말을 하거라.

- be at one's service …가 마음대로 쓰다
- fall on one's knees 무릎을 꿇다

forsake all claim to~ …에 대한 모든 권리를 포기하다

▶ Tomorrow, you're going to take the black, forsake all claim to your inheritance and start North.
내일, 너는 나이트워치가 되고, 모든 유산권을 포기하고 북부로 출발한다.

▶ I will abandon the Tyrell name and all that goes with it. I will renounce my lordship and my claims on Highgarden.
저는 타이렐 가의 이름과 그에 따르는 모든 것을 포기합니다. 저는 영주권과 하이가든에 대한 권리를 포기합니다.

- renounce all claim to dominion of …의 모든 지배권 포기를 선언하다
- renounce my lordship 영주권을 포기하다

have no claim to~ …에 대한 권리가 없다

▶ Your son has no claim to the throne.
그대의 아들은 왕좌에 오를 권한이 없습니다.

▶ Our enemies will say anything to weaken your claim to the throne.
우리의 적들은 전하의 왕좌에 대한 권리주장을 약화시키기 위해 무슨 말이라도 할 것입니다.

▶ The day Jaime put on the white cloak, he gave up his claim to Casterly Rock.
제이미가 국왕경비대가 된 순간, 그는 캐스털리 록의 권리를 포기한 겁니다.

- throne 왕좌
- weaken 약화시키다
- put on 입다

have the best claim to~ …에 가장 적격이다

▸ Lord Stannis has the best claim to the Throne, he is a proven battle commander and he is utterly without mercy.
스타니스 경이 왕좌에 가장 적격입니다. 검증된 전투 지휘관이고 전혀 자비를 베풀지 않습니다.

▸ By right of birth and blood, I do this day lay claim to the Iron Throne of Westeros.
나의 태생과 혈통에 의하여 난 오늘로 웨스테로스의 철의 왕좌에 대한 권리를 주장한다.

• lay claim on~ …의 권리를 주장하다

support one's claim~ …의 주장을 지지하다

▸ If the great houses support your claim against Cersei, the game is won.
대가문 영주들이 세르세이의 적통성에 대한 전하의 주장을 지지한다면 승리하게 되는 것입니다.

▸ You will support my claim as queen of the Seven Kingdoms and respect the integrity of the Seven Kingdoms.
그대는 칠왕국의 여왕으로서 나의 주장을 지지하고 칠왕국의 완전성에 경의를 표하시오.

• respect 존중하다
• integrity 완전성

04 이런저런 사람들
capture a deserter
탈영병을 체포하다

lad 남자아이

▶ Loyal lad-- fighting for his father's freedom.
효자네요. 아버지를 구하기 위해서 싸우다니요.

▶ Cersei thinks the Army of the Dead is nothing but a story made up by wet nurses to frighten children.
세르세이는 죽은자의 부대는 유모가 아이들을 겁주려고 만들어낸 이야기에 지나지 않는다고 생각합니다.

- kitchen wench = scullion 부엌데기
- confidant 막역한 친구
- companion 동료들
- wet nurse 유모

prey on the powerless 힘없는 사람들을 먹이로 하다

▶ The powerful have always preyed on the powerless.
권력자들은 언제나 힘없는 사람들을 먹이로 해왔다.

▶ What if the king massacres the innocent?
왕이 죄없는 사람들을 대량학살하면 어떻게 되나요?

▶ I'm not playing word games with you. The dead are coming for us all.
그대와 말장난을 하는게 아닙니다. 죽은 자들이 우리 모두를 향해서 오고 있습니다.

- the ruled 통치받는 자
- the innocent 죄없는 사람들
- the dead 사자들
- the wounded 부상자

this lot 이놈들, 이들

▶ How am I supposed to defend Winterfell with just this lot?
어떻게 이 놈들만으로 윈터펠을 지키라는거야?

▶ Lord Snow here grew up in a castle spitting down on the likes of you. 스노우 영주는 너 같은 사람들을 무시하며 성에서 성장했어.

▶ Important enough for the likes of you.
너 같은 사람들에게는 충분히 높은 사람이지.

- lot 사람의 무리
- the likes of you 너 같은 사람들

the poor cunts 불쌍한 것들

▶ Are you the dumbest cunt alive?
너보다 더 멍청한 놈이 있더냐?

▶ Figured I wouldn't have to suck up to any highborn cunts here.
여기서는 윗대가리 놈들에게 굽신거릴 필요가 없을거라 생각했지.

▶ You got a nice wet twat between your legs?
다리 사이에 젖은 멋진 음부가 있냐?

* cunt는 여성의 성기를 뜻하나 비열하거나 싫어하는 남[여]자를 말할 때 사용한다.

- You little shit! 형편없는 놈!
- You little twat! 이 한심한 놈!

execute that dwarf for~ …했다고 저 난쟁이를 처형하다

▶ They'll execute that dwarf for murdering the king.
그들은 저 난쟁이를 왕의 시해범으로 처형할거다.

▶ And then chop off his cock. We'll sell it for a fortune. A dwarf's cock had magic powers.
그러면 성기를 잘라라. 돈받고 팔 것이다. 난쟁이의 성기는 마법의 힘을 가졌었다.

▶ And on top of everything else, they made you marry that filthy troll. 그리고 무엇보다도 그대를 저 더러운 난쟁이와 결혼하게 했어요.

- mute 벙어리
- lummox 얼간이
- oaf 멍청이, 얼간이
- stump 땅달보
- stunted fool 자라다만 멍청이
- troll 난쟁이

You're a warg, Bran 브랜, 너 워그구나

▶ He's a warg. He can enter the mind of animals, see through their eyes.
그는 워그네. 동물들 마음 속에 들어가서 그들의 눈으로 세상을 보지.

▶ Mother of Dragons. On behalf of the warlocks of Qarth, I welcome you.
용들의 어머니시여. 카스의 마법사들을 대신하여 그대를 환영합니다.

- warlock 남자 마법사
- wizard 마법사
- sorcerer 마법사, 주술사

the Dothraki horde 도트락인 무리들

▶ If the Targaryen girl convinces her horselord husband to invade and the Dothraki horde crosses the Narrow Sea, we won't be able to stop them.
그 타르가르옌 여자애가 남편에게 침략을 설득하고 도트락인들이 협해를 건넌다면, 우린 그들을 막을 수가 없을거요.

▶ All wildlings are liars and savages with no loyalty to anything or anyone. 와일들링은 어느 누구에게도 어느 것에도 충성하지 않는 거짓말쟁이 야만인이야.

- brigand 산적
- mountain clans 산악부족
- savages 야만인
- stinking barbarians 악취나는 야만인

You're all reavers and rapers 너희들은 다 약탈자에 강간범들이야

▶ You are the most honest smuggler I ever met. Make me rich.
그대는 내가 만난 사람 중에서 가장 정직한 밀수꾼이요. 날 부자로 만들어주오.

▶ You came to us as outlaws, poachers, rapers, killers, thieves.
그대들은 우리에게 올 때 범법자, 밀렵꾼, 강간범, 살인자, 도둑들이었다.

- poacher 밀렵꾼
- slaver 노예상
- smuggler 밀수꾼
- reaver 약탈자

capture a deserter 탈영병을 체포하다

▶ They've captured a deserter from The Night's Watch.
나이트워치에서 탈영한 병사를 체포했다.

▶ What do you know of it, woman? I'm a proven warrior.
여자야, 그거에 대해 네가 뭘안다고? 난 검증된 전사다.

▶ We want you to leave Slaver's Bay. Take your dragons and your mercenaries and go.
우리는 그대들이 노예만을 떠나기를 바랍니다. 용들과 용병들을 데리고 가십시오.

- warrior 전사
- sellsword 용병
- mercenaries 용병
- deserter 탈영병

hold him captive with impunity 그를 인질로 잡고 있는데 벌을 받지 않다

▶ One victory does not make us conquerors.
한번 이겼다고 우리가 정복자가 되진 않는다.

▶ If another House can seize one of our own and hold him captive with impunity, we are no longer a House to be feared.
다른 가문이 우리 자식들 중 한 명을 억류하고 인질로 잡고 있는데 벌을 받지 않는다면, 우리는 더 이상 다른 가문이 무서워하는 가문이 되지 않는다.

- conqueror 정복자
- captor 인질범 (captive 인질)
- cutthroat 살인자
- one's betters 자기보다 더 나은 사람들
- ward 피보호자, 피후견인

He is only a pretender 그는 단지 왕이라 자칭하는 자에 지나지 않습니다

▶ They say my brother Robb always goes where the fighting is thickest. And he is only a pretender.
제 오빠 롭은 항상 싸움이 치열한 곳에서 싸운다고 하지만 그는 스스로 왕이라 부르는 자에 지나지 않습니다.

▶ Did you bring the dagger with you, by any chance? My little birds are everywhere even in the north.
혹 단도를 가지고 왔나요? 나의 정보원들은 세상 모든 곳, 심지어는 북부에도 있습니다.

- pretender 왕이라 지칭하는 자
- little birds 정보원

bloody 빌어먹을, 끝내주는

- I know the whole bloody country thinks I'm guilty.
  빌어먹을 전 나라가 내가 유죄라고 생각한다는 알고 있습니다.
- Forget about the bloody gods and listen to what I'm telling you.
  지랄 같은 신들은 잊어버리고 내가 말하는 것을 들어봐.
- If you mean to murder me, then bloody well get on with it. 날 살해할 생각이라면 빌어먹을 그렇게 해.

• bloody well 빌어먹을

hear some troubling tales 골치 아픈 얘기를 좀 듣다

- There have been disturbing reports.
  불길한 보고들이 있었습니다.
- Now I want you to tell me the truth about this royal boy, this Joffrey. Who else would know better? We've heard some troubling tales.
  이제 네가 그 왕자인 조프리에 대해서 진실을 내게 말해주길 바란다. 너보다 잘 아는 사람이 있겠느냐? 우리가 좀 골치아픈 얘기를 좀 들어서 말이다.

• troubling 골치 아픈
• disturbing 불길한, 충격적인

be a bit touched 정신이 이상하다, 좀 미치다

▶ I am touched by your concern, Your Grace.
전하의 관심에 감동받았습니다.

▶ She was always a bit touched, but now-- you might as well kill me here.
그녀는 항상 좀 이상했지만, 지금은… 그냥 여기서 날 죽이시죠.

▶ Are you soft in the head? Turn this cart around.
머리가 어떻게 된거 아냐? 마차 돌리라고.

- touched 정신이 이상한, 좀 미친, 감동한
- soft 멍청한, 정신나간

offer a handsome reward 많은 상금을 걸다

▶ He'll be offering a handsome reward. Everyone knows a Lannister always pays his debts.
많은 상금을 거시겠죠. 라니스터 가 사람은 항상 빚을 갚는다는 것을 알지요.

▶ Theon holds the castle with a skeleton crew.
테온은 최소의 인원으로 성을 차지하고 있습니다.

- outrageous amounts 엄청난 양
- handsome 상당히 많은 양의
- skeleton 인원이 최소 한도의

clean and fresh 깨끗하고 상큼한

▶ What good is the word extravagant if it can't be used to describe a royal wedding?
사치스럽다는 단어가 왕실결혼을 묘사하는데 쓰일 수 없다면 무슨 소용이 있겠어요?

▶ Lord Ramsay sent me to draw you a bath, my lady. You want to be clean and fresh for your new husband, don't you?
램지 경께서 목욕하시는 것을 도우라고 보내셨습니다. 남편 분을 위해 깨끗하고 상큼해지고 싶지 않으세요?

- exquisite 우아한
- extravagant 사치스러운
- fresh 갓, 새로운
- ravishing 매력적인

an impudent little wench 아주 무례한 여자

▶ You're an impudent little wench, aren't you?
너 아주 무례한 여자구나, 그렇지 않아?

▶ Every time I close my eyes, I see their blond hair and their smug, satisfied faces.
내가 눈을 감을 때마다, 금발머리와 우쭐대며 만족해하는 얼굴들이 보인단말야.

- smug 우쭐대는
- pompous 건방진
- ponderous 볼품없는, 지루한
- impudent 무례한, 건방진

a vile thing 비열한 짓

▶ I understand your misgivings, My Lord. Truly, I do. It is a terrible thing we must consider, a vile thing. Yet we who presume to rule must sometimes do vile things for the good of the realm.
경의 걱정을 이해합니다. 정말요. 우리가 생각하는게 끔찍한 일이고 비열한 일이죠. 하지만 통치를 하는 우리로서는 때론 왕국을 위해 비도덕적인 일도 해야 합니다.

▶ No one believes this foul gossip. 아무도 이 역겨운 소문을 믿지 않습니다.

- vile 비열한, 비도덕적인
- foul 역겨운

Get your filthy hands off me! 그 더러운 손을 내게 대지마!

▶ My role is to be sly, obsequious and without scruples.
제 역할은 교활하고 아첨하고 양심 따위는 버리는 것입니다.

▶ Margaery Tyrell dotes on filthy urchins for a reason.
마저리 타이렐이 부랑아들을 돌보는 데는 다 이유가 있다.

▶ Let me go! Get your filthy hands off me! Have you lost your mind? I am the queen!
내보내줘! 그 더러운 손을 내게 대지마! 정신나갔어? 내가 여왕이라고!

- filthy 아주 더러운, 추잡한
- sly 교활한
- forlorn 외로운, 고독한
- obsequious 아첨하는

a gallant young man 용맹한 젊은이

▸ I absolutely adore him. You raised a gallant young man.
물론 왕자님을 존경합니다. 아주 용감한 젊은이로 키우셨어요.

▸ The rumors of your demise were unfounded.
네가 죽었다는 소문은 근거없는 것이었구나.

▸ Her dragons might not be as invulnerable as some think.
그녀의 용들은 사람들이 생각하는 것만큼 건드릴 수 없는 존재가 아닐 수도 있어.

- vulnerable 방비가 허술한
- gallant 용감한
- unfounded 근거없는
- redeeming 명예회복의, 벌충하는

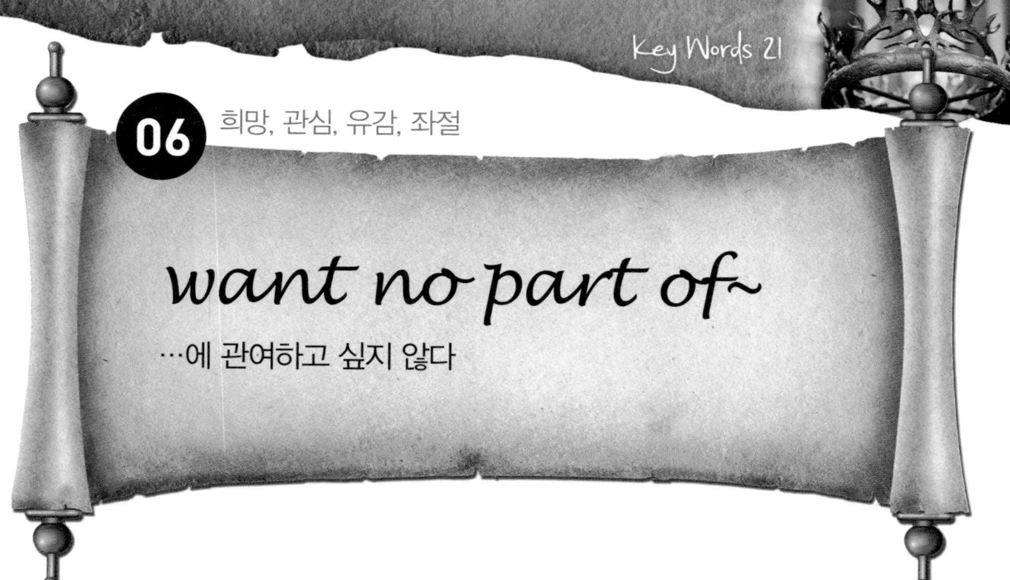

06 희망, 관심, 유감, 좌절

want no part of~

…에 관여하고 싶지 않다

take a liking to~ …을 좋아하다

▶ He took a liking to me. He summoned me to his chamber the first day we met.
그는 나를 좋아했어. 우리가 처음 만난 날 자기 방으로 날 오라고 했어.

▶ A: Sounds like you quite fancied him. 그를 무척 좋아하는 것 같구나.
B: I did not fancy him. 그를 좋아하지 않았어요.

▶ You slip out of that gown and we'll see if I'm up to it.
가운을 벗어봐요 내가 당기는지 봅시다

- fancy 좋아하다, 멋진
- be up to~ …을 하고 싶다, 끌리다

could use some decent company 괜찮은 일행이 있으면 좋겠네

▶ Let's share the road. I could use some decent company.
함께 가자고. 괜찮은 일행이 있으면 좋겠어요.

▶ How would it be if you stayed on till the new moon? I could use a man to help with the farmwork.
하루 더 머물면 어떻겠소? 농장일을 도와줄 사람이 있으면 좋겠습니다.

▶ He does have a deep, abiding lust for her money.
왕은 왕비가문의 재력에 강하고 변치않는 갈망을 갖고 있소.

- could use~ …하면 좋겠어
- yearn for~ 갈망하다
- lust for~ …에 대한 갈망

be interested to hear what~ …을 몹시 듣고 싶어하다

▶ I'd be very interested to hear what he has to say.
그가 무슨 말을 하게 될지 무척 듣고 싶어지겠네.

▶ I've half a mind to leave them all behind and keep going.
난 모든 걸 버리고 계속 가고 싶네.

▶ I've half a mind to go with you.
난 그대와 함께 갈까 생각중이오.

- as you wish 당신이 바라는 대로
- have half a mind to+V …할까 싶다

concern oneself with~ …을 신경쓰다

▶ The lion doesn't concern himself with the opinions of the sheep. 사자는 양의 의견에 신경쓰지 않는다.

▶ Is that the sort of thing you and your sister go in for, Kingslayer? 네 누이랑 그런 짓도 하고 놀았냐, 킹슬레이어?

▶ I'm told you had a hand in planning it.
당신께서 그것을 준비하고 계시다고 들었습니다.

- go in for~ …에 관심이 있다, 취미가 있다
- have a hand in ~ing …에 관여하다, 참여하다

The Hand wants no part of it 핸드는 그거에 관여하고 싶지 않네

▶ I assure you The Hand wants no part of it.
핸드는 그거에 관여하고 싶지 않다는 걸 보증하네.

▶ I will have no part in it.
전 그 일에 관여하지 않겠습니다.

▶ My son has no interest in the Iron Throne.
내 아들은 철왕좌에 관심이 없네.

- want no part of~ …에 관여하고 싶지 않다
- have no part in~ …에 관여하지 않다
- could care less what~ …에는 전혀 상관없다
- have no interest in~ …에 관심이 없다

I hear no more of it 그 얘기는 더 이상 듣고 싶지 않네

▶ Speak no more of your rights to Casterly Rock.
캐스털리 록에 대한 너의 권리는 더 이상 말하지 마라.

▶ Seven hells, don't start with her again. The girl will die and I'll hear no more of it.
빌어먹을, 그 아이 얘기는 다시 꺼내지마. 그 아이는 죽을거고 난 더 이상 그 얘기를 듣고 싶지 않네.

- speak no more of~ 더 이상 말하지 않다
- hear no more of~ 더 이상 듣지 않다

It's the last thing S+V 가장 …하기 싫은 것이다

▶ It's the last thing you need to hear right now.
지금 가장 듣고 싶지 않은 이야기겠죠.

▶ Your blood is the last thing I want.
경이 다치는 것을 가장 피하고 싶은 사람입니다.

▶ Look at me. Look at my face. It's the last thing you'll see before you die. 날 봐. 내 얼굴을 보라고. 네가 죽기 전에 마지막으로 보게 될 것이다.

- It's the last thing S+V 가장 …하기 싫은 것이다, 최후에 …할 것이다
- be the last thing I want …는 가장 피하고 싶은 것이다

It's a shame S+V …은 안타깝다

▶ It's a shame he can't muster the same enthusiasm for his wife. 그가 자기 부인에게 그만한 열정을 기울이지 않은 것은 안됐어.

▶ Shame how it all turned out.
결과가 이렇게 돼서 안됐네.

▶ I brought shame onto my house. I broke my father's heart.
내 가문에 수치를 가져왔고 아버지의 마음에 상처를 줬습니다.

- (It's a) Shame how S+V …가 안됐어
- bring shame 수치를 가져오다

I couldn't bear to~ …할 수가 없었다

▶ When my husband brought that baby home from the war, I couldn't bear to look at him.
남편이 전쟁을 치르고 집에 그 아이를 데려왔을 때, 난 그 아이를 차마 볼 수가 없었어.

▶ We couldn't bear to be inside, so we ran down to the Rhoyne.
우리는 차마 안으로 들어갈 수가 없어서 로인으로 달려갔지.

• I couldn't bring myself to~ …할 수 없었다

I fear S+V = I'm afraid S+V …할까 걱정입니다

▶ Lord Arryn gave wise and prudent advice, but I fear His Grace - doesn't always listen.
아린 경은 현명하고 신중한 충고를 했으나 전하께서 언제나 듣지 않으시죠.

▶ I fear I have behaved monstrously the past few weeks.
지난 몇주간 못되게 굴어서 미안해요.

▶ I fear it would be of little interest to you, my lord.
공께는 별로 흥미를 끌지 못할 것 같습니다.

• I wish I could~ …할 수 있으면 좋을텐데
• behave 행동하다

spit on 침을 뱉다, 무시하다

▶ Are you so eager to spit on your ancestors?
여러분의 조상에게 침을 그렇게 뱉고 싶소?

▶ My ancestors would spit on me if I broke bread with a crow.
내가 나이트워치와 식사를 한다면 조상님들이 내게 침을 뱉을거요.

▶ He ignored my advice at every turn.
그는 매번 나의 조언을 무시하였소.

• be eager to~ 몹시 …하고 싶다
• ancestor 조상
• ignore 무시하다

What of it? 그래서 뭐 어쨌단 말이야?

▶ What of it? Should we send her a wedding gift?
그래서 뭐요? 우리가 결혼 선물이라도 보내야 하나요?

▶ A: What of it? 그래서 뭐요?
B: With the right horse and saddle, even a cripple can ride. 제대로 된 말과 안장이 있으면 장애인도 말을 탈 수 있습니다.

• saddle 안장
• cripple 장애인

So be it 그렇게 될거야

▶ And if you'd rather fuck painted whores, you'll fuck painted whores. And if you'd rather lie with noble virgins, so be it.
네가 화려한 창녀들과 섹스를 하고 싶다면 넌 화려한 창녀들과 섹스를 하게 될거고, 네가 귀족 처녀와 자고 싶다고, 그렇게 될거야.

▶ I would do anything to undo what's been done to you.
너에게 있었던 모든 일을 되돌릴 수만 있다면 뭐든 할거야.

• undo 되돌리다

~count 중요하다

▶ You know, my brother once told me that nothing someone says before the word "but" really counts.
형님이 언젠가 말씀하셨지. '하지만'이라는 말을 하기 전까지의 말은 전혀 중요하지 않다고.

▶ I suppose it doesn't really matter which Lannister puts the baby into you.
어떤 라니스터의 아이를 배든 그건 정말 중요한 문제가 아니지.

• matter 중요하다, 문제가 되다

command sb to~ …에게…하라고 명하다

▶ I'd double their taxes and command them to supply 10,000 men for a royal army.

나라면 세금을 두배로 징수하고 왕의 군대로 만명을 징병하도록 명할거예요.

▶ Well, I command you to find the cure wherever it is in this world.

내 명하노니, 세상 어디에 있던, 치료제를 찾도록 하시오.

• find a cure 치료제를 찾다

take over command of~ …을 지휘하다

▶ Your sister took over command of your eldest brother's ship after your new father killed him.

네 새 아버지가 네 큰형을 죽인 후에 네 형 선단을 지휘했다.

▶ You dare! You give commands to me?

네가 감히! 내게 명령을 해?

▶ You pledged yourself to me. You swore to obey my commands for the rest of your life.

그대는 내게 맹세를 했네. 남은 평생 나의 명령에 따르기로 서약했어.

• give commands to~ …에게 명령을 내리다

take orders from~ …로부터 명령을 받다

▶ I take orders from your father, not you.
난 네 아버지의 명령을 받지 네 명령을 받지 않아.

▶ But I never once disobeyed an order.
하지만 저는 한번도 명령을 따르지 않은 적이 없습니다.

▶ There are two people in King's Landing who can give an order to a Kingsguard.
킹스랜딩에서 국왕친위대에게 명령을 내릴 수 있는 사람은 두명이오.

- take one's orders
…의 명령을 받다
- disobey an order
명령을 무시하다

bid sb+V …하라고 명령하다(문어체)

▶ Ser Addam bids me report that the Northmen have crossed the neck.
애덤 경이 저보고 북부인들이 지협을 넘었다고 보고하라고 명했습니다.

▶ Now you do the Lannisters' bidding, is that it?
이제 라니스터의 명령대로 하나요, 그런가요?

▶ Tyrion will do as he's bid.
티리온은 명령받은 대로 할거다.

- do sb's bidding
…의 명령대로 하다

behest 명령

▶ I am here at Her Grace's behest, not to drink with you, imp.
난 왕비전하의 명령에 따라 여기에 온거지 난쟁이 당신과 술마시러 온게 아닙니다.

- at ~'s behest …의 명령에 따라

see to it that ~ 반드시…하도록 하게

▸ Ned, see to it that your daughter is disciplined.
네드, 자네 딸을 교육시키도록 하게.

▸ Joffrey saw to that when he decided to remove Ned Stark's head.
조프리가 네드 스타크의 목을 자른 순간 이렇게 된 겁니다.

• see to that S+V 그걸 처리하다, 그렇게 되다

be instructed to~ …하라는 지시를 받다

▸ We've been instructed to escort you into the city.
부인을 도시까지 호위하라는 지시를 받았습니다.

▸ Our father has instructed us to tell you that his alliance with the North can continue if his terms are met.
아버지는 조건이 맞는다면 북부와의 연맹은 계속될거라고 지시하셨어.

▸ You received these instructions directly from Cersei?
세르세이로부터 이 지시들을 직접 받았나?

• instruct sb to~ …에게 …하라고 지시하다
• instruction 지시사항, 훈령

convince sb to~ …에게…하라고 설득하다

▸ I had given up on life until Varys convinced me you might be worth living for.
전하가 내가 살아야 할 이유라고 바리스가 날 설득할 때까지 전 삶을 포기했습니다.

▸ If Jon's going to convince them to fight alongside him, they need to believe it's a fight they can win.
존이 그들을 자기와 함께 싸우도록 설득하려면, 그들은 자기들이 이길 수 있는 싸움이라고 믿을 필요가 있습니다.

▸ You think you can win us over with your trinkets?
너희들 장신구로 우릴 설득할 수 있다고 생각하나?

• win over 설득하다, 설득시키다

summon sb (to)~ 소환하다, 호출하다

▸ The King is at the small council meeting, My Lord. He has summoned you.
왕은 소회의실 회의에 참석하고 계십니다. 왕께서 호출하셨습니다.

▸ Don't answer a summons from the Mad King's daughter, a foreign invader. 이방의 침략자인 미친왕의 딸의 호출에 응하지 마십시오.

▸ If my queen summons me, I answer the call.
나의 여왕이 나를 소환하면 난 그 부름에 따를거야.

• answer the call
소환에 응하다

report 보고하다, 보고, 소식

▸ The scouts report Lord Tywin moves north.
정찰병 보고에 의하면 타이윈이 북쪽으로 향하고 있다고 합니다.

▸ We received no report from the maester at Castle Black.
우리는 캐슬블랙의 문관으로부터 아무 연락도 받지 못했습니다.

▸ You may have heard false reports.
잘못된 정보를 들었을 수도 있습니다.

• scout 정찰병
• false 거짓된

carry on (임무를) 수행하다

▸ You're just a soldier, aren't you? You take your orders and you carry on.
그대는 그냥 군인에 지나지 않아, 그렇지 않아? 명령을 받으면 수행하고.

▸ I'm a Kingsguard, forbidden by oath to carry on the family line.
전 왕의 친위대로 서약에 의해 가문의 혈통을 잇지 못합니다.

• take one's order
명령을 받다

08 맹세하다, 충성하다
swear an oath
선서하다, 맹세하다

I swear it 정말입니다

▶ I swear it by the Old Gods and the new. 옛 신과 새로운 신께 맹세해요.

▶ We would never betray your confidence, I swear it.
우리는 당신의 신뢰를 배반하지 않을 겁니다. 정말입니다.

▶ I swear it to the Drowned God, the Old Gods, the New Gods, to every fucking God in every fucking heaven, I will kill that man. 익사한 신, 옛 신, 새로운 신, 빌어먹을 천국에 있는 모든 신들에게 맹세하지만, 나 저 놈을 죽일거야.

• swear it by the Old Gods and the new 옛 신과 새로운 신께 맹세하다

I swear S+V~ …라고 맹세하다

▶ I swear if I weren't your King, you'd have hit me already.
정말이지 내가 자네의 왕이 아니었더라면 이미 한 대쯤 쳤을 것 같군.

▶ I swear to you I will see the Lannisters answer for your husband's murder.
정말이지 영주님의 살해에 대해 라니스터 가가 책임을 물을 것입니다.

▶ I swear to you that he has never touched me.
정말이지 그는 내 몸에 절대로 손을 대지 않았습니다.

• I swear to you S+V …라고 맹세합니다

I swear to+V …하기로 맹세하다

▶ If they swear to follow me, I'll pardon them.
그들이 나를 따르기로 맹세한다면 그들을 사면할 것이다.

▶ You swore to serve both my mother's daughters, didn't you?
나의 어머니의 두 딸을 섬기기로 맹세했죠, 그렇지 않나요?

▶ And what do knights swear to do?
그리고 기사들은 무엇을 하기로 맹세하나요?

- be one's sworn sword …에게 검으로 충성을 맹세한 사람이다

swear an oath 선서하다, 맹세하다

▶ I sworn an oath to protect you and your sister.
난 그대와 그대의 동생을 지키겠다고 서약했습니다.

▶ I'm not going to swear an oath I can't uphold.
난 지키지 못할 서약을 하지 않을 겁니다.

▶ You know that the Citadel will make you swear off women. 시타델에서는 여자를 멀리하겠다는 맹세를 하게 할 겁니다.

- uphold an oath 서약을 지키다
- swear off~ …을 그만두겠다고 맹세하다

have no loyalty to sb …에게 충성심이 없다

▶ Some of them are loyal to your father.
그들 중 일부는 그대 아버지를 따르네.

▶ Men who fight for gold have neither honor nor loyalty.
용병은 명예나 충성심이 없습니다.

▶ You have no loyalty to Catelyn Stark?
그대는 캐틀린 스타크에 대한 충성심이 없나?

- loyal to sb …에 충성하는

swear fealty to the king 왕에 충성을 맹세하다

▶ But if we pledge fealty to them, they'll give us Casterly Rock.
하지만 우리가 그들에게 충성을 약속하면 우리에게 캐스털리 록을 줄 겁니다.

▶ Torrhen Stark swore fealty to House Targaryen in perpetuity.
토렌 스타크는 타르가르옌 가에 영원히 충성하겠다고 맹세하였다.

• pledge fealty to~ …에게 충성을 맹세하다

fulfill your oath to~ …에 대해 서약을 충실히 이행하다

▶ You fulfilled your oath to Catelyn Stark against all odds.
그대는 모든 역경에도 불구하고 캐틀린 스타크에 대한 서약을 충실히 이행하였다.

▶ I know I broke my oath. I should have gone back to the wall and warned them, but-- I saw what I saw. I saw the White Walkers.
제가 서약을 깼어요. 장벽으로 가서 경고했어야 했는데… 하지만 전 확실히 봤어요. 백귀들을 봤어요.

• oathbreaker 서약 파기자
• break one's oath 서약을 깨트리다

pledge oneself to sb …에게 맹세하다

▶ I pledge my life and honor to the Night's Watch for this night and all the nights to come!
오늘 밤과 앞으로 올 모든 밤까지 내 삶과 명예를 나이트워치에 바칩니다!

▶ I was hoping your loyalty was real when you pledged yourself to us, Jon Snow.
존 스노우, 난 자네가 우리에게 맹세했을 때 자네의 충성심이 진짜이기를 바랐었네.

▶ I was pledged to marry one of you and I broke that vow.
난 그대의 여식 하나와 혼인하기로 하였으나 그 서약을 지키지 못하였다.

• pledge ~ to~ …에게 …을 바치다

take one's vows 서약하다

▶ Have you taken your vows then?
그럼 서약을 한건가?

▶ You have forsaken every vow you ever took.
당신은 자신이 했던 모든 서약을 저버렸어.

▶ Catelyn Stark would be proud. You kept your vow.
캐틀린 스타크가 자랑스러워 하실거다. 그대는 맹세를 지켰다.

- uphold my vows
나의 서약을 지키다
- forsake the vow
서약을 어기다, 저버리다

allegiance 충성, 의무, 신의

▶ Men whose allegiance rightly belongs to me.
그자들은 내게 복종해야 한다.

▶ You can swear your allegiance to me now or you can die.
내게 충성을 맹세하거나 아니면 죽거나.

▶ I've come with my sister to ask for House Mormont's allegiance. 난 여동생과 함께 모르몬트 가의 충성을 요구하기 위해 왔습니다.

- swear one's allegiance 충성을 맹세하다

bend the knee 무릎꿇다

▶ Tell Jon Snow that his queen invites him to come to Dragonstone and bend the knee.
존 스노우에게 여왕께서 드래곤스톤에 와서 무릎을 꿇을 것을 권한다고 말해라.

▶ Bend the knee or suffer the fate of all traitors.
무릎을 꿇거나 반역자의 운명을 받아들여라.

- fall on one's knees 무릎을 꿇다

bow down to~ …에 굽히고 들어가다, 머리를 조아리다

▸ You'd have our father bow down to your other family?
너는 우리 아버지를 네 새로운 가족에게 머리를 조아리게 할건가?

▸ You will bring that boy King to heel and his mother too, if needs be.
소년 왕을 말을 듣게 하고 필요하면 그 엄마도 말을 듣게 하도록 해.

• bring ~ to heel 말을 듣게 만들다, 굴복하게 하다

09 약속하다, 믿다

fulfill one's end of the bargain

약속을 충실히 이행하다

I promise you 정말이야

- It may seem that way from the outside, but I promise you, it's not true.
  외부에서 보면 그렇게 보일 수도 있지만, 정말이지 그건 사실이 아니네.
- He will answer for his crimes, I promise you, but not here.
  정말이지 그는 죄값을 치룰 것이지만, 여기서는 아니네.
- I'll be a Queen just like you, I promise.
  정말이지 저는 왕비님처럼 왕비가 될거예요.

• I promise 정말이야

promise sb~ …에게 …을 약속하다

- You promised Catelyn you would help me.
  그대는 캐틀린에게 나를 도울거라고 약속했소.
- If Khal Drogo has promised you a crown, you shall have it. 칼 드로고가 왕관을 약속했다면 갖게 될 것입니다.
- Petyr has promised to help us find the truth.
  피터는 우리가 진실을 알아내는 것을 도와주겠다고 했어요.
- Where's your stick now, bitch? I promised to fuck you with it. 니 꼬챙이는 어디있냐, 계집년아? 그걸로 널 박아주기로 했잖아.

• promise sb sth …에게 …을 주겠다고 약속하다
• promise sb (that) S+V …에게 …하겠다고 약속하다
• Promise me that~ …을 약속해줘

break one's promises 약속을 지키지 않다

▶ They both broke their promises and murdered their former friends as soon as it suited them.
그 둘은 약속을 지키지 않고 그럴 때가 되자마자 옛 친구들을 살해했네.

▶ Why should the people trust a queen who can't keep her promises? 자기 약속도 지키지 못하는 여왕을 왜 사람들이 믿겠는가?

▶ The Lord of Light has made good on his promise, my King. 왕이시여, 빛의 신께서는 약속을 지키셨습니다.

- keep one's promises 약속을 지키다
- make good on one's promise 약속을 지키다, 임무를 수행하다

Trust me, 정말이오, 정말이지,

▶ Trust me, you've never heard where I'm from neither.
정말이지, 그대 또한 내가 어디 출신인지 들어보지 못했지요.

▶ Trust me, if my soup didn't kill you, nothing will.
정말이오, 내 수프가 그대를 죽이지 않았다면 아무 것도 그대를 죽이지 않을거요.

- be from …출신이다

trust 신뢰하다, 믿다

▶ I did warn you not to trust me. 나를 믿지 말라고 경고했잖습니까.

▶ Lord Baelish, perhaps I was wrong to distrust you.
배일리쉬 경, 내가 당신을 못믿은 건 잘못이었던 것 같소.

▶ My husband trusted you. And you repaid our faith with treachery. 내 남편은 당신을 신뢰했는데 당신은 배신으로 그 신뢰를 갚았어.

▶ He entrusts some small matters to us that we might lighten the load. 짐을 덜으시려고 사소한 문제들은 우리에게 위임하셨습니다.

- distrust …을 믿지 않다
- entrust A to B B에게 A를 맡기다

place far too much trust in~ …을 너무 믿다

▶ I placed far too much trust in you. 내가 너를 너무 믿었구나.

▶ I betrayed the faith of my King and the trust of my friend Robert. 난 왕의 신의를 배신했고 내 친구 로버트를 배신했습니다.

▶ Ser Lancel, Cersei must have great trust in you.
란셀 경, 세르세이는 그대를 무척이나 신뢰하는구만.

▶ I put very little stock in it myself.
내 자신이 그거에 대해 그렇게 믿지 못했습니다.

- betray one's trust …의 신뢰를 배신하다
- have great trust in~ …을 무척 신뢰하다
- put very little stock in~ …을 신뢰하지 않다

fulfill one's end of the bargain 약속을 충실히 이행하다

▶ I'll stay with Drogo until he fulfills his end of the bargain and I have my crown.
난 드로고가 약속을 충실히 이행해 내가 왕관을 차지할 때까지 그와 함께 할거야.

▶ Tell him I want what was bargained for or I'm taking you back.
난 약속된 것을 원하고 그렇지 않으면 너를 데리고 간다고 말해라.

- be bargained for 약속이 되어 있다, 흥정이 되어 있다

strike a bargain 타협하다, 협상하다

▶ So, you're here to strike a bargain? Turn your army around and go home.
그래, 협상하러 왔다고? 군대를 돌려서 집으로 가게.

▶ Bargaining with oathbreakers is like building on quicksand.
서약파괴자와 협상하는 것은 모래성을 쌓는 것과 같습니다.

- bargain 협상하다

keep faith with sb …와 신뢰를 지키다

- No one ever need know as long as you keep faith with me. 네가 나와 신뢰를 지키는 한 아무도 이 일을 알 필요는 없지.
- House Mormont has kept faith with House Stark for 1,000 years. We will not break faith today.
  모르몬트 가는 지난 천년간 스타크 가와 신뢰를 지켜왔소. 우리는 오늘 그 신뢰를 깨지 않을 것이오.
- It almost beggars belief. 도저히 믿을 수가 없어.

• beggar belief 도저히 믿을 수가 없다

counsel sb against …에게 …하지 말라고 조언하다

- A true leader avails himself of the wisest counsel he can.
  진정한 지도자는 얻을 수 있는 최고의 조언을 이용해야 합니다.
- You counseled me against rashness once in Qarth.
  그대는 카스에서 나에게 조급해하지 말라고 조언했소.
- Why should I trust you to know any more than the priestess who counseled Stannis?
  스타니스를 도운 여사제라는 것 밖에 모르는 그대를 내가 왜 믿어야 하오?
- A wise young king listens to his counselors and heeds their advice until he comes of age.
  현명한 젊은 왕은 조언가들의 말에 귀기울이고 성년이 될 때까지는 그들의 조언에 주의를 기울여야 합니다.

• counsel 조언(하다)
• counselor 조언자

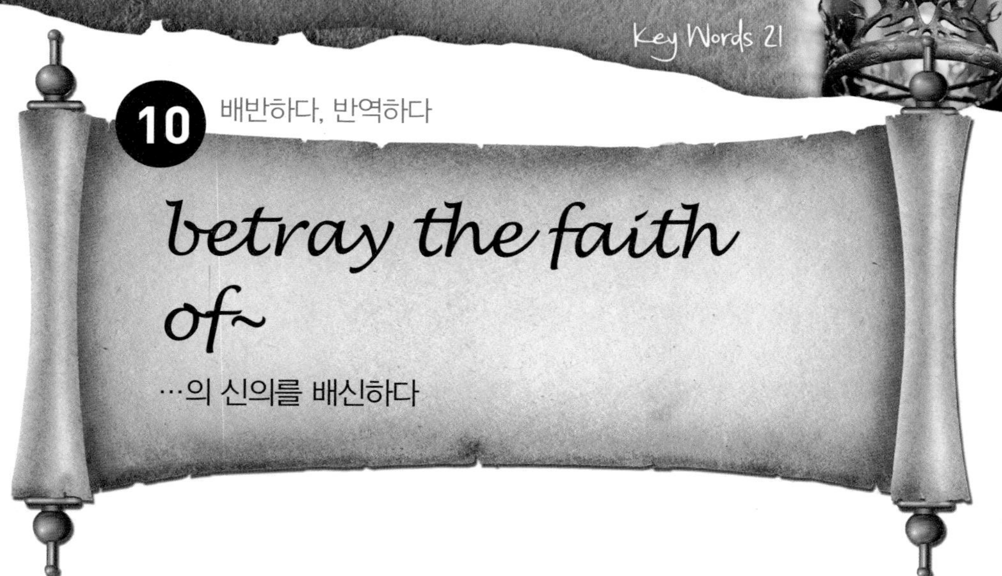

10 배반하다, 반역하다

betray the faith of~

…의 신의를 배신하다

betray one's family 가족을 배신하다

- He broke the law, betrayed his family, fled our land.
  그는 법을 어기고 가족을 배신하고 우리 조국에서 도망갔습니다.
- Sansa will be married to Joffrey's someday. She cannot betray him. 산사는 앞으로 조프리와 결혼할거다. 조프리를 배신할 수 없어. 그가 잘못할 때도 그의 편을 들어야 한다.
- We would never betray your confidence, I swear it.
  우리는 절대로 그대의 신의를 배신하지 않을 겁니다. 정말입니다.

- betray sb …을 배신하다
- betray the faith of~ …의 신의를 배신하다
- betray one's confidence …의 신의를 배신하다

sell sb out 팔아넘기다, 배신하다

- If the day ever comes when you're tempted to sell me out, remember this: Whatever their price, I'll beat it.
  날 배신하고 싶은 생각이 들 때가 오면 이 점을 명심하게. 그들이 제안한 가격이 얼마든 난 그보다 더 쳐주겠네.
- I expect his countrymen will turn on him the minute they hear the offer.
  그의 사람들은 그 제안을 받자마자 등을 돌릴 겁니다.

- turn on sb 등을 돌리다
- breach 깨트리다, 약속을 깨다

hang sb for treason 반역죄로 교수형에 처하다

▸ The mere suggestion that the Queen's brother tried to kill your boy would be considered treason.
여왕의 동생이 당신의 아들을 죽이려 했다는 단순한 주장은 반역으로 간주될 수도 있습니다.

▸ If she wasn't his mother, he'd have hanged her for treason.
부인이 왕의 어머니가 아니라면 왕은 부인을 반역죄로 교수형에 처했을 겁니다.

• a whiff of treason
반역의 냄새

commit treason 반역하다

▸ You commit treason because your children are prisoners?
당신의 아이들이 포로로 잡혀있다고 반역을 합니까?

▸ She is a sweet thing now, Your Grace, but in 10 years who knows what treasons she may hatch?
전하, 그녀는 지금 착하지만 10년 후에는 어떤 반역을 품고 있을지 누가 알겠습니까?

• hatch a treason
반역을 품다

rebel against~ …에 반란을 일으키다

▸ House Tyrell rebelled against the Iron Throne, against my grandson.
타이렐 가문은 철왕좌와 나의 손자에 대항하여 반란을 일으켰다.

▸ That didn't matter when you rebelled against the Mad King. 당신이 미친왕을 상대로 반란을 일으킬 때도 문제가 되지 않았다.

▸ You married one rebel and mothered another.
당신은 반역자와 결혼했고 그 아들 역시 반역을 하는군요.

• rebel 반역자

end one's rebellion 반역을 끝내다

▸ Your father had to go to war to end his rebellion.
네 아버지는 그의 반역을 끝내려고 전쟁에 나가셔야만 했어.

▸ He won the rebellion and crushed the Targaryen dynasty.
그는 반란에 성공해서 타르가르옌 왕가를 박살냈다.

▸ He saved my father's life during the rebellion.
그는 반란의 기간에 나의 아버지의 목숨을 구해주셨어. .

• won the rebellion
반란에 성공하다

in open rebellion 공공연히 반란을 일으켜

▸ But House Tyrell is in open rebellion against the crown.
하지만 타이렐 가문은 공공연히 왕권에 반대하며 반란을 일으키고 있습니다.

▸ I have seven kingdoms to look after and three of them are in open rebellion.
내 휘하에 칠왕국이 있고 그 중 세 곳이 공공연히 반란중이다.

• crown 왕권, 왕정

traitor 반역자

▸ When Aerys Targaryen sat on the Iron Throne, your father was a rebel and a traitor.
아에리스 타르가르옌이 철왕좌에 앉아 있을 때, 너의 아버지는 반역자였다.

▸ I lay with other men including the traitor Renly Baratheon.
저는 반역자 렌리 바라테온를 포함한 여러 남자들과 잠자리를 했습니다.

▸ Yet you are the daughter of a traitor.
하지만 넌 반역자의 딸이다.

• lie with 잠자리를 하다

rise in revolt 폭동을 일으키다

▶ When the people rose in revolt against him, your father set their towns and castles aflame.
백성들이 폭동을 일으켰을 때, 전하의 아버지는 마을과 성들을 불태우셨습니다.

▶ If it's true there is dissension in their ranks, maybe their sailors have mutinied.
그들의 진중에서 불화가 정말 있다면, 수병들이 반란을 일으켰을 수도 있습니다.

• mutiny 반란, 폭동, 반란을 일으키다

conspire against~ …에 반하는 음모를 꾸미다

▶ If this news is true and the Lannisters conspire against the throne, who but you can protect the King?
이 소식이 사실이고 라니스터 가가 반역을 꾀하고 있다면 누가 왕을 지켜줄 수 있겠어요?

▶ He conspired with Robert's brothers against my beloved Joffrey and tried to steal his throne.
그는 로버트의 형제들과 내 사랑하는 조프리에 반하는 음모를 하여 왕좌를 훔치려고 했다.

• conspire with sb …와 함께 음모를 꾸미다
• conspire to+V …하려고 음모를 꾸미다

plot to~ …할 음모를 꾸미다

▶ King Robert's body was still warm when Lord Eddard began plotting to steal Joffrey's rightful throne.
로버트 왕의 시신이 식기도 전에 에다드 경은 조프리의 정당한 왕위를 훔칠 음모를 꾸몄다.

▶ The other half will plot to overthrow you.
나머지 절반의 사람들이 누나를 무너트릴 음모를 짜겠지.

▶ You are charged with abetting treason.
그대는 반역을 사주한 죄로 기소되었다.

• abet 나쁜 일을 사주하다, 교사하다

slander sb to~ …에게…을 중상모략하다

▶ Back-stabbing doesn't prepare you for a fight.
중상모략은 전쟁을 준비하는데 도움이 안돼.

▶ We're not oathbreakers. We're not schemers. We don't stab our rivals in the back or cut their throats at weddings.
우리는 서약파괴자도 음모꾼들도 아닙니다. 우리는 결혼식에서 경쟁자들의 목을 뒤에서 베지 않습니다.

- back-stabbing 중상모략
- scheming 모략
- arse-licking 아부

The truth about Jon Snow

11 말을 전달하다, 이동하다

send word to~

…에게 전갈을 보내다

get word to sb …에게 말을 전하다

▸ Get word to the Blackfish. I want a parley.
블랙피쉬에서 전갈을 보내라. 협상을 원한다고.

▸ Let me send word to my bastard at the Dreadfort.
드레드포트에 있는 제 서자에게 전갈을 보내겠습니다.

▸ Who sent word to Essos to murder Daenerys Targaryen?
누가 대너리스 타르가르옌을 살해하라고 에소스에 전갈을 보냈나?

• send word to~ …에게 전갈을 보내다

send a raven 전갈을 보내다, 전갈을 띄우다

▸ You hear me? Send a raven and put an end to it.
내 말 들었지? 전갈을 보내서 일을 그만 끝내게.

▸ Ramsay received a raven before I escaped Winterfell.
램지는 제가 윈터펠을 탈출하기 전에 한 전갈을 받았어요.

▸ I don't trust a raven to carry these words.
이런 전갈들을 나르는 갈가마귀를 믿지 못하겠어.

• receive a raven 전갈을 받다

put into words 말로 표현하다

▶ It's hard to put into words.
말로 표현하기 어렵다

▶ I can speak the common tongue if you wish.
원하신다면 공용어로 말하겠습니다.

• put out the word
말을 꺼내다

• speak the common tongue
공용어를 말하다

Word has gotten to sb …에게 얘기가 들어가다

▶ Word's probably gotten to my father by now.
지금쯤이면 내 아버지에게 얘기가 들어가겠군요.

▶ Word of your father's arrest will reach him soon, no doubt.
네 아버지 체포 소식이 곧 그에게 들어갈거다, 분명히.

▶ Word has it I'm to be your bride.
내가 당신의 신부가 될거라는 말이 있던데요.

• Word has it S+V
…라는 얘기가 있다

• be told of~ …의 얘기를 듣다, 소식을 알리다

call on 잠깐 들르다, 방문하다

▶ A: Before you go, you will call on Lord and Lady Stark and offer your sympathies.
가기 전에, 스타크 부부를 방문해서 위로의 말씀을 전해.

B: What good will my sympathies do them?
내 위로가 무슨 도움이 되겠어요?

▶ The former Hand did call on me, My Lord, several times.
이전 핸드께서도 여러 번 방문하셨습니다.

• come visit sb 방문하러 오다

• pay a visit to~ …을 방문하다

escort sb to~ …로 데려가다

▶ Escort the prisoner back to his cell.
죄수를 다시 감방으로 데려가라.

▶ I've come to escort you back to your chamber.
방으로 다시 모시고 가기 위해 왔습니다.

▶ Bronn will escort you to your ship.
브론이 그대가 탈 배까지 데려다 줄거요.

- cell 감방
- chamber 방

ride for~ 말을 타고 …로 향하다

▶ The raven brought more news The King rides for Winterfell with the Queen and all the rest of them.
갈가마귀가 소식을 더 전해왔는데 왕이 왕비와 모두를 데리고 윈터펠로 오고 있대요.

▶ At first light we'll ride for Riverrun. Your brother's there now.
아침 일찍, 우리는 리버런으로 갈거다. 네 오빠가 지금 거기에 있다.

- at first light 동이 트면

head back to~ …로 돌아가다

▶ We should head back to the Wall.
우린 장벽으로 돌아가야 돼.

▶ So, why is a nice girl on her own heading to King's Landing?
그래 왜 멋진 소녀가 혼자서 킹스랜딩으로 가는거야?

▶ Ser Gregor will head out with 500 riders and set the Riverland on fire.
그레고르 경이 500명의 기마병과 함께 가서 리버랜드를 불태울 것이다.

- head out with~ …와 함께 가다

set out for~ 출발하다

▶ We set out for King's Landing without Lady Melisandre.
우리는 멜리산드레 없이 킹스랜딩으로 출발한다.

▶ When I set sail, I might be able to take you with me.
내가 배타고 갈 때 널 데려갈 수도 있을지도 모르겠다.

▶ When we set sail, your daughter must be with us.
우리가 출항할 때 그대의 딸도 함께 가야 됩니다.

• set sail 항해하다

set foot in~ …에 발을 들여놓다, 오다

▶ It's nine years since I've set foot in the capital.
9년만에 수도에 오는 거예요.

▶ I will not set foot in King's Landing while Cersei Lannister is queen.
난 세르세이가 여왕으로 있는 한 킹스랜딩에 발을 들여놓지 않을거야.

• creep toward~ 서서히 움직이다

• mince all the way for~ …로 짧게 빠른 걸음으로 여기까지 오다

know one's way around 주변을 잘 알다

▶ She does know her way around a man's head, I'll give her that.
그녀는 남자의 머리 속을 잘 알고 있어. 그 점은 내 인정하네.

▶ You'll be able to come visit me at Castle Black when you're better. I'll know my way around by then.
네가 좋아지면 캐슬블랙으로 날 찾아올 수 있을거야. 그때쯤이면 내가 지리도 잘 알거고.

• I'll give her that 그 점에 있어서는 그녀를 인정하네

You're excused 가도 좋네

▸ You're excused, Lord Varys.
가도 좋습니다, 바리스 경.

▸ You're dismissed, Ser Meryn.
머린 경, 가도 좋습니다.

▸ I haven't played with dolls since I was eight. May I be excused?
8살 이후로 인형갖고 놀지 않았어요. 일어나도 될까요?

• You're dismissed 가도 좋네
• May I be excused? 일어나도 될까요?

Leave us 자리를 비켜줘, 모두나가

▸ Take her and leave us.
그녀를 데려가고 자리를 비켜주게.

▸ Now leave us, the lot of you. I need to talk to Ned.
여러분, 다 자리를 비켜주게. 네드에게 얘기해야 되네.

▸ A: I want to see him. Now! Leave us. 그를 봐야겠네. 당장! 자리를 비켜주게.
B: You look lovely tonight, Lady Stark.
오늘 밤 아름다워 보이십니다, 스타크 부인.

• the lot of you 그대의 사람들

Off with you 꺼져, 가봐

▸ A: He still loves you. 그는 아직도 당신을 사랑하오.
B: Does he? Off with you. 그가요? 말도 안돼요.

▸ Out with you, you little thief!
꺼지라고, 이 도둑놈아!

• Out with you! 꺼져!

12
칼을 휘두르다, 죽이다
cut her throat
그녀의 목을 베다

be at each other's throats 서로 죽이려고 으르렁거리다, 싸우다

▶ The wolf and the lion will be at each other's throats.
늑대와 사자가 서로 싸움을 하게 될거요.

▶ I was unarmed, unarmored and surrounded by Lannister swords.
전 무장도 안했고 갑옷도 안입었고 라니스터 군사들에 둘러 쌓여 있었습니다.

▶ The Faith were armed on your orders.
교단은 전하의 명령으로 무장을 했습니다.

- arm sb (with~) …을 (…로) 무장시키다
- unarmed 무장하지 않은

cut sb's throat 목을 베다

▶ When you find yourself in bed with an ugly woman, best close your eyes, get it over with. Cut her throat. Be done with it.
못생긴 여자와 침대에 있게 된다면, 눈을 감고 빨리 끝내는게 최선이야. 그녀 목을 베. 일을 끝내 버려.

▶ They say they cut her throat to the bone and threw her body in the river. 목뼈까지 칼로 베고 몸통은 강에 버렸다고 합니다.

- cut sb's throat to the bone 목뼈까지 베다
- cut sb's throat in one's sleep 잘 때 목을 베다
- cutthroat 살인자

Words

behead (형벌로) 참수하다, 목을 베다

▶ Of course they will behead you as a deserter, if I don't catch you first.
내가 널 먼저 잡지 않는다면 물론 탈영자로 참수당하겠지.

▶ If we beheaded every one than ran away for the night, only ghosts would guard the Wall.
밤동안 달아난 모든 사람을 참수한다면 장벽은 유령들만이 지키고 있겠지.

• take sb's head 목을 치다, 죽이다

have sb executed 처형시키다

▶ She wanted to have me executed, but I admired her.
부인은 나를 처형시킬려고 했지만 난 부인을 존경해요.

▶ That's why you had him executed.
바로 그래서 그를 처형한거지.

▶ Since my father was executed, I have been a hostage in King's Landing.
아버지가 처형당하신 이후로 난 킹스랜딩에 인질로 잡혀 있었어.

• execute 처형하다

hang for~ …로 교수형에 처하다

▶ You'll hang for this, bastard.
사생아놈아, 넌 이걸로 교수형에 처해질거다.

▶ Most of those lords should consider themselves lucky I don't hang them for treason.
저 영주들 대부분은 내가 반역으로 교수형에 처하지 않은 걸 운이 좋다고 생각해야 되네.

▶ You strangled his son with your chains.
그대는 쇠사슬로 그의 아들을 목졸라 죽였네.

• hang 교수형에 처하다
• string sb up (by one's feet) 목매달아 죽이다
• strangle 질식시키다, 목졸라 죽이다

hack sb's head off 목을 베다

▶ I had the blacksmith make it for you special. It won't hack a man's head off, but it can poke him full of holes if you're quick enough.
대장장이에게 특별히 널 위해 만들게 했어. 사람머리를 자르지는 못하지만 빠르기만 하면 구멍 투성이로 만들 수 있어.

▶ You chopped one's head off and let another escape.
전하께서 한 명은 목을 베었고 한 명은 도망가게 했습니다.

- chop sb's head off 목을 베다

slit sb's throat 목을 베다

▶ If that's true, then slit my throat and be done with it.
그게 정말이라면 내 목을 베고 모든 것을 끝내시오.

▶ I slit his throat to make sure that didn't happen.
난 그런 일이 일어나지 않도록 하기 위해서 그의 목을 벴어.

▶ I sliced your niece's throat from ear to ear.
난 네 여조카의 목을 한 귀에서 다른 귀까지 목을 베었다.

- slice sb's throat 목을 베다
- snip sb's neck 목을 베다, 자르다

be skewered on~ 꼬챙이에 채우다

▶ If he told the King, both our heads would be skewered on the city gates by now.
그가 왕에게 말했다면 지금쯤 우리 둘 목은 도시의 입구에 걸려있겠지.

▶ I'm Arya Stark of Winterfell and if you lay a hand on me, my father will have both your heads on spikes.
난 윈터펠의 아리아 스타크이며 내게 손을 댔다가는 나의 아버지는 너희 둘의 목을 창에 걸어놓으실거다.

▶ I shall mount Roose Bolton's head on a spike.
난 루즈 볼튼의 목을 베서 창에 꽂을 것이다.

- have ~ on spikes 창에…을 꽂다
- mount sb's head on a spike …의 머리를 창에 꽂다

swing the sword 검을 휘두르다

▶ The man who passes the sentence should swing the sword.
선고를 내린 사람이 칼을 휘둘러야 한다.

▶ This is not a great sword that is needing two hands to swing it.
두 손을 써서 휘둘러야 되는 위대한 검은 아니다.

- swing an axe 도끼를 휘두르다
- swing the sword 칼을 휘두르다

wield the sword 칼을 휘두르다

▶ Now pivot as you deliver the stroke. Put all your weight behind it. 칼을 휘두를 때 회전해봐. 모든 체중을 실어서.

▶ The last man who wielded it meant to cut your throat, but your mother fought him off.
그걸 휘두른 마지막 남자는 네 목을 치려했지만 네 어머니가 싸워 이기셨네.

▶ They drew their swords and I drew mine.
그들이 칼을 뽑아서 나도 뽑았네.

- deliver the stroke 칼을 휘두르다
- draw your sword 칼을 뽑다
- quick[slow] on the draw 칼뽑는 속도가 빠른[느린]

put a sword in one's hand …의 손에 칼을 쥐어 주다

▶ There's a beast in every man and it stirs when you put a sword in his hand.
모든 남자에게는 칼을 쥐어 주면 야수가 되어 날뛰게 됩니다.

▶ Well, your friend did put a knife to my throat.
저기, 그대 친구가 내 목에 칼을 댔네.

▶ I like to see a man's face when I put the steel in him.
난 사람 몸에 칼을 꽂을 때 그의 얼굴 보는 것을 좋아해.

- put a knife to my throat 목에 칼을 대다
- put a sword at my throat 목에 칼을 들이대다
- put the steel in~ 칼을 꽂다

put a sword through~ …에 칼을 박다

▶ You put your sword through a brother of the Night's Watch. 넌 나이트워치 대원의 심장에 칼을 꽂았어.

▶ Roose Bolton. Mmm, the traitor who plunged a dagger in Robb Stark's heart. Don't you want to avenge him?
루즈 볼튼. 음, 롭 스타크의 심장에 칼을 꽂은 반역자. 그에게 복수하고 싶지 않니?

▶ He plunged his sword through Renly's heart and disappeared. 그는 렌리의 심장에 칼을 꽂고 사라졌습니다.

- put a sword through sb's hearts …의 심장에 칼을 박다
- put a sword through sb's eye 눈에 칼을 박다

push a spear through~ …에 창을 꽂다

▶ I pushed a spear through the back of his head.
난 그의 머리 뒤에 창을 꽂았어.

▶ A Lannister put his spear through your father's leg.
라니스터 한 병사가 자네 아버지의 다리에 창을 꽂았네.

▶ I've never thrown a spear before.
난 창을 던져본 적이 없어.

- spear 창으로 찌르다
- throw a spear 창을 던지다

put an arrow through sb's heart …의 심장에 화살을 꽂다

▶ They put an arrow through my father's head right in front of me.
그들은 내가 보는 앞에서 나의 아버지의 머리에 화살을 쐈습니다.

▶ You said you put three arrows in him.
넌 그에게 화살 세 발을 쐈다고 했잖아.

- put an arrow in sb …에 화살을 쏘다

stab sb in the back 뒤에서 칼로 찌르다

▶ What did the Mad King say when you stabbed him in the back? I never asked. Did he call you a traitor? Did he plead for a reprieve?

미친왕을 뒤에서 칼로 찔렀을 때 왕이 뭐라고 했나? 한번도 물은 적이 없네. 반역자라고 불렀나? 죽이지 말라고 간청했나?

▶ They stabbed me. Olly, he put a knife in my heart.

그들이 날 칼로 찔렀어. 올리가 내 심장을 칼로 찔렀어.

- stab sb …을 칼로 찌르다
- nick this artery 동맥을 칼로 긋다

be butchered in one's sleep 자고 있을 때 도륙당하다

▶ Dothraki heathens who will burn your villages to the ground, rape and enslave your women, and butcher your children without a second thought.

도트락 야만인들이 너희들의 마을을 초토화시키고 너희 여인들을 강간하고 노예로 삼을 것이며, 주저없이 너희 아이들을 도살할 것이다.

▶ He was talking madness. Said the Walkers slaughtered his friends. 그는 헛소리를 해대면서 아더들이 자기 친구들을 도살했다고 말했어.

- butcher 도살하다, 학살하다, 잔인한 도살자
- slaughter 살육하다, 도륙하다, 대량학살

slay 죽이다, 살해하다

▶ Lord Tyrion, you are accused of hiring a man to slay my son Bran in his bed.

티리온 경, 당신은 사람을 고용하여 내 아들 브랜을 침대에서 살해하려 했다는 혐의를 받고 있습니다.

▶ Robb Stark will never release the Kingslayer.

롭 스타크는 절대로 왕시해자를 풀어주지 않을 겁니다.

- slayer 시해자, 살해자

burn sb alive 화형시키다

▶ I found the traitors, but I wasn't the one burning them alive.
반역자들을 발견했지만 그들을 화형시킨 것은 내가 아니다.

▶ The southern king who broke our army, Stannis, wanted to burn him alive to send us a message.
우리 군대를 쳐부순 남부의 왕인 스타니스는 우리에게 메시지를 보내기 위해 그를 화형시키기를 원했어.

• climb on the pyre 화형하기 위한 장작더미에 오르다

flay sb alive 산채로 가죽을 벗기다

▶ I flayed him living along with his wife and brother.
난 그를 그의 아내와 형과 함께 산채로 가죽을 벗겼네.

▶ I could be skinned for even talking to you.
그대와 얘기한 죄로 가죽이 벗겨질 수도 있습니다.

▶ Your father was skinned alive by Ramsay Bolton.
그대 아버지는 램지 볼튼에 의해 산채로 가죽이 벗겨졌습니다.

• skin sb …의 가죽을 벗기다

gut sb …의 내장을 도려내다, 죽이다

▶ You're spoiling everything! I'll gut you, you little cunt!
네가 모든 걸 망쳤어! 내장을 도려낼거야, 이 나쁜 년!

▶ Gut him. He's a bastard of Winterfell, Ned Stark's son.
그를 죽여라. 그는 윈터펠의 네드 스타크의 서자 자식이야.

▶ A: This one is just a little boy. Gut him. 애송이네. 발라버려.
B: He could have killed me half a dozen time.
나를 여러번 죽일 수도 있었는데 안 죽였어.

• spoil 망치다

Words

gouge~ out …을 파버리다

▶ I'll have your two boring eyes gouged out of your head.
네 머리에서 지겨운 두 눈을 파버리게 할거다.

▶ And don't talk about my mother and father ever or I will carve your eyes from your head.
내 부모에 대해 얘기하지 마라. 그렇지 않으면 네 두 눈을 머리에서 도려낼거다.

- carve sb's heart out …의 심장을 도려내다

cut off sb's cock 성기를 자르다

▶ Cut his little cock off and stuff it in his mouth.
그의 작은 고추를 잘라서 입에 쑤셔 넣어라.

▶ Cut off his manhood and feed it to the goats.
그의 성기를 잘라서 염소들에게 먹이로 줘라.

▶ If the wrong ears heard what I'm about to tell you, off comes my head.
지금 하려는 말이 다른 사람 귀에 잘못 들어가면, 제 목이 날아갑니다.

- cut off sb's manhood 성기를 자르다
- chop off sb's cock 성기를 자르다
- have sb gelded 거세하게 하다
- come off 떨어져나가다

tear ~off 뜯어내다

▶ That animal of hers nearly tore his arm off.
그녀의 동물이 그의 팔을 거의 뜯어낼 뻔했어요.

▶ If you kill me, that wolf will tear you to bits.
날 죽이면 저 늑대가 널 갈기갈기 찢어놓을게다.

▶ You said we had to stay together. You said people would try to tear us apart, take what's ours.
넌 우리가 함께 해야 한다고 말했지. 너는 사람들이 우리를 갈라 놓고 우리의 것을 빼앗으려고 할거라고 말했지.

- tear ~ to bits 산산 조각내다, 갈기갈기 찢다
- tear ~apart 갈라놓다

mutilate 절단하다, 팔다리를 절단하여 불구로 만들다

▸ They skinned our countrymen and they mutilated my brother. 그들은 우리 백성들의 가죽을 벗겼고 내 형을 불구로 만들었습니다.

▸ I've seen 'em torn to pieces fighting while you was off somewhere hiding in a hole.
그대가 어딘가 구멍에 숨어 있는 동안 난 그들의 사지가 찢겨나가는 것을 봤다.

▸ I once told Bronn that if I ever saw you again, I'd cut you in half. 언젠가 브론에게 말했는데, 널 다시 보게 되면 반토막내겠다고.

- torn to pieces 사지가 절단되다
- cut sb in half 반토막내다
- amputate a foot 한 다리를 절단하다

stake one's life 목숨을 걸다

▸ I would stake my life the Lannisters are involved.
난 라니스터 가가 연루되어 있다는데에 목숨을 걸겠어요.

▸ You Starks are hard to kill.
너희 스타크 가문은 쉽게 죽지 않아.

- list of doomed men 살생부
- put sb to death 살해하다, 죽이다
- be hard to kill 쉽게 죽지 않다

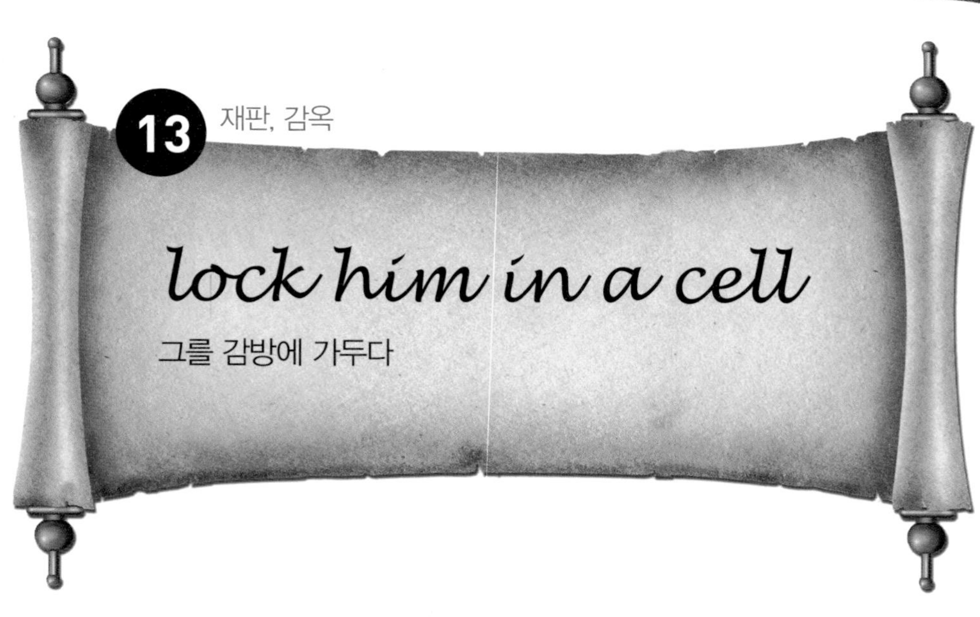

13
재판, 감옥
lock him in a cell
그를 감방에 가두다

be accused of~ …의 혐의를 받다

▶ This man stands accused of murdering King Joffrey.
이 사람은 조프리 왕 시해 혐의를 받고 있다.

▶ Lord Tyrion, you are accused of hiring a man to slay my son Bran in his bed, and of conspiring to murder my sister's husband Lord Jon Arryn, the Hand of the King.
티리온 공, 당신은 내 아들 브랜의 청부살인, 내 언니의 남편이자 왕의 핸드인 존 아린 공의 살해공모 혐의를 받고 있습니다.

• stand accused of~ …의 혐의를 받다

be confined to~ …에 근신하다

▶ You're confined to quarters.
숙소에서 근신해라.

▶ You have been stripped of your dignity and authority, publically shamed, and confined to the Red Keep.
너는 위엄과 권위를 박탈당했고 공개적으로 모욕을 당했으며 레드킵에 갇혀 있어.

▶ You secured her release when the queen detained her.
당신은 여왕이 그녀를 감금했을 때 그녀를 풀어줬죠.

• be cooped up 갇히다
• detain 감금하다

be taken at one's command …의 명령으로 체포되다

▶ He was taken at my command to answer for his crimes.
죄를 묻기 위해서 그는 내 명령으로 체포되었다 .

▶ We must get Joffrey away from his mother and into our custody. 우리는 조프리를 왕비로부터 떨어트리고 우리가 보호하고 있어야 합니다.

▶ You bring them into the city, stop Queen Magaery's humiliation before it starts, and take her back into Crown custody. 군대를 데려와 마저리 여왕의 모욕을 막고 다시 왕궁이 그녀를 보호하게 하세요.

- get sb in custody
  …을 보호하다, 감금하다
- wear manacles
  쇠고랑을 차다

lock sb in a cell 감방에 가두다

▶ Take him to the dungeon and lock him in a cell.
그를 감옥으로 데려가 감방에 가두어라.

▶ Thanks to your treachery, he was imprisoned and later executed on false charges of treason.
배신 때문에 아버지는 투옥되셨고 나중에 반역이란 거짓 혐의로 처형당하셨습니다.

- imprison 투옥하다
- stockade 영창, 감옥
- unfit for constraint 구속되기에는 적합하지 않은

put sb in chains 감옥에 처넣다

▶ Joffrey puts my father in chains, now he wants his ass kissed?
조프리가 나의 아버지를 투옥하고 나서 이제는 충성을 원한다고?

▶ My husband has been taken prisoner. My son intends to declare war.
나의 남편은 감방에 처넣어지고 나의 아들은 전쟁을 선포하려고 합니다.

- put sb in irons 사슬을 채우다
- be taken prisoner
  감방에 투옥되다

rot in a cell 감방에서 썩다

▶ You'll leave him rotting in a cell?
그를 감방에서 썩게 놔둘 겁니까?

▶ Loras rots in a cell because of you.
로라스는 당신 때문에 감방에서 썩고 있습니다.

▶ I get about half of my recruits from their dungeons.
신병의 절반 정도는 감옥에서 데려오거든요.

• dungeon 감옥

held captive by~ …에게 포로로 잡히다

▶ A captive Knight has a right to know his captor's identity.
포로가 된 기사는 억류한 자의 정체를 알 권리가 있소.

▶ Theon was a valuable hostage, not your plaything.
테온은 귀중한 인질이지 네 장난감이 아니다.

▶ Spare his life. Keep him as a hostage.
그의 목숨을 살려두고 인질로 삼고 있어라.

• captor 인질범
• hostage 인질

stand trial (for) 재판을 받다

▶ You're to stand trial in a fortnight for murdering the king.
너는 2주 후에 왕시해범으로 재판을 받게 될거야.

▶ A: You know what's coming? 어떻게 될지 알지?
B: My trial for regicide. 국왕시해로 재판을 받겠지.

▶ Are you prepared to stand trial and profess your guilt or innocence before the Seven?
그대는 재판을 받고 그대의 죄 혹은 무죄를 일곱신께 고해할 준비가 되었나?

• trial for regicide 국왕시해범 재판
• sit as judge in sb's stead …대신에 재판을 주재하다

bear witness to~ …의 증인이 되다

▸ Hear my words and bear witness to my vow.
나의 말을 듣고 내 맹세의 증인이 되어주소서.

▸ He's already been called as a witness for the queen.
그는 이미 여왕측 증인으로 신청되었네.

▸ Do you swear by all the gods that your testimony will be true and honest?
모든 신에게 그대의 증언이 정직하고 사실이라는 것을 맹세하느냐?

- call ~ witness 증인을 신청하다
- testimony 증언
- perjure 위증하다

a trial by combat 결투재판

▸ I demand a trial by combat.
저는 결투재판을 요구합니다.

▸ Oberyn was slain during a trial by combat by law, that is no murder. 오베린은 정당한 결투재판에서 죽었기 때문에 그건 살인이 아닙니다.

▸ Now I demand a champion. I have that right, same as you. 이제 저는 대전사(대신 싸울 전사)를 요구합니다. 저는 당신처럼 그 권리를 갖고 있습니다.

- champion 결투에서 대신 싸우는 전사

harass us with impunity 우리를 괴롭히고도 벌을 받지 않다

▸ We can't allow rebels behind our lines to harass us with impunity. 반란군이 우리 후방에서 마음놓고 우리를 괴롭히게 놔둘 수는 없다.

▸ As long as they can hurt our prince with impunity, the word ironborn means nothing.
우리의 왕자에게 상처를 주고도 아무런 벌을 받지 않는다면 아이언본이라는 단어는 아무런 의미가 없다.

▸ I am guilty of depravity, dishonesty, profligacy, and arrogance. 저는 타락, 부정, 방탕, 그리고 교만의 죄를 저질렀습니다.

- be guilty of~ …에 유죄이다

plead for~ 탄원하다, 호소하다

▶ Sansa came to court this morning to plead for your life.
산사는 오늘 아침 궁정에 와서 공의 목숨을 탄원했어요.

▶ You need to enter a formal plea for mercy and ask to be sent to the Wall.
공은 공식적으로 자비를 구하고 장벽으로 보내달라고 청원하셔야 합니다.

- enter a formal plea for 공식적으로 자비를 구하다

render a verdict 판결을 내리다

▶ And as custom dictates, three judges will render a verdict.
관습대로 3명의 재판관이 판결을 내립니다.

▶ Ser Rodrik, I sentence you to death.
로드릭 경, 당신을 사형에 처합니다.

▶ You'd condemn your own son to death?
아버지는 자기 자식에게 사형선고를 내리겠습니까?

- condemn to~ …선고를 내리다
- sentence sb to death 사형에 처하다

serve justice to 정의를 행하다

▶ I call upon you to seize him and help me return him to Winterfell to await the King's Justice.
여러분에게 요청합니다. 그를 체포해서 윈터펠로 데려가 왕의 심판을 기다리게 해주십시오.

▶ Give me leave to bring him back to justice.
그에게 정의를 행하도록 허락해주십시오.

▶ Well, I too have heard tales of your beauty and grace but the tales do not do you justice, My Lady.
나 역시 그대의 아름다움과 우아함에 대한 얘기를 들었지만 들었던 것보다 훨씬 아름답소이다.

- justice 공평성, 정의
- do you justice 제대로 평가하다

be pardoned 사면되다

▸ Why did the usurper pardon you?
왜 찬탈자가 너를 사면했나?

▸ Your sister sought the gods' mercy and atoned for her sin. 그대의 누이는 신의 자비를 구했고 그녀의 죄를 사면받았네.

▸ Robb Stark offered amnesty for the ironborn if they gave us Theon. 롭 스타크는 테온을 넘겨주면 아이언본들을 사면하겠다고 제의했습니다.

- pardon 죄인을 사면하다
- stone for 속죄하다
- offer amnesty for~ …에 대한 사면을 제의하다

exile 추방, 추방하다, 유배보내다

▸ I have been sold like a broodmare. I've been chained and betrayed, raped and defiled. Do you know what kept me standing through all those years in exile?
난 암말처럼 팔려갔다. 사슬에 묶이고 배신당하고, 강간당하고, 더렵혀졌다. 유배당하고 있는 이 모든 기간에 나를 지탱해줬던 것이 뭔지 아나?

▸ You had no right to exile him.
넌 그를 추방할 권리가 없어.

- broodmare 씨암말
- defiled 더렵혀진

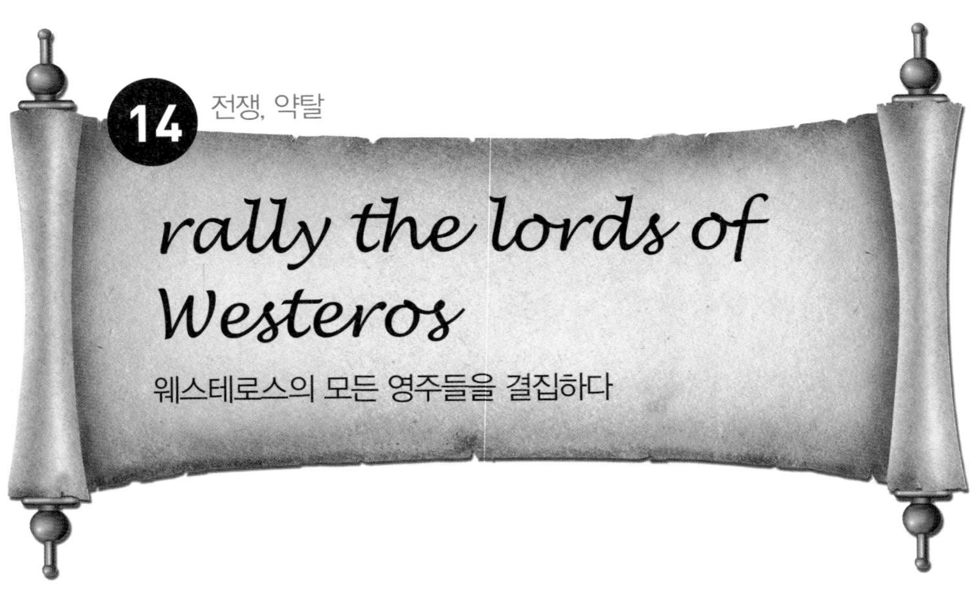

wear one's armor 갑옷을 입다

▶ I figured she was a knight 'cause she had armor on.
난 그녀가 갑옷을 입고 있어서 기사라고 생각했어.

▶ They saw Lord Arryn visit this armorer several times in the weeks before his death.
아린 공이 죽기 몇 주 전에 여러 번 이 무기 제조상을 방문했다고 합니다.

- armor 갑옷, 갑옷을 입히다
- armorer 무기제조자
- armory 병기고

call in the bannermen 기수를 소집하다

▶ Only the Lord of Winterfell can call in the bannermen and raise an army. 윈터펠의 영주만이 기수를 소집하고 군대를 일으킬 수 있어.

▶ There were 2,000 Stark bannermen, not 20,000.
스타크 병사는 2만이 아니라 2천명였습니다.

▶ Once my bannermen are home again, sitting by the fire, surrounded by their families, warm and safe, they'll never ride south again. 우리 병력이 집으로 돌아가 안전하게 가족과 함께 화로 옆에 앉게 되면 절대로 다시 남쪽으로 진군하지 않을 것입니다.

- call one's banners 기수를 소환하다
- raise an army 군대를 일으키다

round up 집합시키다, 모으다

▸ Round up the leaders of each of Meereen's great families and bring them to me.
미린 대가문의 모든 지도자들을 집합시켜서 내게 데리고 오라.

▸ Round up all the men we have and station them outside the girls' chambers.
우리에게 있는 남자들을 다 모아서 딸의 방들을 지키게 해요.

- bring around 군을 소집하다

rally the lords of Westeros 웨스테로스의 모든 영주들을 결집하다

▸ Cersei will try to rally the lords of Westeros by appealing to their loyalty, their love for their country.
세르세이는 웨스테로스의 영주들에게 충성심과 나라에 대한 애정을 호소하면서 결집시키려고 할 겁니다.

▸ The old houses will flock to our queen when she crosses the Narrow Sea.
옛 가문들은 여왕이 협해를 건너면 여왕님 편으로 다들 모일 것입니다.

- rally an army of 100,000 십만의 군대를 모으다
- flock to~ …에게 모이다

lead the army 군대를 이끌다

▸ He will lead no armies from his dungeon cell.
지하감방에서 군대를 이끌 수가 없지.

▸ Once Blackwater Bay is cleared, we'll deliver our troops to their doorstep and take the city.
일단 블랙워터 만이 열리면, 우리는 군대를 성문 앞으로 전개해서 도시를 장악하는거야.

- deliver our troops to~ 아군을…로 전개하다
- maintain a garrison 주둔병을 통솔하다
- take over command of~ …의 지휘를 하다

armada 함대

▶ He's out there somewhere at the head of an armada.
그는 함대 맨 앞 어디엔가 있겠지.

▶ Stannis has more infantry, more ships, more horses.
스타니스는 보병도 더 많고, 배도 더 많고 말도 더 많아.

▶ Your command of the cavalry was impressive.
네 기병을 지휘하는 모습은 인상적이었다.

- infantry 보병
- cavalry 기병

rally to sb' side 단결하여 …의 편을 들다

▶ If Bran and Rickon are alive, the country will rally to their side now that Robb Stark is gone.
브랜과 릭콘이 살아 있다면 롭 스타크가 없는 지금 그들을 중심으로 결집하게 될거야.

▶ There are times you make me wonder whose side you're on. 네가 누구 편이지 궁금하게 할 때가 있어.

▶ You can't expect Knights of the Vale to side with wildling invaders. 베일의 기사들이 야만인 침략자들의 편을 들거라 생각하면 안된다.

- take one's side …의 편을 들다
- side with sb …의 편을 들다
- be on one's side …의 편이다

bring sb into the fold …을 같은 편으로 만들다, 합류시키다, 진영으로 끌어들이다

▶ You'll leave for the Eyrie as soon as possible and bring Lysa Arryn into the fold.
너는 가능한 빨리 이어리로 출발해서 라이사 아린을 우리 편으로 끌어들여라.

- bring sb back into the fold …을 다시 우리 진영에 끌어들이다

be bound by blood 피로 맺어지다

▶ If your sister had lived, we'd have been bound by blood.
자네 여동생이 살아있었더라면, 우린 피로 맺어졌을텐데.

▶ I'm brokering an alliance with House Martell of Dorne.
도른의 마르텔 가문과 동맹을 맺을 겁니다.

▶ Even Lannisters can't survive without allies. Where are our allies now?
라니스터 가라도 동맹없이는 생존할 수 없어. 지금 어디에 우리의 동맹이 있지?

- broker an alliance with~ …와 동맹을 맺다
- forge a lasting alliance 지속적인 동맹을 조성하다
- allies 동맹

fight in (a war)~ …에서 싸우다

▶ How many wars have you fought in?
전쟁을 몇번이나 치뤘어?

▶ I don't fight in tournaments because when I fight a man for real I don't want him to know what I can do.
난 토너먼트 싸움을 하지 않습니다. 내가 진짜로 싸울 때 상대방이 나의 능력을 모르기를 원하기 때문이죠.

- Well fought 잘 싸웠다

vie 차지하기 위해 다투다

▶ Four kings vying for the throne.
4명의 왕이 왕좌를 차지하기 위해 다투고 있다.

▶ Got in a scrap with a few older boys.
나이가 많은 몇몇 아이들과 싸움에 휘말렸지.

▶ You started a brawl in the streets with Ned Stark and disappeared from the capital.
넌 거리에서 네드 스타크와 싸움을 시작했고 수도에서 사라져버렸지.

- scrap 싸움
- brawl 싸움, 다툼
- claw one's eyes out 쌈질을 하다, 할퀴다

jousting (중세) 마상시합

▶ You have no business jousting. Leave that for the young men.
마상시합을 해서는 안됩니다. 젊은 친구들이 하도록 하십시오.

▶ He won the tournament at Lannisport. Unseating Ser Jaime Lannister himself - The Kingslayer.
그는 라니스포트에서 열린 마상시합 토너먼트에서 이겼죠. 바로 제이미 라니스터인 킹슬레이어를 말에서 쓰러트리고요.

- keep your shield up 방패를 올리다
- unseat 말에서 떨어뜨리다, 이기다
- Charge! (마상시합에서) 돌격!

set foot on a battlefield 전쟁에 발을 들여놓다

▶ His baby brother has never set foot on a battlefield.
그의 동생은 전쟁을 해본 적이 없어.

▶ A king doesn't discuss battle plans with stupid girls.
왕은 어리석은 여자들과 전투계획을 논하지 않는다.

▶ Gold-plated foes just gave them the rallying cry. The Queen slaughters babies.
시티워치는 백성들에게 구호를 외치게 했어. 왕비가 아기들을 살육하고 있다고.

- draw up battle plans 전투계획을 세우다
- rallying cry 구호, 슬로건

wage war against …에 대항하여 전쟁을 하다

▶ The Seven Kingdoms have waged war against these savages for centuries.
칠왕국은 수세기동안 이 야만인들에 대항하여 전쟁을 해왔다.

▶ We won't be able to hold the city against Stannis, not the way Joffrey's planning on holding it.
우리는 조프리가 하겠다는 방식으로는 스타니스로부터 도시를 지킬 수 없을 것이다.

▶ I know how you wage war.
난 그대가 어떻게 전쟁을 하는지 알고 있소.

- hold the city against~ …에 대항하여 도시를 지키다

lay siege to~ …을 포위하다

▸ We will lay siege to the capital, surrounding the city on all sides.
우리는 전방위로 도시를 둘러 수도를 포위할 것입니다.

▸ The Targaryens built this city to withstand a siege and to provide escape if necessary.
타르가르옌은 이 도시를 포위공격에 견디도록, 그리고 필요시 탈출로를 제공하게 만들었다.

- besiege the city 도시를 포위하다
- be under siege 포위당하다
- withstand a siege 포위공격을 견디다
- impregnable 난공불락

siege weapons (포위공격하는) 공성병기

▸ They don't have siege weapons.
그들에게는 공성병기가 없다.

▸ A good ram will batter it down in minutes.
좋은 공성추라면 금방 그것을 무너트릴거야.

▸ Jaime was taught to fight with sword and lance and mace.
제이미는 검과 창과 철퇴로 싸우는 법을 배웠다.

- ram 공성망치
- mace 철퇴

land 상륙하다, 도달하다

▸ Let's say Viserys Targaryen lands with 40,000 Dothraki screamers at his back.
비세리스 타르가르옌이 뒤에 4만 명의 소리지르는 도트락인과 상륙한다고 칩시다.

▸ He's attacked one of my brothers and abducted the other.
그는 내 동생 한 명을 공격했고, 다른 동생을 납치했습니다.

- invade 침략하다
- attack 공격하다
- withstand an attack 공격을 막다

lead the attack 공격을 지휘하다

▶ I'll lead the attack!
내가 공격을 지휘하겠다!

▶ When the battle commences, you and your wildlings will be in the vanguard.
전투가 시작되면 너와 그 야인들이 선봉대에 서도록 해라.

- throw one's full strength at~ 총공격하다
- march (sb) off to~ (…을) …로 끌고가다, 행진하다
- vanguard 선봉대

take ~ by surprise 기습공격하다

▶ We took them by surprise. 우리는 그들을 기습공격했다.

▶ I led the foray when the enemies were at the gate while your grandson, the king, quivered in fear behind the walls. 적이 성문 앞에 있을 때 아버지의 손자인 왕은 성벽 뒤에서 두려움에 떨고 있었지만 저는 기습공격을 이끌었습니다.

▶ Your foray to Craster's Keep, I'll sanction it.
크래스터의 거처를 습격하는 것을 허락한다.

- lead the foray 기습공격을 이끌다

bear down on sb …향해 돌진하다

▶ There's 60 miles of wilderness between here and Craster's and Mance Rayder has an army bearing down on us.
여기서 크래스터 거처 사이에는 60마일의 거리가 있고, 만스 레이더는 우리를 향해 돌진하고 있습니다.

▶ I wanted to make him angry. I want him coming at us full tilt. 난 그를 화나게 만들어서 우리에게 전속력으로 달려들기를 바래.

- come at sb full tilt 전속력으로 달려들다

take up against~ 대항하다

▶ Both Baratheon brothers have taken up against us.
바라테온 형제 둘 다 우리에게 대항하고 있습니다.

▶ They massacred everyone and put the castle to the torch. 그들은 모든 사람들을 학살했고 성에 불을 질렀습니다.

▶ Gather the Knights of the Vale. The time has come to join the fray. 베일의 기사들을 집합시켜라. 싸움을 시작할 때가 되었다.

- put the castle to the torch 성에 불을 지르다
- join the fray 싸움을 시작하다

Our scouts tell us~ 정찰병의 정보에 따르면…

▶ Our scouts confirm it's even larger than the Kingslayer's.
우리 정찰병들은 그들의 군대가 왕시해자의 군대보다 더 많다고 확인해줬습니다.

▶ Scouts assure us Robb Stark won't risk marching on Casterly Rock until he's at full force.
정찰병들에 의하면 롭 스타크는 전력이 최고조에 이르기까지는 캐스털리 록으로 진군하지 않을 거랍니다.

- scout 정찰병
- lookout 망보는 사람
- emissary 특사
- sent as an envoy 특사로 보내진

be spotted~ 발견되다, 목격되다

▶ Sandor Clegane has been spotted in the Riverlands, my lord.
산도르 클리게인은 리버랜드에서 목격되었습니다.

▶ Stannis Baratheon's fleet has been spotted sailing north past Tarth-- 200 ships.
스타니스 바라테온의 함대가 200척의 배로 타스를 지나 북쪽으로 항해하고 있는 것이 목격되었습니다.

- fleet 함대

Nock your arrows! 화살을 시위에!

▶ Archers to their marks!
궁수들 위치로!

▶ I said nock and hold, you cunts!
화살을 걸고 그대로 있으라고 했다. 이 멍청이들아!

▶ What are you fucking waiting for? Loose!
도대체 뭘 기다리는거야? 발사해!

- archer 궁수
- shaft 화살
- nock 화살을 걸다
- draw 시위를 당기다
- loose 화살을 발사하다

not stand a chance against~ …에 대항해서 승산이 없다

▶ You won't stand a chance against the Lannisters on your own.
홀로 라니스터 가에 대항해서는 승산이 없어요.

▶ Your ancestor Aegon the Conqueror didn't seize six of the kingdoms because they were his right.
선조이신 정복자 아에곤은 그가 정당하기 때문에 칠왕국을 정복한게 아닙니다.

- take a hit 타격을 입다
- take one's toll 타격을 주다
- seize 붙잡다, 체포하다, 점령하다, 장악하다

bolster his army 군을 보강하다

▶ He's hired thousands of foreign sellswords to bolster his army.
그는 많은 외인 용병을 고용해서 군대를 강화했습니다.

▶ We need to shore up Castle Black and we need to defend the Wall.
우리는 캐슬블랙을 강화하여 장벽을 방어해야 합니다.

- shore up 강화하다

on the run 도주중인

▶ We have the Lannisters on the run.
우리에게는 도주중인 라니스터 가가 있습니다.

▶ The ones who flee say they've seen the White Walkers.
도망친 사람들은 그들이 화이트 워커들을 봤다고 말합니다.

▶ After he was executed, I fled the capital.
그가 처형당한 후에 난 도시에서 도망쳤어.

• flee to~ …로 도망치다

demise 사망

▶ The rumors of your demise were unfounded.
네가 죽었다는 소문은 근거없는 것이었구나.

▶ Your sister was a corpse and I was a living girl and he loved her more than me.
그대의 여동생은 죽었고 나는 살아있는데 왕은 나보다 그녀를 더 사랑하셨죠.

• corpse 시체

lure sb into a trap 함정으로 유인하다

▶ The last time the scouts assured us of Stark's movement, he lured us into a trap.
정찰병이 지난번에 스타크 부대의 움직임을 확인했을 때, 스타크는 우리를 함정에 빠트렸습니다.

▶ That is why it is critical to strike soon while the victor still licks his wounds.
그래서 승리자가 전열을 가다듬을 동안 공격하는 것이 중요합니다.

• be seasoned in battle 전투에 노련하다
• lick one's wounds 상처를 치료하다, 패배에서 다시 일어나다

root out 소탕하다

▶ Surely there are ways to have me killed that would be less detrimental to the war effort.
군전력을 덜 손실시키면서 절 죽이는 방법도 분명 많이 있을 겁니다.

▶ I am done with the Lannisters, I will march back North, root you out of your Keep and hang you for an oathbreaker. 내가 라니스터 가를 끝냈고, 북부로 다시 진군해서 그대 성을 소탕하고 그대를 서약파기자로 교수형에 처하겠네.

- war effort 군수물자, 전쟁물자
- hold sway 지배력을 갖다
- defy 저항하다, 반항하다

suffer a stunning defeat 충격적인 패배를 당하다

▶ There are many who know that without you this city faced certain defeat.
공이 아니었더라면 도시는 확실한 패배에 직면했다는 것을 많은 사람들이 압니다.

▶ The murderer and traitor Stannis Baratheon suffered a stunning defeat at the hands of your father.
살인자이자 반역자인 스타니스 바라테온은 네 아버지의 손에 충격적인 패배를 당하였다.

- face certain defeat 확실한 패배에 직면하다
- defeat them in the field 전쟁터에서 그들을 물리치다

be bested 지다, 패배하다

▶ I've seen Ser Loras bested once or twice, but never quite in that fashion.
난 로라스 경이 한두번 지는 것을 봤지만, 전혀 이런 식은 아니었네.

▶ Your father's forces prevailed.
자네 아버지 군대가 승리했네.

▶ The swords of the vanquished, a thousand of them melted together like so many candles.
패배한 자들의 검, 천개가 많은 양초들처럼 함께 녹아들었네.

- best 이기다
- prevail 승리하다
- the vanquished 패배자

overthrow a king 왕을 전복시키다

▶ The same women who murdered Myrcella have overthrown House Martell and taken control of Dorne.
마르셀라를 살해한 여자가 마르텔 가문을 무너뜨리고 도른을 장악하고 있습니다.

▶ If the city falls, Stannis will burn every Lannister he can find.
도시가 함락되면 스타니스는 모든 라니스터 사람들을 모조리 불태울 것이다.

- overthrow 전복시키다, 무너뜨리다, 타도하다
- fall 함락당하다

roll over 쉽게 물리치다

▶ If the wildlings breach the Wall, they'll roll over everything and everyone for 1,000 miles before they reach an army that can stop them. 야인들이 장벽을 깨고 오면 그들을 막을 수 있는 군대에 이르기까지 1000마일까지의 모든 사람과 모든 것을 쉽게 물리칠 것입니다.

▶ His efforts to stamp out dissent led to rebellion that killed every Targaryen except two. 반대파를 몰살하기 위한 그의 시도는 두 명만 남기고 모든 타르가르옌 사람들을 죽이기에 이르렀습니다.

- stamp out dissent 반대파를 몰살하다
- smash sb …을 물리치다
- subdue 정복하다, 잡다

lay waste to~ …을 파괴하다, 파멸시키다

▶ We will lay waste to armies and burn cities to the ground.
우리는 군대를 파멸시키고 도시를 불태워버릴 것이다.

▶ The contents of this room could lay King's Landing low.
이 방의 내용물들이 킹스랜딩을 멸망시킬 수도 있겠소.

- lay ~ low 패배시키다, 매장하다

lay down one's sword 검을 내려놓다, 싸움을 접다

▶ Command all the forces within the castle to lay down their arms.
성안의 모든 병력들에게 무기를 내려놓으라고 명령해라.

▶ Tell your men to lay down their swords. No one needs to die.
그대 부하들에게 검을 내려놓으라고 하시오. 아무도 죽을 필요는 없소.

- lay down their arms 무기를 내려놓다

submit to 굴복하여…하다

▶ Your brother would never have submitted to capture so meekly.
네 형이라면 그렇게 맥없이 잡히지는 않았을거다.

▶ Every stronghold will yield to us one by one.
모든 성들이 차례대로 우리에게 항복할 것이다.

- succumb 굴복하다
- yield 항복하다

raid their villages 마을을 공격하다, 급습하다

▶ Wildlings raid our lands all the time.
야인들은 항상 우리 영토를 침략하고 있습니다.

▶ And how am I supposed to prove myself by pillaging piss-poor fishing villages?
내가 찢어지게 가난한 어촌들을 약탈해서 어떻게 나를 증명하라는 것입니까?

▶ Come with me and plunder the greatest city in Westeros.
나와 함께 가세 그리고 웨스테로스의 가장 위대한 도시를 강탈하세.

- raid 침략하다
- sack the city 도시를 강탈하다
- plunder 약탈하다, 강탈하다
- pillage 약탈하다

loot 약탈하다

▶ They go from town to town, looting and burning, killing every man who can't hide behind a stone wall, stealing all our crops and livestock, enslaving all our women and children.
그들은 마을을 옮겨 다니면서 약탈하고 불태우고 성안에 숨지 못한 모든 사람들을 죽일 것이고, 우리의 곡식과 가축을 훔치고, 모든 여인과 아이들을 노예로 만들 것이다.

- reave 빼앗다
- snatch away 강탈하다, 뺐다
- spoil 약탈품, 전리품
- enslave 노예로 만들다

broker a peace with~ …와 평화협상을 하다

▶ If he were alive, we could have used him to broker a peace with Winterfell and Riverrun, which would have given us more time to deal with Robert's brothers.
그가 살아 있다면 그를 이용해 윈터펠과 리버런과 평화협정을 맺고 그럼 우리는 로버트 형제를 다루는데 더 많은 시간을 가질 수 있을텐데.

▶ I offer your cousins peace if they meet my terms.
내 조건을 수락한다면 네 사촌들에게 휴전을 제안하겠네.

- meet one's terms …의 조건을 수락하다

sue for peace 화평을 청하다

▶ Perhaps we should sue for peace.
아마도 화평을 청해야 되겠네요.

▶ You're riding to the Crag to negotiate a surrender?
항복협상을 하러 크래그에 가시는거죠?

▶ You begged me not to send Theon to negotiate with his father and I ignored your advice.
테온이 그의 아버지와 협상하도록 보내지 말라고 하셨는데 제가 그 말을 무시했어요.

- negotiate a surrender 항복을 협상하다
- negotiate with sb …와 협상하다

make a pact with …와 협정하다

- We're gonna make a pact with this Dragon Queen.
  우리는 드래곤 퀸과 협정을 맺을 것이다.
- If Robb Stark wants a pact with us, he should come himself
  롭 스타크가 우리와 협정을 하려면 직접 왔어야죠.

- pact 협정, 조약
- make peace with~ …와 화해하다

15 보복하다

repay our faith with treachery

우리의 신의를 배신으로 갚다

take revenge 복수하다

▸ You need to live to take revenge.
너는 살아서 복수를 해야 한다.

▸ She wanted revenge for her father, her mother, her brother. 그녀는 아버지, 어머니 그리고 오빠의 복수를 원했습니다.

▸ She wants revenge so badly, she brought the Dothraki to our shores. 그녀는 복수를 하고 싶어서 도트락인들을 우리 해안까지 데리고 왔습니다.

- want revenge 복수를 원하다
- vengeance 복수

avenge sb's death …의 죽음에 대해 복수하다

▸ For the love I bore your Lord husband, let me avenge his death.
부군에 대한 저의 충성심으로 그의 죽음을 복수하게 해주십시오.

▸ You can't avenge him if you're dead.
네가 죽으면 그에 대한 복수를 할 수 없어.

▸ One day I will avenge King Renly.
언젠가 렌리 왕을 살해한 것에 대한 복수를 할 것입니다.

- avenge sb …에 대한 복수를 하다
- retaliate 보복하다
- reprisal 보복, 앙갚음

pay the price 대가를 치르다

▶ I disobeyed my king, your father, and now I'm paying the price.
저의 왕이자 공주님의 아버지 말을 거역해서 그 대가를 치르고 있습니다.

▶ The Lannisters owe the Iron Bank quite a lot of money, but Lannisters always pay their debts.
라니스터 가는 아이언 뱅크에 많은 돈을 빚지고 있지만, 라니스터 가는 항상 빚을 갚죠.

• pay one's debts 빚을 갚다

repay sb with treachery 배신으로 되갚다

▶ And you repaid our faith with treachery.
우리의 신뢰를 배신으로 갚았어.

▶ I treated the Stark boys with honor and they repaid me with treachery.
난 스타크 소년들을 명예롭게 다루었는데 그들은 배신으로 되갚았다.

• repay our faith with treachery 우리의 신의를 배신으로 갚다

doom 파멸하다

▶ You are the King's Hand and the King is a fool-- your friend, I know, but a fool-- and doomed unless you save him.
당신은 왕의 핸드이고 왕은 바보이죠. 당신의 친구인 걸 알지만 바보예요. 당신이 구해주지 않으면 파멸하게 될거예요.

▶ Finally, the day of reckoning came.
마침내 파멸의 날이 다가왔어.

• reckoning 심판, 파멸

16
책임, 성향
see fit to~
…하는 것이 적절하다고 생각하다

assume that role 직책을 맡다

▶ Clearly, it would not be appropriate for a woman to assume that role. 명백히 여성이 그 직책을 맡는 것은 부적절할 것 같네.

▶ Lady Sansa desires to take her ancestral seat back from the Boltons and assume her rightful position as Lady of Winterfell.
레이디 산사는 볼튼 가로부터 조상이 살던 곳을 되찾고 윈터펠의 영주로서 합당한 직위를 맡고 싶어합니다.

• assume 추정하다, 권력이나 책임 등을 떠맡다

be held accountable for 책임을 지다

▶ You shall now be held accountable.
이제 당신이 책임을 져야 할거야.

▶ But, as Master of Coin, it falls upon me to calculate the cost for the crown.
하지만, 재무관으로 저는 왕실경비를 책임져야 하거든요.

▶ Why does he feel responsible for you?
왜 그는 너에 대해 책임감을 느끼는거야?

• fall upon sb to~
…가 …해야 하는 임무를 지다, 책임을 지다

Words

answer for sth~ …에 대해 책임지다

▶ You're here to answer for your brother's latest treasons.
그대는 오빠의 최근 반역행위에 대한 책임을 지고 여기에 왔네.

▶ You're taking me to your sister's to answer for my imagined crimes.
부인은 내가 저지르지도 않은 죄에 책임을 물으러 언니의 성으로 날 데려가고 있습니다.

▶ When soldiers lack discipline, the fault lies with their commander. 군인들 기강이 해이해지면, 그건 지휘관의 책임이다.

- lie with~ 책임은 …에게 있다

be fit to+V …하기에 적합한

▶ The Gods were cruel when they saw fit to test my vows.
신들은 내 서약을 잔인하게도 확인하셨다.

▶ I'm not cut out for this sort of work.
나는 그런 종류의 일에는 어울리지 않습니다.

▶ It's only fitting you should look the part.
당신이 적격인 자리는 그것밖에 없어요.

- see fit to+V …하는 것이 적절하다고 생각하다
- be not cut out for~ …에 어울리지 않다
- look the part 적격이다, 그 역에 잘 어울리다

pull ~ strings …을 조종하다

▶ People think you're pulling the King's strings.
사람들은 경이 왕을 조종하고 있다고 생각해요.

▶ Jaime Lannister has played you for a fool.
제이미가 당신을 갖고 논 겁니다.

▶ I'm not mocking you, but I've seen men pray to every God there is.
농담이 아니라, 존재하는 신이란 모든 신에게 기도하는 사람들을 본 적이 있어.

- mock 놀리다
- play sb for a fool …을 바보로 갖고 놀다

strike sb as …가 …한 것처럼 보이다

- You don't strike me as cruel.
  내게 그대는 잔인하게 보이지 않습니다.
- She doesn't strike me as your sort of girl.
  그녀는 자네가 좋아하는 그런 여자가 아닌 듯 합니다.
- I hear he's a drunken little lecher, prone to all manner of perversions.
  그는 술주정뱅이에 호색한으로 온갖 변태 짓을 한다고 들었어요.

• predisposed …의 성향이 있는
• have a penchant for~ …하는 경향이 있다
• be prone to~ …하는 경향이 있다

piss on~ 상관안하다, 무시하다

- A: When their omens favor war. 그들의 예언이 전쟁을 하도록 할 때요.
  B: I piss on Dothraki omens. 도트락인의 예언 따위는 신경안써.
- Your family has always pissed on me.
  당신네 가문은 항상 나를 무시했지.

• omen 징후, 징조

pretend …인 척하다

- I can turn over and you can pretend I'm him.
  내가 뒤돌아서 그인 것처럼 할게요.
- For years I pretended to love the poor, the afflicted. I had pity for them, but I never loved them.
  오랫동안 저는 가난한 사람, 고통받는 사람들을 사랑하는 척을 했습니다. 그들을 동정했습니다만 한번도 그들을 사랑한 적이 없습니다.
- He killed them and burned them and passed them off as the little lords? 그들을 죽여 태워서 작은 도련님들인 것처럼 했다는 말야?

• pass sb off as~ …의 행세를 하게 하다
• pose as …인 척하다

Words

17 사랑, 결혼

consummate the marriage

결혼을 완성하다, 첫날밤을 치르다

sb's honor undesmirched 명예가 더럽혀지 않은, 아직 순결한 = Not defiled

▸ When was last time you bleed, Khaleesi?

칼리시, 마지막으로 생리한게 언제예요?

▸ She does not bleed for two moons. Her belly starts to swell.

그녀는 두달동안 생리를 하지 않고 배는 부풀어오르기 시작했습니다.

- bleed 생리하다
- flower 여자가 되다
- come of age 나이가 차면, 성년이 되면

have eyes for sb …을 사랑하다, 관심을 갖다

▸ Sadly, she had eyes for another.

슬프게도, 그녀는 다른 사람을 사랑했습니다.

▸ A successful courtship would make Lord Baelish acting Lord of the Vale.

구애가 성공했더라면 배일리쉬 공을 베일의 영주로 만들었겠죠.

▸ Tommen seems quite taken with his new queen.

토멘 왕은 새로운 왕비에게 푹 빠진 것 같습니다.

- be quite taken with sb …에게 푹 빠지다
- courtship 구애

make sb a match with~ …에게 짝지어주다

- When you're old enough, I'll make you a match with someone who's worthy of you, someone who's brave and gentle and strong.
  네가 나이가 차면, 너한테 어울리는 용감하고 다정하고 강한 사람을 맺어주마.
- Now that the Lannisters have discarded her, Sansa will have many suitors.
  라니스터 가가 산사를 버렸기 때문에 구애하는 사람들이 많이 있을거야.

• suitor 구혼자

one's intended 약혼자

- You were betrothed to Loras Tyrell.
  너는 로라스 타이렐과 약혼한 사이다.
- This is my betrothed, Lollys.
  여기는 제 약혼녀, 롤리스입니다.
- In any event, you shouldn't keep your intended waiting.
  어떤 경우에도 약혼자를 기다리게 해서는 안됩니다.

• be betrothed to sb …와 약혼한 사이다
• hold betrothal solemn 약혼을 신성하게 여기다

have[get] one's claw in(to) 여자가 남자를 결혼상대로 단단히 물다

- Margaery has her claws in Joffrey. She knows how to manipulate him.
  마저리는 조프리를 꽉 쥐고 있어. 그녀는 조프리를 다룰 줄 알아.
- Lurking and simpering on the stairs like buzzards the moment my husband died, trying to get their claws in me.
  남편이 죽자마자 독수리처럼 숨어 히죽거리고 나를 꽉 물려고 하고 있어요.

• manipulate 다루다
• lurk 도사리다
• simper 히죽거리다

wed sb …와 결혼하다, …을 결혼시키다

▶ He wed Rhaegar and Lyanna in a secret ceremony.
대문관은 비밀리에 레이가와 리안나를 결혼시켰어.

▶ You may now cloak the bride and bring her under your protection. 그대는 신부에게 망토를 둘러주고 그대의 보호 하에 두시오.

▶ The Targaryens wed brothers and sisters for 300 years to keep bloodlines pure.
타르가르옌은 300년동안 순수혈통을 유지하기 위해 남매들끼리 결혼을 시켰어.

- cloak the bride 결혼식에서 신부에게 망토를 둘러주다
- seal these two souls 이 두 영혼을 맺어주다

consummate the marriage 결혼을 완성하다, 첫날밤을 치르다

▶ My lord father has commanded me to consummate this marriage. 아버지 영주께서 내게 첫날밤을 치르도록 명하셨다.

▶ Without the bedding ceremony, there's no real proof the lord and lady consummated their marriage.
첫날밤의 의식없이는, 남녀가 결혼을 완성했다는 증거가 없다.

▶ She's still a virgin. Tyrion never consummated the marriage. 그녀는 아직 처녀입니다. 티리온이 첫날밤을 치르지 않았습니다.

- proof 증거

consort 국왕이나 여왕의 배우자, 반려자

▶ Neither one of you is fit consort for a queen.
그대들 누구도 왕비의 배우자로 적합하지 않다.

▶ A child born of a traitor's seed is no fit consort for our King.
반역자의 씨로 태어난 아이가 왕의 배우자로는 적합하지 않다.

- paramour 연인, 애인
- mistress 정부

lie with …와 잠자리에 들다

▸ And the Copper King offers me a single ship on the condition that I lie with him for a night.
그리고 구리왕은 내게 하룻밤 자는 조건으로 배 한 척을 제의했소.

▸ Have you ever given any thought to what King Joffrey will have to say when he finds out you've been bedding his mother?
네가 자기 엄마와 자는 사이라는 것을 알았을 때 조프리 왕이 뭐라 할지 생각해본 적이 있나?

- bed sb …와 자다
- bring sb into one's bed …을 잠자리에 들이다
- take sb into one's bed …을 잠자리에 들이다

have been with sb …와 자다

▸ But since I met you, my lady, I've been with no one else.
하지만 부인, 부인을 만난 이후로는 아무와도 잠자리를 갖지 않았습니다.

▸ Have you ever been with a woman? 여자와 자본 적이 있어?

▸ Then don't make love like a slave.
그럼 노예처럼 사랑을 나누지 마세요.

▸ I'm going to scream when my husband makes love to me. 내 남편이 사랑을 해줄 때 비명을 지를거야.

- make love 사랑을 나누다

make a child with him …와 아기를 갖다

▸ Whenever I wanted to make a child with him, he-- he had so many excuses, so many late-night war councils.
내가 그와 아기를 가지려 할 때마다, 그는 많은 사정이 있었고, 밤늦게까지 하는 전시회의가 많았습니다.

▸ You will wed her, bed her, and put a child in her.
넌 그녀와 결혼해서 잠자리를 갖고 아이를 임신시켜라.

▸ Your mother would still be a milkmaid if I hadn't squirted you into her belly.
내가 너를 네 엄마의 뱃속에 임신시키지 않았다면 엄마는 아직도 소젖이나 짜고 있었을거야.

- put a child in her 임신시키다
- squirt ~ into one's belly …의 배에 물줄기 등을 쏘다, 임신시키다
- come into the world 태어나다

sire …의 아비가 되다

▶ You will marry a suitable woman and father children named Lannister.
너는 적절한 여성과 결혼하고 라니스터 이름을 가진 아이들의 아빠가 되어라.

▶ A son you sired on your wedding night.
결혼식 날 네가 씨뿌린 아들.

- father …의 아버지가 되다

fornicate 간음하다, 성교하다

▶ Brother fornicates with sister in the bed of Kings.
왕의 침대에서 남매가 간음을 일삼고 있다.

▶ Did he force himself on you? 그가 너를 강제로 성관계하게 했나?

▶ You think dipping his wick will cure what ails him? There's no cure for being a cunt.
너는 성관계를 맺으면 그를 괴롭히는 것을 치유할거라 생각했나? 한심한 놈에게는 치료제가 없네.

- force oneself on~ 강제로 성관계를 맺다
- dip one's wick 성교하다
- go celibate 독신으로 살다

sally of the side (왕좌의 게임에서) 매춘부

▶ Don't you think it's a little bit unfair? Making us take our vows while they sneak off for a little sally on the side?
좀 불공평하다고 생각하지 않아? 우리보고는 서약을 하게 하고 그들은 몰래 빠져 나가 매춘부와 즐기고 말야.

▶ So I sat there in the brothel as Ros took off her clothes.
그래서 난 로즈가 옷을 벗는 동안 사창가에 앉아 있었어.

▶ I am Queen Regent, not some broodmare.
전 섭정 왕후에요, 씨암말이 아니구요.

- harlot 창녀
- devout prostitutes 독실한 창녀
- bawdy house 매음굴
- brothel 매춘굴, 사창가
- procurer 포주

leacher 호색한

▸ You think I'd let that old lecher put his hands on me?
넌 네가 그 늙은 호색한이 내게 손을 대도록 놔뒀겠어?

▸ I'm marrying my eldest son to a wicked little bitch from Highgarden while I'm supposed to marry her brother, a renowned pillow biter.
나는 장남을 하이가든의 사악한 년과 결혼시키고 나는 유명한 남색가인 그녀의 오빠와 결혼하기로 되어 있다.

- pillow biter 남색가

pecker 남자의 성기

▸ She won't talk so much when she's choking on my cock.
그녀는 성관계를 맺을 동안에는 말을 별로 하지 않아.

▸ While I empty her chamber pot and lick your cock when you're bored? 내가 그녀의 요강을 비우고, 당신이 지겨울 때는 성기를 빨라고?

▸ I saw your pecker. What kind of god would have a pecker that small? 난 너의 성기를 봤어. 무슨 종류의 신이길래 성기가 그렇게 작나?

- stick=dick 남자의 성기
- cock 남자의 성기

sheath 칼집, (비유적으로) 여성의 성기

▸ She sells her sheath and you sell your blade.
그녀는 칼집을 팔고 너는 네 칼을 파는거야.

▸ A sword needs a sheath. And a wedding needs a bedding.
검에는 칼집이 필요하지. 결혼에는 첫날밤을 치러야 돼.

▸ Your cock shouldn't go near her till she's slick as a baby seal. 그녀가 물개처럼 젖을 때까지는 근처에 얼씬하지도마.

- minge 여성의 성기
- tits = teat 여성의 젖꼭지
- slick as a baby seal 물개처럼 젖다

annulment 이혼

▶ Maynard says here that he issued an annulment for a Prince "Ragger" and remarried him to someone else at the same time in a secret ceremony in Dorne.

메이나드가 여기에 말했어. 그는 레이가 왕자의 파혼서를 발부하였고 그를 도른에서 비밀리에 다른 사람과 재결혼시켰다라고 말야.

• annul 법적으로 무효화하다, 취소하다

18 종교

confess his crimes and repent

그의 죄를 고백하고 회개하다

High Septon 하이 셉톤

▶ The High Septon has called for an inquest, not a trial.
하이 셉톤은 재판이 아니라 심리를 요구했습니다.

▶ I killed your High Sparrow and all his little sparrows all his septons, all his septas, all his filthy soldiers, because it felt good to watch them burn.
나는 네 하이스패로우와 스패로우들, 그리고 셉톤과 셉타들 그리고 더러운 병사들 모두를 죽였지, 그들이 불타죽는 것을 보는게 좋았기 때문이야.

- Septon 셉톤
- Septa 셉타

fanatics 광신도

▶ They call themselves sparrows. Bloody fanatics.
그들은 스스로를 스패로우라고 부른다. 빌어먹을 광신도들.

▶ We can't allow fanatics to arrest the queen's brother no matter his perversions.
우리는 광신도들이 성적취향이 어떻든 왕비의 오빠를 구금하게 해서는 안된다.

▶ He's surrounded by fools and fanatics but he trust you, Davos. 왕은 바보들과 광신도들로 둘러 싸여 있지만 그대 다보스를 믿습니다.

- bloody 빌어먹을

Lord of Light 빛의 신

▶ The Lord of Light is keeping Beric alive for a reason.
빛의 신이 베릭을 살려주시는 건 이유가 있을거야.

▶ I serve the Lord of Light. I do what he commands.
난 빛의 신을 섬기네. 난 그가 하는 명령을 따르네.

▶ Ah, you must be this fire priestess we hear so much about.
아, 당신이 그렇게 많이 들어왔던 불의 여사제이군요.

- fire priestess 불의 여사제(Red Priestess)
- Rod God 자켄의 신

sanctum 성소

▶ The ceremony is traditionally held in the main sanctum, which seats 700 comfortably.
예식은 700명이 앉을 수 있는 주성소에서 전통적으로 열립니다.

▶ Lord Frey requires a formal apology for your violation of your sacred oath to marry one of his daughters.
프레이 공은 자신의 딸 하나와 혼인하기로 한 그대가 신성한 약속을 지키지 못한 것에 대한 공식적인 사과를 받아야 합니다.

- sanctuary 성역, 성소
- sacred 신성한

consecrate ~ to …에게…을 봉헌하다

▶ Theon of the House Greyjoy, you would this day consecrate your faith to the drowned God?
그레이조이 가의 테온, 너의 신념을 오늘 익사한 신에게 봉헌하겠느냐?

▶ My only remaining wish is to devote my life to the Seven.
나의 유일하게 남은 바람은 평생을 세븐 신에게 바치는 것입니다.

- devote one's life to~ …에게 평생을 바치다

preach~ …을 전파하다

▶ She's a foreigner preaching her foreign religion.
그녀는 자기의 외인 종교를 전파하는 외인입니다.

▶ It's easy for you to preach utter devotion to family when you're making all the decisions.
아버지가 모든 결정을 하면서 가문에 완전한 헌신을 하라고 하는 것은 아버지에게는 쉬운 일이죠.

▶ The common people pray for rain, health and a summer that never ends. 평민은 비, 건강 그리고 끝나지 않는 여름을 기도합니다.

• pray for~ …을 위해 기도하다

sin 죄를 짓다

▶ I have sinned. I see that now. How can I have been so blind for so long? I want to be clean again.
죄를 지었습니다. 이제 알겠습니다. 지금까지 왜 그렇게 몰랐을까요? 다시 정화되고 싶습니다.

▶ And only confession can purge sin. 고백만이 죄를 없앨 수 있습니다.

▶ You have profaned our faith, the faith of our fathers and forefathers. 그대는 우리 선조들의 신앙을 모독하였습니다.

• sinner 죄인
• purge 몰아내다, 없애다
• profane 더럽히다, 모독하다

repent 회개하다

▶ Loras's only hope is to confess his crimes and repent.
로라스의 유일한 희망은 자기 죄를 고백하고 회개하는 것입니다.

▶ Margaery will repent her sins before the good people of the city.
마저리 왕비는 도시의 선민들 앞에 자신의 죄를 회개할 것입니다.

▶ The Queen of Thorns is a remarkable woman, a strong woman and an unrepentant sinner.
가시의 여왕(올레나)은 대단하고 강한 여성이고 수치심을 모르는 죄인입니다 .

• penitent 참회자
• atonement 속죄

Gods be good 신들의 가호아래

▸ They both have their health, gods be good.
그들은 신들의 가호아래 건강해.

▸ Gods be good, I hope to always serve the rightful King.
신들의 가호아래, 전 항상 적법한 왕을 모시기를 바랍니다.

▸ Gods be good, you nearly killed poor Littlefinger yesterday. 신들의 가호가 있어서 말이지, 당신은 어제 리틀핑거를 거의 죽일 뻔 했어요.

• serve 섬기다

Seven blessings to you 신들의 축복이 있기를

▸ Seven blessings to you, goodfolk!
그대, 선한 사람들에게 신들의 축복이 있기를!

▸ The Targaryen girl-- seven hells, don't start with her again. 그 타르가르옌 여자애, 빌어먹을, 다시 그 아이 얘기는 꺼내지마.

▸ There are no seven heavens and no seven hells? There's only one hell, Princess. The one we live in now.
일곱 천국과 지옥은 있냐구요? 공주님, 오직 하나의 지옥이 있을 뿐입니다. 지금 우리가 살고 있는 곳이요.

• Seven hells! = God damnit!

in seven hells 도대체

▶ If you're afraid of a band of wildlings, how in seven hells did you manage to kill a white walker?
네가 야인일당도 두려워하는데 도대체 어떻게 백귀를 죽일 수가 있었어?

▶ What in seven hells are you doing with the Stark bitch?
넌 도대체 그 스타크 계집애하고 뭘하고 있는거야?

▶ What in the hell are you muttering?
도대체 넌 뭐라고 중얼거리는거야?

• = in the hell (의문문 강조어구로) 도대체

Piss on that 헛소리말게

▶ Piss on that! You're nothing but thieves.
헛소리마! 넌 도둑에 불과해.

▶ A: I will return to Winterfell and set matters straight.
원터펠로 돌아가서 문제를 바로 잡겠습니다.
B: Piss on that. 헛소리말게.

• Piss off! 꺼져라!
• set~straight …을 바로잡다

Fuck off! 꺼져!

▶ A: I didn't listen to you and everything you said came true. 네 말을 듣지 않았는데 네가 말한 모든게 현실이 되었어.
B: Fuck prophecy. Fuck fate. Fuck everyone who isn't us. We're the only ones who matter, the only ones in this world.
빌어먹을 예언. 빌어먹을 운명. 우리가 아닌 모든 사람들도 빌어먹으라고 해. 세상에서 가장 중요한 것은 우리들뿐이야.

• Fuck all of them! 다들 빌어먹으라고 해!
• Fuck me! 젠장할!

Alas 안타깝게도

▶ If I'd been born a peasant they might've left me out in the woods to die. Alas, I was born a Lannister of Casterly Rock.
내가 농부의 아들로 태어났다면 죽게 숲속에 버렸겠지요. 안타깝게도 난 캐스털리 록의 라니스터 가에서 태어났네요.

▶ You buggering filth! There's a special place in the seventh hell for your kind. 이 추잡한 것들! 지옥에는 너와 같은 것들이 갈 특별한 자리가 있다.

• Bugger that! 빌어먹을!
• You buggering filth! 이런 추잡한 것들!

call sb names 욕하다

▶ They laughed at you, called you names?
그들이 널 비웃고 네게 욕을 했냐?

▶ And now you curse me because I've come home.
그리고 이제 내가 집에 돌아왔다고 악담을 퍼붓고 있어요.

• curse 저주, 악담을 퍼붓다, 욕설을 하다

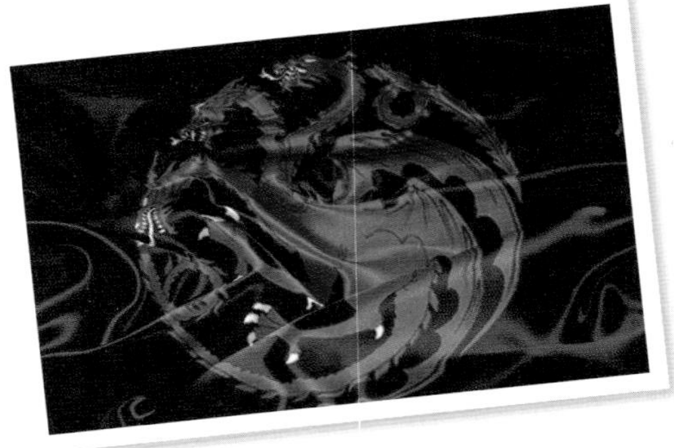

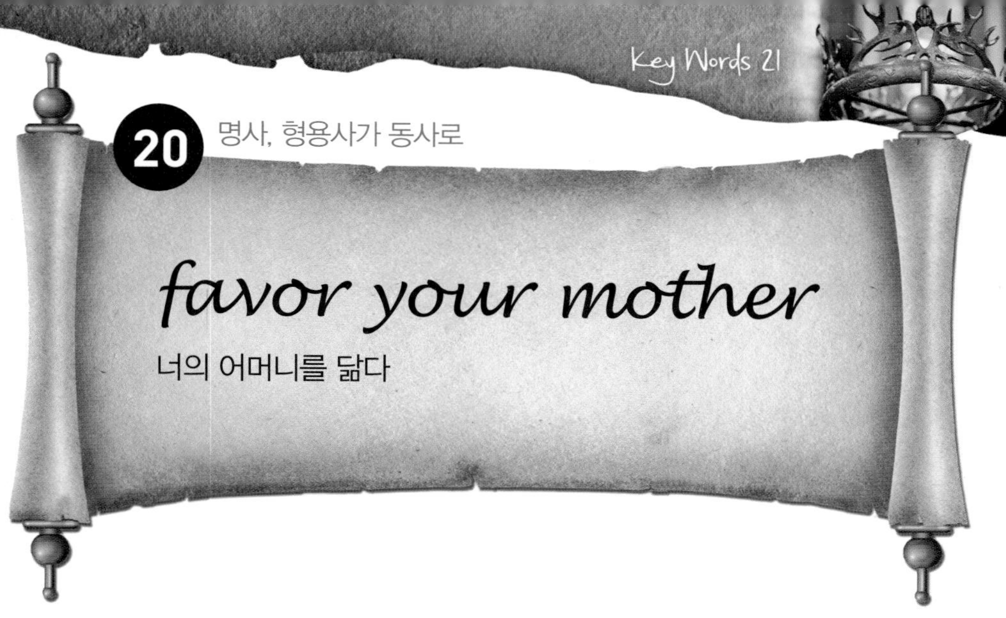

20 명사, 형용사가 동사로
favor your mother
너의 어머니를 닮다

favor sb …을 닮다(부모 등)

▶ I suppose you favor your mother.
너는 네 엄마를 닮은 것 같다.

▶ There are those that say your children were not fathered by King Robert, that they are bastards born of incest and adultery.
왕비님 자식들의 아버지는 로버트 왕이 아니라 근친상간과 간통으로 낳은 서자들이라고 말하는 자들이 있습니다.

• father 아버지가 되다

wrong sb 부당하게 취급하다, 모욕을 주다

▶ Why do I have to forgive you? Have you wronged me?
내가 왜 그대를 용서해야 하나? 그대가 내게 잘못하였나?

▶ She could want me dead because she thinks I wronged my family.
그녀는 내가 내 가족을 부당하게 대했다고 생각하기 때문에 내가 죽기를 바랄지도 몰라.

▶ The young wolf has lost half his army. His days are numbered.
젊은 늑대는 군대의 반을 잃었다. 그의 날도 얼마 남지 않았구나.

• sb[sth] be numbered 끝나다, 지속되지 못하다

will 의도하다, 바라다

▶ Jon Snow is alive because the Lord willed it.
존 스노우는 신께서 의도하셨기 때문에 살아있는 것입니다.

▶ He tried to reason with her.
그는 그녀를 설득하려고 했습니다.

▶ I have shamed you.
내가 당신을 망신시켰다.

- reason with sb 설득해서 …하게 하다
- shame 망신시키다

whore oneself for~ 몸을 팔아 …을 얻다

▶ Does he think I will whore myself for a boat?
내가 몸을 팔아 배를 얻을거라고 그가 생각하고 있나?

▶ My crimes and sins are beyond counting. I have lied and cheated gambled and whored.
나의 죄악은 셀 수 없이 많습니다. 거짓말하고 사기도박을 하고 계집질을 했습니다.

- whore 계집질을 하다
- whore one's way to~ 계집질하여 …하다

fare well 잘 해나가다

▶ Stark men don't fare well when they travel south.
스타크 사람들은 남쪽을 여행할 때 잘 해나가지 못한다.

▶ The South doesn't seem to agree with you.
남쪽은 그대와 맞지 않는 것 같네요.

▶ Yes, it suits you perfectly.
네, 그건 완벽하게 어울리네요.

- sth agree with sb …가…와 맞지 않다
- ~ suit you 네게 어울리다

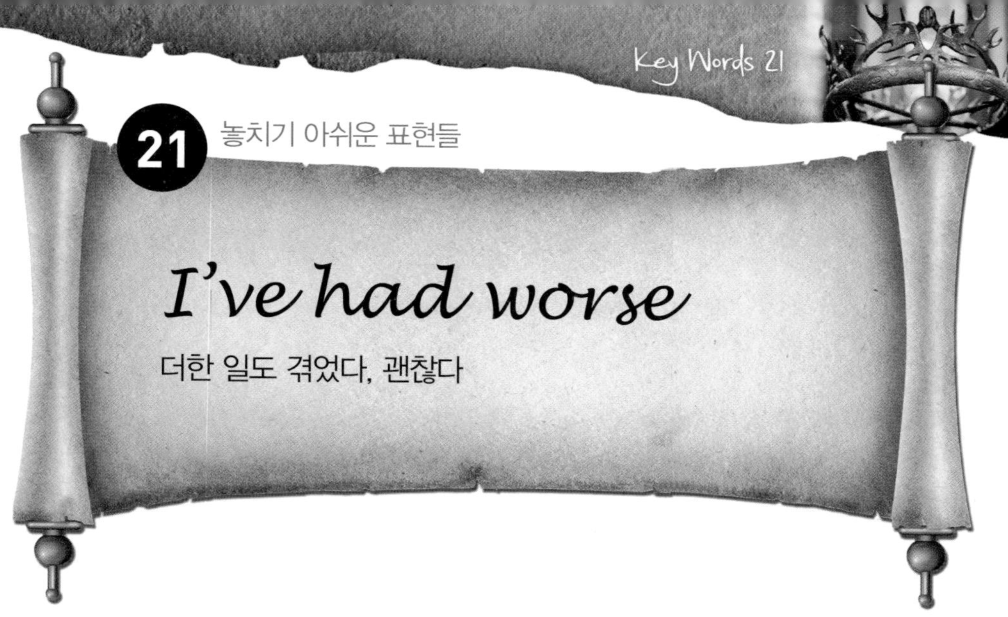
21
놓치기 아쉬운 표현들
I've had worse
더한 일도 겪었다, 괜찮다

would best+V …하는 것이 최선이다

But still, we'd best make our plans.
하지만 그래도 계획을 세워두는게 낫습니다.

Well, whatever it is, you'd best hurry up.
그게 무엇이든지 간에, 서두르는게 최선이야.

have a tender spot for~ …에 약하다

I have a tender spot in my heart for cripples, bastards and broken things.
장애인, 서자 그리고 부서진 것들에 내가 좀 약하지.

respite 불쾌한 일의 일시 중단, 한숨 돌리기 *woe 고민

They give the great a chance at glory, and the lowly a respite from their woes.
이런 대회는 뛰어난 사람들에게 영광을 얻을 기회를 주고 천민들에게는 고통에서 숨돌릴 기회를 줍니다.

bear sb no ill will …에게 악감정은 없다

I bear this girl no ill will, but should the Dothraki invade, how many innocents will die?
이 여자애에게 악감정은 없지만 도트락인이 침략하면 얼마나 많은 죄없는 사람이 죽게 될까요?

fall to pieces 엉망이 되다, 망치다

Without a Hand, everything will fall to pieces.
왕의 핸드가 없다면, 모든게 다 엉망이 될거예요.

out of spike 화가 나서

When I realized that wasn't going to happen, I refused to ask out of spite.
그런 일이 벌어지지 않는다는 것을 깨달았을 때는 화가 나서 묻지 않았죠.

I've had worse 더한 일도 겪었다, 괜찮다

A: You're in pain. 아프시군요.
B: I've had worse, My Lady. 더한 일도 겪었습니다. 왕비마마.

A: Did he hurt you? 다쳤어?
B: I've had worse. You can call me Sam if you want. 괜찮아. 원한다면 샘이라고 불러.

sth agree with sb …가 …와 맞지 않다

The South doesn't seem to agree with you.
남부는 당신과 어울리는 것 같지 않아요.

Don't go looking for me to+V …하리라 기대하지 마라

But don't go looking for me to bend the knee and "My Lord" you every time you take a shit.
하지만 경이 똥을 쌀 때마다 무릎꿇고 "주군"이라고 말하리라고는 기대하지 마쇼.

be blind to …을 모르다

They say that if a man goes through life with his battle visor down, he can often be blind to the enemies at his side.
전쟁에서 쓰던 투구를 벗고 살아가다 보면, 종종 바로 옆의 적들도 못알아본다는 말이 있지.

rapport 친밀한 관계

We didn't have the kind of rapport that you and I have.
우리는 너와 나의 관계처럼 친밀하지 않았거든.

Correct me if I'm wrong 내 말이 틀리다면 말하게

Correct me if I'm wrong, most pirates don't grow old.
내 말이 틀리다면 말하게, 대부분 해적들은 늙지 않지.

for the taking 손에 쥐기만 하면, 마음대로

While he's tangling with the lion in the Westerlands, the north is ripe for the taking.
그가 웨스터랜드에서 라니스터 가와 싸우고 있는 동안 북부는 무주공산이지.

hold grudges 악의를 품다

For men in our position, holding grudges can be an encumbrance, don't you think?
우리 지위에 있는 남자들에게, 악의를 품고 있는 것은 방해물이 되죠, 그렇게 생각안해요?

vouch for~ …을 보증하다

I will vouch for her, her people, and her dragons in accordance with the law.
나는 법에 따라 그녀와 그녀의 사람들 그리고 드래곤을 보증합니다.

hold sb back from~ …에게 가는 것을 막다

Promise me that you will not hold me back from Stannis.
스타니스에게 가는 걸 막지 않겠다고 약속해주세요.

if it comes to that 필요하다면

I will shield your back and give my life for yours if it comes to that.
당신을 보호할 것이고 필요하다면 목숨도 바치겠습니다.

take up one's duties …의 일을 맡다, 계속하다

I could take up Jon's duties while he's gone, My Lord.
존이 없는 동안 제가 존의 일을 계속할 수 있을 겁니다.

legacy 유산

My legacy will be determined in the coming months.
나의 유산이 앞으로 몇 달안에 결정이 될거다.

break bread with …와 함께 식사하다

Sons of Lords don't like to break bread with sons of crabbers.
영주의 아들들은 게잡이 아들들과 식사하는 걸 좋아하지 않죠.

We break bread with them, but that doesn't make us family.
밥을 같이 먹는다고 가족이 되는 것은 아니다.

make amends for 보상하다

The opportunity to make amends for what you've done.
당신이 저지른 거에 대해 보상할 수 있는 기회.

~ be lost on sb …가 모르겠다

The subtleties of politics are often lost on me.
정치의 복잡함은 가끔 제가 이해하기 어렵습니다.

The charms of the north seem entirely lost on you.
당신은 북부의 매력을 전혀 이해못하는 것 같아.

I've seen worse 더한 경우도 있었다

Well, it's sad to say, but I've seen worse.
저기, 안타까운 이야기이지만, 더한 경우도 봤습니다.

get sb to+V …에게 …을 시키다

I'm trying to get you to run my kingdom while I eat, drink and whore my way to an early grave.
자네가 왕국을 다스리게 할거야, 그동안 난 먹고 마시고 여자들이랑 놀다가 일찍 죽으려는거야.

be meant to+V …하도록 되어 있다

Why murder an innocent child? Unless he saw something he wasn't meant to see.
왜 순진한 아이를 살해하려는 걸까요? 그가 보면 안되는 것을 보지 않았다면 말예요.

We were meant to rule together.
우리는 함께 통치하기로 되어 있었는데.

All I wanted to do was+V 난 그저 …만하고 싶어했지

All I wanted to do was crack skulls and fuck girls.
난 그저 머리통을 깨고 여자들이랑 하고만 싶어했지.

trait 특징

A: She has odd cravings, our sister. 누이는 참 이상한 걸 갈망하네.
B: A family trait. 집안 내력이야.

take A for B A를 B로 생각하다

A: Do you take me for a fool? 날 바로로 생각하는거야?
B: I take you for a King. 왕으로 생각합니다.

give offense 불쾌하게 하다

My apologies if I've given offense.
제가 불쾌감을 드렸다면 사과드리죠.

if that's what it took 그게 필요한 거라면

I would let his whole tribe fuck you-- all 40,000 men and their horses too if that's what it took.
난 전 부족원들이 널 범하게 할거야. 필요하면 4만명의 남자와 말들까지.

rest assured of~ …을 확신하다

Under my reign, you won't be punished for such nonsense. You can rest assured of that.
내 통치하에서는 그런 어처구니 없는 일로 처벌받지 않을걸세. 확신해도 되네.

Rest assured, Your Grace, you can count on the Iron Bank's support.
안심하십시오 전하. 아이언 뱅크의 지원에 의지하셔도 됩니다.

mean nothing to~ 아무 의미가 없다 *can't stand~ …을 참을 수가 없다

The boy means nothing to me. And I can't stand the wailing of women.
그 애는 나와 상관없고 여자울음 소리는 참을 수가 없어요.

whereas …임에 반해

Death is so final, whereas life Ah, life is full of possibilities.
죽으면 완전히 끝나는 거잖아. 반면에 삶은 많은 가능성들로 가득찼지.

be grateful to~ …해서 기쁘다, 고맙다

We're grateful to have good, strong men like you protecting us.
너처럼 훌륭하고 강인한 사람들이 우리를 지키고 있으니 고마울 따름이지.

be hard on oneself 자책하다

You're too hard on yourself. You always have been.
자넨 너무 자책을 해. 항상 그렇잖아.

remain between us 우리끼리 비밀로 하다

What I am about to tell you must remain between us.
지금 내가 하는 말은 우리끼리의 비밀입니다.

What am I to make of this? 이걸 어떻게 생각해야 하나?

Seven hells! What am I to make of this?
젠장헐! 이걸 어찌해야 하나?

deserve to+V …할 자격이 있다, 마땅하다

They didn't deserve to die like that. Nobody deserves to die like that.
그렇게 죽어서는 안될 사람들이었죠. 아무도 그렇게 죽어야 할 사람은 없지요.

know the first thing about~ …에 관한 기본을 알다

*do not know the first thing about~ …에 대해 아무 것도 모르다

Do you know the first thing about sword fighting?
검쓰는 법은 알기는 하나?

I meant no disrespect to sb …에게 무례를 범할 생각은 아니었어

I meant no disrespect to you of all people.
당신네 사람들에게 무례를 범할 생각은 아니었어요.

How dare you+V? 어떻게 감히 …해? *lose one's mind 미치다, 제정신이 아니다

How dare you bring me here! Have you lost your mind?
어떻게 날 여기로 오라고 할 수 있어요? 제 정신예요?

trade 직업, 일

A: How did you know I was coming? 내가 오는 걸 어떻게 알았죠?
B: Knowledge is my trade, My Lady. 정보가 제 직업인걸요, 부인.

for her sake 그녀를 위해서

I'll try to keep you alive, for her sake.
그녀를 위해서 당신이 살아남게끔 노력하죠.

What were you thinking? 무슨 생각이었던거야?

A: What were you thinking? 무슨 생각이었던거야?
B: I was thinking of us. 우리를 생각했었지.

it appears S+V …인 것 같다

Lord Snow, it appears you're the least useless person here.
스노우 경, 자네가 여기서 가장 덜 쓸모없는 사람인 것 같네.

linger on~ 오랫동안 남아있다

He could have lingered on the edge of the battle with the smart boys and today his wife would be making him miserable, his sons would be ingrates.
그는 똑똑한 애들처럼 전투에서 살아남았을 수도 있었을텐데. 그럼 지금 아내 때문에 불행해져 있을거고, 자식들은 배은망덕할텐데.

let sb down …을 실망시키다

I'm ready. I won't let you down.
난 준비가 됐어요. 실망시키지 않을게요.

spare sb sth ~ …가 …을 하지 않게 하다

Spare me your false courtesies, Lord Stark.
거짓 친절은 하지마요, 스타크 영주님.

couldn't resist~ …을 거부하지 못하다, 못배기다

Couldn't resist some Northern ass? If you like redheads, ask for Ros.
북부의 엉덩이가 보고 싶었나보군요. 붉은 머리여자를 좋아하면 로즈를 찾아요.

be outnumbered 수가 열세이다

We were outnumbered 10 to one.
우리의 병력은 10분의 1밖에 안되었지.

get past sb …을 통과하다, 지나가다

All you've got to do is get past the bastard.
너희들은 저 서자만 통과하면 되는거지.

be put to good use 소중하게 사용되다

Thank you, My Lord Hand, Ser. They will be put to good use.
감사합니다, 핸드 경, 그들을 유용하게 쓰겠습니다.

find oneself on~ …에 자리를 차지하다, 들어오다

How that sort of person found himself on the King's Council, I will never know.
어떻게 그런 종류의 사람이 왕의 의회에 들어왔는지 정말 이해가 안됩니다.

on behalf of~ …을 대신하여

I'm here on behalf of Lord Eddard Stark, the Hand of the King.
난 왕의 핸드이신 에다드 스타크 경을 대신해서 왔습니다.

figure out 알아채다, 눈치채다

How long before he figures it out?
눈치채려면 얼마나 걸릴까?

Are you telling me S+V? …라는 말인가?

Are you telling me those cowards would let me win?
저 겁쟁이들이 일부러 져줄거라는 말인가?

end up 일이 …하게 마무리 되다

So how did it end up? The Targaryen girl will die?
그래서 그건 어떻게 될 것 같아? 타르가르옌 여자애는 죽을 것 같아?

The royal wedding may end up being the most expensive event in living memory.
왕실 결혼이 역사상 가장 값비싼 사건으로 될지도 모르겠군.

get in the way of~ …의 방해가 되다

I suppose I should be grateful that your vanity got in the way of your recklessness.
네 허영심이 네 무모함을 자제하게 할 수 있으니 고마워해야 하나.

place a high value on~ …을 소중히 생각하다

I didn't realize you placed such a high value on my brother's life.
동생의 목숨을 그렇게 소중히 생각하는 줄 몰랐어요.

be blessed with[to+V] 축복을 받아 …을 누리다

You're blessed with abilities that few men possess. You are blessed to belong to the most powerful family in the kingdoms.
넌 복이 많아 남들이 받지 못한 능력을 누리고 있다. 넌 왕국의 가장 강력한 가문에서 태어났다.

have a go at sb 잔소리하다, 불평하다, 해보다, 비난하다

You having a go at me? Is that it?
나한테 해보자는거야? 그런거야?

work at it 노력하다

I'm good because I work at it.
내가 노력하기 때문에 잘하는거야.

let sb slip through one's fingers …을 놓치다

Your wife has let the imp slip through her fingers.
경의 부인이 난쟁이를 놓쳤습니다.

see sb through~ …가 …하는 것을 도와주다

If you see us through these mountains, my father will shower you with gold.
우리가 이 산맥을 건너가게 도와주면, 아버지가 당신들에게 금을 하사할거요.

take sb on (as) 고용하다, 채용하다

You will be taking on his son Olyvar as your personal squire.
그의 아들 올리바를 네 종자로 삼아야 한다.

league 약 3마일

It's a thousand leagues from here to the Wall and winter is coming!
여기서 장벽까지는 천리길이고 겨울이 다가오고 있다!

breed 새끼를 낳다

They say hard places breed hard men, and hard men rule the world.
거친 곳에서 거친 남자들이 태어나고, 거친 남자들이 세상을 통치한다고들 하지.

be[get] spooked by …에 놀라다

They get spooked by their own shadows.
말들은 자신의 그림자에도 놀라잖아.

urge sb not to~ …하지 않기를 권하다

I urge you not to make a hasty decision.
성급한 결정을 하지 않기를 바랍니다.

buy 대가를 치르고 얻다

Killing Jaime Lannister would not buy life for your children, but returning him to King's Landing may buy life for mine.
제이미를 죽여도 당신 아이들 목숨을 되살릴 수 없으나, 킹스랜딩으로 보내면 내 자식들의 목숨을 구할 수 있을 겁니다.

swap A for B A와 B를 교환하다

I'd swap all your books for a few good archers.
나라면 그 책들을 훌륭한 궁수들 몇 명과 바꾸겠습니다.

go out of one's way to+V …하기 위해 노력을 하다

Lord Stark went out of his way to make it your home.
스타크 경은 이곳을 당신의 고향으로 만들어주려고 노력을 많이 했습니다.

Why would that make you+V? 그게 왜 …하는 이유가 되나?

And why would that make you desert your brothers?
그게 왜 네가 네 형제들을 버리는 이유가 되는거야?

slip one's mind 깜박잊다

I can't think how it slipped my mind.
내가 그걸 어떻게 깜박했을까.

forbid 금지하다

I forbade it because it is dangerous and rarely successful, especially on someone of that age. 위험하고 그 나이 때 사람들에게는 거의 성공가능성이 희박해 내가 금지했다.

It's a good thing S+V …여서 다행이다

It's a good thing we're not children.
우리가 아이들이 아니어서 다행이다.

do without …없이 지내다

That's an honor I can do without. Their days are too long, their lives are too short.
갖고 싶지 않은 영광이야. 할 일은 너무 많은데 수명은 너무 짧잖아.

be after~ …을 노리다

If he's coming this far north, there's only one thing he's after.
여기 북부까지 올 때는 원하는 건 한가지이야.

play a man like sb …같은 사람을 다루다

I know how to play a man like Drogo.
드로고 같은 사람을 어떻게 다루어야 할지 알고 있어.

stay hidden up 숨어지내다

Such a beauty shouldn't stay hidden up here forever.
저런 미인이 영원히 여기에 숨어지내서는 안되죠.

put sb through …을 경험하게 하다

I know what I'm putting you through.
네가 힘든 일을 겪게 하는 걸 알고 있어.

work at sth 나아지도록 노력하다

You'll have to work at it every day.
매일 나아지도록 연습해야 돼.

get one's hands on …의 손에 잡히다

I'll kill every Targaryen I get my hands on.
손에 잡히는 타르가르옌은 다 죽여버릴거야.

have a knack for~ …에 대한 요령이 있다

I have a knack for it.
난 그것에 대한 요령이 있지요.

No doubt S+V 당연히 …하다

No doubt Lady Catelyn has mentioned me.
캐틀린 부인이 분명 저에 대해 말씀하셨겠죠.

I must say S+V …라고 말해야겠네

I must say I received a slightly warmer welcome on my last visit.
지난번 방문 때는 좀 더 환영을 받았던 것 같은데.

whereabouts 행방, 소재

A: My Lady's whereabouts… 영주 마님의 소재는…
B: My Lady? Your loyalty to your captors is touching.
영주 마님이라? 인질이면서도 충성심이 감동적이군.

live with sth …을 견디다

I'm a constant disappointment to my own father and I've learned to live with it.
난 아버지에게 끊임없이 실망을 시켜드리지만, 견디고 사는 법을 배웠지.

You must make that choice yourself, and live with it for the rest of your days.
자넨 그 선택을 스스로 해야 하네, 그리고 남은 평생동안 그 선택을 책임져야 하네.

wear sb out 고장내다, 녹초가 되게 하다

I'll try not to wear her out.
그녀가 녹초가 되지 않도록 노력함세.

You're quite certain S+V? …을 확신합니까?

And you're quite certain he died of a natural illness?
그가 자연사했다고 확신하나요?

there's no telling who~ 누가 …할지 모른다

You shouldn't be out here, My Lord. There's no telling who has eyes where.
여기 계시면 안됩니다. 누가 보고 있을지도 모릅니다.

have a piss 소변누다 *have a shit 똥을 싸다

If you took your gloves off to find your cock to have a piss, you lost a finger to the frost.
소변을 누기 위해서 장갑을 벗으면 동상으로 손가락을 잃었지.

pick up the pieces 정상화시키다, 사태를 수습하다

A: You'll try your best to pick up the pieces. 사태수습에 최선을 다하게 될거예요.
B: If that's my job, then so be it. 그게 제가 할 일이라면 그렇게 해야죠.

recall ~ing …한 것을 기억하다

Earlier today, I distinctly recall seeing you talking to Lord Stark in his chambers.
오늘 일찍 공이 스타크 공의 방에서 얘기나눈 것을 본 기억이 분명나는데.

treat sb as if~ …인 것처럼 다루다

He treats me as if I'm a spoiled child.
그는 나를 철없는 아이인 것처럼 다뤄.

wrath 분노

Because wherever you go, Robert's wrath will follow you.
당신이 어디에 가든, 로버트의 분노가 당신을 따라갈거예요.

You don't want to~ …하지 마라

Go on. You don't want to see this.
가봐라. 이런 모습은 보지 마라.

get caught up in~ …에 휩싸이다, 휩쓸리다

I will not risk Robin's life to get caught up in another of your husband's wars.
로빈의 목숨을 위태롭게 하면서 네 남편의 또 다른 전쟁에 휩싸이게 하지 않을거야.

trick sb into~ …을 사기쳐서 …하게 하다

I would like to know how you tricked father into this.
어떻게 아버지를 이렇게 하도록 꼬드겼니?

get away with~ …하고도 무사하다

You won't get away with this.
네가 이러고도 무사하지 못할거다.

I am angry that horrible people can treat good people that way and get away with it.
난 끔찍한 인간들이 선한 사람들을 그런 식으로 대하고도 아무런 벌도 받지 않는다는 것에 화가 난다.

take up with~ …와 어울리다

My little birds tell me that Stannis Baratheon has taken up with a Red Priestess from Asshai.
소식통에 의하면 스타니스 바라테온은 아샤이 출신의 붉은 여사제에게 빠져있다고 하는군요.

not lift a finger to~ …하는데 손하나 까딱하지 않다

But he won't lift a finger to help me take it.
하지만 그는 내가 그걸 차지하는데 도움하나 주지 않을 겁니다.

be immune to flattery 아부에 안넘어가다

I have travelled very far in my life and met many women, but none that are immune to flattery.
평생 멀리까지 여행하면서 많은 여성들을 만났지만 아부에 안넘어가는 사람은 하나도 없었어.

Given~ …을 고려하면

Given the circumstances, My Lord, I believe extreme measures are warranted.
상황을 고려해볼 때 극단적인 대책이 타당한 것 같습니다.

curry some favor with …에게 비위를 맞추다, 환심을 사려하다

Maybe they're trying to curry some favor with the new Master of Coin.
아마도 그들은 새로운 재무상에게 환심을 사려하고 있을지도 모르지.

mourn for~ …을 슬퍼하다, 애도하다

You still mourn for Joffrey?
넌 아직도 조프리를 애도하니?

proclaim 선언하다, 선포하다

When the Queen proclaims one King and the Hand proclaims another, whose peace do the Gold Cloaks protect? Who do they follow? The man who pays them.
왕비는 한 왕을 선포하고, 왕의 핸드가 다른 왕을 선포했을 때 국왕친위대는 누구의 평온을 보호할까요? 누구를 따를까요? 돈을 주는 사람이죠.

the minute[moment] S+V …하자마자

I expect his countrymen will turn on him the minute they hear the offer.
백성들은 그 제의를 듣자마자 그에게 등을 돌릴 것 같은데.

bar 가로막다

You're barring me from attending my own daughter's funeral?
내 딸의 장례식에 참석못하게 가로 막는건가?

do whatever needs to be done 필요한 건 무엇이든 하다

If we're truly her loyal servants, we will do whatever needs to be done, no matter the cost, no matter our pride.
우리가 충성스런 하인이라면 어떤 희생이 치르더라도, 우리의 자부심이 어떻든 간에 해야 할 일이 무엇이든 할 것이다.

royal decree 왕의 칙령

Riverrun was granted to the Freys by royal decree.
리버런은 왕의 칙령에 의해 프레이 가에 하사되었다.

consume with~ …에 사로잡히다

You've been so consumed with the enemy to the north, you've forgotten about the one to the south.
오빠는 북쪽의 적에 너무 사로잡혀서 남쪽의 적을 잊고 있었네.

MEMO

MEMO